Terry Winograd / Fernando Flores

ERKENNTNIS MASCHINEN VERSTEHEN

Zur Neugestaltung von Computersystemen

Aus dem Amerikanischen
von Ludwig Voet

Mit einem Nachwort
von Wolfgang Coy

Rotbuch Verlag

1. Auflage 1989
© der deutschsprachigen Ausgabe
Rotbuch Verlag Berlin 1989
Originaltitel:
Understanding Computers and Cognition
©Ablex Publishing Corporation 1986
Umschlag: Michaela Booth
Gesamtherstellung: Fuldaer Verlagsanstalt GmbH
Alle Rechte vorbehalten. Printed in Germany
ISBN 3 88022 750 0

Für das chilenische Volk

INHALT

Vorwort 11

I
THEORETISCHER HINTERGRUND

Kapitel 1: Einleitung 19
1.1 Die Gestaltungsfrage 21
1.2 Die Rolle der Tradition 26
1.3 Unser Pfad 28

Kapitel 2: Die rationalistische Tradition 36
2.1 Die rationalistische Orientierung 36
2.2 Sprache, Wahrheit und die Welt 40
2.3 Entscheiden und Problemlösen 44
2.4 Kognitionswissenschaft 50

Kapitel 3: Verstehen und Sein 55
3.1 Hermeneutik 56
3.2 Verstehen und Ontologie 59
3.3 Eine Illustration von ›Geworfenheit‹ 65
3.4 Zusammenbrechen und Zuhandenheit 69

Kapitel 4: Erkenntnis als biologisches Phänomen 72
4.1 Die Geschlossenheit des Nervensystems 75
4.2 Autopoiesis, Evolution und Lernen 80
4.3 Der kognitive Bereich 84
4.4 Konsensuelle Bereiche 87
4.5 Beobachter und Beschreibung 90
4.6 Bereiche der Erklärung 93

Kapitel 5: Sprache, Zuhören und Verpflichtung 97
5.1 Zuhören vor einer Geräuschkulisse 97
5.2 Bedeutung, Verpflichtung und Sprechakte 103
5.3 Objektivität und Tradition 107
5.4 Wiederholung und Formalisierung 112
5.5 Zusammenbruch, Sprache und Existenz 119

Kapitel 6: Für eine neue Orientierung 122
6.1 Erkenntnis und In-der-Welt-Sein 122
6.2 Wissen und Repräsentation 126
6.3 Vorverständnis und Hintergrundbezug 129
6.4 Sprache und Handlung 132
6.5 Zusammenbrechen (Unzuhandenheit)
    und die Ontologie der Gestaltung 134

II

BERECHENBARKEIT, DENKEN UND SPRACHE

Kapitel 7: Computer und Repräsentation 141
7.1 Programmieren als Repräsentation 143
7.2 Ebenen der Repräsentation 146
7.3 Können Computer mehr leisten,
    als ihnen aufgetragen wird? 152

Kapitel 8: Berechenbarkeit und Intelligenz 157
8.1 Warum fragen wir überhaupt? 157
8.2 Intelligenz als rationales Problemlösen 161
8.3 Das Phänomen der Blindheit 163
8.4 Lernfähigkeit und selbsttätige Entwicklung
    von Computerprogrammen? 168
8.5 Warum wachsen Schweinen keine Flügel? 176

Kapitel 9: Sprache verstehen 180
9.1 Künstliche Intelligenz und Sprachverstehen 180
9.2 Hintergrund als Problem 185

9.3 Verstehen als Mustererkennung 191
9.4 Verstehen – was bedeutet das? 199

Kapitel 10: Aktuelle Entwicklungstendenzen
der Künstlichen Intelligenz 209
10.1 Die Gabelung der Entwicklungspfade 211
10.2 Expertensysteme 219
10.3 Computersysteme der Fünften Generation 222

III
GESTALTUNG

Kapitel 11: Management und Gesprächsführung 233
11.1 Management und Entscheidungsfindung 235
11.2 Entscheidungsfindung und Entschluß 240
11.3 Organisationen als Netzwerke aus
    wechselseitigen Verpflichtungen 245
11.4 Entscheidungsunterstützende Systeme 248
11.5 Werkzeuge für die Gesprächsführung 257

Kapitel 12: Der Umgang mit Computern:
Eine Gestaltungsrichtlinie 267
12.1 Ein Bezugsrahmen für den Entwurf von Computern 268
12.2 Ein Beispiel für Gestaltung 274
12.3 Systemische Bereiche 286
12.4 Technologie und Umgestaltung 292

Ein post-rationalistischer Entwurf 296
(NACHWORT VON WOLFGANG COY)

Anmerkungen 315
Literatur 325
Personenregister 335
Sachregister 338
Über die Autoren 351

VORWORT

Das Thema dieses Buches ist die Gestaltung von Computertechnologie. Sehr eingehend betrachten wir Computer in ihrer gegenwärtigen Form und zeigen neue Richtungen ihrer zukünftigen Entwicklung auf. Die vorliegende Abhandlung entspricht jedoch nicht dem, was man gewöhnlich als Inhalt eines wissenschaftlich-technischen Buches erwartet. Das Buch pendelt zwischen Gegenständen und Absichten, die durch Welten getrennt zu sein scheinen: Es ist theoretisch und praktisch zugleich; es befaßt sich mit Computertechnologie und dem Wesen menschlicher Existenz; mit Sprachphilosophie und Büroautomation. Aber es soll mehr sein als eine Darstellung von Kontrasten. Durch Zusammentragen dieser verschiedenen Aspekte wollen wir Verstehen befördern – die scheinbaren Abgründe zu Zwischenräumen werden lassen, in denen sich neue Möglichkeiten eröffnen.

Jede neue Technologie entwickelt sich vor dem Hintergrund eines unausgesprochenen Verständnisses der Natur des Menschen und von menschlicher Arbeit. Der Umgang mit Technik wiederum führt zu fundamentalen Änderungen unserer Verhaltensweisen – und in letzter Instanz dazu, was es heißt, Mensch zu sein. Mit der Erkenntnis, daß wir durch Herstellen von Werkzeugen Lebensformen gestalten, stoßen wir auf grundlegende Fragen der Gestaltung. Durch direkte Auseinandersetzung mit diesen Fragen können wir einen neuen Boden bereiten für das Begreifen der Computertechnologie – ein Verständnis, das zu wichtigen Fortschritten für den Entwurf und die Anwendung von Computersystemen führen kann.

Zu Beginn der Zusammenarbeit, die zu diesem Buch führte, hatten wir keine Vorstellung davon, wohin die Diskussion uns lenken würde. Wir hatten sehr unterschiedliche Erfahrungen durchlebt, wir redeten in verschiedenen Sprachen (im wörtli-

Vorwort

chen wie im übertragenen Sinn), und wir hatten in grundverschiedenen Fachgebieten studiert. TERRY WINOGRAD hat sich viele Jahre mit Informatik beschäftigt und über Künstliche Intelligenz am Massachusetts Institute of Technology (MIT), an der Stanford University und am XEROX Palo Alto Research Center (PARC) geforscht. Seine bisherigen Arbeiten sind in erster Linie Systementwürfe (gleichermaßen Entwürfe formaler Sprachen und Computerprogramme) zur Darstellung und Analyse von Sprache und Wissen. FERNANDO FLORES hat auf höchster Regierungsebene Erfahrungen mit gesellschaftlicher und politischer Organisation gemacht. Er war zwischen 1970 und 1973 Direktor staatseigener Betriebe, sowie Wirtschafts- und Finanzminister in der Regierung SALVADOR ALLENDE in Chile. Er hat in einem Großprojekt mitgewirkt, um kybernetische Theorien auf praktische Managementprobleme anzuwenden (BEER 1975), und sein Interesse richtet sich besonders darauf, gesellschaftliche Realität durch die Verbindung von Theorie und Praxis verstehen zu können. Trotz dieser Unterschiede hatten wir das Gefühl, viele Auffassungen in unserem Weltverständnis zu teilen, und traten in einen Dialog ein, um die gemeinsame Grundlage unserer Ansichten zu erforschen. Dieser Dialog entwickelte sich zu einer schriftlichen Ausarbeitung, das beschriebene Papier wiederum wuchs an und erreichte schließlich Buchumfang. Entlang einer Serie von Entwürfen, deren Interessenschwerpunkt sich entscheidend verlagerte, entwickelte sich das vorliegende Buch.

Während unserer Studien und Diskussionen wurde uns bewußt, daß unsere förmliche Ausbildung zwar in den technischen Fächern Mathematik und Informatik stattgefunden hatte, daß aber viele der uns in Sprache und Denken leitenden Intuitionen mit den Denktraditionen dieser Fachgebiete nicht vereinbar waren. Wir mußten vielmehr feststellen, daß wir sehr viel mehr mit Autoren übereinstimmten, die sehr weit von den mathematisch-logischen Paradigmen entfernt waren, die Interesse an *Biologie, Hermeneutik* und *Phänomenologie* hatten. Ein auslösender Reiz dieser Arbeit war die dadurch vermittelte Einsicht, daß die Frage, was Erkenntnis bedeutet, nur Sinn machen kann, wenn sie im größeren gesellschaftlichen Zusammenhang gestellt wird. Uns überraschte, daß diese Einsichten von so großer Bedeutung waren für unsere eigene praktische Arbeit: den Entwurf von Computersystemen und das Management komplexer Organisationen. Philosophische Vorstellungen von Denkern wie HEIDEGGER, GADAMER, MATURANA und AUSTIN boten uns einen Rahmen zur Integration der von uns selbst gemachten praktischen Erfahrungen.

Mit dem Fortgang unserer Untersuchung begannen wir, neue theoretische Grundlagen für die Gestaltung von Computertechnologien zu formulieren. Als wir uns daran machten, das Wesen und die Rolle der Computer zu klären, mußten wir Annahmen verwerfen, die wir längst vorbehaltlos übernommen hatten, und die unhinterfragt in die meisten Diskussionen über Computer eingehen. Wir mußten neue Fragen stellen. Und diese neuen Fragen wiederum brachten uns dazu, viel genauer darauf zu achten, was Menschen tatsächlich mit Computern *tun*, und was besser gemacht werden könnte.

Leser mit naturwissenschaftlich-technischem Hintergrund finden es vielleicht nicht einleuchtend, daß philosophische Reflexionen praktische Bedeutung für ihre Arbeit haben sollen. Philosophie mag ja ein amüsanter Zeitvertreib sein, aber für technische Entwicklungen kommen scheinbar nur harte Naturwissenschaften und Ingenieurswissen als relevante Theorien in Frage. Wir haben das genaue Gegenteil festgestellt. Theorien über die Grundlagen biologischer Existenz, über Sprache und menschliches Handeln haben einen tiefgreifenden Einfluß auf die Formung dessen, was wir entwickeln, und die Art und Weise, wie wir mit diesen Formen umgehen. Wir haben dementsprechend, besonders im ersten Teil des Buches, beträchtlichen Raum darauf verwendet, Inhalte zu diskutieren, die ohne Beziehung zu Computern zu sein scheinen, aber nichtsdestoweniger unentbehrlich sind beim Versuch, dem Leser neue Möglichkeiten und neue Richtungen dessen zu erschließen, was mit Computern möglich ist.

Vorwort

Auf dem Entdeckungspfad zu einem neuen Verständnis stießen wir auf Fragen, die schon lange Gegenstand der Auseinandersetzung waren. »Können Computer denken?« »Können Computer Sprache verstehen?« »Was ist rationale Entscheidungsfindung?« Uns geht es nicht so sehr um die Lösung als um die *Auflösung* dieser Fragen. Sie erwachsen auf einem zugrundeliegenden Verständnis menschlichen Denkens und Sprechens, auf einem Hintergrund, der selbst wieder überprüft und korrigiert werden muß. Am Ende waren wir gar nicht mehr damit befaßt, die traditionell gestellten Fragen zur Technologie mit neuen Antworten zu beliefern. Wir suchen jetzt nach neuen Fragen, die uns den Weg weisen zu Entwurfsmethoden und Verwendungszusammenhängen von Maschinen, die für menschliche Ziele geeignet sind.

Unser Buch richtet sich an eine breite Leserschaft – also nicht nur an diejenigen, die beruflich mit Erforschung, Entwicklung und Herstellung von Computersystemen zu tun haben, oder an Geisteswissenschaftler in verwandten Fachgebieten wie Kognitive Psychologie, Linguistik und Management. Wir möchten jede Person ansprechen (Experten wie Laien), die ein ernstes Interesse daran hat, Computer zu verstehen und zu begreifen wie Computer sich in unser Leben einpassen.

Obwohl wir uns sehr intensiv mit dem philosophischen Hintergrund beschäftigt haben, war es nicht unser Ziel, ein fachphilosophisches Buch zu schreiben. Wir möchten die Leser vielmehr mit Gedankengängen vertraut machen, die unser eigenes Verständnis geprägt haben. Eine solche Darstellung kann nur selektiv sein. Wir machen erst gar keinen Versuch, historische Vorläufer aufzuspüren, das ordnungsgemäße Verdienst der Urheberschaft festzustellen, oder auf die zahlreichen anderen Autoren zu verweisen, die sich auf ähnliche Weise mit diesen Fragen beschäftigt haben. Tatsächlich stammen viele Hinweise aus Büchern, die eine allgemeinverständliche Darstellung bieten wollen, und aus Beiträgen populär-wissenschaftlicher Zeitschriften. Die Frage, was Computer wirklich leisten können, ist kein abstruses Rätsel für den intellektuellen Zeitvertreib, son-

Vorwort

dern eine praktische Frage von zentraler Bedeutung für die ganze Gesellschaft. Wie Antworten auf diese Frage in der Öffentlichkeit (politische und wirtschaftliche Entscheidungsträger eingeschlossen) aufgefaßt werden, ist letztlich bedeutsamer als die Drehungen und Wendungen der akademischen Debatte. Wenn wir uns mit dem Bild des Computers in der Öffentlichkeit auseinandersetzen, können wir viel besser ermessen, welche Aufgaben sich uns stellen – wir müssen das Vor-Verständnis offenlegen, das wir und andere in die Computertechnologie einbringen. Wenn wir so vorgehen, können wir eine unerforschte Bresche schlagen, in der Licht auf zukünftige Wege der Gestaltung fällt.

DANKSAGUNG

Im Laufe der mehrjährigen Arbeit an diesem Buch haben wir von Diskussionen mit zahlreichen Personen profitiert, insbesondere mit JEAN BAMBERGER, CHAUNCEY BELL, DANIEL BOBROW, AARON CICOUREL, WERNER ERHARD, MICHAEL GRAVES, HEINZ VON FOERSTER, ANATOL HOLT, ROB KLING, GEORGE LAKOFF, JUAN LUDLOW, DONALD NORMAN, DONALD SCHON, JOHN SEARLE, FRANCISCO VARELA und Studentinnen und Studenten einer Reihe von Seminaren an der Stanford University. Zu besonderem Dank verpflichtet sind wir RALF CHERUBINI, HUBERT DREYFUS, ANNE GARDNER, ELIHU GERSON, HUMBERTO MATURANA, BRIAN SMITH, PETER STOKOE und PAUL TRACHTMAN für umfangreiche und einsichtsvolle Kommentare zu vorausgegangenen Entwürfen. Unsere Gespräche mit ihnen waren wesentliche Erkenntnisquellen für uns, und wir danken ihnen für ihre Bemühungen und ihr Interesse. RICHARD OGLES Sondierungsgespräche und Redaktionsunterstützung waren unersetzbar für die Fertigstellung des Manuskriptes.

Die vorliegende Arbeit wurde erst möglich dank der Förderung, die TERRY WINOGRAD durch die System Development Foundation und durch das Center for the Study of Language and Information der Stanford University erfahren hat. Wir schulden all jenen Menschen in Stanford und bei Amnesty International tiefe Dankbarkeit, deren Einsatz die Freiheit für FERNANDO FLORES möglich machte. Damit meinen wir insbesondere GEORGE DANTZIG, RICHARD FAGEN, ROBERT FLOYD und CHARLES MEYER.

Schließlich möchten wir dem chilenischen Volk unsere Hochachtung aussprechen für seinen Mut, neue Formen des Umgangs untereinander für die Zukunft eröffnet zu haben, und für seine Stärke in Zeiten der Unterdrückung. Von den Menschen in Chile haben wir viel gelernt über Sprache, über Bedeutung und über das Leben.

Terry Winograd
Fernando Flores
Palo Alto, Kalifornien
Juli 1985

I
THEORETISCHER HINTERGRUND

KAPITEL I
EINLEITUNG

Computer sind allgegenwärtig. Der wendige Siliziumchip hat Eingang gefunden in unsere Wohnungen, Schulen, unsere Arbeit und Freizeit. Wir müssen mit einer Flut neuer Geräte fertigwerden, die beides, Vorteile wie Gefahren, mit sich bringen. Massenhaft verbreitete Bücher und Zeitschriften verkünden, wir seien Zeugen einer ›Computerrevolution‹, des Eintritts in das ›Mikrochipzeitalter‹, in dem Computer unser Leben vollständig umkrempeln werden.

Wir suchen nach hilfreichen Bildern, die uns die Auswirkungen von Computern vorstellbar machen, und uns einen Anhaltspunkt geben, wie wir die zukünftige Entwicklung beeinflussen können. Sind Computer lediglich gigantische Addiermaschinen oder elektronische Gehirne? Brauchen wir sie nur dazu, ›programmierte‹ Routineaufgaben abzuarbeiten, oder müssen wir uns auf lernende und schöpferische Computer einstellen? Die gängige Diskussion über diese Fragen stützt sich sehr stark auf die Analogie zwischen Rechenoperationen und menschlichem Denken:

»In zahlreichen Betätigungsfeldern scheinen menschliche Bestrebungen – wie die Analyse von und der Umgang mit ökonomischen Systemen oder der Ausgleich sozialer Ungerechtigkeiten – ins Schwimmen zu geraten. Gleichzeitig aber ist die Forschung und technische Entwicklung zur Künstlichen Intelligenz explosionsartig gewachsen ... Forscher im Bereich Künstlicher Intelligenz entwickeln Computer, die gesprochene Sätze aufnehmen und deren Bedeutung erfassen, die Zeitungsartikel lesen und knappe, treffende, grammatisch richtige Zusammenfassungen liefern können, die Roboter für die Arbeit an Fließbändern einsetzen können, denen ihre Arbeit niemals zu lang wird, die Daten über einen Patienten zusammentragen – und selbst eine Diagnose vorschlagen können.« (STOCKTON 1980, S. 41)

Einleitung

»In fünf oder sechs Jahren – 1988 oder ungefähr zu diesem Zeitpunkt – werden tragbare menschenähnliche Gehirne aus Silizium oder Galliumarsenid gang und gäbe sein. Als intelligente, elektronische Gattung werden sie partnerschaftlich mit dem Menschengeschlecht zusammenarbeiten. Wir werden diese unscheinbaren Kreaturen überall mit uns herumtragen. Man braucht sie lediglich in die Hand zu nehmen und unter den Arm zu klemmen, um sie für unsere Angelegenheiten zu nutzen. Sie werden sich als Artoo-Deetoos[1] ohne Räder erweisen: herausragende, aber freundliche Persönlichkeiten, niemals sarkastisch und immer mit einer ehrlichen Antwort zur Hand – elektronische Heinzelmännchen, die alle Probleme lösen können.« (JASTROW 1982, S. 107)

»Wir sind dabei, uns auf ein gewaltiges Entwicklungsprogramm hochintelligenter Maschinen einzulassen. In diesem Prozeß werden wir Computer bei der Hand nehmen und bis an die Schwelle unseres eigenen Intelligenzniveaus führen, das sie im weiteren Fortgang übertreffen werden ... Aber was werden wir mit den ultraintelligenten Maschinen anfangen, wenn sie zur Verfügung stehen? Selbstverständlich werden wir sie als erstes auf die zahlreichen gesellschaftlichen Probleme ansetzen. Das können ökonomische, medizinische oder Belange des Ausbildungssektors sein und möglicherweise auch strategische Modellrechnungen zur Trendvoraussage und frühzeitigen Warnung vor Schwierigkeiten und Krisen ... Es ist unwahrscheinlich, daß dagegen ernsthafte Einwände erhoben werden, abgesehen von emotionalen oder ideologischen Widerständen.« (EVANS 1979, S. 195 f.)

Die Fixierung auf das Bild vom ›Elektronengehirn‹ kann uns jedoch wegführen von der eigentlich wichtigen Frage. Das Bedürfnis, Computern menschliche (oder gottähnliche) Intelligenz zu unterstellen, basiert auf einer grundlegenderen Vorstellung vom Wesen der Technologie und menschlichen Denkens, von Sprache und Sein. Diese Vorstellung hat sich im Rahmen

Die Gestaltungsfrage

einer Tradition – einer Art zu verstehen – herausgebildet, die tief in der modernen Technikgesellschaft verwurzelt ist.

Beim Überprüfen dieser Tradition ist uns allmählich klargeworden, daß sie zwar einen fruchtbaren Boden für die Entwicklung neuer Technologien abgibt, aber keine angemessene Erklärung dafür liefert, was Computer als Maschinen im Zusammenspiel menschlichen Handelns wirklich tun. Dadurch wurden wir zu einer immer weiterreichenden Kritik der bisherigen Aussagen über Computer und an den Forschungsergebnissen in Fachgebieten wie Linguistik, Psychologie und Unternehmensführung geführt. Wir entwickelten eine neue Sichtweise und damit eine alternative Grundlage für das Verstehen von Computertechnologie.

1.1 DIE GESTALTUNGSFRAGE

Um die Erscheinungsformen einer neuen Technologie begreifen zu können, müssen wir die Frage der *Gestaltung* – das Zusammenspiel von Verstehen und Herstellen – aufwerfen. Wenn hier von Gestaltung die Rede ist, beschränken wir uns nicht auf die Methodik planmäßigen Entwerfens.[2] Wir stellen die umfassendere Frage, wie eine Gesellschaft Erfindungen hervorbringt, deren Umsetzung wiederum die Gesellschaft insgesamt verändern. Wir müssen eine theoretische Grundlage entwickeln, um zu untersuchen, welche Wirkung technische Anlagen haben, nicht nur, wie sie funktionieren.

Zur Ausarbeitung einer solchen theoretischen Grundlage müssen wir einen Schritt zurückgehen und das implizite Verständnis von Gestaltung untersuchen, das als Teil unserer bestehenden Denktradition technologische Entwicklungen steuert. Nur durch Aufdecken dieser Tradition und durch explizites Bewußtmachen ihrer Hintergrundannahmen können wir uns selbst für Alternativen und für sich daraus ergebende neue Gestaltungsmöglichkeiten öffnen. Der Rest dieses Einleitungskapitels beschreibt den Pfad, auf dem wir diese uns selbstgewählte Aufgabe angegangen sind.

Einleitung

Die Art zu fragen, die wir im Sinn haben, können wir mit der ernst gemeinten Frage »Was ist ein Textverarbeitungssystem?« deutlich machen. Als erstes ist zu beachten, daß aus unterschiedlichen Interessen verschiedener Individuen jeweils unterschiedliche Antworten erwachsen. Für den Manager einer Fabrik, die solche Systeme herstellt, sind Textverarbeitungssysteme zusammengesetzte elektronische und mechanische Baugruppen, die produziert, getestet und ausgeliefert werden müssen. Für die Person, die das Textverarbeitungssystem programmiert, ist es eine spezielle Ansammlung von Softwaremoduln zur Eingabe, Speicherung und Ausgabe von Information in Form von Bytes. Eine eigens dafür entwickelte Schnittstelle ermöglicht dem Benutzer den Zugang, um diese Informationen erzeugen und verändern zu können.

Beide Antworten sind absolut stichhaltig. Sie betreffen allerdings völlig unterschiedliche Bereiche, in denen Informatik und Elektronik eine Rolle spielen. Wenn wir den Zusammenbruch von Hardware oder Software verstehen wollen, verwenden wir diese Begrifflichkeit für Fehlerprognosen. Solche Antworten geben jedoch keine Auskunft darüber, was ein Textverarbeitungssystem wirklich *tut* – als Medium zur Erzeugung und Veränderung sprachlicher Strukturen, die in der menschlichen Kommunikation eine Rolle spielen. Für den Anwender eines Textverarbeitungssystems ist das aber der entscheidende Bezug. Als Ansammlung von Hardware und Software existiert das Textverarbeitungssystem nur, wenn es zusammenbricht.[3] Solange das Gerät funktioniert, richten sich die Gedanken auf Erstellen und Modifizieren von Schriftstücken und deren physischer Darstellung auf Bildschirm oder bedrucktem Papier. Die Aufmerksamkeit richtet sich überhaupt nicht auf den Computer als solchen, sondern auf einen Zusammenhang, der vor langer Zeit mit den ersten Schreibinstrumenten zum Vorschein gekommen ist. Ihre Entwicklung brachte das Interesse an visueller Darstellung mit sich – an Layout, Typographie und des Einbaus von Illustrationen in einen Text. Viele heutige Computersysteme sind in erster Linie für diesen Anwendungsbereich entwickelt worden: For-

Die Gestaltungsfrage

matierung und typographische Gestaltung von erfaßtem Text in allen Einzelheiten; dabei steht das Schriftstück als das zu erstellende Produkt im Mittelpunkt.

Aber selbst wenn wir dies alles berücksichtigen, haben wir noch immer nicht vollständig verstanden, was ein Textverarbeitungssystem ist. Wir können die Tätigkeit des Schreibens nicht als isoliertes Phänomen hinnehmen. Schreiben ist ein Mittel – ein Werkzeug, das wir für den Austausch mit anderen Menschen verwenden. Computer müssen, wie jedes andere Medium auch, im Kommunikationszusammenhang und eingebunden in ein umfassendes Netzwerk an technischen Ausrüstungsgegenständen und Nutzungsgewohnheiten verstanden werden. Eine Person, die sich vor ein Textverarbeitungssystem setzt, verfaßt nicht einfach ein Schriftstück, sondern schreibt einen Brief, einen Vermerk oder ein Buch. Nur in einem komplexen gesellschaftlichen Geflecht machen diese Aktivitäten Sinn. Dieses Netz verknüpft Institutionen (wie z.B. Postämter und Verlage), technische Anlagen (Textverarbeitungssysteme und Computernetzwerke, aber ebenfalls all die älteren Technologien, die gleichzeitig vorhanden sind, eingeschlossen), Handlungsweisen (wie z.B. das Kaufen von Büchern und das Lesen der Tagespost) und Konventionen (wie z.B. den rechtlichen Status von Schriftstücken).

Die Bedeutung einer neuen Erfindung bemißt sich daran, wie sie sich in das soziale Geflecht einfügt und dieses Netz wiederum verändert. Viele Neuerungen haben nur geringe Wirkung – sie verstärken lediglich einige Aspekte, ohne die Struktur des Netzwerks selbst zu verändern. Das Automatik-Getriebe erleichterte das Autofahren, änderte aber nicht die Rolle des Autos. Andere Entwicklungen, wie z.B. der Computer, setzen radikale Neuerungen, die nicht mit der Begrifflichkeit des vorher existierenden Netzwerkes verstanden werden können. Die Druckerpresse, das Automobil und das Fernsehen sind allesamt Beispiele für radikale Innovationen, die völlig neue Möglichkeitsfelder für das Netz zwischenmenschlicher Interaktion eröffnen. Wie das Automobil Auswirkungen auf unsere Gesellschaft zeitigte, die weit hinausgehen über die Geschwindigkeits-

Einleitung

erhöhung im Vergleich zum Pferdetransport, ebenso führt der Einsatz von Computern zu Umbrüchen, die die Benutzung von Komfortschreibmaschinen weit überschreiten. Der Charakter von Veröffentlichungen, die Kommunikationsstruktur innerhalb von Organisationen und die gesellschaftliche Organisation des Wissens werden sich umfassend ändern – wie bereits mit dem Auftreten anderer Technologien zur Sprachbearbeitung, etwa der Druckerpresse.

Jemand könnte nun der Auffassung sein, es an dieser Stelle genug sein zu lassen mit dem Hinterfragen. Offensichtlich (und allgemein anerkannt) ist, daß es ohne *funktionale* Kenntnis der Einsatzmöglichkeiten kein wirkliches Vertrautsein mit der Verwendung einer Technologie geben kann. Zusätzlich zu diesem Verständnis muß eine der Situation angemessene, *holistische* Sicht des Netzwerks aus Technologien und Tätigkeiten hinzukommen. Das ist wichtiger, als isoliert technische Geräte zu betrachten, reicht aber auch noch nicht aus. Wir können sagen, ein Textverarbeitungssystem muß über die Rolle verstanden werden, die es bei der Kommunikation, der Verteilung von Information und der Ansammlung von Wissen spielt. Aber mit dieser These benutzen wir ganz selbstverständlich Wörter wie ›Kommunikation‹, ›Information‹ und ›Wissen‹, die selbst wiederum der näheren Überprüfung bedürfen. Bei der Überprüfung dieser Begriffe werden wir unweigerlich in Untersuchungen über menschliche Grundphänomene wie ›Intelligenz‹, ›Sprache‹ und ›Rationalität‹ hineingezogen.

Der Einsatz neuer Technologie ändert menschliche Gewohnheiten und verwandelt ebenso die Art, über diese Technologie zu sprechen, unsere Sprache und unseren Intellekt. Diese neue Redeweise führt wiederum zu Änderungen in der von uns gestalteten Welt. Als ein Beispiel, wie neue sprachliche Wendungen neue Handlungsmöglichkeiten eröffnen, denken Sie an FREUDS Einführung von Begriffen wie ›Ich‹, ›Unterbewußtsein‹ und ›Repression‹. Mit einiger Berechtigung können wir sagen, daß Freud Phänomene beobachtet und benannt hat, die schon immer existiert haben. Seine sprachliche Innovation hatte einen

Die Gestaltungsfrage

gewaltigen Einfluß auf die menschliche Gesellschaft, auf unseren Umgang mit abweichendem Verhalten (von Häftlingen und psychisch Kranken) bis dahin, wie wir unsere Kinder erziehen.

Werfen wir einen Blick auf Computer, finden wir dieselben Prozesse am Werk. Die technische Entwicklung hat uns zu neuen Verwendungsweisen von Begriffen wie ›Information‹, ›Eingabe‹, ›Ausgabe‹, ›Sprache‹ und ›Kommunikation‹ geführt, während Forschung und Entwicklung im Bereich Künstlicher Intelligenz einen neuen Bedeutungszusammenhang für Worte wie ›Intelligenz‹, ›Entscheidung‹ und ›Wissen‹ mit sich bringt. Technischer Jargon formt unser Alltagsverständnis in einer Weise, die unser Leben verändert.

Um uns über den Computereinfluß auf die Gesellschaft klar zu werden, müssen wir das implizite Verständnis von menschlicher Sprache, Denken und Arbeit als Bezugsrahmen für Entwicklungen der Computertechnik aufdecken. Dabei begegnen wir Sprache in doppelter Weise. Erstens studieren wir eine Technologie, die in einem Bereich der Sprache operiert. Der Computer ist ein Gerät zur Erzeugung, Manipulation und Übertragung symbolischer (also sprachlicher) Objekte. Untersuchen wir dann den Einfluß des Computers, sind wir wieder mit Fragen der Sprache konfrontiert – Fragen, wie die Praxis unsere Sprechweise formt und Sprache wiederum Handlungsmöglichkeiten eröffnet.

Dies Buch ist also durchdrungen vom Interesse an Sprache. Vieles an unserer Theorie ist Sprachtheorie, und unser Verständnis vom Computer dreht sich um die Rolle, die er als Mittler und Förderer von sprachlichem Handeln als charakteristisch menschliche Tätigkeit spielt. Die Untersuchung, was Computer leisten können, verwickelt uns in Fragen, was Menschen mit Computern anstellen, und schließlich in die grundlegende Frage, was es heißt, ein Mensch zu sein.

Einleitung

1.2 DIE ROLLE DER TRADITION

Niemand kann ein solches Thema von einem neutralen oder objektiven Standpunkt angehen. Jede Fragestellung entwickelt sich aus einer *Tradition* – einem Vorverständnis, das den Raum möglicher Antworten aufschließt. Wir benutzen hier den Begriff ›Tradition‹ in einer weiten Bedeutung, ohne den Beiklang, mit einer zusammengehörigen sozialen oder kulturellen Gruppe verknüpft oder aus bestimmten Bräuchen und Gewohnheiten zusammengesetzt zu sein. Wir meinen damit vielmehr ein überall auftretendes, grundlegendes Phänomen, das vielleicht als ›Lebensform‹ bezeichnet werden kann. Wenn wir Tradition verstehen wollen, so ist das erste, worauf wir achten müssen, wie sie durch ihre alltägliche Augenfälligkeit kaschiert wird. Tradition ist keine Ansammlung expliziter Regeln oder Redensarten. Wir finden sie in keinem Lexikon aufgelistet. Tradition ist eine Weise zu verstehen, ein Bezugsrahmen, in dem wir deuten und handeln. Wir verwenden den Begriff ›Tradition‹, weil er die Geschichtlichkeit unserer Denkweise deutlich macht, den Umstand, daß wir immer bereits in einem Vorverständnis leben, das bedingt ist durch unsere eigene Geschichte des Austausches mit Anderen, die dieselbe Tradition teilen.

Wenn wir Menschen begegnen, die in einer ganz anderen Tradition leben, so schockiert uns der Eindruck, sie lebten in einem seltsamen und offensichtlich unvernünftigen ›Weltbild‹. Man muß sich die eigene Lebensform schon sehr sorgfältig bewußt machen, um denselben Blickwinkel auf unser eigenes Leben zu richten und damit unsere eigene Tradition zu ›entschleiern‹ – durch bewußte Wahrnehmung zu ergründen, was alles unbemerkt unsere Gedanken formt.

Als wir untersuchten, wie Menschen über Computer denken und sprechen, wurde uns der durchgehende Einfluß einer mächtigen Tradition bewußt, die besonderen Wert legt auf ›Information‹, ›Repräsentation‹ und ›Schlußfolgern‹. In dieser Tradition ist ein Großteil des technologischen Fortschritts begründet, und andererseits hat sie die Grundlage für viele Probleme gelegt, die durch den Einsatz der Computer entstanden. Selbst die Frage, die in Diskussionen darüber gestellt werden, was Computer leisten und nicht leisten können, zeugen von eigentümlicher Blindheit gegenüber dem Wesen menschlichen Denkens und Sprechens – einer Blindheit, die zu einem weitverbreiteten Mißverstehen der zukünftigen Rolle von Computern führen kann.

Der Akzent, den sie auf spezifische Weisen der Rationalität von Denken und Handeln legt, war der Grund dafür, diese Tradition mit dem Etikett ›rationalistische Tradition‹ zu versehen. Wenn wir diese Tradition ›rationalistisch‹ nennen, bedeutet das nicht, diese Tradition als ›rationale‹ mit ›Vernunft‹ gleichzusetzen. Wir wollen keiner Verteidigung der Irrationalität oder der esoterischen Anziehungskraft nichtrationaler Eingebungen Vorschub leisten. Die rationalistische Tradition ist durch die enge Fixierung auf ganz *bestimmte* Gesichtspunkte von Rationalität charakterisiert, und das wiederum führt (wie wir durch das gesamte Buch zeigen wollen) zu Standpunkten und Handlungen, die in einer umfassenderen Perspektive *nicht* rational sind. Wir fühlen uns verpflichtet, eine neue Grundlage für Rationalität zu entwickeln – eine Grundlage, die in ihren Zielsetzungen genauso präzise ist wie die rationalistische Tradition, die aber deren zugrundeliegenden Voraussetzungen nicht teilt.

Wir haben uns in diesem Buch die Aufgabe gestellt, die rationalistische Tradition in Frage zu stellen und eine alternative Orientierung einzubringen, die neue Fragestellungen aufwerfen kann. Die Arbeit an dieser neuen Orientierung führte uns zur Kritik an den verbreiteten Mythen über die Künstliche Intelligenz und an den damit verbundenen Erkenntnistheorien. Wir gelangten zu Schlußfolgerungen, die zu dem naiven Optimismus, wie er in den eingangs zitierten Fragen durchscheint, im Widerspruch stehen. Unser eigentliches Ziel liegt jedoch nicht in der Entlarvung, sondern in der Neuorientierung. Die von uns vorgeschlagene Alternative ist somit kein Beitrag zur Debatte, ob Computer nun intelligent sein werden oder nicht, sie stellt vielmehr den Versuch dar, ein neues Verständnis für den

Einleitung

Entwurf von Computerwerkzeugen zu verbreiten, die für menschliche Verwendungszwecke und Bedürfnisse geeignet sind.

1.3 UNSER PFAD

Wir wollen dem Leser die Möglichkeit geben, selbst eine neue Orientierung zu entwickeln. Natürlich kann kein Buch das Ergebnis eines solchen Prozesses vorwegnehmen, aber indem wir einen Dialog mit dem Leser beginnen, können wir diesen Orientierungsprozeß in Gang setzen. Dies haben wir in drei Schritten versucht: Zuerst stellen wir einige Arbeiten vor, die die theoretischen Grundannahmen der rationalistischen Tradition anfechten und viel von dem in Frage stellen, was wir gewöhnlich in unserer Tradition als selbstverständlich voraussetzen. Unter diesem Blickwinkel untersuchen wir dann sehr sorgfältig Phänomene, die mit der praktischen Umsetzung der Computertechnologie auftraten. Schließlich machen wir Vorschläge für einige alternative Richtungen beim Entwurf computergestützter Werkzeuge.

Teil I des Buches (Kapitel 1-6) beschreibt die rationalistische Tradition und stellt drei unterschiedliche Denkgebäude vor. Jedes für sich steht im Gegensatz zu dieser Tradition, und jedes für sich hat unser eigenes Verständnis sehr nachhaltig beeinflußt. Wir versuchen gar nicht erst, eine philosophische Darlegung und Kritik zu liefern und die Argumente für und gegen jede einzelne Position aufzuzählen und zu gewichten. Wir halten es für fruchtbarer, die zentralen Thesen darzustellen und dabei auf ihre Bedeutung für unsere eigenen Interessen zu achten. Unsere Abhandlung ist insofern theoretischer Natur, als es um grundlegende Fragen geht, sie zielt jedoch nicht darauf ab, formale Theorien aufzustellen, mit deren Hilfe systematisch Voraussagen getätigt werden können. Es wird sich herausstellen, daß eine der hervorstechendsten Illusionen rationalistischer Tradition auf dem Glauben fußt, Kenntnis bestehe aus solcherart ausformulierten Theorien.

Kapitel 2 beschreibt die rationalistische Tradition und zeigt ausführlicher, wie sie die Grundlage des alltäglichen Verständ-

Unser Pfad

nisses von Sprache, Denken und Rationalität in unserer Kultur abgibt. Unser Ziel ist dabei, (versteckte) Vorurteile und Hintergrundannahmen aufzudecken, die durch Einverleibung der Tradition in unser Sprachumfeld kaschiert sind.

Kapitel 3 hat eine Denktradition zum Thema, die die *Hermeneutik* (die Lehre von der Interpretation) und die *Phänomenologie* (die philosophische Untersuchung der Grundlagen von Erfahrung und Handeln) einschließt. Diese Tradition ist aus den Forschungen in den Geisteswissenschaften erwachsen und setzt sich mit der Beziehung zwischen Individuum und dem – vor allem sozialen – Kontext auseinander, in dem er oder sie lebt. Besonderen Wert legt sie auf diejenigen Bereiche menschlicher Erfahrung, in denen individuelle Deutung und intuitives Verstehen eine zentrale Rolle spielen (im Gegensatz zu deduktiv-logischer Schlußfolgerung und bewußter Reflexion). Die Vertreter dieser Tradition stellen den Glauben in Frage, daß ein formales, analytisches Verständnis der Phänomene von Sprache und sozialem Handeln überhaupt möglich ist.

Wir konzentrieren uns auf die Arbeiten von HANS GEORG GADAMER und MARTIN HEIDEGGER. Etliche andere Philosophen haben sich mit verwandten Ideen beschäftigt, darunter Phänomenologen wie HUSSERL, RICŒUR und MERLAU-PONTY, Existentialisten wie SARTRE, Pragmatisten wie MEAD und DEWEY, heutige Sozialphilosophen wie HABERMAS und APEL, und sogar Philosophen mit einem stärker sprachanalytischen Ansatz wie WITTGENSTEIN. Wir beziehen uns vornehmlich auf HEIDEGGER und GADAMER, zum einen wegen der Rolle, die ihre Arbeiten in unserem eigenen Lernprozeß gespielt haben, und zum anderen wegen der ihnen innerhalb der Denktradition zukommenden Bedeutung. HEIDEGGER verkörpert in der Gegenwartsphilosophie denjenigen, der die gründlichste, tiefgehendste und radikalste Analyse von Zeitlichkeit und Alltäglichkeit geleistet hat. Seine Ideen bilden die Wurzel vieler Aussagen anderer Philosophen und liegen auch unserer eigenen Orientierung zugrunde. Am deutlichsten hat GADAMER diese Richtung auf das für uns zentrale Problem der Sprache angewendet. Wir wollten kein fach-

Einleitung

philosophisches Werk produzieren und unternehmen deshalb auch keinen Versuch, zwischen der Argumentation dieser beiden Philosophen und den Arbeiten manch anderer Philosophen, die ihnen vorausgegangen oder nachgefolgt sind, Verbindungen herzustellen. Es geht uns vielmehr darum, die relevanten Unterschiede zur rationalistischen Tradition möglichst klar herauszuarbeiten, und daher konzentrieren wir uns auf die zentralen Einsichten von HEIDEGGER und GADAMER.

Kapitel 4 stellt das Werk von HUMBERTO R. MATURANA vor, einem chilenischen Neurobiologen, der für seine Arbeiten zur Neurophysiologie des Sehvermögens weltberühmt geworden ist. Sein Hintergrund ist kein philosphischer, sondern der eines Biologen, und er machte zuallererst die Natur biologischer Organismen als *Systeme, deren Mechanismus strukturabhängig ist*, zu seinem Thema. Seine Arbeiten haben entscheidend zur Entwicklung unseres eigenen Verständnisses von Erkenntnis beigetragen und unsere Sichtweise der rationalistischen Tradition beeinflußt.

Philosophen wie HEIDEGGER stellen die herrschende Auffassung über den Verstand in Frage, und erklären, Erkenntnis gründe sich nicht auf systematisches Abwägen geistiger Vorstellungen. Diese Betrachtungsweise bildete die Grundlage für verschiedene Kritiken an der Künstlichen-Intelligenz-Forschung[4], die anfangs in den Augen der wissenschaftlichen Öffentlichkeit mit einer Art mystischen Aura umgeben war. Da sie die verbreitete Auffassung von der Beziehung zwischen Wahrnehmungsvermögen, Vorstellung und Denken in Frage stellt, entstand bei oberflächlicher Betrachtung der Eindruck, als ob diese kritischen Ansätze die physische Grundlage menschlichen Handelns bestritten. MATURANAS Forschungen lieferten daher zwei entscheidende Einsichten, die uns von einem solcherart beschränkten Vorverständnis Abschied nehmen ließen: die Rolle des Beobachters bei der *Konstitution des Gegenstandsbereiches* (*phenomenal domain*) und das Konzept der *strukturellen Koppelung*, das uns erlaubt, Verhalten zwar als Ergebnis eines Mechanismus, aber nicht als völlig vorprogrammiert zu begreifen. MATURANA schafft damit als Biologe einen Rahmen, der das Phänomen des

Unser Pfad

Verstehens selbst als notwendige Konsequenz der Struktur biologischer Existenz erscheinen läßt. Er nötigte uns gleichzeitig zum Erarbeiten eines anderen Verständnisses der physischen (Um)Welt und dazu, dieses Verständnis auf uns selber anzuwenden.

Erkenntnisfragen sind mit Fragen über das Wesen von Sprache verwoben, darauf haben wir bereits hingewiesen. Kapitel 5 beginnt mit dem Nachweis, in welcher Weise Einsichten der Hermeneutik für Probleme bedeutsam sind, die herkömmlicherweise von Linguisten und analytischen Sprachphilosophen aufgeworfen wurden. Besonderer Wert wird auf die Rolle des Zuhörers beim aktiven Hervorbringen von Bedeutung gelegt und gezeigt, wie die Idealisierung von ›wörtlicher Bedeutung‹ bei der Betrachtung von Umgangssprache zusammenbricht. Wir befassen uns dann mit der Sprechakttheorie, wie sie von AUSTIN und SEARLE entwickelt und später von Sozialphilosophen wie HABERMAS übernommen wurde. Obwohl diese Arbeiten aus der Schule der analytischen Philosophie erwachsen sind, stellt die von ihnen geprägte Sichtweise der Sprache als Sprechhandlung die rationalistische Tradition in Frage. Sie vertreten nämlich die These, die Sprache und damit auch das Denken sei letztlich nur zu verstehen als auf sozialer Interaktion gegründete Produktion von Bedeutung. Sprechakttheorie ist damit der Ausgangspunkt für ein Verständnis von Sprache als Handlung: als Akt der sozialen Schöpfung von ›Sinn‹ und ›Bedeutung‹. Im letzten Teil des Kapitels stellen wir unsere eigene Synthese aus der Sprechakttheorie und dem in Kapitel 3 entwickelten hermeneutischen Verständnis von Sprache vor. Diese Synthese ist von zentraler Bedeutung für unsere Interpretation der Computertechnologie im zweiten Teil des Buches. Sie führt uns zu der Schlußfolgerung, daß wir unsere Welt durch Sprache erzeugen, eine Beobachtung, die weitreichende Konsequenzen für die Gestaltung mit Computersystemen hat.

Als Übergang vom theoretischen Teil zum Rest des Buches greift das Kapitel 6 einige gemeinsame Linien aus den vorausgegangenen drei Kapiteln auf und faßt sie zusammen. Daß die

Einleitung

Vorstellung zu verwerfen ist, Erkenntnis sei der Umgang mit dem Wissen von einer objektiven Welt, die These vom Vorrang des Handelns und seiner zentralen Bedeutung für Sprache, sowie die Unmöglichkeit, sämtliche Hintergrundannahmen explizit auszuformulieren, all das spielt eine wichtige Rolle in unserer Kritik an der heutigen Computertechnologie in Teil II und bei der neuen Gestaltungsorientierung in Teil III des Buches.

Teil II (Kapitel 7-10) wirft konkrete Fragen zum Verwendungszusammenhang von Computern auf. Wir wollen verstehen und neu interpretieren, was gegenwärtig mit Computern gemacht wird, und wir wollen zukünftige Entwicklungen voraussehen.

Kapitel 7 beschreibt, wie Menschen bei der Programmierung von Computern vorgehen. Im Blickpunkt stehen die Absichten von Programmierern in Relation zum tatsächlichen Verhalten der Geräte, auf denen die erstellten Programme ablaufen. Programmieren ist ein Prozeß der Erzeugung symbolischer Repräsentationen, die dann auf einer bestimmten Ebene der Hierarchie von Konstrukten unterschiedlichen Abstraktionsgrades interpretiert werden müssen. Die Beziehungen zwischen verschiedenen Repräsentationsebenen können sehr komplex sein, da jede Ebene in Ausdrücken der niedrigeren ausgeführt ist. Diese Beschreibung legt das Fundament für die Analyse der Künstlichen oder Computerintelligenz in den folgenden Kapiteln.

Kapitel 8 prüft die computergestützten Techniken, die als Grundlage der Künstlichen Intelligenz vorgeschlagen wurden. Unter Bezug auf die im Teil I entwickelten Auffassungen – im Widerspruch zur heute weitverbreiteten Meinung – vertreten wir die These, daß niemand Maschinen konstruieren kann, die intelligentes Verhalten entweder selbst an den Tag legen oder erfolgreich nachbilden können. Wir beginnen mit der Frage, warum Computern, aber nicht anderen Maschinentypen, von denen mit gleichem Recht behauptet werden kann, daß sie Informationen bereitstellen und verarbeiten, verstandesgemäße Fähigkeiten zugeschrieben werden. Eine eingehendere Darstellung von Arbeiten aus dem Umfeld Künstlicher Intelligenz und

Unser Pfad

eine Analyse ihrer Beschränkungen schließt sich an. Viele Schwierigkeiten mit aktuellen Forschungsergebnissen haben ihren Ursprung in einer grundlegenden Einstellung, die Intelligenz mit rationalistischem Problemlösen auf der Basis heuristischer Verfahren gleichsetzt.

Kapitel 9 stellt das Thema des vorausgegangenen Kapitels in den Kontext von Computerprogrammen, die natürliche Sprache verarbeiten. Wir befassen uns mit der Frage, warum so viele der in den 70er Jahren entwickelten Programme nicht an die menschliche Fähigkeit, Bedeutung verstehen zu können, herankommen. Ungeachtet der ausgedehnten Vielfalt ausgefeilter Techniken für flexiblere Analyse- und Erkennungsverfahren, bleibt der Umfang ihres Verstehensvermögens strikt begrenzt. Es mag praktische Anwendungen für die Verarbeitung von der natürlichen Sprache ähnlichen Formalismen und für die eingeschränkte Verarbeitung von natürlicher Sprache durch Computer geben. Aber diese computergestützten Verfahren werden untauglich bleiben für einen Umgang mit Sprache nach der Art menschlicher Wesen – und zwar sowohl in Bezug auf Interpretationsfähigkeit als auch, was das Erzeugen von wechselseitigen Verpflichtungen angeht. Diese aber sind von zentraler Bedeutung für die Sprache.

Kapitel 10 wirft einen kritischen Blick auf einige aktuelle Hauptforschungsrichtungen in Bereichen wie denen der Wissensverarbeitung, von Expertensystemen und von Computern der sogenannten ›Fünften Generation‹. Es wird eine globale Gewichtsverlagerung beschrieben, die vom generellen Ziel, Computer zu schaffen, die Sprache verstehen und denken können, hinführt zum Entwurf von Software für spezialisierte Aufgabenbereiche, und es werden die für die nächsten Jahre entworfenen Zukunftsbilder beurteilt.

Teil III (Kapitel 11 und 12) stellt eine alternative Orientierung für Gestaltung vor, die auf dem von uns entwickelten theoretischen Hintergrund aufbaut. Relevant sind dabei nicht Fragen, die Computer mit Menschen vergleichen, sondern solche Fragen, die für Computer neue Möglichkeiten eröffnen, damit sie

Einleitung

im menschlichen Leben und Arbeiten eine sinnvolle Rolle spielen können. Wenn wir aus der Blindheit heraustreten, die durch die alten Fragen verbreitet wird, können wir eine erweiterte Sichtweise dafür entwickeln, was Computer leisten *können*.

Kapitel 11 stellt sich den Entwurf von Computerwerkzeugen für den Einsatz in Organisationszusammenhängen als Aufgabe. Wir konzentrieren uns auf die Tätigkeit von Leuten, die für gewöhnlich ›Manager‹ genannt werden. Aber die gleichen Belange erwachsen in allen Situationen, in denen soziale Interaktion und Zusammenarbeit gefragt ist. Anknüpfend an HEIDEGGERS Erörterung der ›Geworfenheit‹ und der Berücksichtigung im Kontext der ›Zuhandenheit‹[5] sind wir zu der Auffassung gelangt, daß Modelle rationalistischen Problemlösens der wirklichen Struktur von Handlungen nicht angemessen Rechnung tragen und daß Programme, die auf solchen Modellen aufbauen, unmöglich erfolgversprechend sein können. Nichtsdestoweniger kann Computertechnologie bei der Unterstützung von Managern durchaus eine sinnvolle Rolle spielen und Hilfsmittel sein, wenn man mit den komplexen Konversationsstrukturen, die in einer Organisation entstehen, zu Rande kommen will. Ein Großteil der Tätigkeit von Managern besteht im Initiieren, Überwachen und vor allen Dingen im Koordinieren des Netzes aus Sprechakten, aus dem soziales Handeln sich zusammensetzt.

Kapitel 12 kehrt zur grundlegenden Gestaltungsfrage zurück und erörtert Entwicklungsmöglichkeiten der Computertechnologie, wie sie durch das in den vorausgegangenen Kapiteln entwickelte Verständnis erschlossen werden. Nach einem kurzen Rückblick auf die zuvor skizzierten relevanten Grundannahmen untersuchen wir einige der Phänomene, auf die sich Gestaltung einlassen muß, wobei wir unseren Ansatz an einem konkreten Beispiel veranschaulichen. Außerdem behandeln wir Gestaltung in bezug auf *systematisierte Bereiche* menschlichen Handelns, in denen es um formale Strukturen und Regeln zu deren Manipulation geht. Das hier aufgeworfene Gestaltungsproblem erschöpft sich nicht einfach im Herstellen von Werk-

Unser Pfad

zeugen, die bereits existierende Tätigkeitsbereiche exakt nachbilden, sondern betrifft auch die Schaffung neuer Handlungsbereiche. Gestaltung dient gleichzeitig dem Zweck, Gegenstände, Zusammenhänge und Ordnungen der uns betreffenden Welt zu erzeugen und sie zu verändern.

In gewissem Sinne ist dies ein Buch über Computer, aber es geht über die Frage hinaus, was Computer leisten können. Unser weitergehendes Ziel besteht darin, den Hintergrund des Vorverständnisses aufzuklären, vor dem die Auseinandersetzungen um Computer und Technologie stattfinden, und seine weiterreichenden Folgen zu erfassen. Letzten Endes sind wir auf der Suche nach einem besseren Verständnis dessen, was es heißt, ein Mensch zu sein. Auf diesem Pfad wird Fortschritt nicht durch ›richtige Antworten‹ markiert, sondern durch das Stellen sinnvoller Fragen – Fragen, die ein Offensein für neue Lebensformen wachrufen. Wir laden die Leser ein, mit uns Offenheit für eine veränderte, gemeinsame Vision der Entwicklung der Computertechnologie in den kommenden Jahrzehnten zu schaffen.

KAPITEL 2
DIE RATIONALISTISCHE TRADITION

Die heute vorherrschende Auffassung von Computern und deren Einfluß auf die Gesellschaft ist durch eine rationalistische Tradition geprägt, die als Quelle unseres Verständnisses erneut untersucht und in Frage gestellt werden muß. Im ersten Schritt wollen wir die Tradition des Rationalismus und logischen Empirismus beschreiben, die sich zumindest bis PLATO zurückverfolgen läßt. Diese Tradition war die treibende Kraft westlicher Wissenschaft und Technologie und hat ihre Effektivität am deutlichsten in den ›exakten Wissenschaften‹ bewiesen – als Begründung der Wirkungsweise deterministischer Mechanismen, deren Prinzipien mit formalen Systemen eingefangen werden können. In der Mathematik und Logik hat diese Tradition ihre höchste Ausdrucksform gefunden und die Entwicklung der Linguistik und Kognitiven Psychologie sehr stark beeinflußt.

Wir wollen weder den Versuch einer vollständigen historischen Darlegung rationalistischer Tradition unternehmen, noch ihren Platz auf einer Art intellektueller Landkarte festlegen. Statt dessen konzentrieren wir uns darauf, den Einfluß zu verstehen, den diese Tradition auf die aktuelle Diskussion und Praxis ausübt, besonders in bezug auf die Entwicklung und den Einfluß von Computern. Der Zweck dieses Kapitels ist, die wichtigen Punkte dieser Tradition in groben Zügen darzustellen und ihre Einverleibung in gegenwärtige Theorien über Sprache, Geist und Handeln zu veranschaulichen.

2.1 DIE RATIONALISTISCHE ORIENTIERUNG

»Wie gehen wir vor, wenn wir vor ein Problem gestellt werden, um dessen Lösung wir uns sorgen?« Diese Frage vermittelt uns einen Einstieg in die Entschleierung der rationalistischen Tradition. Der rationalistische Ansatz kann als Abfolge verschiedener Schritte dargestellt werden:

1. Beschreiben Sie eine Situation in der Begrifflichkeit identifizierbarer Gegenstände mit wohldefinierten Eigenschaften.
2. Suchen Sie dann nach allgemeingültigen Regeln, die sich auf Situationen in der Begrifflichkeit solcher Gegenstände und Eigenschaften anwenden lassen.
3. Wenden Sie schließlich diese Regeln logisch auf die betreffende Situation an und leiten Sie die nächsten, notwendigen Schritte daraus ab.

Es gibt eine Reihe auf der Hand liegende Fragen, wie wir konkrete Situationen mit systematischen ›Vorstellungen‹[6] von Gegenständen und Eigenschaften in Einklang bringen und Kenntnis von allgemeingültigen Regeln erlangen können. In der rationalistischen Tradition werden diese Fragen jedoch überwiegend verdrängt zugunsten des besonderen Werts, der auf die Formulierung systematischer Regeln zum logischen Schlußfolgern gelegt wird. Viele Entwicklungen der westlichen Philosophie – von klassischer Rhetorik bis zu moderner symbolischer Logik – kann aus dem Bestreben erklärt werden, immer systematischere und präzisere Formulierungen aufzutischen, welche die gerade noch als verläßlich erachtete Ableitungsmethode ersetzen.

Immer noch werden Philosophen durch Fragen zur Bedeutung der Übereinstimmung (von Aussagen und Tatsachen) und der Erkenntnis beunruhigt. Im tagtäglichen Umgang mit Denken und Schlußfolgern gelten solcher Art Fragen jedoch als unproblematisch. Sollten sie dennoch einmal zur Sprache kommen, wird die Diskussion oft als ›zu philosophisch‹ abgetan. Sogar innerhalb der Philosophie gibt es Schulen (wie z.B. die Analytische Philosophie), die sämtliche Probleme zur Seite schieben, die aus den ersten beiden Schritten der oben dargestellten Abfolge erwachsen; nicht weil sie als uninteressant, sondern weil sie als zu schwierig und außerdem als unentscheidbar gelten. Wenn sich die Philosophie auf Formalismen und logische Regeln konzentriert, könne sie klare technische Ergebnisse entwickeln, deren Gültigkeit sich in der Begrifflichkeit interner Kohärenz und Konsistenz beurteilen lassen.

Zwischen der rationalistischen Tradition und der Herangehensweise des organisierten Wissenschaftsbetriebes besteht ein enger Zusammenhang. Im weiteren Sinne können wir jede organisierte Form der Untersuchung als Wissenschaft ansehen, aber im gewöhnlichen Sprachgebrauch wird darunter noch mehr vorausgesetzt. Die Einhaltung der wissenschaftlichen Methode muß bis zu einem gewissen Grad gewährleistet sein. Diese Methode besteht aus einer Abfolge grundlegender Schritte (die zur schrittweisen Verfeinerung wissenschaftlicher Aussagen wiederholt durchlaufen werden können):

»[Die wissenschaftliche Methode] kann durch die folgenden Operationen dargestellt werden: (a) Beobachtung eines Phänomens, das als zu erklärendes Problem angesehen wird; (b) Entwicklung einer erklärenden Hypothese in Form eines deterministischen Systems, das ein Phänomen erzeugen kann, welches mit dem beobachteten Phänomen isomorph ist; (c) Generierung eines Zustandes oder Prozesses des Systems, der entsprechend der vorgelegten Hypothese als vorhergesagtes Phänomen beobachtet werden soll; (d) Beobachtung des so vorhergesagten Phänomens.« (MATURANA 1982c, S. 236 f.)

Als erstes notiert der Wissenschaftler Regelmäßigkeiten bei den ihn interessierenden Phänomenen – einige bei der Beobachtung ständig wiederkehrende Muster. Er oder sie schlägt dann ein begriffliches oder konkretes System vor, das in Übereinstimmung mit den Beobachtungen gebracht werden kann und Änderungen auf der Modellebene zuläßt, um Voraussagen über andere mögliche Beobachtungen treffen zu können. Sodann werden experimentelle Bedingungen geschaffen, unter denen diese Beobachtungen erwartet und die Resultate zur Modifizierung der Theorie verwendet werden können. Wissenschaftliche For-

Rationalismus

schung ist somit ein Herstellen von Situationen, in denen beobachtbare Aktivitäten durch eine geringe Anzahl von Variablen, die sich systematisch abwandeln lassen, in eindeutiger Weise bestimmt sind. Die Einfachheit des Modells ist notwendig, wenn das System Voraussagen liefern soll, die überprüfbar sein sollen.

Die rationalistische Orientierung liefert nicht nur die Grundlage für reine und angewandte Wissenschaft, sondern wird, möglicherweise aufgrund von Ansehen und Erfolg der modernen Wissenschaften, ebenfalls als das ausschlaggebende Paradigma zur Erklärung von Denken und Intelligenz hochgeschätzt. Untersuchungen über das Denkvermögen legen den Schwerpunkt auf die Form der Regeln und auf solche Prozesse, in denen diese Regeln logisch angewandt werden. Gebiete der Mathematik, wie z.B. symbolische Logik und Automatentheorie, werden dabei als Basis für die Formalisierung der Vorgänge genommen, die beim Wahrnehmen, Denken und Handeln einer Person ablaufen. Für wissenschaftlich-technisch ausgebildete Menschen mag es als selbstverständlich erscheinen, daß dies der richtige (oder sogar der einzig mögliche) Zugang zu ernsthafter Verstandestätigkeit ist. Viele, die im Bereich Künstlicher Intelligenz arbeiten, tun sich genau aus diesem Grund so schwer mit einer Kritik, wie sie z.B. von DREYFUS (1985) vorgebracht wird. Denn diese Kritik rüttelt massiv an ihrem tiefsitzenden Vorverständnis. Zur Verteidigung führen sie gewöhnlich an, daß die einzig denkbare Alternative einer Art Mystik, Religion oder krausem Denken den Boden bereite, was einem Rückfall in frühere Stadien der Zivilisation gleichkäme.

Es ist also kaum noch verwunderlich, daß die rationalistische Orientierung nicht nur Künstliche Intelligenz und den Rest der Informatik durchzieht, sondern auch große Bereiche der Linguistik, Managementtheorie und Kognitionswissenschaft[7] – drei Bereiche, mit denen die Künstliche Intelligenz eng verbunden war. In den folgenden drei Abschnitten wollen wir jedes dieser Fachgebiete der Reihe nach untersuchen um festzustellen, wie rationalistische Theoriemodelle und Denkweisen für ihre Fragestellungen, Theorien, Methoden und Grundannahmen verantwortlich waren.

Die rationalistische Tradition

Zunächst ist jedoch ein Einwand angebracht. Wenn wir diese Disziplinen als Elemente einer umfassenden rationalistischen Tradition darstellen, so sind wir uns dessen bewußt, daß etwa Künstliche Intelligenz und Kognitionswissenschaft von wohldurchdachten Arbeiten analytischer Philosophen keineswegs übereinstimmend akzeptiert werden.[8] Es wäre jedoch ein Fehler, deshalb die Prägekraft dieser Tradition zu unterschätzen. Die rationalistische Tradition durchzieht die Arbeiten der analytischen Philosophen wie auch die Forschung in der Informatik und kognitiven Psychologie gleichermaßen. In Momenten sorgfältiger Reflexion wird die Bedeutsamkeit von Phänomenen akzeptiert, die sich den rationalistischen Analyseverfahren nicht erschließen, aber in der tagtäglichen Arbeit wird so verfahren, als sei diese Methode auf alles anwendbar. Das Aufstellen von Theorien und das Entwickeln von Computerprogrammen erfolgt in einem Stil, der mit der naiven Tradition vollständig in Einklang steht, und meidet Bereiche, in denen diese Methode versagt. Der eigentliche Gegenstand unserer Untersuchungen sind letztendlich nicht die fachphilosophischen Argumente, sondern ein umfassenderes Phänomen – die Rolle der Tradition, für Menschen eine Orientierung zu liefern, die sich selbst zwar nicht als Philosophen sehen, aber deren Art zu denken nichtsdestoweniger eine philosophische Denktradition verkörpert.

2.2 SPRACHE, WAHRHEIT UND DIE WELT

Ein Großteil unseres Buches stellt den Versuch dar, die nicht augenfällig in Erscheinung tretende rationalistische Orientierung nachzuweisen und die dadurch hervorgerufene systematische Blindheit gegenüber dem sozialen Kontext menschlicher Weltwahrnehmung aufzudecken. In Verfolgung dieser Absicht fanden wir uns tief in das Problem der Sprache verstrickt. Nach Auffassung der rationalistischen Tradition ist Sprache ein Symbolsystem; aus Symbolen zusammengesetzte Muster stehen für Dinge in dieser Welt; Sätze können die Welt richtig oder falsch wiedergeben, klar oder unverständlich, aber ihr grundlegendes

Fundament haben sie in ihrer *Entsprechung* zum Sachverhalt, den sie repräsentieren. Diese Korrespondenztheorie der Wahrheit läßt sich folgendermaßen zusammenfassen:

1. Sätze sagen Dinge über die Welt aus und können richtig oder falsch sein.
2. Was ein Satz über die Welt aussagt, ist eine Funktion der Wörter, die er enthält, und der Strukturen, nach denen diese Wörter kombiniert und verbunden werden.
3. Die Inhaltswörter eines Satzes (z.B. Substantive, Verben und Adjektive) können als Denotationen, also Bezeichnungen für Objekte, Eigenschaften, Beziehungen (in der Welt) oder für daraus gebildete Verknüpfungen verstanden werden.

Natürlich werden die meisten Menschen nicht auf Anhieb in der Lage sein, diese Annahmen zu formulieren. Sie werden z.B. kaum etwas wissen vom Unterschied zwischen ›Inhaltswörtern‹ (wie ›Hund‹ und ›verschwinden‹) und ›Funktionswörtern‹ (wie ›von‹ und ›der‹). Aber sie werden auch keine dieser Aussagen überraschend oder uneinsichtig finden.

Das Verhältnis dieser Annahmen zu formaleren semantischen Theorien ist vielschichtiger. Im Laufe dieses Jahrhunderts ist ein umfangreiches Theoriegebäude entstanden, das Bedeutungszusammenhänge aus einem formalen, analytischen Gesichtspunkt systematisch erforscht hat.[9] Das Ziel solcher logisch-semantischen Analyse[10] besteht darin, die Regelmäßigkeiten der Entsprechung (oder Nichtentsprechung) zwischen dem, was wir sagen, und dem, was wir meinen, zu erklären. Das Problem läßt sich auf zwei Ebenen umreißen. Zuerst stellt sich die Frage nach der ›semantischen Korrespondenz‹. Was genau ist das Verhältnis zwischen einem Satz (oder einem Wort) und den Objekten, Eigenschaften und Beziehungen, die wir in der Welt beobachten? Einige wenige Philosophen bleiben der naiven Anschauung treu und unterstellen die Existenz einer objektiven Realität, in der Objekte und ihre Eigenschaften ›einfach da‹ sind. Die Entscheidung, was genau ein einzelnes Objekt ausmacht oder in

Die rationalistische Tradition

welchem Sinne eine Beziehung oder ein Ereignis ›existiert‹, wirft allerdings schwierige *ontologische* Probleme auf. Einige beschränkte Aspekte (wie der Gegenstandsbezug von Eigennamen) sind in der Sprachphilosophie untersucht worden, aber es wird üblicherweise davon ausgegangen, daß für das allgemeine Problem der ›semantischen Korrespondenz‹ keine rein formale Antwort gegeben werden kann.

Die zweite, leichter zu bearbeitende Untersuchungsebene von Bedeutungszusammenhängen sieht – ohne sich auf eine ontologische Fundierung festzulegen – die Existenz von so etwas wie ›Korrespondenz‹ (der Übereinstimmung von Aussage und Sachverhalt) als gegeben an. Dies einmal unterstellt, lassen sich *Beziehungen* zwischen den Bedeutungen verschiedener Wörter, Redewendungen und Sätze untersuchen, ohne Antwort auf die schwierige Frage geben zu müssen, was genau die jeweilige Bedeutung ist.[11]

Untersuchungen dieser Art können auf die verschiedenste Weise ausgeführt werden. Der als ›strukturelle Semantik‹ oder ›linguistische Semantik‹[12] bezeichnete Ansatz befaßt sich einzig und allein mit sprachlichen Objekten (Wörtern, Redewendungen und Sätzen). Die Tatsache, daß »Ihr zutiefst ergebener ...« als Schlußwendung ungewöhnlich ist oder ›männliches Elternteil‹ und ›Vater‹ synonym in ihrer Bedeutung sind, läßt sich in einer Theorie dadurch behandeln, daß Wörter (und postulierte Eigenschaften von Wörtern) zu ihrem Auftreten in bestimmten Arten von Redewendungen und Sätzen in Verbindung gebracht werden. Innerhalb einer solchen Theorie bedarf es keines Bezuges, weder zur verbalen Äußerung als Handlung, noch zu der durch sie beschriebenen Sachlage.

Dieser Ansatz führt jedoch nicht weit, weil hier allgemeingültige Regeln nur in Abhängigkeit von spezifischen Wörtern und Strukturen aufgestellt werden können. Überwiegend benutzen daher Theorien der Semantik eine formalisierte Sprache, die es erlaubt, grundlegendere Regelmäßigkeiten zu behandeln. Es wird vorausgesetzt, daß jeder Satz einer natürlichen Sprache (z.B. Englisch) in Korrespondenz gebracht werden kann mit einer oder mehreren möglichen Interpretationen einer formalen Sprache (wie z.B. das Prädikatenkalkül erster Ordnung), in der die Ableitungsregeln wohldefiniert sind. Das Studium der Bedeutungszusammenhänge beinhaltet dann beides, die Übertragung von Sätzen in korrespondierende, formale Strukturen und die zu diesen Strukturen gehörenden logischen Regeln. Deshalb werden die Sätze »Jeder Hund hat einen Schwanz«, »Alle Hunde haben einen Schwanz« und »Ein Hund hat einen Schwanz« alle in dieselbe Form übersetzt, während »Ich gehe zu einer Bank« zwei mögliche Übersetzungen hat (entsprechend der beiden Bedeutungen von ›Bank‹), wie auch der Satz »Verwandtenbesuche können auf die Nerven gehen« (entsprechend der verschiedenen Interpretationsmöglichkeiten, wer diesen Besuch abstattet).

Die meisten aktuellen Arbeiten dieser Richtung machen sich eine Form ›wahrheitstheoretischer‹ Charakterisierung von Bedeutungszusammenhängen zu eigen. Wir können deren zugrundeliegende Annahmen folgendermaßen zusammenfassen:

1. Es gibt ein System von Regeln (die pragmatische und kontextabhängige Erwägungen enthalten können), mit dem Sätze einer natürlichen Sprache in Ausdrücke einer formalen Sprache übertragen werden können, so daß der Kern ihrer Bedeutung erhalten bleibt.
2. Es gibt ein anderes System von Regeln, das die Bedeutung von Ausdrücken dieser formalen Sprache in systematischer Weise definiert durch die Bedeutung der Bestandteile dieser Ausdrücke und durch Strukturen, nach denen diese Bestandteile kombiniert werden.
3. Es gibt Klassifikationsregeln der Logik, die für die Wechselbeziehung der Wahrheitsbedingungen verschiedener Ausdrücke verantwortlich sind.
4. Die grundlegende Satzform ist der Indikativ, der als Feststellung genommen werden kann, daß eine ganz bestimmte Behauptung wahr ist. Die Bedeutung eines Satzes läßt sich dann in Gestalt der Bedingungen in der Welt, unter denen der Satz wahr wäre, charakterisieren.

Die rationalistische Tradition

Zusätzlich zu diesen Annahmen besteht allgemein verbreitetes Einvernehmen darüber, daß – will man zu relevanten Konstruktionsregeln kommen – die Bedeutung zusammengesetzter Ausdrücke *ohne Bezug auf den Kontext, in dem sie auftreten*, festgesetzt werden müssen. Wenn nämlich die Bedeutung eines jeden Teils je nach Verwendungszusammenhang verschieden sein kann, so wären Regeln für zusammengesetzte Bedeutungen nichtssagend. Es könnte keine systematische Festschreibung der Bedeutung eines semantischen Ausdrucks geben, die allen Verwendungszwecken Rechnung trägt. Natürlich kann diese Kontextunabhängigkeit nicht absolut genommen werden; es gibt offensichtliche, eingestandene Ausnahmen.[13] Aber die zugrundeliegende Bedeutungslehre (Semantik) befaßt sich mit Wörtern und Sätzen im Sinne ihrer *wörtlichen Bedeutung*, und faßt diese als nicht kontextabhängig auf. Wir werden die Konsequenzen dieser Annahmen in Kapitel 5 erörtern.

Die Korrespondenztheorie der Sprache ist ein Eckpfeiler, auf dem andere Aspekte der rationalistischen Tradition ruhen. Rationalistische Theorien des Geistes übernehmen allesamt eine gewisse Form der ›Repräsentations-Hypothese‹, bei der vorausgesetzt wird, daß Denken in der Manipulation von geistigen Vorstellungen als Repräsentations-Strukturen besteht. Obgleich diese Vorstellungen nicht eigentlich sprachlicher Art sind (das soll heißen, nicht Sätze einer gewöhnlichen menschlichen Umgangssprache), werden sie als Sätze einer Art ›inneren Sprache‹ behandelt, deren Zugang zur Außenwelt des Denkenden den oben ausgeführten Prinzipien folgt.

2.3 ENTSCHEIDEN UND PROBLEMLÖSEN

Eine andere, moderne Verkörperung der rationalistischen Tradition ist die Wissenschaft von der Unternehmensführung[14], ein Bereich, der mit mathematischer Entscheidungstheorie und Verhaltensanalysen in der Menschenführung befaßt ist. Entscheiden als ein Prozeß des Informationssammelns und -verarbeitens wird von dieser Disziplin als die zentrale Aufgabe der Unter-

Entscheiden und Problemlösen

nehmensführung angesehen. Rationales Verhalten wird betrachtet als Resultat der Wahl zwischen Alternativen in Abhängigkeit von den Auswahlmöglichkeiten. SIMON charakterisiert die grundlegenden Annahmen der Entscheidungstheorie folgendermaßen:

»Zu jedem Zeitpunkt ist das handelnde Individuum bzw. die Organisation, die aus mehreren solcher Individuen gebildet ist, mit einer Vielzahl von Handlungsalternativen konfrontiert, von denen einige im Bewußtsein vorhanden sind und andere nicht. Entscheiden oder, wie hier auch gesagt wird, Auswählen ist der Prozeß, durch den eine dieser Alternativen für das jeweilige Verhalten ausgewählt wird, um durchgeführt zu werden. Die Folge von solchen Entscheidungen, die das Verhalten über eine gewisse Zeitspanne bestimmt, kann als *Strategie* bezeichnet werden ... Wenn eine der möglichen Strategien ausgewählt und befolgt wird, dann werden gewisse Ergebnisse folgen. Die Aufgabe rationaler Entscheidung ist es, genau jene der Strategien auszuwählen, aus der die bevorzugte Menge von Ergebnissen folgt.« (SIMON 1981, S. 104)

SIMON verteidigt die *rationale* Entscheidungsfindung als einen Auswahlprozeß unter Alternativen und als einen Prozeß, der eine bestimmte Abfolge von Schritten beinhaltet:

1. Zusammenstellung aller alternativen Strategien.
2. Bestimmung aller Ergebnisse, die aus jeder dieser Strategien folgen.
3. Vergleichende Bewertung aller dieser Ergebnismengen.

In der Literatur über Computer und Entscheidungsfindung wird ein Großteil menschlicher Aktivitäten und Geschäfte dieser Form von Analyse unterworfen. Wissenschaftler in den Bereichen Simulation, Unternehmensforschung und Spieltheorie (allesamt Gegenstandsbereiche, die BOGUSLAW (1965) dem ›formalistischen Ansatz‹ zurechnet) verwenden ausgefeilte mathematische Methoden für Entscheidungen bei so unterschiedli-

Die rationalistische Tradition

chen Problemstellungen wie dem Vermitteln von Telefonanrufen, der Auswahl von Werbeträgern für ein neues Produkt oder der Selektion von Bombenabwurfzielen.

Diese Techniken haben als Grundlage ein formales Modell des Systems, das beeinflußt werden soll, stützen sich auf einen Satz von Regeln, die das Verhalten des modellierten Systems beschreiben, und vertrauen auf einen objektiven Maßstab, um den resultierenden Effekten Bewertungen zuzuordnen. Anhand von Berechnungen, die sich vom Modell, vom Regelsatz und von den Bewertungen ableiten, können die Alternativen dann miteinander verglichen und der am höchsten bewertete (optimale) Vorschlag ausgewählt werden.

Diese Form der Idealisierung ist nicht unwidersprochen geblieben; und die Kritik kam oftmals von Personen aus dem Fachgebiet der Unternehmensführung selbst, die Einwände gegen die beschränkten Annahmen des formalistischen Ansatzes vorbrachten. SIMON z.B. setzt seine Erläuterungen der schon erwähnten Annahmen zur Entscheidungsfindung mit folgender Bemerkung fort:

»... Das Wort ›alle‹ drückt eine Empfehlung aus. Es ist offensichtlich für das Individuum unmöglich, *alle* seine Alternativen oder *alle* Ergebnisse zu kennen. Diese Unmöglichkeit ist eine wichtige Abweichung des tatsächlichen Verhaltens vom Modell der objektiven Rationalität.« (SIMON 1981, S. 104)

Dieser Vorbehalt ist der Hauptbeitrag von SIMON. Er behandelt objektive Rationalität als Idealisierung, die selten (wenn überhaupt) in einer realen Situation erreicht wird. Praktische Entscheidungsfindung erreicht dieses Ideal nur in sehr grober Näherung:

»Für ein einzelnes, isoliertes Individuum ist es unmöglich, einen hohen Grad an Rationalität zu erreichen. Die Zahl der Alternativen, die es untersuchen muß, ist so groß, die Informationsmengen, die es zu ihrer Auswertung benötigen würde, sind so

Entscheiden und Problemlösen

riesig, daß sogar eine Annäherung an objektive Rationalität kaum denkbar ist ... Tatsächliches Verhalten genügt in mindestens drei Punkten nicht den Anforderungen objektiver Rationalität, wie sie im letzten Kapitel definiert wurde:

1. Rationalität erfordert ein vollständiges Wissen und vollständige Antizipation der Ergebnisse, die sich aus jeder Wahl ergeben. Tatsächlich ist die Kenntnis der Ergebnisse immer bruchstückhaft.
2. Weil diese Ergebnisse in der Zukunft liegen, muß die Vorstellungskraft die Lücke mangelnder Erfahrung bei ihrer Bewertung schließen. Aber Werte können nur unvollständig antizipiert werden.
3. Rationalität erfordert eine Auswahl aus allen möglichen Verhaltensalternativen. Im tatsächlichen Verhalten kommen nur sehr wenige all dieser möglichen Alternativen je zu Bewußtsein.« (SIMON 1981, S. 115 f.)

Wichtig ist jedoch zu bemerken, daß diese Kritik kein Einwand gegen den rationalistischen Ansatz ist. Sie richtet sich nur gegen die unterstellte *Vollständigkeit* von Wissen und Rationalität im Umgang mit Optimierungstechniken. SIMON führt Argumente an, warum systematische Ableitungsregeln für effektive Entscheidungsfindung verwendet und auf Computern programmiert werden können. Den Computer mit ›beschränkter Rationalität‹ lauffähig zu machen, sei wichtiger, als alle möglichen Konsequenzen vorherzuberechnen.

Im Zuge der von ihm und anderen unternommenen Gehversuche bei der Entwicklung intelligenter Computerprogramme hat SIMON seine Theorien zur Entscheidungsfindung zu allgemeineren Theorien des ›Problemlösens‹ weiterentwickelt. Anstatt sich auf die Art der Entscheidungen zu konzentrieren, wie sie Manager zu treffen haben, untersuchten Wissenschaftler Aufgaben (wie z.B. das Beweisen logischer Theoreme und das Lösen einfacher Rätsel), die als Suchproblem in einem Raum möglicher Alternativen aufgefaßt werden konnten. Die Aufgabe wird im Sinne eines ›Problemraumes‹ beschrieben. Jeder ›Knoten‹ des Raumes kann durch eine bestimmte Handlungsfolge erreicht werden und zeitigt bestimmte Konsequenzen, die für die Aufgabenstellung von Belang sind. Das Computerprogramm sucht unter Zuhilfenahme einer ›Heuristik‹, um die Suche lenken und Bewertungen vornehmen zu können, in diesem beliebig großen Möglichkeitsraum nach einer Lösung. Bei dieser Suche erkundet das Programm nur einige der möglichen Alternativen, und in Ermangelung vollständigen Wissens wird eine heuristische Wertung vorgenommen.

Programme dieser Art werden ausführlicher in Kapitel 8 beschrieben. Sie sind Paradebeispiele der Künstlichen Intelligenz. Eine Definition dessen, was ›allgemeines Problemlösungsverhalten‹ ausmacht, wird weithin akzeptiert:

»Ein Individuum ist mit einem *Problem* konfrontiert, wenn es etwas tun möchte, aber nicht unmittelbar weiß, welche Handlungsabfolge zu diesem Zweck auszuführen ist ... Vor ein Problem gestellt sein bedeutet (zumindest), daß dem Problemlöser ein gewisser Grad an Information zur Verfügung steht: Informationen darüber, was gewünscht wird, welches die Bedingungen sind, welche Werkzeuge und Verfahren bereitstehen, mit welcher Ausgangsinformation und mit welchem Zugriff auf Mittel begonnen werden kann. Der Problemlöser verfügt über eine Interpretation dieser Information – das ist genau die Interpretation, die uns einen Teil der Information als *Ziel*, einen anderen als *Randbedingung* usw. bezeichnen läßt. Falls wir eine Darstellung dieser Information (als Symbolstrukturen) zuwege bringen und unterstellen, daß die Interpretation dieser Strukturen implizit mit dem Programm des Problemlösers IPS (Information Processing System) gegeben ist, dann haben wir ein Problem definiert.« (NEWELL und SIMON 1972, S. 72 f.)

Die Schlüsselelemente dieser Betrachtungsweise des Problemlösens, die in der Forschung im Bereich Künstlicher Intelligenz allgemein als selbstverständlich vorausgesetzt wird, sind folgende:

Entscheiden und Problemlösen

AUFGABENUMFELD. Zunächst beschreiben wir das Problem in der Begrifflichkeit eines ›Aufgabenumfeldes‹, wobei es verschiedene, mögliche ›Zustände‹ der Angelegenheit gibt. Dem Problemlöser stehen ›Handlungen‹ zur Verfügung, um den Zustand zu ändern, und ebenso ›Ziele‹, aus denen sich rationale Handlungen ableiten lassen.

INTERNE REPRÄSENTATION. Der Problemlöser verfügt zweitens über eine gewisse Art ›Darstellung‹ *(repräsentation)* des Aufgabenumfeldes. Diese Darstellung ist eine Sammlung von ›Symbolstrukturen‹, die konstituierender Bestandteil des Problemlösers sind. Sie entsprechen in systematischer Weise dem Aufgabenumfeld.

SUCHE. Der Problemlöser durchläuft einen Informationsprozeß, der als Suche unter alternativen Handlungsabläufen aufgefaßt werden kann, mit dem Ziel, den Weg zu finden, der zum gewünschten Ziel führt.

AUSWAHL. Schließlich wird ein rational Handelnder unter den gefundenen Handlungsabläufen denjenigen auswählen, der am optimalsten das gesteckte Ziel erreicht. NEWELL (1982, S. 102) nennt es das ›Prinzip rationaler Wahl‹: »Falls ein Handelnder das Wissen hat, daß eine von seinen Handlungen zu einem von seinen Zielen führen wird, dann wird er diese Handlung auswählen.« Natürlich müssen wir den Fall zulassen, daß mehr als eine Handlung zu einem der Ziele führen kann. Deshalb können wir dann keine bestimmte Handlung voraussagen, aber immerhin, daß »die Handlung, die zu irgendeinem Zeitpunkt abläuft, Bestandteil der ausgewählten Menge von Handlungen ist.«

Formal können wir die Arbeitsweise des Problemlösers als Suchaktion innerhalb eines Problemraumes beschreiben, der durch Aufgabenumfeld und interne Darstellung festgelegt wird. Obwohl es gerade über den Einsatz in unterschiedlichen Situationen viel zu sagen gäbe (z.B. über die von BOBROW [1975] erörterte Rolle von Vielfachrepräsentationen), sind diese Differenzen nicht von Belang für die Beantwortung unserer weitergehenden Frage, was Computer leisten können. Eine gemeinsame Grundlage, in harmonischem Einklang mit der rationalistischen Tradition, zieht sich quer durch die im Detail verschiedenen Schulen der Künstlichen Intelligenz. Wir werden einige dieser Punkte ausführlicher in Kapitel 11 untersuchen.

2.4 KOGNITIONSWISSENSCHAFT

In der jüngsten Vergangenheit hat es Bestrebungen gegeben, die innerhalb der rationalistischen Tradition verankerten Theorien über menschliches Denken und Sprechen in einer neuen Disziplin ›Kognitionswissenschaft‹ zu vereinigen. Zu Beginn wurde eine Buchreihe mit Beiträgen zur Kognitionswissenschaft herausgegeben.[15] Die Fachzeitschrift *Cognitive Science* erschien 1977 zum ersten Mal, und die *Cognitive Science Society* hielt die erste ihrer jährlichen Konferenzen 1979 ab.[16] Eine Anzahl weiterer Konferenzen, Fachzeitschriften und Forschungsförderungsprogramme folgten.

Selbstverständlich ist die kognitive Wissenschaft nicht wirklich neu. Sie befaßt sich mit den Phänomenen Denken und Sprache, die Philosophen und Wissenschaftler seit Jahrtausenden besetzt haben. Die Grenzen dieser Wissenschaft sind fließend, aber zweifelsfrei fallen große Bereiche der Linguistik, Psychologie, Künstlichen Intelligenz und der Philosophie des Geistes in dieses Gebiet. Mit der Behauptung, es handele sich bei der *Cognitive Science* um eine neue Wissenschaft, wird das Auftreten dessen, was LAKATOS (1974) ein ›Forschungsprogramm‹ genannt hat, markiert. Er zog diese Formulierung dem Begriff ›Paradigma‹ von KUHN (1967) vor, um die aktive Rolle zu unterstreichen, die Forschungsprogramme bei der Ausrichtung von Wissenschaftleraktivitäten spielen. LAKATOS sieht Wissenschaftsgeschichte nicht als zyklische Abfolge von ›wissenschaftlichen Revolutionen‹ und ›normaler Wissenschaft‹, sondern als Geschichte konkurrierender Forschungsprogramme. Er unterscheidet zwischen ›reifer Wissenschaft‹, die über Forschungsprogramme verfügt, und ›unreifer Wissenschaft‹, als ein »bloß aus Versuch und Irrtum zusammengeflicktes Muster«.

Ein Forschungsprogramm ist mehr als eine Ansammlung konkreter Pläne zur Durchführung wissenschaftlicher Aktivitäten. Die beobachtbaren Details des Forschungsprogramms entspringen einem tieferen Zusammenhang, der für gewöhnlich nicht zum Gegenstand der Untersuchung gemacht wird. Im tagtäglichen Geschäft des Forschens, Veröffentlichens und Lehrens handeln Wissenschaftler auf der Grundlage eines Hintergrundverständnisses von Annahmen über den Zustand der Welt. Dieser Hintergrund formt unmerklich die von ihnen getroffene Auswahl und die Art der Durchführung eigener Untersuchungen. Ein Forschungsprogramm entwickelt sich innerhalb einer Denktradition. Es ist das Ergebnis unterschiedlicher Einflüsse, wobei einige offen zutage liegen, während andere durch die Gesellschaftsstruktur und die Sprache der Wissenschaftlergemeinde kaschiert werden. Auch die Versuche, Forschungsprogramme zu durchschauen und zu ändern, werden innerhalb des nämlichen Milieus unternommen; sie können aus dieser Umgebung niemals entfliehen, um einen ›objektiven‹ oder ›korrekten‹ Zugang zu schaffen.

Das Forschungsprogramm der Kognitionswissenschaft umfaßt Arbeiten verschieden etikettierter Disziplinen, ist jedoch insgesamt tief in der rationalistischen Tradition verwurzelt. Kognitionswissenschaft darf auch nicht in eins gesetzt werden mit ›Kognitiver Psychologie‹, also dem Zweig traditioneller (experimenteller) Psychologie, der sich mit dem Erkenntnisvermögen beschäftigt. Obwohl sie wesentlicher Teil dessen ist, was heute als Kognitionswissenschaft gilt, folgt die Kognitive Psychologie ganz bestimmten methodischen Prinzipien, die ihren Wirkungskreis einschränken. Insbesondere stützt sie sich auf einen experimentellen Ansatz: Fortschritte werden durch Experimente erzielt, die eine direkte Beurteilung konkurrierender, wissenschaftlicher Hypothesen über den Charakter von Erkenntnismechanismen ermöglichen. In den meisten Experimenten werden Situationen geschaffen, in denen eine Mannigfaltigkeit von Handlungen strenger Kontrolle unterworfen sind und nur ein sehr begrenzter, für die Erscheinungsmuster relevanter Aspekt betrachtet wird (typische Beispiele sind Experimente mit Ratten in Irrgärten, das Auswendiglernen von Nonsenssilben oder das Erkennen geometrischer Figuren anhand einfacher Beschreibungen).

Dieser empirischen Forschung liegt die Annahme zugrunde, daß aus den Befunden dieser eingeschränkten Fälle allgemeine Gesetze aufgestellt werden können, die auf ein viel breiteres Spektrum kognitiven Handelns (wenn auch in komplexerer Weise) anwendbar sind. Es wird ebenfalls implizit unterstellt, daß die allgemeine Form dieser Gesetze der von Gesetzen anderer Wissenschaften, wie z.B. der Physik, entspricht und strengen experimentellen Überprüfungen unterzogen werden kann.

Mit der Behauptung, kognitive Systeme ließen sich am besten in Analogie zu programmierten Computern verstehen, haben die Verfechter der ›informationsverarbeitenden Psychologie‹ in den letzten Jahrzehnten die simplen Verfahrensweisen der Kognitiven Psychologie in Frage gestellt. Dem Ansatz der informationsverarbeitenden Psychologie liegen zusammengefaßt folgende Annahmen zugrunde:

1. Alle kognitiven Systeme sind Symbolsysteme. Sie erlangen ihre Intelligenz durch Symbolisieren externer und interner Situationen und Ereignisse, sowie durch Manipulation dieser Symbole.
2. Alle kognitiven Systeme verfügen über eine gemeinsame, zugrundeliegende Menge symbolmanipulierender Prozesse.
3. Eine allgemeine Theorie solcher kognitiven Leistungen kann also in einem geeigneten, symbolischen Formalismus als informationsverarbeitendes Programm abgefaßt werden. D.h.: Wenn dieses Programm in der entsprechenden Umgebung abläuft, ist es in der Lage, das beobachtete Verhalten hervorzurufen.

Kognitionswissenschaft

Dieser Ansatz ist mit den früheren, nicht mittels Computern implementierten Modellen durchaus vereinbar. Ganz allgemein können Regeln, die als Steuerinstrumente sich wiederholender Abläufe unterstellt sind, in geeigneten Programmen verankert werden. Ein Programm in diesem Sinne ist ein formales System mit einer gewissen Anzahl manipulierbarer Variablen, die Voraussagen liefern über das Verhalten (*Output*) irgendeines in der Wirklichkeit vorkommenden Systems, das es zu modellieren gilt. In dem Maße, wie das vorausgesagte Verhalten mit dem beobachteten übereinstimmt, gilt die Theorie als bestätigt. Der Computer übernimmt dabei die Rolle, dem Wissenschaftler den Umgang mit komplexen Theoriegebilden zu ermöglichen, also solchen, die über die Theorien hinausgehen, deren Konsequenzen durch bloße systematische Beobachtung oder manuelle Berechnung entscheidbar sind. Mit dem Computer werden kognitive Theorien handhabbar, die weitaus verschlungener und komplizierter als ihre Vorläufer sein können, aber noch immer empirisch nachprüfbar bleiben.

In ihrem Bestreben, Phänomene zu behandeln, die den offensichtlichen Beschränkungen kümmerlicher, experimenteller Szenarien der Kognitiven Psychologie nicht unterliegen, haben sich daher die Wissenschaftler der Künstlichen Intelligenz zugewandt – dem Entwurf und der Erprobung von Computerprogrammen, die dem Aktivitätsmuster menschlicher Denkweise und Sprache nachgebildet sind. Diese Programme werden dann als Theorien über entsprechendes menschliches Verhalten ausgegeben. SIMON (1981a, S. 24) formuliert dies folgendermaßen: »Unser entscheidendes Wissen [über Intelligenz] wird erwachsen müssen aus ... Beobachtungen der unermeßlichen Vielfalt intelligenter Systeme ... und aus formalen Theorien – hauptsächlich in Form von Computerprogrammen – als Resultat der gesammelten Beobachtungen.«

Eine Reihe diffiziler Streitfragen ergab sich aus den Versuchen, Computerprogramme mit der Theorie und mit kognitiven Mechanismen in Einklang zu bringen. Innerhalb der Kognitionswissenschaftlergemeinde kommt es gerade über die Rolle

Die rationalistische Tradition

von Computerprogrammen bei der Ausarbeitung und Überprüfung von Theorien zu einer ausführlichen Debatte. Die Details dieser Debatte wollen wir jedoch hier nicht weiter ausbreiten. Wichtiger ist es, zu verstehen, wie diese Auseinandersetzung durch einen als selbstverständlich vorausgesetzten Bezugsrahmen geprägt wird: durch einen Hintergrund also, der den zugrunde liegenden Annahmen der rationalistischen Tradition verhaftet bleibt (wie wir in diesem Kapitel ausgeführt haben). Den Rest des Buches verstehen wir als Kampfansage an diese Grundeinstellungen. Letztendlich behaupten wir, daß die rationalistische Orientierung ersetzt werden muß, wenn wir menschliches Denken, Sprechen und Handeln begreifen oder effektive computergestützte Werkzeuge entwerfen wollen. In unserer Kritik ist damit auch implizit eine Stellungnahme zur Forschungseinrichtung der Kognitionswissenschaft enthalten. Wir halten diese zwar nicht für geistlos und unnütz, aber ihr wird es doch wesentlich an Weitblick und Fähigkeiten fehlen, um zur Klärung der Frage, was wir sind und was wir tun, beitragen zu können.[17]

KAPITEL 3
VERSTEHEN UND SEIN

In diesem Kapitel stellen wir MARTIN HEIDEGGERS Deutung von Verstehen und Sein vor. HEIDEGGERS Schriften sind wichtig und schwierig zugleich. Wir werden erst gar nicht den Versuch einer umfassenden und maßgeblichen Darstellung wagen. Unsere Absicht ist viel bescheidener: nämlich die für unsere Untersuchung von Sprache und Denken und für unser Verständnis von Technologie bedeutsamen Gesichtspunkte von HEIDEGGERS Philosophie offenzulegen. Bevor wir uns jedoch HEIDEGGER zuwenden, erscheint es uns sinnvoll, einen kurzen Blick auf die Streitfragen beim Problem der Textinterpretation allgemein zu werfen, die offensichtlich von Belang sind für unsere Diskussion über Sprache. Außerdem haben wir festgestellt, daß sich die radikaleren Thesen der Phänomenologie zur Tätigkeit von Interpretation leichter erfassen lassen, wenn wir zunächst einmal Interpretation als Tätigkeit in einer augenfälligeren Form betrachten.

Wenn von ›Interpretation‹ die Rede ist, denken die meisten Menschen sofort an künstlerische oder schriftstellerische Darbietungen. Alle, ob Musiker, Literaturkritiker oder gewöhnlicher Leser eines Gedichts oder Romans, ›interpretieren‹ in unmittelbarem Wortsinn eine Ansammlung von Zeichen auf einem Blatt Papier. Eine der grundlegenden Einsichten der Phänomenologie besteht darin, daß diese Interpretationstätigkeit nicht auf solche außeralltäglichen Situationen beschränkt ist, sondern unser tagtägliches Leben durchdringt. Wenn wir verstehen wollen, was es bedeutet zu denken, zu begreifen und zu handeln, so müssen wir uns mit der Rolle der Interpretation im menschlichen Leben befassen.

Verstehen und Sein

3.1 HERMENEUTIK

Hermeneutik[18] entstand als Theorie der Textinterpretation, insbesondere mythischer und heiliger Texte. Das Ausgangsproblem der hermeneutischen Praxis war die Frage, wie Menschen Bedeutung aus einem Text herauslesen können, der bereits seit vielen Jahrhunderten existiert und in den verschiedenen Epochen unterschiedlich aufgefaßt wurde. Uralte mythische oder heilige Texte werden nach wie vor verkündet oder gelesen und dienen als Quelle tiefer Bedeutungszusammenhänge, und dies, obwohl sich die zugrundeliegende Kultur und sogar (die) Sprache umfassend gewandelt haben.[19] Naheliegende Fragen lassen sich daran anknüpfen: Läßt sich Bedeutung in irgendeinem absoluten Sinne definieren, unabhängig vom Kontext, in dem der Text verfaßt wurde? Oder ist Bedeutung nur in der Begrifflichkeit des ursprünglichen Zusammenhangs bestimmbar? Und wenn dem so ist, kann oder soll ein Leser über seine eigene Kultur mitsamt der dazwischenliegenden Geschichte hinausgehen, um die richtige Interpretation wiedergewinnen zu können?

Wenn wir die Vorstellung verwerfen, Bedeutung liege im Text begründet, können wir dann nur noch sagen, eine bestimmte Person hat in einem bestimmten Augenblick eine bestimmte Interpretation eines bestimmten Textes? Und wenn dem so ist, haben wir dann eine zwar naive, jedoch festgefügt scheinende Auffassung über den Realitätsanspruch der Bedeutung von Texten aufgegeben zugunsten einer nur mehr relativistischen Berufung auf je persönliche und subjektive Stellungnahmen?

Innerhalb der Hermeneutik findet eine fortlaufende Debatte statt zwischen denen, die den Sinnzusammenhang in die Texte hineinlegen wollen, und denen, die Bedeutung als Ergebnis eines Prozesses von Verstehen ansehen, in dem der Text selbst, seine Entstehungsbedingungen und die nachfolgende Interpretation gemeinsam eine entscheidende Rolle spielen. In Kapitel 5 werden wir zeigen, daß diese Debatte enge Parallelen mit gegenwärtig strittigen Fragen der Linguistik und semantischen Theorie aufweist.

Die objektivistische Schule der Hermeneutik[20] vertritt die Auffassung, daß dem Text unabhängig vom Interpretationsakt Bedeutung zukommen muß. Die Entwicklung einer Methode, die es gestattet, uns selbst von allen Voreingenommenheiten zu befreien und eine vorurteilslose Analyse des Gegebenen vorzunehmen, sei demnach Ziel einer hermeneutischen Theorie (einer Theorie der Interpretation). Zum Ideal wird hier die Dekontextualisierung: das vollständige ›Aus-dem-Zusammenhang-Reißen‹ der Texte.

Den entgegengesetzten Ansatz hat am deutlichsten GADAMER ausformuliert. Er nimmt als das Wesentliche den Akt der Interpretation, verstanden als Wechselwirkung zwischen dem *Horizont*[21] des Textes und dem Horizont des Interpreten. GADAMER betont nachdrücklich, daß jedes Lesen oder Zuhören eine Handlung begründet, die dem Text durch seine Interpretation Bedeutung verleiht.

Das Verhältnis des Individuums zur Tradition bildet einen wesentlichen Schwerpunkt der GADAMERSCHEN Theorie. Sein Ziel ist zu klären, wie sich Tradition und Interpretation gegenseitig beeinflussen. Um seine oder ihre Welt zu begreifen, ist jedes Individuum fortwährend in Interpretationstätigkeiten verwickelt. Diese Interpretation baut auf Vorurteilen (oder einem Vorverständnis) auf, die impliziten Voraussetzungen der verwandten Sprache[22] eingeschlossen. Die Sprache wiederum wird durch Interpretationstätigkeiten erlernt. Das Individuum verändert sich durch Umgang mit Sprache, und Sprache wandelt sich mit individuellem Gebrauch. Dieser Prozeß ist von entscheidender Bedeutung, bildet er doch den Hintergrund für die Überzeugungen und Annahmen, die das Wesen unseres Seins ausmachen.[23] Wir sind soziale Geschöpfe:

»In Wahrheit gehört die Geschichte nicht uns, sondern wir gehören ihr. Lange bevor wir uns in der Rückbesinnung selber verstehen, verstehen wir uns auf selbstverständliche Weise in Familie, Gesellschaft und Staat, in denen wir leben. Der Fokus der Subjektivität ist ein Zerrspiegel. Die Selbstbesinnung des Individuums ist nur ein Flackern im geschlossenen Stromkreis des geschichtlichen Lebens. *Darum sind die Vorurteile des einzelnen weit mehr als seine Urteile die geschichtliche Wirklichkeit seines Seins.*« (GADAMER 1960, S. 261; Hervorhebungen im Original – A.d.Ü.)

GADAMER sieht in dieser wesentlichen Geschichtlichkeit unseres Seins den Grund für unsere Unfähigkeit, ein vollständiges, klares Verständnis unserer selbst zu erlangen. Das Wesen unseres Seins ist durch kulturellen Hintergrund festgelegt; und da dieser bereits durch die Art und Weise unserer Spracherfahrung und unseres Lebens in der Sprache selbst geprägt ist, kann er nicht vollständig in dieser Sprache erklärt werden:

»Die Gewinnung des Bewußtseins einer Situation ist aber in jedem Falle eine Aufgabe von einiger Schwierigkeit. Der Begriff der Situation ist ja dadurch charakterisiert, daß man sich nicht ihr gegenüber befindet und daher kein gegenständliches Wissen von ihr haben kann. Man steht in ihr, findet sich immer schon in einer Situation vor, deren Erhellung die nie ganz zu vollendende Aufgabe ist. Das gilt auch für die hermeneutische Situation, d.h. die Situation, in der wir uns gegenüber der Überlieferung befinden, die wir zu verstehen haben. Auch die Erhellung dieser Situation, d.h. die wirkungsgeschichtliche Reflexion ist nicht vollendbar, aber diese Unvollendbarkeit ist kein Mangel an Reflexion, sondern liegt im Wesen des geschichtlichen Seins, das wir sind. *Geschichtlichsein heißt, nie im Sichwissen aufgehen.*« (GADAMER 1960, S. 285; Hervorhebungen im Original – A.d.Ü.)

Wir können uns einiger Vorurteile bewußt werden und uns dadurch selbst von etlichen Grenzen, die sie unserem Denken setzen, emanzipieren. Wir unterliegen jedoch einem Trugschluß, wenn wir glauben, uns jemals von *allen* Vorurteilen freimachen zu können. Statt nach einem Mittel zu streben, wie wir von unserem eigenen Vorverständnis loskommen können, sollte eine Theorie der Interpretation vielmehr darauf abzielen, die

Ontologie

Art und Weise offenzulegen, wie Vorverständnis und Text sich gegenseitig beeinflussen.

GADAMERS Ansatz akzeptiert die Unvermeidlichkeit des *hermeneutischen Zirkels*. Der Sinn eines einzelnen Textes ist nur aus dem Kontext ersichtlich, abhängig vom Augenblick der Interpretation und dem diesem Text entgegengebrachten Horizont des Interpreten. Aber dieser Horizont ist selbst wiederum Ergebnis der geschichtlichen Abfolge solcher sprachlicher Wechselwirkungen – Interaktionen, die selbst wieder Texte darstellen und selbst wieder nur im Lichte von Vorverständnissen erfahren werden können. Was wir verstehen, gründet sich auf das, was wir bereits wissen, und was wir bereits wissen, verdanken wir unserer Fähigkeit zu verstehen.

GADAMERS Ausführungen über Sprache und Tradition stützen sich auf umfangreiche Analysen von Interpretation und Verstehen. Wenn wir den hermeneutischen Zirkel lediglich auf der grobkörnigen Ebene geschriebener Worte und Gesellschaft ansiedeln, werden wir weiterhin blind sein und seine Wirkung auf der viel feinkörnigeren Ebene des täglichen Lebens nicht bemerken. Wenn wir nur die Sprache betrachten, werden wir versäumen, den hermeneutischen Zirkel auch auf die Interpretationen anzuwenden, aus denen sich ebenso unsere nichtsprachliche Erfahrungen zusammensetzen. Darum müssen wir uns einen tiefergehenden Ansatz zu eigen machen, für den Interpretation auch im ontologischen Sinne – d.h. zu verstehen, was es bedeutet, wenn eine Person oder ein Gegenstand existiert – von Belang ist.

3.2 VERSTEHEN UND ONTOLOGIE

GADAMER – und vor ihm HEIDEGGER haben den hermeneutischen Ansatz der Interpretation über den Bereich der Textanalyse hinausgetragen und zur Grundlage für das Verständnis menschlicher Erkenntnis überhaupt gemacht. Ebenso wie wir fragen können, welchen Part Interpretation in der persönlichen Auseinandersetzung mit einem Text spielt, können wir ihre Rolle für unser Weltverstehen insgesamt untersuchen.

Verstehen und Sein

Die in unserer Kultur vorherrschende Philosophie wird von HEIDEGGER und GADAMER in einer tiefgreifenden und fundamentalen Weise verworfen. Das herrschende Verständnis stützt sich auf die mit GALILEI und DESCARTES verknüpfte Revolution der Metaphysik, die an eine bis auf PLATO und ARISTOTELES zurückverfolgbare Tradition anknüpft. Deren gängiges Verständnis geht Hand in Hand mit der von uns so bezeichneten ›rationalistischen Orientierung‹ und umfaßt eine Art *Geist-Körper Dualismus*, der die Existenz zweier separater Phänomenbereiche gelten läßt – die *objektive* Welt der physischen Realität und die *subjektive* Welt des Bewußtseins individueller Gedanken und Gefühle. Einfacher ausgedrückt, stützt sich dies Verständnis auf mehrere, selbstverständlich vorausgesetzte Annahmen:

1. Wir sind Bewohner einer ›realen Welt‹, die sich zusammensetzt aus physischen Gegenständen und den ihnen anhaftenden Eigenschaften. Unsere Handlungen finden in dieser Welt statt.
2. In dieser Welt gibt es ›objektive Tatsachen‹, die in keiner Weise von der Interpretation durch irgendeine Person (oder gar von deren Vorhandensein) abhängig sind.
3. Die Wahrnehmung ist ein Prozeß, Tatsachen dieser Welt mit unseren Gedanken und Gefühlen (manchmal ungenau) zu erfassen.
4. Gedanken und Handlungsabsichten können irgendwie physische (folglich real existierende) Bewegungen unseres Körpers veranlassen.

Ein Großteil der Philosophie bestand aus Versuchen, die Beziehung zwischen dem geistigen und dem physischen Bereich zu erklären – also das Verhältnis unserer Wahrnehmungen und Gedanken zur Welt, auf die sie sich beziehen. Etliche Philosophieschulen haben die Existenz des einen oder anderen Bereichs negiert. Nach Ansicht einiger Schulen können wir über die geistige Sphäre keine konsistenten Aussagen machen, sondern müssen sämtliche Verhaltensweisen in Begriffen der physischen

Welt, also auch der physischen Struktur unseres eigenen Körpers, erfassen. Andere verschreiben sich dem Solipsismus und bestreiten generell, daß wir von der Existenz einer objektiven Welt ausgehen können, denn unsere eigene, geistige Welt sei der einzige Gegenstandsbereich, von dem wir unmittelbar Kenntnis erlangen können. IMMANUEL KANT nannte es »einen Skandal der Philosophie und allgemeinen Menschenvernunft«, daß in den Jahrtausenden der westlichen Kultur kein Philosoph in der Lage war, ein hieb- und stichfestes Argument zur Widerlegung des psychologischen Idealismus zu liefern – also eine Antwort auf die Frage: Wie kann ich wissen, ob außerhalb meines subjektiven Bewußtseins überhaupt etwas existiert?

»Der ›Skandal der Philosophie‹ besteht nicht darin, daß dieser Beweis bislang noch aussteht, sondern *darin, daß solche Beweise immer wieder erwartet und versucht werden«* (HEIDEGGER 1979, S. 205). Darin zeige sich »die Verwicklung der Fragen, die Vermengung dessen, was bewiesen werden will, mit dem, was bewiesen wird, und mit dem, womit der Beweis geführt wird ...« (HEIDEGGER 1979, S. 203), führt er zu KANTS »Widerlegung des Idealismus« aus. HEIDEGGER baute auf den von seinem Lehrer EDMUND HUSSERL aufgeworfenen Fragen der *Phänomenologie* auf und entwickelte sie zu einer Suche nach den Bedingungen des *Seins*. Das *In-der-Welt-Sein (Dasein)* bildet für HEIDEGGER die grundlegende Einheit, die nach seiner Auffassung durch die metaphysische Aufspaltung in Subjekt und Objekt negiert wird. Mit der Trennung, daß ich (als Subjekt) etwas anderes (den *Gegen-stand*) vor-stelle[24], ist der Vorrang von Erfahrung und Verstehen, das auch ohne Reflexion stattfindet, preisgegeben.

HEIDEGGER verwirft sowohl eine naiv gegenstandsbezogene Einstellung (die objektive physische Welt ist die ursprüngliche Realität), als auch eine naiv subjektivistische Einstellung (meine Gedanken und Gefühle bilden die eigentliche Realität) – die eine könne vielmehr unmöglich ohne die andere bestehen. Interpretiertes und Interpret existieren nicht unabhängig voneinander: Existenz ist Interpretation, und Interpretation ist Existenz. Voreingenommenheit ist kein Zustand, der ein Subjekt die Welt

Verstehen und Sein

falsch interpretieren läßt, sondern notwendige Voraussetzung dafür, daß überhaupt ein Hintergrund für Interpretation (folglich Sein) vorhanden ist. Dieser Zusammenhang ist in den späteren Schriften von GADAMER eindeutig zum Ausdruck gebracht worden:

»... daß nicht so sehr unsere Urteile als unsere Vorurteile unser Sein ausmachen ... liegt es in der Geschichtlichkeit unserer Existenz, daß die Vorurteile im wörtlichen Sinne des Wortes die vorgängige Gerichtetheit all unseres Erfahren-Könnens ausmachen. Sie sind Voreingenommenheiten unserer Weltoffenheit, die geradezu Bedingungen dafür sind, daß wir etwas erfahren, daß uns das, was uns begegnet, etwas sagt.« (GADAMER 1967, S. 106)

Wir können an dieser Stelle keine eingehende Darstellung von HEIDEGGERS Philosophie liefern, wollen aber einige, für unsere spätere Diskussion relevante Punkte hervorheben:[25]

UNSERE IMPLIZITEN ÜBERZEUGUNGEN UND ANSCHAUUNGEN KÖNNEN NICHT VOLLSTÄNDIG EXPLIZIT GEMACHT WERDEN. Unser welterschließendes Handeln, das Dasein, in dem wir die Welt und unser eigenes Leben verstehen, kann nach Auffassung HEIDEGGERS in einer objektivistischen Metaphysik nicht erschöpfend explizit gemacht werden. Es gibt keinen neutralen Standpunkt, der eine dingliche Sicht auf unsere Überzeugungen erlaubt, da wir immer je schon innerhalb des Rahmens, der durch unsere Vorstellungen abgesteckt wird, tätig sind. Dies ist die wesentliche Einsicht in die Produktivität des hermeneutischen Zirkels, der sich auf Verstehen als Ganzheit richtet.

Die Unvermeidlichkeit dieses Zirkels stellt jedoch nicht die Bedeutung unseres Bemühens in Frage, durch beständig erweitertes Verstehen der eigenen Voreingenommenheiten auch den Horizont unserer Weltoffenheit immer wieder zu erweitern. Ausgeschlossen wird durch den hermeneutischen Zirkel allerdings, daß ein so erlangtes Verständnis jemals objektiv oder

Ontologie

vollständig sein wird. »*Aber in diesem Zirkel ein vitiosum sehen und nach Wegen Ausschau halten, ihn zu vermeiden, ja ihn auch nur als unvermeidliche Unvollkommenheit ›empfinden‹, heißt das Verstehen von Grund aus mißverstehen*« (HEIDEGGER 1979, S. 153; Hervorhebungen im Original – A.d.Ü.).

PRAKTISCHES VERSTEHEN IST VORGÄNGIGER ALS LOSGELÖSTES THEORETISCHES VERSTÄNDNIS. Die überlegene Stellung des freistehenden, theoretischen Betrachters gegenüber einem praktisch involvierten Standpunkt gilt als ein Grundpfeiler der westlichen Philosophietradition. Wissenschaftler oder Philosophen, die Theorien entwerfen, entdecken Dinge, wie sie wirklich sind – so lautet die verbreitete Meinung, nach der wir in unserem tagtäglichen Leben und alltagspraktischen Wissen lediglich eine nebulöse Vorstellung der Welt entwickeln können. HEIDEGGER stellt dies Verhältnis auf den Kopf und beharrt darauf, daß wir ursprünglichen Zugang zur Welt finden durch unser praktisches Eingebundensein in *Zuhandenes* – in die (Um)Welt, in der wir fortwährend spontan agieren. Abgehobene Betrachtung kann erhellend sein, aber durch Isolieren und Kategorisieren werden die eigentlichen Phänomene auch verdunkelt. Ein Großteil der gegenwärtigen Forschung in den Bereichen von Logik, Sprache und Denken verlegt sich auf losgelöst betrachtende Untersuchungsmethoden. HEIDEGGER läßt diese Art des Denkens zwar nicht außer acht, aber er stellt es in den Zusammenhang von Erkennen als *Praxis* – besorgendem Handeln in der Welt. HEIDEGGER befaßt sich mit unserem Zustand der *Geworfenheit* – als Voraussetzung für ein Verstehen, in dem unsere Handlungen einige Resonanz oder Wirksamkeit in der Welt erzielen.

WIR BEZIEHEN UNS NICHT IN ERSTER LINIE ÜBER VORSTELLUNGEN[26] AUF DINGE. Mit beiden vorausgegangenen Gesichtspunkten ist HEIDEGGERS Ablehnung der *Repräsentationstheorie der Wahrnehmung* verknüpft. Um Dinge wahrzunehmen und uns darauf beziehen zu können – sagt der gesunde Menschenverstand unserer Tradition – müssen wir über gewisse Vorstellungen im Geiste verfügen, die unserem Wissen über diese Dinge entsprechen. Wenden wir uns besorgendem Handeln statt abgehobenem Betrachten zu, muß die Bedeutung dieser Vorstellungen als geistige Repräsentation in Zweifel gezogen werden. Das Einschlagen eines Nagels (als Gegensatz zum Nachdenken über einen Hammer) erfordert keinerlei explizite geistige Vorstellung des Hammers. Meine Handlungsfähigkeit ist Resultat der Vertrautheit mit dem *Hämmern*, nicht meines Wissens über einen *Hammer*. Dieser Skeptizismus gegenüber der Repräsentationstheorie der Wahrnehmung steht in direktem Gegensatz zu den in Kapitel 2 beschriebenen, aktuellen Ansätzen der Kognitiven Psychologie, Linguistik, Künstlichen Intelligenz und Kognitionswissenschaft. Geistige Vorstellungen als ›Repräsentationen‹ der Wirklichkeit werden als so selbstverständlich hingenommen, daß wir uns nur schwerlich eine Situation ohne sie vorstellen können. Die Beziehung zwischen Repräsentation und Mechanismus der Wahrnehmung ist eine der Kernfragen, die in nachfolgenden Kapiteln wieder aufgenommen wird. Diese Diskussion wird unser Verständnis darüber, was es bedeutet, HEIDEGGERS Infragestellung der Rolle geistiger Vorstellungen ernstzunehmen, befördern.

BEDEUTUNG IST GRUNDLEGEND SOZIALER NATUR UND LÄSST SICH NICHT AUF SINNGEBENDE TÄTIGKEIT EINZELNER SUBJEKTE REDUZIEREN. Die rationalistische Auffassung von Erkenntnis konzentriert sich ausschließlich auf das Individuum. Dementsprechend müßten wir die Sprache untersuchen, indem wir die charakteristische Vorgehensweise eines Individuums beim individuellen Lernprozeß oder im Umgang mit Sprache studieren; und das Beschreiben der Tätigkeit eines individuellen Entscheidungsprozesses ließe uns etwas erfahren über die Methode rationaler Überlegung. Für HEIDEGGER ist diese individualistische Betrachtungsweise ein ungeeigneter Ausgangspunkt. Seiner Auffassung nach müssen wir soziales Handeln als elementarste Grundlage von Erkenntnisvermögen und sogar von Existenz nehmen. Ein Mensch ist kein bloß einzelnes Subjekt oder isoliertes Ich, sondern exi-

›*Geworfenheit*‹

stiert als *Dasein* in einem Raum von Entwicklungsmöglichkeiten, eingebettet in eine Welt und eine Tradition.

3.3 EINE ILLUSTRATION VON ›GEWORFENHEIT‹

Bei der ersten Annäherung ist den meisten Menschen das Werk HEIDEGGERS nur schwer zugänglich. Abstrakte Begriffe wie ›Dasein‹ oder ›Geworfenheit‹ lassen sich kaum mit der Realität in Verbindung bringen. Das steht im Gegensatz zu HEIDEGGERS Absichten. Seine Philosophie stützt sich auf tiefe Kenntnis des Alltagslebens. Er selbst weist darauf hin, daß die von ihm behandelten Probleme schwierig sind. Aber das sind sie nicht, weil sie abstrus, sondern weil sie in ihrer ›durchschnittlichen Alltäglichkeit‹ verborgen sind.

Ein einfaches Beispiel zu betrachten, daß bei vielen Lesern Erfahrung von Geworfenheit wachruft, kann vielleicht hilfreich sein, um ein nachhaltigeres Verständnis der Bedeutung dieses Begriffes zu vermitteln (Geworfenheit wird in der zweiten Hälfte des Buches eine große Rolle spielen).

Stellen Sie sich vor, Sie führten auf einer Besprechung mit ungefähr 15 Personen, auf der eine ziemlich wichtige, kontroverse Frage entschieden werden soll, den Vorsitz. Nehmen wir einmal an, ein neues Computersystem soll in der Organisation eingeführt werden. Im Fortgang der Besprechung müssen Sie dafür Sorge tragen, daß sich die Dinge in eine produktive Richtung entwickeln. Sie müssen entscheiden, wer aufgerufen, wann ein Redner unterbrochen, wann für das Ende der Diskussion plädiert oder eine Abstimmung durchgeführt werden soll und vieles mehr. Überzeugend vorgetragene gegensätzliche Meinungen prallen aufeinander, und die Diskussion würde sehr schnell auf das Niveau eines lautstarken Wortgefechtes herabsinken, wenn Sie als Vorsitzender keine starke Position einnehmen. Die Lautesten würden dominieren und ständig ihre eigenen festgefahrenen Positionen in der Hoffnung wiederholen, alle anderen zu zermürben.

Wir können eine Reihe von Beobachtungen über Ihre Situation anstellen:

Verstehen und Sein

SIE KÖNNEN GAR NICHT VERMEIDEN, ZU HANDELN! In jedem Augenblick verkörpern Sie die Position der Autorität, und Ihre Handlungen beeinflussen die Situation. Auch wenn Sie sich eine Zeitlang still verhalten und die Dinge laufen lassen, begründet dieses Verhalten selbst wiederum eine Handlung, die in einer Weise Einfluß nimmt, die Sie gut oder weniger gut finden können. Sie sind unabhängig von ihrem Willen in Handlung ›geworfen‹.

SIE KÖNNEN JETZT KEINEN SCHRITT IN DEN HINTERGRUND ZURÜCKTRETEN, UM DIE EIGENE HANDLUNGSWEISE ZU ÜBERDENKEN! Jeder, der einmal in so einer Art von Situation gewesen ist, hatte hinterher das Gefühl: »Ich hätte sagen sollen ...«, »Ich hätte den Burschen so nicht gehen lassen dürfen ...« Aber unter dem Zwang, unmittelbar auf das reagieren zu müssen, was andere Personen sagen oder tun, ist es unmöglich, sich die Zeit zu nehmen, um die Dinge genau zu untersuchen und den besten Handlungsablauf auszuwählen. Wenn Sie in dieser Absicht innehalten, dann wird in der Tat das weitere Geschehen an Ihnen vorbeilaufen, und implizit treffen Sie die Wahl, daß alles ohne Unterbrechung weiterlaufen soll. Sie finden sich zurückgeworfen auf das, was Menschen großzügig ihren ›Instinkt‹ nennen, nämlich mit allem, was da kommen mag, umgehen zu können.

SIE KÖNNEN DIE KONSEQUENZ EINER HANDLUNG NICHT IM VORAUS ABSCHÄTZEN! Selbst wenn Sie Zeit zum Nachdenken hätten, so könnten Sie doch unmöglich wissen, wie Ihre Handlungen andere Personen beeinflussen werden. Wenn Sie beschließen, jemanden zu unterbrechen, um zu einem anderen Tagesordnungspunkt zu gelangen, kann es sein, daß die Gruppe gegen Ihr strenges Vorgehen opponiert, und dies Vorgehen selbst zum Gegenstand der Diskussion wird. Wenn Sie hingegen vermeiden, auf jemanden zu reagieren, dessen Meinung Ihnen nicht gefällt, kann es sein, daß er seinen Standpunkt mittels Lautstärke durchsetzt oder ein Freund sich veranlaßt sieht, seinen Standpunkt aufzugreifen. Natürlich heißt das nicht, daß alles total

›Geworfenheit‹

chaotisch ablaufen muß, aber es bedeutet einfach, daß Sie nicht auf sorgfältiges, rationales Planen zählen können, um Schritte zu entwickeln, die dem Erreichen Ihrer Ziele förderlich sind. Sie müssen sich also, wie die Redewendung lautet, ›der Situation anpassen‹.

ES STEHT IHNEN KEINE STABILE VORSTELLUNG DER AUSGANGSLAGE ZUR VERFÜGUNG! In der nachträglichen Auswertung Ihrer Besprechung werden Sie signifikante Muster feststellen: »Es gab zwei Fraktionen. Die Gruppe um Smith wollte mit Hilfe der Strategie, die Diskussion auf die Kosten zu lenken, wegkommen von der Analyse unserer Aufgaben und gegen den Computer angehen. Unabhängig davon, ob wir den Computer einführen oder nicht, versuchte die Gruppe um Wilson sicherzustellen, daß auch in Zukunft das Sagen über die Zeitplanung fest in ihrer Hand bleibt. Evans war die Schlüsselfigur, denn er konnte sich auf die eine oder andere Seite schlagen. Sie brachten daher die Schulungsfrage zur Sprache, weil das sein Zuständigkeitsbereich war und Sie wußten, daß er sich keine zusätzlichen Kopfschmerzen aufbrummen wollte.« In gewissem Sinn haben Sie damit eine Darstellung der Lage mit Objekten (z.B. den zwei Fraktionen) und Eigenschaften (den jeweiligen Interessen, die mangelnde Loyalität von Evans usw.). Aber diese Einsicht stand Ihnen nicht zur Verfügung in der Situation, in der sie sich erst entwickelte. Bruchstücke sind Ihnen vielleicht im Fortgang der Besprechung klargeworden, aber nur fragmentarisch, möglicherweise auch einander widersprechend, und Sie haben vielleicht Einsichten, die Sie im Fortgang der Besprechung gewonnen hatten, zugunsten anderer verworfen.

JEDE VORSTELLUNG IST EINE INTERPRETATION! Auch im nachhinein ist Ihre Beschreibung des Besprechungsverlaufs keine objektive Analyse im strengen Sinne, die einer Prüfung unterzogen werden könnte. Zwei Teilnehmer können dieselbe Besprechung mit sehr unterschiedlichen Interpretationen verlassen haben. Evans könnte sagen: »Smith konkurriert mit mir um die Beförderung, und er wollte die Schulungsfrage aufwerfen, um darauf hinzuweisen, daß wir in letzter Zeit Schwierigkeiten in unserer Gruppe gehabt haben.« Letztlich gibt es keine Möglichkeit zu entscheiden, ob eine der Interpretationen nun tatsächlich richtig oder falsch ist. Selbst die Personen, um deren Verhalten es geht, haben sich vielleicht gar nicht so verhalten, wie es ihren eigenen, innersten Motivationen entsprechen würde.

SPRACHE IST HANDELN! Jedesmal, wenn Sie sprechen, tun Sie etwas ganz anderes als bloßes ›Tatsachen feststellen‹. Wenn Sie sagen »Zuerst müssen wir das Problem der Systementwicklung ansprechen« oder »Lassen wir einmal jemanden von der anderen Seite zu Wort kommen«, beschreiben Sie die Situation nicht, sondern schaffen sie. Das Vorhandensein »des Problems der Systementwicklung« oder »der anderen Seite« ist eine Interpretation, und indem Sie sie erwähnen, bringen Sie Ihre Interpretation ein in die Gruppenauseinandersetzung. Natürlich können andere protestieren »Das ist kein wirkliches Problem – Sie verwechseln da zwei Sachen« oder »Wir sprechen nicht als zwei entgegengesetzte Lager, jeder hat seine eigene Meinung«. Aber unabhängig davon, ob Ihre Charakterisierung als selbstverständlich akzeptiert oder als Anlaß für eine Auseinandersetzung genommen wird, haben Sie die dadurch beschriebenen Objekte und Eigenschaften geschaffen, die beschrieben werden – und zwar durch die Handlung Ihrer Äußerung.

HEIDEGGER hat erkannt, daß eine Situation wie die gerade beschriebene für durchschnittliches Alltagsleben bezeichnend ist. Unsere wechselseitigen Beziehungen mit anderen Menschen und zu der von uns bewohnten, unbelebten Welt stellt uns in eine Situation von Geworfenheit. Das Bild einer Besprechung erfaßt Geworfenheit als Situation wesentlich genauer als die Vorstellung eines objektiven, abgehobenen Wissenschaftlers, der Beobachtungen anstellt, Hypothesen formuliert und bewußt einen rationalen Handlungsablauf auswählt.

Zusammenbrechen

3.4 ZUSAMMENBRECHEN UND ZUHANDENHEIT

Da sie ihrer herkömmlichen Verständnisweise verhaftet sind, können die meisten Leute HEIDEGGER in einem Aspekt seines Denkens nur schwer folgen: nämlich seiner hartnäckigen Behauptung, Gegenstände und Eigenschaften seien nicht als solche in der Welt zugegen, sondern würden erst im *Zusammenbrechen*[27] thematisch – in diesem Ereignis entstehe ihr *Vorhandensein*[28]. Der Hammer, den jemand zum Einschlagen eines Nagels benutzt, ist ein einfaches Beispiel, das HEIDEGGER selbst anführt. Für die mit dem Hämmern beschäftigte Person ist der Hammer als solcher nicht existent. Er ist Teil des Hintergrundes an *Zuhandenheit*, der als selbstverständlich vorausgesetzt wird, ohne ausdrücklich als Objekt erkannt oder identifiziert zu werden. Der Hammer ist ein Teil der Welt des Hämmernden, aber nicht gegenwärtiger als die Sehnen an seinem Arm.

Der Hammer tritt als Hammer nur in Erscheinung, wenn es zu einer Art Zusammenbruch oder *Unzuhandenheit* kommt. Seine ›Hammerheit‹ kommt zum Vorschein nur, wenn er zerbricht, aus der Hand gleitet, das Holz beschädigt oder wenn ein Nagel eingeschlagen werden soll und der Hammer nicht zu finden ist. Dieser Gesichtspunkt ist schwierig zu verstehen und eng verknüpft mit der vorher diskutierten Unterscheidung zwischen der Geworfenheit in die Handlungssituation und der nachträglichen Betrachtung einer Handlung, die jemand anderes vollzogen hat. Als Beobachter können wir über den Hammer sprechen und über seine Eigenschaften nachdenken, aber für die in die Geworfenheit ungehinderten Hämmerns eingebundene Person ist der Hammer als isolierte Entität nicht existent.

Einige weitere Beispiele sind vielleicht hilfreich, die Bedeutung dieser Unterscheidung (von Zuhandenheit und der erst im Bruch thematischen Vorhandenheit) zu vermitteln. Wenn ich meine gerade ein Jahr alte Tochter beobachte, wie sie Laufen lernt und Gegenstände in die Hand nimmt, könnte ich geneigt sein zu sagen, daß sie ›etwas über das Gesetz der Schwerkraft lernt‹. Aber tatsächlich gibt es in ihrer Ontologie – in der für sie existierenden Welt – keinen solchen Gegenstand wie Schwerkraft. Ihren Lernprozeß mit einem Begriff oder einer Vorstellung von Schwerkraft und deren Auswirkungen in Verbindung zu bringen, wäre unangemessen, wenngleich sie zweifellos notwendige Fertigkeiten zum Handeln in einer physischen Welt erlernt, die wir (als erwachsene Beobachter) in Begriffen und Abstraktionen wie ›Gravitation‹ beschreiben. Anders der Konstrukteur eines Weltraumfahrzeuges, für den die Existenz der Gravitation außer Frage steht. Die Vorwegnahme möglicher Formen des Zusammenbrechens in einer Situation, in der die normalerweise vorhandene Schwerkraft außer Kraft gesetzt ist, erfordert von ihm, sich mit der Gravitation als einem Phänomen, das bedacht, theoretisch vorgestellt und behandelt werden muß, auseinanderzusetzen.

Wenden wir uns Computersystemen zu, so stellen wir fest, daß für verschiedene Personen, eingebunden in unterschiedliche Tätigkeiten, die Existenz verschiedener Bereiche von Objekten und Eigenschaften aus den diversen Arten möglicher Brüche erwächst. Als jemand, der seinen Entwurf auf einem Textverarbeitungssystem verfaßt, bin ich in derselben Situation wie ein Hämmernder. Ich denke mir Wörter aus – und sie erscheinen vor mir auf dem Bildschirm. Erforderlich ist ein Netzwerk an Ausrüstungsgegenständen, einschließlich meiner Arme und Hände, einer Tastatur und vieler komplizierter Geräte, die zwischen Tastatur und Bildschirm vermitteln. Keines dieser Geräte ist mir gegenwärtig, außer in einer Situation des Zusammenbrechens. Falls ein Buchstabe nicht den Weg auf den Bildschirm findet, kann mir die Tastatur z.B. mit einer Eigenschaft ›steckengebliebene Tasten‹ ins Bewußtsein rücken. Oder ich kann feststellen: das Programm ist tatsächlich aus getrennten Komponenten wie ›Bildschirmmanager‹ und ›Tastaturhandler‹ aufgebaut und der ›Wurm‹ steckt gewissermaßen im ›Tastaturhandler‹. Wenn das Problem ernsthafter Natur ist, bin ich möglicherweise gefordert, ein komplexes Geflecht an Fähigkeiten an den Tag zu legen, um den Entwurf des Systems und die Details der Soft- und Hardware des Computers zu analysieren.

Zusammenbrechen

Für mich als schreibenden Autor existierte dieses Netzwerk aus Objekten und Eigenschaften erst einmal nicht. Das Schreiben auf einem Textverarbeitungssystem war Teil meiner Welt, aber nicht die Struktur, deren Vorhandensein erst jetzt zum Vorschein kommt, wo ich krampfhaft versuche, mit dem Zusammenbruch fertigzuwerden. Diese Struktur ist jedoch für andere Personen selbstverständlich gegenwärtig – nämlich für die Konstrukteure, die das Gerät in einem bewußten Gestaltungsprozeß geschaffen haben. Aber auch sie beziehen sich wie selbstverständlich auf Ausrüstungsgegenstände als Hintergrund, die sie im Angesicht eines Zusammenbrechens – etwa dem Ausfall des Betriebssystems – weiter ans Licht hätten rücken müssen.

Mit einem Wort, HEIDEGGER insistiert beharrlich auf der Sinnlosigkeit, ohne Bezug auf besorgende Tätigkeit und ihr jederzeit mögliches Zusammenbrechen über die Existenz von Objekten und Eigenschaften an sich sprechen zu wollen. Was wirklich *der Fall ist*, wird weder durch einen objektiven, allwissenden Beobachter festgelegt, noch durch das Individuum bestimmt, sei es der Autor oder der Computerfachmann, sondern durch einen Möglichkeitsraum, aufgespannt von menschlichen Interessen und Handlungen. Im zweiten Teil des Buches wollen wir deutlich machen, wie die Gewichtsverlagerung – von einer rationalistischen zu einer HEIDEGGERSCHEN Perspektive – unsere Vorstellungen von Computern und unsere Annäherung an den Systementwurf radikal zu ändern vermag.

KAPITEL 4
ERKENNTNIS ALS BIOLOGISCHES PHÄNOMEN

Im vorhergehenden Kapitel haben wir die wichtigste Grundlage unserer theoretischen Orientierung dargestellt, aber zu Anfang unserer Untersuchung ist unser Verständnis längs eines anderen Entwicklungspfades verlaufen. Die rationalistische Orientierung der eigenen, ursprünglich wissenschaftlich-technischen Ausbildung hatte uns die Grundlagen der Hermeneutik und Phänomenologie nahezu vollständig verschlossen. Deren Bedeutung und Einfluß konnten wir uns erst öffnen, nachdem wir einen vorbereitenden Schritt in Richtung Entschleierung der von uns selbst gelebten Tradition gemacht hatten und einsahen, daß diese Tradition in der Tat ernsthaft anfechtbar war.

Für uns war der erste Schritt die Beschäftigung mit den Arbeiten von HUMBERTO MATURANA. Als Biologe wollte er verstehen, wie Phänomene von Erkenntnis und Sprache aus biologischen Prozessen hervorgehen können. Ausgehend von einer Untersuchung der Neurophysiologie des Sehvermögens, die zu seiner klassischen Arbeit über die funktionale Organisation der Netzhaut beim Frosch geführt hat (MATURANA et al. 1960), entwickelte er eine Theorie der Organisation lebender Systeme (MATURANA 1982; MATURANA und VARELA 1980), sowie eine systematische Deutung von Sprache und Erkenntnis (MATURANA 1970; 1982c; 1982d)[29].

Wichtig für einen Vergleich der Ansichten MATURANAS mit denen HEIDEGGERS ist, daß sie ihren Ursprung in sehr unterschiedlichen Denktraditionen genommen haben. Die Philosophie hat eine lange Vorgeschichte von Auffassungen, die die Verwendung geistiger oder physischer Beschreibungen nur in jeweils nicht miteinander vergleichbaren Bereichen zulassen. Darauf haben wir im vorangegangenen Kapitel hingewiesen. Betrachtungsweisen, die auf diesem ›Dualismus‹ aufbauen, gehen selbstverständlich davon aus, daß Aussagen, die dem geistigen

Erkenntnis

Bereich entstammen (wie z.B. »X kennt das Y« oder »X nimmt ein Y wahr«), nicht in der physikalischen Begrifflichkeit ausdrückbar sind, die zur Beschreibung eines Nervensystems verwendet wird. Unter dem Verdikt dieser Annahme zu fragen, ob eine bestimmte physische Tätigkeit des Nervensystems eine ›Wahrnehmung‹ ist, oder ob der Organismus ›Wissen‹ über einige ›Fakten‹ als eine gewisse Art von Zustand besitzt, führt zu einem heillosen Durcheinander der Ebenen.

Wissenschaftler, die in Gebieten wie Neurophysiologie und Künstlicher Intelligenz arbeiten, verteidigen jedoch standhaft die Arbeitshypothese, daß zwischen diesen beiden Bereichen eine systematische und reproduzierbare Beziehung besteht. Es wird vorausgesetzt, daß »X sieht einen roten Farbfleck« auf ein ureigenes Aktivitätsmuster der Netzhaut und visuellen Hirnrinde beziehbar ist, oder daß »John glaubt, Brutus habe Cäsar ermordet« mit einer speziellen Datenstruktur in Johns Gehirn in Verbindung gebracht werden kann. Dabei wird das Gehirn als ein geeignet programmierter Computer mit Speichergeräten gesehen. Die wenigsten Forscher setzen auf einen naiven Zugang und hoffen auf eine direkte Korrelation zwischen Geistigem und Physischem. Lediglich bei peripheren Funktionen wie der Bildmanipulation durch die Netzhaut wird diese Korrelation allgemein angenommen. Für gewöhnlich stützt sich die Beweisführung auf Computerprogramme als Analogon. Der Aufbau der Programme schafft eine Ebene ›funktionaler Beschreibung‹, die vollständig von den Besonderheiten der physischen Gegebenheiten abstrahiert. Ein Gegenstand gilt als erforscht, wenn sein Verhalten in Begriffen einer kompositorischen Deutung beschrieben werden kann. Die Analyse setzt in ihrer Funktion identifizierte Teilbereiche voraus – Bauteile, die im Rahmen der gesamten Wirkungsweise des Gebildes eine festgelegte funktionale Rolle einnehmen.

Man kann auch die Position beziehen, die zeitweise CHOMSKY (1986) vertreten hat: Danach befassen sich Theorien über Erkenntnis ausschließlich mit der reinen ›Kompetenz‹, die das Verhalten kognitiver Systeme auszeichnet, ohne eine Hypothese

Erkenntnis als biologisches Phänomen

über die diese Kompetenz hervorbringenden Mechanismen aufzustellen. Aber den meisten Kognitionswissenschaftlern ist diese Haltung zu restriktiv. Als Naturwissenschaftler setzen sie selbstverständlich voraus, daß alle beobachtbaren Phänomene im Grunde der Begrifflichkeit mechanischer, gemäß vertrauten Gesetzmäßigkeiten funktionierender Systeme unterliegen. Eine Kognitionstheorie muß sich mit den ursächlichen Grundlagen auseinandersetzen, nach denen diese Systeme arbeiten, nicht bloß mit einer rein begrifflichen Charakterisierung des hervorgerufenen Verhaltens. Das Abstraktionsniveau von Computerprogrammen als Beschreibungsebene mag angemessener sein als die physikalische Theorie der einzelnen Komponenten, aber nichtsdestoweniger ist das erklärte Ziel die Begründung, *warum* sich etwas ereignet, nicht nur die Beschreibung, was sich ereignet.

Unterscheidungsmerkmale und Bezüge, die zur Beschreibung des geistigen Bereiches Anwendung finden, bilden eine Grundlage zur Erforschung der Strukturen im Bereich ursächlicher Mechanismen; das wird üblicherweise als selbstverständlich vorausgesetzt, wenn es darum geht, einen solchen Erklärungszusammenhang zu schaffen. MATURANA hatte als experimenteller Neurophysiologe begonnen und gelangte zu der Einsicht, daß diese naive Auffassung nicht nur unangemessen war, sondern zusätzlich die Phänomene, die er studieren wollte, verdunkelte. Aber auch er suchte Erklärungsmuster im Rahmen der Wissenschaftstradition, in der die Begrifflichkeit deterministischer, physikalischer Systeme danach fragt, wie solche Systeme kognitive Phänomene verursachen können.[30] Viele seiner Beiträge zielen deshalb auf die Enthüllung des allgegenwärtigen Vorverständnisses, das Biologen und Kognitionswissenschaftler mit sich herumtragen, und er sucht nach Möglichkeiten für ein anderes Verständnis.

In seinen Veröffentlichungen führt MATURANA einen ganzen Berg neuer Terminologie ein. Auf den ersten Blick erscheint seine Begrifflichkeit verwirrend und schwierig. Er geht ganz bewußt so vor, weil er erkannt hat, daß die alte Terminologie einem Vorverständnis verhaftet ist, das eine Fallgrube für neues Verständnis bereithält. MATURANA und VARELA beschreiben ihre Verwendung des Wortes ›Autopoiesis‹ z.B. folgendermaßen:

»Merkwürdigerweise, aber nicht überraschend, hat sich die Einführung dieses Wortes als sehr wertvoll erwiesen. Dadurch wurde die Aufgabe enorm vereinfacht, über die Organisation des Lebendigen zu sprechen, ohne in die jederzeit zum Zuschnappen bereite Falle zu tappen, eigentlich nichts Neues zu sagen, weil die Sprache das nicht gestattet. Wir konnten dem Verhaftetsein einer Tradition nicht entwischen, aber mit einer angemessenen Ausdrucksweise uns selbst neu orientieren, und vielleicht aus einer neugewählten Perspektive eine andere Tradition entwickeln.« (MATURANA und VARELA 1980, S. XVII)

Wir stellen ein Großteil der Terminologie MATURANAS vor, versuchen aber keine definitionsgemäße Festschreibung (tatsächlich lassen sich nach unserer eigenen Sprachtheorie auch keine absolut präzisen Definitionen angeben). Durch das Erarbeiten andersartiger Vorstellungen und das Ausbreiten der Maschen gegenseitiger Abhängigkeit dieser neuen Ideen wird das Bedeutungsgeflecht schrittweise sichtbar werden. Ein vollständiger oder gar ausgewogener Aufriß des Werkes von MATURANA ist auf diesen wenigen Seiten nicht möglich. Wir wollen statt dessen diejenigen Gesichtspunkte hervorheben, die unseren eigenen Verständnisprozeß am nachhaltigsten beeinflußt haben, und erhoffen uns, daß diese Einführung viele Leser zu dem nicht immer ganz leichten, aber lohnenden Studium der Originalliteratur motiviert.

4.1 DIE GESCHLOSSENHEIT DES NERVENSYSTEMS

Neurophysiologische Studien des Sehvermögens gingen traditionell (gegründet auf eine rationalistische Philosophie der Erkenntnis) von der Voraussetzung aus, daß die Aktivität des Sehnervs unmittelbar das Beleuchtungsmuster auf der Netzhaut widerspiegelt. Die Arbeit von MATURANA, LETTVIN, MCCULLOCH und PITTS (1960) über die Anatomie und Physiologie des Sehvermögens beim Frosch stellt diese Annahme in Frage und belegt, daß über weite Bereiche der Netzhaut, die mit einzelnen Nervenfasern des Sehnervs verbunden ist, nicht die Lichtintensität selbst, sondern das Muster lokaler Helligkeitsänderungen die Nervenfasern reizt. Eine besondere Sorte Nervenfasern reagiert z.b. am besten auf kleine, dunkle, von Helligkeit umgebene Flecken. Die Reizauslösung an diesen Fasern führt zur zielgerichteten Reaktion, an dem Ort, der diesem Fleck entspricht, eine Fliege fangen zu wollen. Ersichtlich wurde dadurch, daß zumindest einige der Kognitionsprozesse, die wir für den Frosch als Lebensnotwendigkeit interpretieren müssen, tatsächlich innerhalb seines Sehapparates und nicht in tieferen neuroanatomischen Schichten beim Frosch ablaufen.

Bei Versuchen, diese Forschungsarbeiten auf das Gebiet des Farbensehens auszuweiten, machten MATURANA, URIBE und FRENK (1982) Beobachtungen, die weitere Fragen der Beziehung zwischen Wahrnehmung und wahrgenommener Umwelt aufwarfen. Sie konnten nachweisen, daß Theorien, die wahrgenommene Farben unmittelbar spektralen Wellenlängen zuordnen, unzureichend sind. Dabei stützten sie sich auf eine einfache, schon vor vielen Jahren angestellte Beobachtung. Ein Stab, von einer Seite mit weißem und von der anderen mit rotem Licht beschienen, wirft zwei Schatten; der eine erscheint rot (vor einem insgesamt rot-weiß gemischten, rosafarbenen Hintergrund) und der andere *grün*. Fragen wir nach dem beobachteten konkreten ›Ding‹, werden wir kein Licht mit einer als grün zu bezeichnenden Wellenlänge entdecken, lediglich verschiedene Schattierungen von rot, weiß und rosa. Für MATURANA und andere Forscher stand jedoch fest, daß die erzeugten, neuronalen Aktivitätsmuster von gleicher Art sein müssen wie diejenigen, die durch Licht einer üblicherweise als grün bezeichneten, monochromatischen Wellenlänge hervorgerufen werden.[31] Für das Nervensystem ist ›grün‹ gegenwärtig. Das findet jedoch keine einfache Entsprechung im Vorhandensein von Licht einer bestimmten Wellenlänge, sondern ist Ergebnis eines komplexen Musters relativer Aktivität zwischen verschiedenen Nervenzellen (Neuronen).

Dies ist eines von vielen Beispielen, die MATURANA an der Gültigkeit unserer allgemein verbreiteten Auffassung von Wahrnehmung zweifeln ließen. Eine naive Anschauung geht davon aus, daß Dinge mit gewissen, objektiv erkennbaren Eigenschaften in der Außenwelt vorhanden sind, und sie hält unsere Wahrnehmung für verstandesmäßiges Einfangen dieser Eigenschaften. Die gleiche Idee ist in entsprechenden Worten Bestandteil folgender Beschreibung:

»Als JERRY Y. LETTVIN und ich unsere diversen Artikel über das Sehvermögen beim Frosch verfaßten ... gingen wir von der stillschweigenden Annahme aus, daß wir es mit einem klar definierten Erkenntnisprozeß zu tun hätten: Es existiert eine konkrete (an und für sich bestehende), dem Tier äußerliche und davon unabhängige (nicht durch das Tier beeinflußte) Realität; das Tier kann diese Realität wahrnehmen (erkennen) und die im Wahrnehmungsprozeß gewonnene Situation benutzen, um ein der wahrgenommenen Situation angemessenes Verhalten zu berechnen. Diese unsere Annahme war eindeutig Bestandteil der von uns verwendeten Sprache. Wir beschrieben die verschiedenen Arten von Ganglienzellen der Netzhaut wie Filmkameras und sprachen über die photographische Aufnahme von Beute und Feind.« (MATURANA und VARELA 1980, S. XIV)

Weitere Untersuchungen visueller Phänomene legten jedoch eine andere Interpretation nahe. Wollte MATURANA die anscheinend grundlegende Wahrnehmungskategorie Farbe in Angriff nehmen, war es notwendig, Erklärungen in der Begrifflichkeit entsprechender Aktivitätsmuster des Nervensystems selbst zu geben.

»Im Verlauf der Forschungsarbeiten wurde mir sehr bald klar, daß kartographische Abbildung der farbenprächtigen Welt auf

Erkenntnis als biologisches Phänomen

das Nervensystem nicht Hauptziel meiner Untersuchungen über Farbensehen sein konnte, sondern vielmehr das Verständnis, wie die Netzhaut (oder das Nervensystem) an der Erzeugung des Farbraumes beim Beobachter mitwirkt.« (MATURANA und VARELA 1980, S. XII)

Mit anderen Worten: Wahrnehmung muß eher von innen als von außen – eher unter dem Gesichtspunkt des Nervensystems als Phänomenerzeuger denn als kartographisches Filter der Realität – untersucht werden.

MATURANA beschreibt das Nervensystem als ein geschlossenes Netzwerk interagierender Neuronen. Jede Zustandsänderung der relativen Aktivität einer Gruppe von Neuronen führt zur Zustandsänderung der relativen Aktivität einer anderen oder derselben Gruppe Neuronen. Von diesem Standpunkt aus betrachtet hat das Nervensystem keine ›Eingänge‹ und ›Ausgänge‹. Es kann durch strukturelle Änderungen im neuronalen Netzwerk selbst *perturbiert*[32] werden, und diese Änderungen wiederum wirken auf die Aktivität des Nervensystems. Die Abfolge von Systemzuständen entsteht jedoch durch das eigene, strukturbestimmte Wechselspiel neuronaler Aktivität.

Auf die Netzhaut fallendes Licht verursacht in den Neuronen chemische Prozesse und ändert damit die Struktur des Nervensystems selbst. Diese modifizierte Struktur führt zu Aktivitätsmustern, die von den ansonsten ohne diese Beeinflussung erzeugten Mustern sehr wohl unterschieden sind. Allerdings wäre es eine irreführende Vereinfachung, diese Änderung als Wahrnehmung von Licht anzusehen. Auch ein in den Nerv injizierter Reizstoff hätte eine Änderung der Aktivitätsmuster zur Folge, aber wir würden davor zurückschrecken, diese Änderung eine ›Wahrnehmung‹ des Reizstoffes zu nennen. Für MATURANA ist dieser Vergleich der beste Zugang zum Verständnis sämtlicher Aktivität des Nervensystems. Das Augenmerk sollte sich auf die Interaktion innerhalb des Systems als Ganzem richten, nicht auf die Struktur der Perturbationen. Die Perturbationen entscheiden nicht das Geschehen im Nervensystem, sondern sie lösen lediglich Zustandsänderungen aus. Die Struktur des perturbierten Systems entscheidet, oder besser gesagt, *bestimmt*, durch welche strukturellen Konfigurationen des Mediums[33] das System perturbiert werden kann.

Aus dieser Sichtweise gibt es keinen Unterschied zwischen Wahrnehmung und Halluzination. Bewirkt der injizierte Reizstoff ein neuronales Aktivitätsmuster, das identisch auch durch Wärmeeinwirkung auf eine empfindliche Stelle hervorgerufen werden kann, dann macht es neurophysiologisch keinen Sinn zu fragen, ob die Wärme tatsächlich ›wahrgenommen‹ oder eine ›Halluzination‹ war. Zunächst erscheint die Weigerung, zwischen Realität und Halluzination unterscheiden zu wollen, an den Haaren herbeigezogen, aber wenn wir uns an das Farbensehen zurückerinnern, wird sie durchaus verständlich. Die Frage, ob der Schatten im Stabexperiment ›tatsächlich grün‹ war, wird sinnlos, sobald wir den Gedanken aufgeben, daß die Wahrnehmung von Grün auf eine einfache Weise dem Muster eines physischen Reizes entspricht. Eine wissenschaftliche, auf physischer Ebene angesiedelte Erklärung der Funktionsweise des Nervensystems muß darlegen können, wie zu jedem Zeitpunkt Aktivitätsmuster durch die Systemstruktur erzeugt werden. Physikalische Gegebenheiten, die diese Strukturänderungen durch Interaktion innerhalb des physischen Milieus bewirken, liegen selbst außerhalb des Bereiches Nervensystem.

Ein in das Milieu eingebundener Beobachter des Nervensystems kann natürlich Aussagen über die Art der Perturbation und deren Wirkung auf das Aktivitätsmuster anstellen. Für diesen Beobachter macht es Sinn, die Sachlage einer Reizstoffinjektion und die einer Wärmeeinwirkung auseinanderzuhalten. Aber *vom Standpunkt des Nervensystems* ist die Unterscheidung nicht von Belang und auch gar nicht möglich.

Mit diesem neuen Verständnis von Wahrnehmung wendet sich MATURANA gegen den von ihm so bezeichneten ›Trugschluß instruktiver Interaktion‹. Er verwendet den Begriff ›instruktive Interaktion‹ für den am gesunden Menschenverstand orientierten Glauben, wir würden durch Interaktion mit unserer Umgebung

Erkenntnis als biologisches Phänomen

eine unmittelbare Darstellung dieser Umwelt erwerben – Eigenschaften des Milieus kartographisch abbilden auf Strukturen des Nervensystems (bzw. den Zustand dieser Strukturen bestimmen). Er kann so die These aufstellen, daß Änderungen der Struktur des Nervensystems ihrem Wesen nach keine Abbildung der Außenwelt sind, weil unsere Interaktion mit der Umwelt immer Tätigkeit des Gesamtnervensystems ist. Verhaltensänderungen sind Resultat von Aktivitätsmustern, die, obwohl sie durch Variationen im umgebenden physischen Medium ausgelöst werden, keine Repräsentation physischer Zustände sind. Die Entsprechung zwischen der strukturellen Änderung und dem dadurch hervorgerufenen Ablaufmuster ist historischer, nicht struktureller Natur; sie läßt sich nicht als eine Art Referenzbeziehung zwischen neuronalen Strukturen und Außenwelt erklären.

Die Struktur des Organismus bedingt zu jedem Zeitpunkt einen *Bereich von Perturbationen* – einen Raum möglicher Einflüsse, die das Milieu auf die Abfolge struktureller Zustände nehmen kann. Das Milieu wählt unter diesen Mustern, erzeugt aber nicht den Möglichkeitsraum. Einen Organismus als strukturbestimmtes System aufzufassen bedeutet, ihn in der Begrifflichkeit seiner Bausteine und der Wechselbeziehung dieser Teile untereinander zu betrachten. Der angemessene Beschreibungsbereich ist nicht das Verhalten des Organismus als Ganzes, sondern die ineinandergreifenden Verhaltensweisen seiner physischen Komponenten.

4.2 AUTOPOIESIS, EVOLUTION UND LERNEN

MATURANAS Verständnisweise der Beziehung eines Organismus zu seiner Umwelt wirft ein epistemologisches Problem auf. Die in unserer Kultur allgemein für gültig erachtete Erkenntnistheorie geht davon aus, daß Wissen eine Repräsentation der Außenwelt darstellt. Gestützt auf Informationssammlung mittels Wahrnehmung, speichert unser Gehirn auf irgendeine Weise Fakten, verwendet diese zum Schlußfolgern und aktualisiert diese Fakten auf der Grundlage gewonnener Erfahrung.

Autopoiesis

Wenn wir das Nervensystem als geschlossen betrachten, müssen wir fragen, wie ein Organismus überhaupt zu irgendeiner Form von Wissen über die Welt kommen kann. Wie kann ein geschichtlicher Verlauf unabhängiger Perturbationen zu dem Erkenntnisphänomen führen, daß auf eigene Anschauung bauende Intuitionen uns nicht im Stich lassen? Eine Erklärung der Ursprünge aller Erkenntnisphänomene in Begriffen der Phylogenese (Stammesgeschichte) und Ontogenese (Seinsgeschichte) lebender Systeme sucht MATURANA. Voraussetzung dafür ist eine angemessene Beschreibung der Organisation des Lebendigen. MATURANA und VARELA charakterisieren sie mit dem Begriff der ›Autopoiesis‹[34]. Ein autopoietisches System ist definiert als ein System, das als

»... ein Netzwerk von Prozessen der Produktion (Transformation und Destruktion) von Bestandteilen organisiert (als Einheit definiert) ist, das die Bestandteile erzeugt, welche: 1. aufgrund ihrer Interaktionen und Transformationen kontinuierlich eben dieses Netzwerk an Prozessen (Relationen), das sie erzeugte, neu generieren und verwirklichen, und die 2. dieses Netzwerk (die Maschine) als eine konkrete Einheit in dem Raum, in dem diese Bestandteile existieren, konstituieren, indem sie den topologischen Bereich seiner Verwirklichung als Netzwerk bestimmen.« (MATURANA und VARELA 1982, S. 184 f.)

Die in dieser Definition verwendeten Begriffe wie ›Einheit‹, ›Bestandteil‹ und ›Raum‹ haben in MATURANAS Arbeiten technische Bedeutung. Wir wollen nicht versuchen, diese Begriffe an dieser Stelle zu definieren, sondern im Fortgang der Beschreibung, die aufzeigen soll, welches Gewicht diese Definition von Autopoiesis hat, den Sinnzusammenhang einzelner Begriffe erläutern.

Das Phänomen der Autopoiesis ist von ganz allgemeiner Bedeutung. Es ist anwendbar auf Systeme in jedem Bereich, in dem sich Einheiten und Bestandteile identifizieren lassen. Ein autopoietisches System stabilisiert die eigene Organisationsform und bestimmt mittels kontinuierlicher Produktion der eigenen Bestandteile seine Grenzen nach außen.³⁵ Wird Autopoiesis unterbrochen, geht die Organisation des Systems – die Identität als individuell ausgeprägte Form von Einheit – verloren, und das System zerfällt (stirbt). Autopoietische Systeme, die in einem physischen Raum existieren, sind lebende Systeme.³⁶

Auf den ersten Blick mag diese Definition autopoietischer Systeme belanglos oder gar banal erscheinen. Aber tatsächlich ist sie eine sorgfältig formulierte Aussage, entwickelt aus einer einfachen Idee: wesentliches Charakteristikum lebender Systeme ist eine Ansammlung von Bestandteilen, die eine Einheit bilden, die leben oder sterben kann. Genau diese schlichte Eigenschaft, eine selbstorganisierte Struktur zu sein, führt zu den vielschichtigen Phänomenen des Lebens. Hierin liegt die zentrale Beobachtung von MATURANA. Die Funktionsweise eines Organismus als strukturbestimmtes System mit der Möglichkeitsform des Zerfalls führt zu Anpassung und Evolution.

Selektion ist der Mechanismus, durch den ein Organismus in seinem Milieu zu einer angemessenen Funktionsweise befähigt wird. Damit ist sowohl die Auswahl struktureller Änderungen im Einzelorganismus gemeint, als auch die Auslese einzelner Organismen durch ihre Möglichkeit zu leben oder zu zerfallen. Ein formbares, strukturbestimmtes System (dessen Struktur sich z.B. im Laufe der Zeit unter Beibehaltung der eigenen Identität ändern kann) wird sich, wenn es autopoietisch ist, notwendigerweise in einer solchen Weise entwickeln, daß seine Aktivitäten zweckmäßig an sein eigenes Milieu rückgekoppelt sind. Die Struktur des Systems muß sich anpassen, damit das System, durch bestimmte perturbierende Änderungen seines Milieus ausgelöst, geeignete Zustandsänderungen hervorbringt; andernfalls wird das System zerfallen.

»Lernen ist kein Prozeß der Akkumulation von Repräsentationen der Umwelt; es ist ein kontinuierlicher Prozeß der Transformation von Verhalten durch kontinuierliche Veränderung der Fähigkeit des Nervensystems, solches Verhalten zu synthetisieren. Erinnerung hängt nicht von der unbestimmt langen Aufbewahrung einer strukturellen Invariante ab, die einen Gegenstand repräsentiert (z.B. eine Idee, ein Bild oder ein Symbol), sondern von der funktionalen Fähigkeit des Systems, bei Vorliegen bestimmter rekurrenter Bedingungen ein Verhalten zu erzeugen, das die rekurrenten Anforderungen erfüllt, oder das der Beobachter als den erneuten Vollzug eines vorausgegangenen Verhaltens klassifizieren würde.« (MATURANA 1982a, S. 69).

Strukturelle Koppelung bildet nicht nur die Grundlage für Änderungen im Einzelorganismus zeit seines Lebens (Lernen), sondern auch für Änderungen, die sich mittels Fortpflanzung (Evolution) durchsetzen. Genaugenommen kann jede Strukturänderung als ontogenetisch (als Vorkommnis im Leben eines Einzelorganismus) betrachtet werden. Eine genetische Mutation bewirkt strukturelle Änderung bei einem Elternteil, ohne unmittelbare Wirkung auf dessen autopoietischen Zustand, bis sie eine Rolle beim Wachstum der Nachkommenschaft spielt.

»Wenn der Beobachter ... zwischen gelerntem Verhalten und Instinktverhalten zu unterscheiden sucht, wird er feststellen, daß beide Verhaltensweisen in ihrer konkreten Verwirklichung in gleicher Weise durch die Strukturen des Nervensystems bzw. des Organismus determiniert und in dieser Hinsicht völlig ununterscheidbar sind. Die Unterscheidung zwischen gelerntem und instinktivem Verhalten gehört ausschließlich zur Geschichte der Herstellung der für sie verantwortlichen Strukturen.« (MATURANA 1982c, S. 254)

Die von den Erfordernissen der Autopoiesis hervorgebrachte strukturelle Koppelung übernimmt die Rolle, die uns naiverweise zur Annahme führt, wir verfügten in unseren Vorstellungen über eine ›Repräsentation‹ der Umwelt. Doch die Sehnervenfasern, die auf kleine, sich bewegende, dunkle Flecken reagieren, vermitteln dem Frosch mitnichten eine *Repräsentation* der Fliege. Als Resultat struktureller Koppelung erzeugt vielmehr das Nervensystem Aktivitätsmuster, die durch bestimmte

Erkenntnis als biologisches Phänomen

Perturbationen ausgelöst werden und die zur fortgesetzten Autopoiesis beim Frosch beitragen. Strukturänderungen, die zur Herausbildung des Nervensystems beim Frosch geführt haben, sind der Autopoiesis natürlich nicht mehr dienlich, wenn der Frosch in einer fliegenfreien Umwelt um Nahrung kämpfen muß. Aber es wäre ein Irrtum anzunehmen, daß die Struktur des Nervensystems ein ›Wissen‹ um die Existenz von Fliegen widerspiegelte. Eine Erklärung, warum ein Frosch Fliegen fängt, ist in zwei unterschiedlichen Bereichen möglich. Auf der Ebene, auf der wir den Frosch als physikalisches System betrachten, können wir darstellen, wie die Struktur Handlung bestimmt. Im kognitiven Bereich (auf den wir im Folgenden zurückkommen) können wir erklären, wie der geschichtliche Verlauf an Perturbationen beim Frosch (und seinen Vorfahren) zu der Struktur geführt hat, die sein Handeln bestimmt.

4.3 DER KOGNITIVE BEREICH

MATURANA beschäftigt sich vorrangig mit der Frage nach der Bedeutung von ›Erkenntnis‹ mit Bezug auf die grundsätzliche Wesensart lebender Systeme. Er verwirft die Metapher von der Informationsverarbeitung als Grundlage für Erkenntnis und ersetzt die Frage »Wie gelangt der Organismus an die Information über seine Umwelt?« durch die Frage »Wie kommt es, daß der Organismus über eine Struktur verfügt, die es ihm erlaubt, im Milieu, das ihn umgibt, angemessen zu wirken?« Das Erfassen der Funktionsweise des Nervensystems allein kann keine Antwort auf diese Frage liefern. Wir müssen vielmehr auf einem grundsätzlicheren Verständnis davon aufbauen, in welcher Weise kognitive Tätigkeiten für alle Lebensformen charakteristisch sein können, und wie diese Tätigkeiten durch das zugrundeliegende Phänomen Autopoiesis bestimmt sind. Nach MATURANAS Auffassung »sind lebende Systeme kognitive Systeme und Leben als Prozeß ist ein Prozeß der Kognition. Diese Aussage gilt für alle Organismen, ob mit oder ohne Nervensystem.« (MATURANA 1970, S. 8)

Der kognitive Bereich

Was bedeutet in diesem Zusammenhang, einen Organismus als kognitives System aufzufassen?

»Ein kognitives System ist ein System, dessen Organisation einen Interaktionsbereich definiert, in dem es zum Zweck der Selbsterhaltung handeln kann. Der Prozeß der Kognition ist das tatsächliche (induktive) Handeln oder Verhalten in diesem Bereich.« (MATURANA 1982a, S. 39)

Eine kognitive Erklärungsweise befaßt sich mit der *Relevanz* von Handlung für den Fortbestand von Autopoiesis und bewegt sich damit in einem *Phänomen-Bereich* (Bereich von Phänomenen), der sich vom Bereich mechanistischen, strukturbestimmten Verhaltens unterscheidet:

»... wird diese Geschichte als Ergebnis ihres strukturellen Zusammenschlusses im Verlauf einer solchen Entwicklung sowohl in der Struktur des lebenden Systems als auch in der Struktur des Mediums verkörpert, obwohl beide Systeme notwendigerweise als strukturdeterminierte Systeme durch streng lokal determinierte Prozesse ausschließlich in der Gegenwart aktiv sind ... Geschichte ist notwendig, um zu erklären, wie ein bestimmtes System oder Phänomen entstanden ist, sie ist jedoch ohne Bedeutung für die Erklärung des Operierens des Systems oder Phänomens hier und jetzt« (MATURANA 1982a, S. 248)

Als Beobachter können wir die Aktivität lebender Systeme in jeweils einem von zwei einander nicht überlappenden Bereichen beschreiben. Die eine Beschreibungsebene befaßt sich mit der Systemstruktur und der Frage, wie diese Struktur Verhalten bestimmt. Eine solche Darstellung ist ihrem Wesen nach ahistorisch. Es spielt keine Rolle, *wie* das System zu dem wurde, was es ist, ausschlaggebend ist ausschließlich, *daß* es ist. Wir können andererseits (als Beobachter des geschichtlichen Ablaufs von Änderungen der Struktur und des Milieus) die Interaktionsmuster beschreiben, die zur Entstehung der Struktur beigetragen und das Verhältnis dieser Änderungen zu zielgerichtetem Handeln bestimmt haben. Diese zweite Erklärungsebene bezeichnet MATURANA als ›kognitiv‹. Der kognitive Bereich befaßt sich mit der Bedeutung systemischer Strukturänderungen für das zum Überleben des Systems wirksame Verhalten.

Es betrifft folglich diesen kognitiven Bereich, daß wir, gestützt auf Wörter wie ›Absicht‹, ›Wissen‹ und ›Lernen‹, Unterscheidungen treffen können. Wie schon erwähnt, haben Philosophen diese Form ›geistiger Prädikate‹[37] immer sorgfältig von physischen Prädikaten unterschieden, die sich auf Organismen oder Maschinen als Verkörperung des von ihnen beschriebenen Phänomens beziehen. Der kognitive Bereich ist in MATURANAS Vorstellung nicht einfach eine andere (›geistige‹ bzw. mentale) Ebene, die eine mechanistische Beschreibung der Funktionsweise eines Organismus liefert. Es ist ein Bereich, der die *zeitliche Abfolge* wirkungsvollen Handelns charakterisiert; also ein Bereich, der seinem Wesen nach zeitbedingt ist und über eine Geschichte verfügt. »Das Tier kennt X« ist also keine Aussage über den Zustand des Tieres, sondern eine Behauptung über ein Handlungsmuster (das aus der Vergangenheit abgeleitet und auf die Zukunft projiziert wird). Ein Hauptziel seiner Forschungen sieht MATURANA in der Überwindung der (durch unsere eigene Sprache auferlegten) Tendenz, die Bewußtseinsbegriffe[38] so behandelt, als ob sie sinnvollerweise als Zustands- oder Strukturbeschreibungen verwandt werden könnten.

Mit der Unterscheidung zwischen dem Bereich der Kognition und dem Bereich des Nervensystems als strukturbestimmtes System klärt MATURANA eine Frage, die im Zentrum behavioristischer Auffassungen von Erkenntnis gestanden hat. Behavioristen beschreiben das Verhalten eines Organismus (seine Reaktionen) als Funktion der Abfolge von Zuständen in der Umwelt – als Funktion der relevanten Reize, Verstärkungen und Bestrafungen. In seiner extremsten Form unterstellt der Behaviorismus, Reize und Reaktionen seien ohne Bezug auf die innere Struktur des Organismus rein von außen beschreibbar, und alle interessierenden Wiederholungen im Verhalten ließen sich allein durch die Muster der Ereignisse erklären. Viele würden sich selbst als Behavioristen (oder ›Neobehavioristen‹[39]) bezeichnen, weil Behavioristen den internen Zustand eines Organismus ebenso voraussetzen wie die Möglichkeit, Ein- und Ausgänge protokollieren zu können. Gemeinsam ist allen behavioristischen Ansätzen die Blickrichtung auf den Organismus als eine sich verhaltende, externen Reizen ausgesetzte Entität (also eine Einheit, wie MATURANA sagen würde). Diese Sichtweise ist für Behavioristen naheliegender als die autopoietische Deutung des Organismus als ein zusammengesetztes Gebilde, das anhand der Wechselwirkungen seiner Bestandteile verstanden werden muß.

Obwohl er durchaus die Bedeutung eines von der Struktur kognitiver Systeme unabhängigen Bereiches anerkennt, verwirft MATURANA die behavioristische Sichtweise, weil seiner Meinung nach ›Organismus‹ und ›Umwelt‹ nicht als zwei äußerlich aufeinander einwirkende und ansonsten voneinander unabhängige Dinge aufgefaßt werden können. Wir können nicht einerseits die das Verhalten auslösenden Reize festmachen, die unabhängig von der Einheit des fraglichen Organismus existieren und andererseits den internen Reaktionsverlauf der Einheit auf diese Reize beschreiben. Die Einheit des Organismus selbst bestimmt ihren eigenen Existenzraum als Milieu, und wenn wir diese Einheit beobachten wollen, müssen wir zu Unterscheidungen innerhalb dieses Raumes greifen.

4.4 KONSENSUELLE BEREICHE

Die Ursache für Perturbationen, die auf einen Organismus wirken, können auch andere Organismen derselben oder einer anderen Gattung sein. Als Folge der von anderen Organismen erzeugten Perturbationen wird jeder Organismus durch die untereinander ablaufende Wechselwirkung in einen Prozeß struktureller Koppelung hineingezogen. Dieser wechselseitige Prozeß kann zu miteinander verzahnten Verhaltensmustern führen, die einen *konsensuellen Bereich* ausbilden.

Erkenntnis als biologisches Phänomen

»Wenn zwei oder mehr Organismen in rekursiver Weise als strukturell plastische Systeme interagieren ... ergibt sich eine wechselseitige ontogenetische Strukturenkopplung ... Außerdem erscheint einem Beobachter der durch derartige ontogenetische Strukturenkopplung gebildete Interaktionsbereich als ein Netzwerk von Sequenzen wechselweise ausgelöster, ineinandergreifender Verhaltensweisen ... In der Tat sind die verschiedenen Verhaltensweisen, die auftreten, sowohl beliebig als auch kontextbedingt. Die Verhaltensweisen sind beliebig, da sie jede Form annehmen können, solange sie als Auslöser in den Interaktionen operieren; sie sind kontextbedingt, da ihre Mitwirkung an den ineinandergreifenden Interaktionen innerhalb des Bereichs nur hinsichtlich der den Bereich bildenden Interaktionen definiert ist. Ich werde daher den Bereich ineinandergreifender Verhaltensweisen ... einen *konsensuellen Bereich* nennen.« (MATURANA 1982c, S. 255 f.)

Als Beobachter können wir die Abfolge wechselseitiger Handlungen, z.B. das Annähern und Erkennen von Männchen und Weibchen einer Spezies beim Paarungsritual als zusammenhängendes Muster verstehen, das beide Tiere einschließt. Unsere Beschreibung ist keine Schilderung, wie das Männchen und das Weibchen (gesehen als Mechanismen, die aus physischen Komponenten zusammengesetzt sind) agieren, sondern eine Darstellung des Paarungstanzes als gemeinsam erzeugtes Interaktionsmuster. Die Herausbildung eines konsensuellen Bereiches wird bestimmt durch die historisch bedingte Entwicklung der Zustände und Interaktionen, die zwischen den Teilnehmern (und ihren Vorfahren) im physischen Bereich abgelaufen sind. Als Beobachter dieses Verhaltens können wir jedoch einen neuen Bereich ausmachen, in dem das Verhalten als systemisches Muster existiert. Dieser konsensuelle Bereich läßt sich somit weder auf den physischen Bereich (die Struktur der beteiligten Organismen) noch auf den Bereich der Interaktionen (die Entwicklungsgeschichte der beteiligten Organismen) reduzieren, sondern wird im Verlauf des Zusammenspiels dieser beiden Bereiche erzeugt durch strukturelle Koppelung, die von den Erfordernissen der Autopoiesis jedes einzelnen Teilnehmers bestimmt wird.

Verhalten im konsensuellen Bereich wird von MATURANA auch als ›sprachliches Verhalten‹ gekennzeichnet. Menschliche Sprache ist tatsächlich ein prägnantes Beispiel für einen konsensuellen Bereich und läßt sich durch die Eigenschaften, gleichermaßen beliebig und kontextabhängig zu sein, charakterisieren. MATURANA erweitert jedoch den Begriff ›sprachlich‹ so sehr, daß er *jeden* wechselseitig erzeugten Interaktionsbereich einschließt. Sprachhandlungen können, wie jede andere Handlung eines Organismus, sowohl im Bereich der Strukturen als auch im kognitiven Bereich beschrieben werden. Ihr Vorhandensein *als Sprache* wird jedoch durch wechselseitige Interaktion im konsensuellen Bereich erzeugt. Eine Sprache existiert in einer von Individuen gebildeten Gemeinschaft und erneuert sich fortwährend durch ihre Sprachtätigkeit und die dadurch erzeugte strukturelle Koppelung.

Als konsensueller Bereich ist Sprache eine Formgebung von ›wechselseitig ausgerichtetem Verhalten‹, keine Sammlung von Mechanismen einer ›Sprachverwender‹-Koppelung oder einer ›semantischen‹ Koppelung zwischen Sprachverhalten einerseits und den vom Organismus erlebten, nichtsprachlichen Perturbationen andererseits.

MATURANA betont den konnotativen gegenüber dem denotativen Charakter von Sprache: Sie hat vor allem die Funktion, Orientierungssuchenden in seinem oder ihrem kognitiven Bereich Orientierung zu bieten, und nicht, auf unabhängige Entitäten zu verweisen. Ein Beobachter wird bisweilen eine Entsprechung zwischen der untersuchten Sprache und den beobachteten Dingen feststellen können, ebenso, wie zwischen dem Sehapparat beim Frosch und der Existenz von Fliegen eine Entsprechung besteht. Aber falls wir versuchen, Sprache ausschließlich im kognitiven Bereich verstehen zu wollen, verschließen wir uns selbst die Augen gegenüber ihrer Rolle als Orientierungsverhalten, und wir machen falsche Annahmen über die Notwendigkeit und den Charakter des Wirklichkeitsbezuges[40] von Sprache.

»Die basale Funktion der Sprache als eines Systems des Orientierungsverhaltens besteht nicht in der Übermittlung von Information oder in der Beschreibung einer unabhängigen Außenwelt, über die wir sprechen können, sondern in der Erzeugung eines konsensuellen Verhaltensbereiches zwischen sprachlich interagierenden Systemen im Zuge der Entwicklung eines kooperativen Interaktionsbereiches.« (MATURANA 1982c, S. 73)

Die Rolle des ›Zuhörens‹ für die Entstehung der Bedeutung einer Äußerung ist mit MATURANAS Erklärung konsensueller Bereiche eng verwandt. Das werden wir ausführlich in Kapitel 5 erörtern.

4.5 BEOBACHTER UND BESCHREIBUNG

An dieser Stelle ist es sinnvoll, einen Schritt zurückzugehen und MATURANAS Orientierung auf unser eigenes Vorgehen anzuwenden. Die Handlung, diese Worte auf Papier niederzulegen, ist damit verknüpft, daß wir uns auf Sprachtätigkeit einlassen. Unser Umgang mit Sprache bedeutet nicht das Übermitteln von Information oder das Beschreiben einer Außenwelt, sondern wir erzeugen einen kooperativen Bereich der Interaktionen. Unser eigener Sprachgebrauch transportiert ein möglicherweise irreführendes Vorverständnis.

Eine naive Sichtweise (wie sie in den Kapiteln 2 und 5 behandelt wird) sieht Sprache als Transportmittel für Information, die eine objektive Realität widerspiegelt. Einzelne Wörter und ganze Sätze beziehen sich auf Dinge, deren Existenz unabhängig von der Handlung des Sprechens angenommen wird. Aber wir sind selbst biologische Wesen, und die Stoßrichtung der von MATURANA entwickelten Argumentationslinie besagt, daß wir aus diesem Grund niemals ein unabhängiges Wissen von der äußeren Realität erlangen können. Uns steht zwar eine Struktur zur Verfügung, die unsere eigene geschichtliche Abfolge von Interaktionen in einem Milieu reflektiert, aber dies Milieu ist nicht zusammengesetzt aus erkennbaren ›Dingen‹. Wir können über

eine Umwelt sprechen, aber wenn wir das tun, handeln wir als
›Beobachter‹:

»Ein Beobachter ist ein Mensch, ein lebendes System, das Beschreibungen anfertigen und bestimmen kann, was er als von ihm selbst verschiedene Einheit abgrenzt ... und er ist imstande, so zu operieren, als ob er sich außerhalb der Umstände bewegte (also verschieden von ihnen wäre), in denen er sich befindet. Alles was gesagt wird, wird von einem Beobachter zu einem anderen Beobachter gesagt, der er selbst sein kann.« (MATURANA 1982c, S. 240)

Als Beobachter erzeugen wir *Unterscheidungsmerkmale* innerhalb eines konsensuellen Bereiches. In jedem Bereich (ob es sich nun um den Bereich der Ziele und Absichten oder um den Bereich physischer Systeme handelt) ist eine Beschreibung zwangsläufig die Feststellung eines Beobachters gegenüber einem anderen Beobachter, und sie stützt sich nicht auf eine äußere Realität, sondern auf den konsensuellen Bereich, der den Beobachtern gemeinsam ist. Die Eigenschaften von Dingen (und das Unterscheiden verschiedener Dinge überhaupt) existieren einzig als operationale Kennzeichnungen in einem Bereich von Unterscheidungsmerkmalen, der durch einen Beobachter festgesetzt wird. Wir sprechen über Systeme und ihr Milieu, über Systembestandteile und Strukturänderungen, als ob wir es mit äußeren Dingen und Eigenschaften zu tun hätten. Das ist das zwangsläufige Resultat des Sprachgebrauchs. Nichtsdestoweniger handelt es sich immer nur um ›als ob‹ Aussagen, ohne Anspruch auf ontologische Gültigkeit.

Die Vorstellung, wonach alle kognitiven Unterscheidungsmerkmale von einem Beobachter erzeugt werden (und damit von der Person des Beobachters abhängig sind), wurde nicht von MATURANA neu entwickelt. In seinem Standardwerk *Gestalt Psychology* vertritt z.B. KÖHLER (1929) die Auffassung, Phänomene – die Art, wie sich die Welt einem naiven Beobachter in alltäglichen Situationen darstellt – seien nicht etwa objektiver oder subjektiver Natur – je nachdem, ob sie aus äußeren oder inneren Ereignissen entstünden. Vielmehr seien alle erkennbaren Ereignisse in gewisser Hinsicht interne Ereignisse (d.h. sie resultierten aus verinnerlichten Erfahrungen und neurophysiologischen Vorgängen). Arbeiten jüngeren Datums aus den Wissenschaftszweigen Systemtheorie und Kybernetik[41] stellen ebenfalls die naive Vorstellung von Interpretationsmethoden in Frage, die die Objektivität von Beobachtungen annehmen. Der springende Punkt und neu an MATURANAS Abhandlung ist die Einsicht, daß Unterscheidungen innerhalb eines konsensuellen Bereiches begründet sind – daß sie eine gewisse Art sozialer Interaktion, in die auch der Beobachter eingebunden ist, voraussetzen:

»Der sprachliche Bereich erfordert als ein Bereich des Orientierungsverhaltens zumindest zwei interagierende Organismen mit vergleichbaren Interaktionsbereichen, so daß sich ein kooperatives System konsensueller Interaktionen entwickeln kann, in dem das jeweils entstehende Verhalten der beiden Organismen für beide relevant ist.« (MATURANA 1982a, S. 65) »Das Hauptmerkmal menschlicher Existenz ist deren Einbindung in einen sprachlichen, kognitiven Bereich. Dieser Bereich ist grundlegend sozial.« (MATURANA und VARELA 1980, S. XXIV)

Die Möglichkeit eines vom Subjekt unabhängigen, objektiven Wissens in Abrede zu stellen, bedeutet aber für MATURANA keinesfalls, eine Position des Solipsismus einzunehmen, die besagt, daß wir es bei Theorien über die Welt letztlich nur mit unseren eigenen Gedanken und Gefühlen zu tun haben. Jeder Diskurs ist stets schon eingebunden in einen konsensuellen Bereich – in einen Bereich, der für eine soziale Gemeinschaft existiert. Realität ist zwar nicht objektiv, aber sie ist auch nicht individuell:

»Kulturelle Verschiedenheit besteht nicht nur darin, dieselbe objektive Realität in verschiedener Weise zu bearbeiten, sondern in völlig gleichberechtigten, aber unterschiedlichen kognitiven

Bereichen. Kulturell unterschiedliche Menschen leben in unterschiedlichen kognitiven Wirklichkeiten, die eben dadurch, daß sie in diesen leben, in rekursiver Weise ausgebildet werden.« (MATURANA 1982d, S. 308) »...Die Frage des Solipsismus entsteht lediglich als Scheinproblem oder überhaupt nicht, denn die notwendige Bedingung der Möglichkeit, überhaupt darüber zu sprechen, ist die Verfügbarkeit einer Sprache. Dies aber ist ein konsensuelles System der Interaktion in einem subjektabhängigen kognitiven Bereich. Allein diese Bedingung widerlegt jeden Solipsismus.« (MATURANA 1982d, S. 310)

Im weiteren Fortgang beschäftigt sich MATURANA mit dem Bewußtsein und betont wiederum mehr den Zusammenhang von Bewußtsein mit anderen Erkenntnisphänomenen, anstatt im Bewußtsein eine grundlegend andere Fähigkeit zu sehen. Seiner Meinung nach wird Bewußtsein erzeugt durch das Wirken konsensueller Bereiche, in denen Sprache entsteht. Sprache (gemeinschaftlich, nicht privat) ist ausschlaggebend für bewußtes Denken.

4.6 BEREICHE DER ERKLÄRUNG

Die Bedeutung, die MATURANAS Arbeiten für den Entwurf von Computersystemen haben, liegt in der von ihm entwickelten Darstellung der Funktionsweise biologischer Organismen. Seine Interpretation führte zu einer heilsamen Erschütterung (um nicht zu sagen Perturbation) unseres Verständnisses von Computern, weil sie uns Einblick verschafften in einen Bereich konkreter Systembeispiele, die zwar *mechanistisch* strukturiert, aber nicht *(vor)programmiert* sind. Ein Beispiel mag hilfreich sein, die Tragweite dieser Perturbation zu ermessen.

Stellen wir uns ein Neugeborenes vor. Die Fähigkeit des Säuglings, an Nahrung zu gelangen, zeigt eine bemerkenswerte Ansammlung äußerst erfolgreicher Verhaltensweisen. Sein Schreien weckt die Aufmerksamkeit der Mutter, der ›Such‹-Reflex (ein leichter Druck auf die Wange bewirkt eine Kopfdrehung zu die-

Erkenntnis als biologisches Phänomen

ser Seite) bringt den Mund des Säuglings in die richtige Position zur Brustwarze, und seine Saugtätigkeit entzieht der Mutterbrust die Milch. Ein Wissenschaftler aus der Künstlichen Intelligenz-Forschung, der sich anschickt, ein entsprechendes Programm zu entwerfen, wird möglicherweise vorschlagen, Säuglinge seien mit einer Menge an ›Zielen‹ (›Milch trinken‹ oder ›Brustwarze in den Mund nehmen‹), einer Menge von ›Operatoren‹ (›schreien‹, ›Kopf drehen‹ oder ›saugen‹) und mit einem Weltmodell ausgestattet, das zwischen all diesen Größen eine angemessene Verbindung knüpft. Ein anspruchsvollerer Ansatz könnte sogar die Ziele und Vorhaben der Mutter mit in das Modell einbeziehen, so daß der Schrei als Versuch analysiert werden kann, einen angemessenen Handlungsplan auf seiten der Mutter wachzurufen.

Aber natürlich ist all dies irrelevant für die tatsächlich ablaufenden Mechanismen. Wie jeder Organismus verfügt der Säugling über ein vielschichtiges Reflexrepertoire. Die Wirkungsweise von Reflexen kann in der Begrifflichkeit des oben angeführten Beispiels erklärt werden, aber deren funktioneller Ablauf ist keineswegs auf Repräsentationen, Vorausplanung oder Analyse angewiesen. Das Resultat ist ein angemessenes Verhalten, erfolgreich in einer bestimmten Koppelung an das Milieu, aber auf diesen Bereich begrenzt. Falls diese spezifischen Handlungsschritte nicht erfolgreich sind, verfügt der Säugling über keine allgemeine Fähigkeit, ›andere Formen des Essens‹ zu entwickeln. Die von MATURANA entwickelte Begrifflichkeit kann sein Verhalten entweder im kognitiven Bereich (in dem Absichten und Koppelung von zentraler Bedeutung sind) beschreiben oder im Bereich der Mechanismen als strukturbestimmte Systeme (in dem die tatsächlichen Reflexbahnen der Schlüssel sind).

Der Versuch, Computersysteme zu entwickeln, wurde sehr oft von dem Argument begleitet, wir müßten über ›Babysysteme‹ hinauskommen, die einfach das Notwendige abspulen können, weil ihre Struktur der jeweiligen Gegebenheit angepaßt ist. Wenn aber Computer in der Lage wären, ein klar definiertes

Erklärungsbereiche

Modell der Ziele und möglichen Handlungen selbst zu handhaben, dann könnte er mögliche Handlungsabläufe ableiten, die ursprünglich nicht programmiert waren, aber zum gewünschten Ziel führen. Mit anderen Worten: Eine Festlegung der Ziele und Operatoren anstelle eines bestimmten Handlungsverlaufes ließe eine größere Flexibilität erwarten.

In gewisser Hinsicht ist dieser Ansatz stichhaltig, auf der anderen Seite jedoch kurzsichtig. Er setzt voraus, daß der Programmierer (oder ›Wissensingenieur‹) ein explizites informatisches Modell der Koppelung des Systems an die Außenwelt formulieren kann – daß er also angeben kann, worin der Zweck der Handlung besteht und was die resultierenden Handlungskonsequenzen sein werden. Ein derartiges Modell läßt sich für idealisierte ›Spielzeugsysteme‹ angeben und für solche mit festumrissenen, formalen Zielsetzungen (z.B. für Programme zur Berechnung mathematischer Formeln). Die Unternehmung bricht jedoch zusammen, wenn wir uns so etwas wie einem Textverarbeitungssystem, einem Timesharing-System oder überhaupt jedem System zuwenden, mit denen Personen unmittelbar interagieren. Die Anwendungsmöglichkeiten und die zukünftigen Verwendungszwecke des fraglichen Systems lassen sich hier nämlich durch keine einfache Ziel- und Operatorenmenge begrenzen. Wir könnten z.B. vermerken, daß ein Textverarbeitungssystem ›Ziele‹ beinhaltet, die einer Person erlauben, zwei Textpassagen zu vergleichen, schnell einen Text zu überfliegen, Teile aus einem Schriftstück in ein anderes zu übertragen, rasch zu einem bestimmten Teil eines Textes zu springen und viele andere Möglichkeiten. Diese Ziele ließen sich durch ›Fenstertechnik‹ und ›Rollmechanismen‹ zum Durchblättern des Textes verwirklichen, aber sie würden nicht verfolgt aufgrund erschöpfender Analyse der Benutzerwünsche. Die jeweilige Person wählt unter den von der Maschine bereitgestellten Basismechanismen ein Verfahren aus, um die Aufgabe zu erledigen. Reichen diese Mechanismen nicht aus, müßten andere hinzugefügt werden. Häufig werden Systemfunktionen bei ihrer Anwendung in einer Weise eingesetzt, die in der Entwurfsphase keinesfalls beabsichtigt war.

Für den Fall, daß Antworten anderer Menschen (aber das gilt auch schon bei erforderlichen Reaktionen anderer Computersysteme) eingeholt werden müssen, läßt sich aus dem gleichen Grund die Wirkung einzelner ›Operatoren‹ ebenfalls nicht vollständig beschreiben oder voraussehen. Wir können den Bereich von Perturbationen bestimmen (den Raum möglicher Auswirkungen, den eine Interaktion im System hervorrufen kann), aber wir können nicht vorab im Modell voraussagen, welche Auswahl aufgrund der Arbeit mit dem System tatsächlich getroffen wird.

Die erfolgversprechendsten Systementwürfe sind also nicht die, die ein möglichst vollständiges Modell des Bereiches anstreben, in dem sie eingesetzt werden, sondern diejenigen, die sich ›in Übereinstimmung‹ befinden mit der grundlegenden Struktur dieses Bereiches und die daher Änderungs- wie Entwicklungsmöglichkeiten zulassen, die neue strukturelle Koppelung erzeugen. Als Beobachter (und Programmierer) wollen wir nach besten Kräften erfassen, was den einschlägigen Handlungsbereich ausmacht. Dies Verständnis leitet uns bei der Gestaltung und Auswahl struktureller Änderungen, aber es muß deshalb nicht notwendigerweise (und kann auch tatsächlich nicht) in die Form eines Mechanismus gekleidet werden.

In den Kapiteln 8 und 12 werden wir die Konsequenzen untersuchen, die MATURANAS Ansatz für den Entwurf von Computerprogrammen und für die Auseinandersetzung über Maschinen und Intelligenz hat.

KAPITEL 5
SPRACHE, ZUHÖREN UND VERPFLICHTUNG

Die dritte Säule, auf die wir unsere Auffassung von Computern gründen wollen, ist eine Theorie der Sprache, die zwei Richtungen in sich vereinigt: den in Kapitel 3 entwickelten hermeneutischen Ansatz, und die Theorie der *Sprechakte*, verstanden als Analyse bedeutungstragender Handlungen von Sprechern in einem intersubjektiven Kontext. In diesem Kapitel wollen wir zeigen, wie sich ›Sprache als Handlung‹ und ›Sprache als Interpretation‹ in Einklang bringen lassen. Dabei werden wir uns zwischen zwei wesentlichen Fragen bewegen: »Auf welche Weise hat eine Äußerung Bedeutung?« und »Welche Arten von Handlungen führen wir aus, wenn wir sprechen?« Die Kombination dieser beiden Fragen verschafft uns ein neues Grundverständnis von Sprache und der sprachlichen Natur menschlicher Existenz.

5.1 ZUHÖREN VOR EINER GERÄUSCHKULISSE

In Kapitel 2 haben wir das Konzept der ›wörtlichen Bedeutung‹ und dessen Bedeutung für rationalistische Theorien der Semantik angesprochen. Die nach seinem Dafürhalten ›herrschende Meinung‹ kennzeichnet SEARLE folgendermaßen:

»Sätze haben wörtliche Bedeutung. Die wörtliche Bedeutung eines Satzes ist vollständig durch die Bedeutung festgelegt, die die Wörter (bzw. Morpheme) haben, aus denen er besteht, und weiterhin durch die syntaktischen Regeln, gemäß denen diese Bestandteile zusammengefügt sind ... Bei Aussagesätzen bestimmt die Satzbedeutung eine Menge von Wahrheitsbedingungen; das heißt, sie bestimmt eine Menge von Bedingungen derart, daß gilt: Falls der Satz wörtlich geäußert wird, um mit ihm eine Feststellung zu treffen, dann ist die getroffene Feststellung dann und nur dann wahr, wenn diese Bedingungen erfüllt sind ... Die wörtliche Bedeutung des Satzes ist die Bedeutung, die er unabhängig von jedem Kontext überhaupt hat; und abgesehen von diachronischen Veränderungen [Änderungen der Sprache im Laufe der Zeit] behält er diese Bedeutung in jedem beliebigen Kontext, in dem er geäußert wird.« (SEARLE 1982, S. 139 ff.)

Auf wörtlicher Bedeutung aufgebaute, formale, analytische Sprachtheorien verwenden häufig die Sprache der Mathematik. Damit kann der Wahrheitsgehalt einer Aussage ohne Bezug auf einen äußeren Kontext oder eine Situation bestimmt werden.[42] In der Umgangssprache läßt sich jedoch kaum eine Äußerung tun, der nicht eine unbeabsichtigte wörtliche Bedeutung nachgewiesen werden kann. Sprecher A sagt »Schnee ist weiß«, aber Person B kann auf die dunkelgrau verschmutzte Masse zu ihren Füßen verweisen. A antwortet »Ich meinte sauberen Schnee«, worauf B erwidert »So hast du das nicht gesagt; und wie dem auch sei, absolut sauberen Schnee gibt es gar nicht«. Es ist eine lehrreiche Übung, Äußerungen, seien sie schriftlicher Art oder der alltäglichen Konversation entnommen, dahingehend zu untersuchen, wie wenig sie ohne Verweis auf einen nicht ausdrücklich ausgewiesenen Hintergrundbezug noch einleuchtend als wahr oder falsch beurteilt werden können.

Eine kontextunabhängige Basis für buchstabengetreue Verwendung von Begriffen läßt sich unmöglich festschreiben, nicht einmal für einen scheinbar so einfachen Begriff wie ›Wasser‹. Der folgende Dialog zeigt das:

A: Ist noch Wasser im Kühlschrank?
B: Ja.
A: Wo? Ich kann keines entdecken.
B: In den Zellen der Aubergine.

A hält B's erste Antwort für eine Lüge (oder bestenfalls für eine ›Irreführung‹), während B dagegen ihren wörtlichen Wahrheitsgehalt behauptet. Im Rahmen rationalistischer Tradition bieten die meisten semantischen Theorien eine formale Grundlage zur Unterstützung von B, aber eine Theorie über Sprache als menschliches Phänomen muß sich ebenso mit den Gründen dafür auseinandersetzen, daß A zurückfragt – daß er Bs Antwort als ›nicht geglückt‹ empfindet.

Die Definition von ›Wasser‹ einfach zu erweitern, bietet sich scheinbar als erste Lösungsmöglichkeit an. ›Sinn‹ macht vielleicht ein Wort, das »Wasser in flüssiger Phase von genügender, fließfähiger Quantität« bezeichnet. Ein Satz, der das Wort ›Wasser‹ beinhaltet, ist dann hinsichtlich seiner Aussage zweideutig; denn entweder bezieht er sich auf diese gerade gegebene Bedeutung oder ausschließlich auf eine chemische Verbindung. Aber auch dies hilft uns wenig in bezug auf einige andere mögliche Reaktionen von B:

1. B: Ja, kondensiert am unteren Teil der Kühlschlangen.
2. B: Im Kühlschrank ist kein Wasser, aber etwas Zitronenlimonade.
3. B: Ja, es steht eine Flasche Wasser im Kühlschrank mit ein wenig Zitronensaft, um den rostigen Geschmack der Kühlschlangen zu überdecken.

Antwort 1 ist ähnlich spaßig wie diejenige bezüglich der Aubergine, allerdings steckt der Witz einzig und allein im Hintergrundbezug. Auf der Suche nach einer Feuchtigkeitsquelle, die einige im Kühlschrank gelagerte photographische Platten zerstört, kann diese Antwort für die Person A befriedigend sein. Ähnlich sind bei den Antworten 2 und 3 subtile, kulturelle Fragen im Spiel, die darüber entscheiden, ob eine gewisse, zusätzliche Menge an Zitronensaft eine Substanz bereits als ›Wasser‹ disqualifiziert. Eine von der Situation unabhängige Definition zur Beschreibung von Wasser können wir nicht auftischen, denn schließlich kann nach jedem Herumfummeln an der Definition immer noch jemand mit einem neuen Kontext daherkommen, dem auch diese Definition nicht gerecht wird. Durch die Äußerung »Es gibt etwas Wasser im Kühlschrank« stellt ein Individuum keine objektive Tatsache fest. Jeder Sprechakt vollzieht sich in einem Kontext. Voraussetzung ist ein für Sprecher und Zuhörer gemeinsamer Bezugsrahmen. Die ›Glückensbedingungen‹ für das Verstehen der Äußerungen sind auf die wechselseitigen Kenntnisse und Absichten angewiesen.

Einige andere, einfache Beispiele veranschaulichen die mannigfaltigen Aspekte, wie der Hintergrundbezug von Belang sein kann.

1. Johanna hat nie einen Studenten im Linguistik-Kurs 265 durchfallen lassen.
2. Entschuldigung, ich habe gestern die Besprechung versäumt. Mein Auto hatte einen Platten.
3. Dort hinten im Gebüsch ist ein Tier.

Satz 1 ist unter vielen Begleitumständen formal gesehen wahr, auch in dem Fall, daß Johanna nie Linguistik unterrichtet hat. Im allgemeinen Sprachgebrauch jedoch zieht der Zuhörer den Schluß, daß Johanna die Leiterin des Kurses war, und bezichtigt den Sprecher zu Recht der Unwahrhaftigkeit, wenn die Behauptung nicht zutrifft. Ähnlich verhält es sich mit Satz 2. Der Zuhörer unterstellt hier einen Zusammenhang zwischen beiden beschriebenen Ereignissen. Ein zweiter Satz »Es leben 15 Millionen Menschen in Mexiko City« hätte den Zuhörer vor ein Rätsel gestellt. Und falls zwischen plattem Reifen und versäumter Besprechung (selbst wenn der Reifen wirklich platt war) keinerlei Verbindung besteht, kann sie der Sprecher als Ausrede benutzt haben. Satz 3 ist verzwickter. Wenn der Zuhörer mit eigenen Augen einen Hund im Gebüsch entdeckt und außerdem feststellt, daß der Sprecher ihn ebenfalls als Hund erkannt hat, wird er oder sie die Darstellung unangemessen finden und vielleicht sagen »Wenn du weißt, daß es ein Hund ist, warum sagst du es nicht so?«. Andererseits ist die Aussage »Dort hinten im Gebüsch ist ein Hund« absolut passend, selbst wenn beide, Sprecher und Zuhörer, wissen, daß es ein Beagle ist, denn Satz 3 ist bestens als Hinweis auf einen Hund geeignet, wenn er auf eine Äußerung wie etwa »Es gibt hier weit und breit keine Tiere« geantwortet hätte.

AUSTIN (dessen Theorie über Sprechakte wir anschließend beschreiben) rekapituliert das Problem folgendermaßen: »Man muß sich unbedingt klarmachen, daß ›wahr‹ und ›falsch‹ – wie ›frei‹ und ›unfrei‹ – gar nicht für irgend etwas Einfaches stehen; sie stehen für eine allgemeine Dimension, in der eine Äußerung unter diesen Umständen, mit diesen Adressaten, zu diesen Zwecken und mit diesen Absichten die richtige, passende Äußerung (und nicht die falsche Äußerung) sein kann.« (AUSTIN 1972, S. 160)

Um diesen Phänomenen theoretisch gerecht zu werden, sind die unterschiedlichsten Anläufe gemacht worden. Einige Ansätze formulieren ›pragmatische‹ Regeln, wie etwa die ›Konversationsprinzipien‹ von GRICE (1975), die dem Sprechverhalten nachgebildet sind. Andere halten sich an psychologische Erklärungsmuster, wie die ›Analyse menschlicher Kategorisierungssysteme‹ durch ROSCH (1975).[43] MORAVCSIK (1981) hat ›aitiationale Schemata‹ vorgeschlagen, die funktionale und ursächliche Faktoren für die Bedeutungsfindung aufnehmen. Solche Analysen verweisen auf wichtige Phänomene, aber sie können keine vollständige Beschreibung des Hintergrundbezuges liefern und auch das Zuhören vor dieser Geräuschkulisse nicht erklären. Wenn das gelingen soll, müßten die Bedingungen zur Kennzeichnung von Situationen, in denen ein bestimmtes Wort oder eine Redewendung zutrifft, explizit gemacht werden. Wir wollen als Beispiel auf SEARLES Aufsatz über wörtliche Bedeutung verweisen. Hier spielen Wahrheitsbedingungen eine zentrale Rolle, obwohl ihre Hintergrundabhängigkeit anerkannt wird:

»Für viele unzweideutige Sätze (wie etwa ›Die Katze ist auf der Matte‹) gilt, daß der Begriff der wörtlichen Satzbedeutung Anwendung nur relativ zu gewissen Hintergrundannahmen hat. Ändern sich diese Hintergrundannahmen, so auch die Wahr-

Sprache

heitsbedingungen des Satzes; und wenn gewisse Hintergrundannahmen fehlen bzw. vorhanden sind, hat der Satz keine bestimmten Wahrheitsbedingungen. Diese Veränderungen haben nichts mit Indexikalität, Bedeutungswechsel, Mehrdeutigkeit, konversationaler Implikation, Vagheit oder Präsupposition zu tun, solange diese Begriffe in dem Sinne verstanden werden, in dem sie üblicherweise in der philosophischen und sprachwissenschaftlichen Literatur erörtert werden.« (SEARLE 1982, S. 147)

Mit dieser Aussage müssen wir vorsichtig umgehen. Wenn SEARLE von ›gewissen Hintergrundannahmen‹ spricht, suggeriert er die Möglichkeit, den Hintergrund lediglich durch Hinzufügen einer geeigneten Menge weiterer Behauptungen zu einer vorhandenen formalen, semantischen Beschreibung in Rechnung zu stellen. Wie wir schon in Kapitel 3 erörtert haben, ist der Hintergrundbezug ein überall vorhandenes, grundlegendes Phänomen. Der Hintergrund ist ein Möglichkeitsraum, der uns zweierlei Zuhören gestattet – auf das hören, was gesprochen wird, oder darauf, was unausgesprochen bleibt. Eher als durch Übermittlung von Information entsteht Bedeutung durch aktives Zuhören. Interpretation wird durch Sprachform aktiviert. Der Hintergrundbezug ist also keine Sammlung von Bedeutungssätzen (Propositionen), sondern unsere Grundorientierung von ›Sorge‹. Unsere Sorge bezieht sich auf Welt. Diese Welt ist immer schon da, [ihre »Weltlichkeit«] ist stets um menschliche Grundentwürfe organisiert. Ihr [»innerweltliches«] Sein und seine Ausgestaltung [als »Zuhandenheit«] hängen wiederum von diesen Entwürfen ab.[44]

Eine der HEIDEGGERSCHEN Sprache gemäße Rekapitulation: Welt begegnet uns immer schon als Umwelt, als etwas, in dem wir leben, das wir bearbeiten, auf das wir einwirken. Als Hintergrund von Offensichtlichkeit ist Welt dergestalt in unseren alltäglichen Handlungsweisen augenscheinlich als Vertrautheit, die unsere Situation durchzieht und Voraussetzung jeder möglichen Äußerung ist. Horchen auf unsere Möglichkeiten innerhalb einer Welt, mit der wir bereits befaßt sind, erlaubt uns Sprechen

Sprechakte und Bedeutung

und Kooperation mit anderen. Das Nichtoffensichtliche wird durch Sprache begreifbar. Das Unausgesprochene ist genauso Bestandteil von Bedeutung wie das Gesprochene.

5.2 BEDEUTUNG, VERPFLICHTUNG UND SPRECHAKTE

Nachdem wir Bedeutung als Problem aufgeworfen haben, wollen wir uns für einen Augenblick der Struktur sprachlichen Handelns zuwenden. Wir werden zu diesem Zweck die Sprechakttheorie heranziehen, wie sie von dem Philosophen JOHN LANGSHAW AUSTIN (1972) begründet worden ist. AUSTIN hat eine Klasse von Äußerungen studiert (von ihm ›Performativa‹ genannt), die nicht auf eine Welt von Zuständen verweisen, sondern die selbst Handlungen wie Drohen, Benennen und Versprechen konstituieren. Für AUSTIN ist die gängige Auffassung, sinnvolle Behauptungen seien entweder wahr oder falsch, auf viele dieser Sprechakte nicht anwendbar. Die Frage nach der Wahrheit oder Falschheit einer einzelnen Äußerung wie »Ich bezeichne dich als Mann und Frau« oder »Hol mir einen Hamburger« macht keinen Sinn. Allerdings macht es Sinn zu fragen, ob sie ›glücklich gewählt‹ – dem Kontext der Äußerung angemessen – sind.

AUSTINS Schüler SEARLE (1971) formalisierte die Struktur der Glückensbedingungen einer Reihe von Sprechakten, wie das Anfragen und Versprechen. In seiner Arbeit *Eine Taxonomie illokutionärer Akte* (SEARLE 1982) klassifiziert er alle möglichen Sprechakte als Verkörperung eines der fünf fundamentalen *illokutionären Ziele*.[45] Diese Kategorien umfassen sämtliche Äußerungen, ausgenommen Sätze mit ausdrücklich performativen Verben wie »Ich verspreche ...« und »Ich erkläre ...«. Wir können z.B. einen Sprechakt als ein Versprechen ansehen, selbst wenn er die Form einer einfachen Aussage hat, wie in dem Satz »Ich werde dort sein«.

Die fünf Kategorien illokutionärer Ziele sind:

ASSERTIVE: binden den Sprecher (in unterschiedlichem Maße), daß etwas der Fall – die zum Ausdruck gebrachte Proposition wahr – ist.

DIREKTIVE: versuchen (in unterschiedlichem Maße) den Zuhörer dazu zu bewegen, etwas zu tun. Sie umfassen sowohl Fragen (die sich direkt an die Zuhörer richten können, damit diese ihre Antwort in Form assertiver Sprechakte geben) als auch Befehle (die Zuhörer zu einer sprachlichen oder nichtsprachlichen Handlung zu bewegen versuchen).

KOMMISSIVE: binden den Sprecher (wiederum in unterschiedlichem Maß), sich auf ein bestimmtes Verhalten festzulegen.

EXPRESSIVE: bringen den psychischen Zustand angesichts einer Sachlage zum Ausdruck. Diese Kategorie umfaßt Handlungen wie Entschuldigen und Loben.

DEKLARATIONEN: stellen eine Korrespondenz zwischen propositionalem Gehalt eines Sprechaktes und Realität her; ein Paar als verheiratet zu erklären, wäre ein Beispiel dieser Art.

SEARLE unterscheidet zwischen *illokutionärem Ziel, illokutionärer Rolle* und *propositionalem Gehalt* einer Äußerung. Ein illokutionäres Ziel läßt sich einer der fünf oben aufgeführten Kategorien zuordnen. Zwei Sprechakte (z.B. eine höfliche Frage und ein Informationsverlangen) mögen sich in ihrer illokutionären Rolle (in bezug auf Manieren und Dringlichkeit) unterscheiden, auch wenn sie dem gleichen illokutionären Ziel zuzuordnen sind (eine Direktive in diesem Falle). Der Umstand, daß eine Äußerung eine Feststellung über irgendeinen Gegenstand mit sich bringt, z.B. das Erscheinen des Sprechers auf einer speziellen Konferenz zu einem besonderen Zeitpunkt, ist deren propositionaler Gehalt.

Das illokutionäre Ziel liefert als eigentlich wesentliche Aussage die genaue Auflistung von Bedeutung in der Begrifflichkeit von Mustern gegenseitiger Verpflichtung, die Sprecher und Zuhörer kraft Teilnahme an der Konversation eingehen. Die Systematik gliedert den Bereich des Möglichen, auf den ein Sprecher mit Äußerungen *einwirken* kann; sie bietet keine Sammlung kultureller Gepflogenheiten im Sinne guter Benimmregeln. Die Klassifizierung beruht auf der zugrundeliegenden Menge von Möglichkeiten, wie Wörter zur Welt in Beziehung gesetzt werden können. Jede Kultur oder Sprache mag ihre Eigenheiten in der Ausformulierung unterschiedlicher Sprechakte kennen, aber die universale Grundlage unserer Existenz in Sprache bildet ihren Möglichkeitsraum.

Im Zentrum der Theorie der Sprechakte steht das Eingehen von Verpflichtung. Das hat besonders deutlich HABERMAS in seiner Auseinandersetzung mit den von ihm so genannten ›Geltungsansprüchen‹ einer Äußerung herausgestellt:

»Die wesentliche Voraussetzung für das Gelingen eines illokutiven Aktes besteht darin, daß der Sprecher jeweils ein bestimmtes *Engagement* eingeht, so daß sich der Hörer auf ihn verlassen kann. Eine Äußerung kann dann und nur dann als ein Versprechen, eine Behauptung, Aufforderung oder Frage ›zählen‹, wenn der Sprecher ein Angebot macht, das er, sofern der Hörer es akzeptiert, ›wahrzumachen‹ bereit ist – der Sprecher muß sich ›engagieren‹, d.h. zu erkennen geben, daß er in bestimmten Situationen bestimmte Handlungskonsequenzen ziehen wird.« (HABERMAS 1976, S. 249)

HABERMAS vertritt die Auffassung, daß jede Sprachhandlung für die Beteiligten Konsequenzen zeitigt. Eine Sprachhandlung initiiert weitere, unmittelbare Handlungen und erzeugt Bindung für zukünftige Handlungen. Mit einer Aussage gibt ein Sprecher so etwas wie ein Versprechen – eine Verpflichtung zu einem angemessenen Handeln in der Zukunft. Natürlich unterscheiden sich eine Aussage und ein Versprechen nach der Art der erwarteten Erfüllensbedingungen. Aussagen etwa erwarten keine bestimmte Handlung, aber sie enthalten die Struktur eines mögli-

Sprache

chen Dialogs angesichts eines Zusammenbruchs. Wenn der Sprecher sagt »Ja, es gibt Wasser im Kühlschrank« und der Zuhörer kein Wasser entdecken kann, ist der Sprecher zu einer Erklärung verpflichtet. Entweder kommen sie überein, daß die Aussage unangemessen war, oder sie bringen einen Teil des unterstellten Bezugsrahmens zur Sprache (»Ich dachte, du suchst etwas zum Trinken«, »Ich war der Auffassung, wir sprechen über chemische Verbindungen«).

Des weiteren wird in der Sprechakttheorie die Bedeutung von Verpflichtungen klar anerkannt, und sie ist damit ein erster Schritt zu einer angemessenen Behandlung des Problems der Bedeutung. Aber soweit wir diese Theorie bis jetzt beschrieben haben, geht sie nicht über die rationalistische Tradition hinaus. Der Nachdruck, den wir auf Interpretation und Hintergrundbezug gelegt haben, war kein Bestandteil der ursprünglich entwickelten Theorie und wird auch nicht von allen, die gegenwärtig im Rahmen dieser Theorie arbeiten, geteilt. Viele Arbeiten über Sprechakte versuchen sogar, die rationalistische Vorstellung, die Bedeutung einer Äußerung könne in der Begrifflichkeit von kontextunabhängigen Bedingungen beschrieben werden, eher noch auszuweiten als zu verwerfen. Bei der genauen Formulierung z.B. von ›Aufrichtigkeitsbedingungen‹, die für die Versprechenshandlung notwendig sind, muß auf den intentionalen Zustand des Sprechers Bezug genommen werden (normalerweise geht der Sprecher davon aus, daß die versprochene Handlung möglich und er zur Handlung bereit ist). Wenn damit die einfache Angabe von Wahrheitsbedingungen für propositionale Aussagen auch noch auf die Darstellung von Bewußtseinszuständen ausgeweitet wird, so heißt das letztlich nichts anderes, als die Bedingungen für angemessene Bedeutung wie einen objektiven Sachverhalt zu behandeln. Wenn wir verstehen wollen, wie die Bedeutung von Sprechakten von mehreren Menschen verstanden werden kann, so müssen wir eher die soziale als die geistige (oder Bewußtseins-)Dimension betrachten.

5.3 OBJEKTIVITÄT UND TRADITION

Leser mit fester Verankerung in der rationalistischen Tradition mögen an dieser Stelle sicher recht ungehalten werden: Selbstverständlich muß es einen Weg geben, über Bedeutung sprechen zu können, ohne die durch unscharfen Hintergrundbezug und verschwommene soziale Verpflichtungen auferlegten Fesseln! Falls der Sinn einer Äußerung nur bezüglich ihrer Interpretation durch einen besonderen Sprecher oder Zuhörer, in einer je besonderen Situation mit je eigener Entwicklungsgeschichte beschrieben werden kann, wie können wir dann im Zusammenhang von Bedeutung überhaupt noch von Gesetzmäßigkeiten sprechen? Keine zwei Situationen sind gleich, und jede Person hat eine ureigene Geschichte. Wir laufen Gefahr, ohne Grundlage für Verallgemeinerungen dazustehen. Wenn möglicherweise jeder Aspekt einer Situation oder eines individuellen Bezugsrahmens auf der Bedeutung lastet, wie können wir dann über Gesetzmäßigkeiten sprechen, die über Situationen und Sprecher hinausgehen?

Betrachten wir ein gewöhnliches Substantiv wie ›Hund‹ als einfaches Beispiel für die Angemessenheit der Bezeichnung eines bestimmten, interessierenden Gegenstands oder nehmen wir die Präposition ›auf‹ zur Beschreibung einer Beziehung zwischen zwei Objekten. Die naive Sichtweise sieht Sprache einfach als Widerspiegelung der Realität. Die Natur (oder zumindest die Natur, soweit sie vom menschlichen Organismus wahrgenommen wird) erscheint hier als in verschiedenartige Objekte zerlegt, und die Sprache übernimmt die Rolle, diese zu etikettieren und Tatsachen über sie anzuführen. Eine Sprache kann willkürlich mit den Wörtern ›Hund‹ und ›auf‹ oder ›chien‹ und ›sur‹ umgehen, aber sie wird durch die Natur der Dinge gezwungen, eine gewisse Menge von Objekten und Eigenschaften zu gruppieren, ganz gleich, welche Bezeichnung wir dafür verwenden.

Solange wir uns an weitgehend idealisierte, isolierte Beispielsätze aus Philosophiebüchern halten, mag es plausibel erscheinen, die Bedeutung von Wörtern auf eine vorsprachliche Kategorisierung zu gründen. Die Frage, ob ein bestimmtes Objekt die Bezeichnung ›Doktorgrad‹ oder die Bezeichnung ›Niete‹ verdient, ist Definitionssache oder Gegenstand wissenschaftlicher Forschung, sie wird aber nicht im Kontext der Äußerung betrachtet. Dieses sprachtheoretische Fundament wird jedoch sofort brüchig, wenn wir uns der tatsächlichen Umgangssprache zuwenden. Beispiele wie in den vorausgegangenen Abschnitten überzeugen Menschen gewöhnlich davon, daß die naive Auffassung von Sprache als neutrales Beschreibungsmittel einer äußeren Realität die Art und Weise, in der sie selbst üblicherweise mit Sprache umgehen, nicht berücksichtigt (obwohl einige weiterhin verfechten werden, daß diese Sichtweise vorteilhaft ist für die Art, wie Menschen Sprache benutzen *sollten*).

Aber selbst viele weltkluge Linguisten und Philosophen geraten ernsthaft in Verwirrung, wenn jemand unterstellt, daß die Bedeutungsgrundlage von Wörtern und Sätzen letzten Endes gar nicht in Begriffen einer objektiven Außenwelt definiert werden kann. Sicher – werden Sie sagen – es mag ja einige diffizile Fälle geben, aber in der überwiegenden Mehrzahl der Fälle scheint doch eigentlich immer eine sehr weitgehende Entsprechung mit unserer naiven Erwartung gegeben zu sein. Wie können wir diese Vorstellung mit unserem Nachdruck auf Interpretation und Sinngebung durch situationsgebundenes Zuhören in Einklang bringen?

Betrachten wir eine Analogie: Landstraßen und ihre Einbindung in die Landschaft. Der Blick auf eine Straßenkarte, projiziert auf eine topographische Karte, verrät ungeheure Regelmäßigkeiten. Der Straßenverlauf folgt Flußtälern, benutzt Paßübergänge, und der Weg schlängelt sich in regelmäßigem Verlauf an Berghängen berg- und talwärts. Natürlich kann diese Regelmäßigkeit bedeuten, Straßenplanung sei durch die Formung der Landschaft bestimmt. Aber selbstverständlich ist dem nicht so. Das Straßennetz ist abhängig von der Landschaftsform, und es wäre merkwürdig (jedoch gewiß nicht unmöglich mit moderner Technologie) von einem Punkt zum anderen unter totaler Mißachtung des Geländes den kürzesten Weg einzuschlagen. Der

Objektivität und Tradition

tatsächliche Bau von Straßen hängt jedoch davon ab, wer nach einem Fahrzeug welchen Typs verlangt, und von wo nach wo er gelangen will. Alles Beweggründe, die über Geographie hinausgehen.

Worte entsprechen unserer intuitiven Vorstellung von ›Realität‹, weil der von uns bezweckte Umgang mit Sprache eng an unserer physischen Existenz und den damit verbundenen Handlungen ausgerichtet ist. Aber diese Übereinstimmung ist selbst bereits Ergebnis unseres Sprachgebrauchs innerhalb einer Tradition (oder, wie MATURANA sagen würde, unserer strukturellen Koppelung innerhalb eines konsensuellen Bereiches).

Sprache und Erkenntnis sind grundlegend soziale Phänomene. MATURANA, GADAMER und HEIDEGGER vertreten allesamt die Auffassung, daß unsere Fähigkeit, zu denken und Sprache Bedeutung beizumessen, in unserer Teilhabe an einer Gesellschaft und einer Tradition wurzelt. Besonderen Wert legt HEIDEGGER auf die Feststellung, daß Bedeutung und Aufbau einer Kultur als das grundlegend Gegebene betrachtet werden muß und nicht bis zur sinngebenden Tätigkeit einzelner Subjekte zurückverfolgt werden kann. HABERMAS zieht ausdrücklich eine Verbindung von Bedeutung zu einer umfassenden Art kultureller Übereinstimmung.

»Dieser Auffassung zufolge darf ich dann und nur dann einem Gegenstand ein Prädikat zusprechen, wenn auch jeder andere, der in ein Gespräch mit mir eintreten *könnte*, demselben Gegenstand das gleiche Prädikat zusprechen *würde*. Ich nehme, um wahre von falschen Aussagen zu unterscheiden, auf die Beurteilung anderer Bezug – und zwar auf das Urteil aller anderen, mit denen ich je ein Gespräch aufnehmen könnte (wobei ich kontrafaktisch alle die Gesprächspartner einschließe, die ich finden könnte, wenn meine Lebensgeschichte mit der Geschichte der Menschenwelt koextensiv wäre). Die Bedingung für die Wahrheit von Aussagen ist die potentielle Zustimmung aller anderen.« (HABERMAS 1973, S. 219).

Sprache

Der von HABERMAS gedachte, unendlich ausgedehnte Dialog bietet eine wertvolle Metapher, aber verhilft uns nicht zu einer brauchbaren Struktur. Wir können niemals die Unermeßlichkeit dieses hypothetischen Dialogs ausfüllen, und selbst unter denen, die dazu in der Lage wären, würden wir keine vollständige Übereinstimmung finden. Es wäre ontologisch nichtssagend, wollten wir die HABERMASSCHE Idealisierung in eine Art statistische oder wahrscheinlichkeitstheoretische Richtung umwandeln, wodurch dann eine Art ›Meinungsumfrage‹ die Bedeutung festlegen müßte.[46] MATURANAS Theorie struktureller Koppelung liefert hier eine aufschlußreichere Analogie.

Ein Organismus bildet durch strukturelle Koppelung eine Struktur aus, die es ihm erlaubt, innerhalb seiner Umwelt erfolgreich zu funktionieren. Das Erfordernis fortgesetzter Autopoiesis formt diese Struktur in einer Weise, die als Einfluß der Außenwelt gesehen werden kann. Die Entsprechung ist jedoch nicht derart, daß die Form des Universums irgendwie in der Struktur des Organismus wie auf einer Landkarte verzeichnet wäre. Der Zusammenhang ist indirekt (und partiell), ins Leben gerufen als Resultat strukturbedingter Handlungen und struktureller Möglichkeit zum Zusammenbruch – der Desintegration des Organismus.

In der Sprache ist die Entsprechung von Wörtern zu unserer nichtsprachlichen Umgebung gleichermaßen indirekt. Wir verwenden Sprache bei unseren menschlichen Aktivitäten, und das Bedürfnis nach wirkungsvoller, wechselseitiger Handlungskoordination formt unsere sprachliche Ausdrucksweise. Wenn die Äußerung einer Person anderen Personen nicht einsichtig ist, oder wenn deren Interpretation durch einen Zuhörer nicht übereinstimmt mit der vom Sprecher erwarteten Handlung, kommt es zum Zusammenbruch. Dieser Zusammenbruch muß nicht ähnlich drastisch sein wie im biologischen Bereich (obwohl es unter Umständen so sein wird), aber in jedem Fall leidet darunter das wechselseitige Vertrauen in gegenseitige Verpflichtungen. Wenn ich darauf beharre, daß Wasser im Kühlschrank ist, und diese Behauptung nicht mit dem Bereich zweckdienli-

Objektivität und Tradition

cher Handlungen übereinstimmt, werde ich möglicherweise nicht ›ernstgenommen‹ oder mir wird nicht ›geglaubt, was ich sage‹. Eine wesentliche Bedingung für erfolgreiche Kommunikation ist verlorengegangen. Im kommunikativen Handeln spielt das Bedürfnis nach fortgesetzter, wechselseitiger Anerkennung von Geltungsverpflichtungen von Aussagen eine Rolle, die den Erfordernissen von Autopoiesis bei der Auswahl möglicher Verhaltensabläufe im biologischen Bereich analog ist.

Anhand dieser Analogie können wir lernen, daß Sprache vollständig ohne ›objektive‹ Bedeutungskriterien auskommen kann. Die Verwendung eines einzelnen Wortes muß nicht durch eine durch Außenbezug definierte Wahrheitsbedingung abgesichert sein. Sie muß nicht einmal die volle Zustimmung unserer Gesprächspartner finden, auch nicht in Situationen, in denen es zweckdienlich wäre. Damit Zusammenbrüche selten bleiben, ist tragfähige Koppelung vollkommen ausreichend, und es bedarf einer wechselseitig tragfähigen Anerkennung der Geltungsverpflichtungen zwischen Sprecher und Zuhörer, um angesichts eines Zusammenbruchs der Kommunikation einen Dialog wieder aufzunehmen.[47]

Gemeinsamer, unausgesprochener Hintergrundbezug spielt natürlich eine Rolle als Bedingung für die Tragfähigkeit wechselseitiger Verpflichtungen. Das Versprechen einer Person, etwas tun zu wollen, geschieht in der Regel ohne ausdrücklichen Hinweis auf die Abhängigkeit der Verpflichtung von nicht extra angeführten Voraussetzungen. Falls mich jemand z.B. auffordert, morgen zu einer Besprechung zu kommen, und ich antworte »Ich werde kommen«, leiste ich einen Sprechakt in Form eines Kommissivs. Kraft meiner Äußerung erzeuge ich für mich eine Verpflichtung. Sollte ich allerdings morgen herausfinden, daß die Besprechung nach Timbuktu verlegt worden ist, und ich kreuze dort nicht auf, dann kann ich gute Gründe dafür anführen, mein Versprechen nicht gebrochen zu haben. Tatsächlich hatte ich gemeint »Unter der Voraussetzung, es findet planmäßig statt ...«. Wenn andererseits die Besprechung in einen Nebenraum umgezogen ist und ich davon Kenntnis habe, aber

Sprache

nicht erscheine, können die anderen berechtigterweise argumentieren, ich hätte mein Versprechen nicht eingehalten, daß also die ›Timbuktu-Entschuldigung‹ nicht zieht. Die gleichen Merkmale lassen sich auf alle Sprachhandlungen übertragen: Bedeutung ist relativ zu dem durch Tradition geprägten Verständnis.

Scheinbar kommt es hier zu einem Konflikt in unserer Argumentation. Einerseits heben wir die Bedeutung von Sprechhandlungen als Verpflichtung hervor, und auf der anderen Seite steht die aktive, interpretierende Rolle des Zuhörers. Wenn ein Sprechakt Bedeutung durch hintergrundabhängiges Zuhören gewinnt, wie kann dann der Sprecher verantwortlich sein für die damit eingegangene Verpflichtung auf die daraus resultierenden Konsequenzen? Das ist selbstverständlich kein Widerspruch, ebensowenig wie im vorangegangenen Beispiel kein Widerspruch steckte, als es um Versprechen ging. Eingebunden in eine gemeinsame Tradition sind wir jeder selbst verantwortlich für Konsequenzen, die sich daraus ergeben, wie unsere Handlungen vor diesem traditionsgebundenen Hintergrund aufgefaßt werden. Die Tatsache, daß es keine objektiven Regeln gibt und daß es zeitweise zu Meinungsverschiedenheiten kommen kann, befreit uns nicht von dieser Verantwortung.

5.4 WIEDERHOLUNG UND FORMALISIERUNG

Mit einer vollständigen rationalistischen Bedeutungsanalyse wären wir in der Lage, den Sinn jeder Äußerung durch Verweis auf den systematischen Aufbau aus kleineren Elementen zu erklären: Jedes Element trüge seine eigene, festgelegte Bedeutung, und auf der untersten Stufe verwiesen die kleinsten Elemente auf interessierende Objekte, Eigenschaften und Relationen der Außenwelt. Obwohl diese Denkrichtung grundlegend in die Irre führt, so hat die Betonung regelmäßer, formaler Strukturen aber auch ihre starke Seite. Damit eröffnet sich ein systematischer Zugang zum Aufstellen von Regeln und Operieren mit symbolischen Repräsentationen bis hin zum angemessenen Ein-

Wiederholungsmuster

satz für spezielle Vorhaben (z.B. die Implementierung von sprachähnlichen Konstruktionen auf Computern).

Nachdem wir festgestellt haben, daß die Regelmäßigkeiten im Sprachgebrauch aus der wechselseitigen Koppelung der Sprechenden untereinander erwachsen (nicht aus der Koppelung von Individuum und Außenwelt), sind wir vor die Frage gestellt, auf welche Weise in unseren Bedeutungsanalysen exakte Methoden Verwendung finden können. Zwar erwarten wir kein systematisches oder empirisch festgelegtes Geflecht von Definitionen, mittels derer die Wahrheitsbedingungen von Äußerungen und ihrer konstituierenden Teile bestimmt werden können. Das bedingt jedoch nicht, daß es überhaupt keine Regelmäßigkeiten gäbe, oder daß jede formale Beschreibung sinnlos wäre. In der Einleitung haben wir festgestellt, daß Computer als Geräte zur Unterstützung menschlicher Kommunikation eine bedeutende Rolle spielen können. Und in Teil II werden wir feststellen, daß die Programmierung von Computern auf die Fähigkeit baut, regelmäßig auftretende Wiederholungen beobachten und beschreiben zu können.

Das Problem ist immer das Aufspüren des geeigneten *Bereiches von Wiederholung*. Sprachverhalten läßt sich in mehreren, charakteristischen Bereichen beschreiben. Die Regelmäßigkeiten von Belang verstecken sich nicht in individuellen Sprechakten (verkörpert durch Sätze), auch nicht in einer Art expliziter Verständigung über Bedeutungszusammenhänge. Sie zeigen sich im Bereich der Konversation, in dem sich fortlaufende Sprechakte aufeinander beziehen. Als durch Beziehungen und ihre Geschichte strukturierter Bereich ähnelt die Konversation dem von MATURANA beschriebenen kognitiven Bereich. Die Regelmäßigkeiten treten nicht als Korrelation zwischen Handlung und Struktur des Handelnden in Erscheinung, sondern als relevantes Muster aufeinanderfolgender Handlungen.

Wir wollen uns ein Beispiel für Konversationsanalyse ausführlich anschauen. Zu diesem Zweck wählen wir ein Netzwerk aus Sprechakten, eine unkomplizierte *handlungsorientierte Konversation* von der Art, daß ein Wechselspiel aus Anfragen

Sprache

und Kommissiven direkt auf ausdrücklich kooperative Handlung zielt. In zweierlei Hinsicht ist es ein sinnvolles Beispiel, einmal aufgrund seiner Klarheit, und weil es die Grundlage bildet für computergestützte Werkzeuge zur Gesprächsführung, wie sie in Kapitel 11 beschrieben werden.

Wir können den zugrundeliegenden Gesprächsablauf in einem einfachen Diagramm (siehe Abbildung) darstellen; jeder Kreis stellt einen möglichen Zustand der Konversation dar und jede Verbindungslinie einen Sprechakt. Nicht ein Modell vom Geisteszustand des Sprechers oder Zuhörers wird hier entworfen, sondern die Konversation in Form einer ›Tanzfigur‹ dargestellt. Die Verbindungslinien symbolisieren Handlungen des anfänglichen Sprechers (A) und Zuhörers (B). Die Ausgangshandlung von A ist eine Anfrage an B, die gewisse *Einlösebedingungen* festlegt. Als Reaktion auf diese Anfrage stehen genau fünf Alternativen zur Wahl: der Zuhörer kann die Bedingungen akzeptieren (die Einlösung versprechen); er kann sie zurückweisen; oder er kann Verhandlungen zur Änderung der Einlösebedingungen fordern (Gegenangebot); der ursprüngliche Sprecher kann ebenfalls vor Eintritt einer Reaktion die Anfrage zurückziehen; oder er kann seine Bedingungen modifizieren.[48]

Andererseits führt jede Handlung zu einem andersartigen Zustand mit eigenem Möglichkeitsraum. Den ›normalen‹ Gang der Dinge vorausgesetzt, bestätigt B zu einem gewissen Zeitpunkt gegenüber A die Erfüllung der Einlösebedingungen (dem entspricht in der Abbildung der Zug von Zustand 3 nach 4). Falls er oder sie (A) sich zufriedengestellt erklärt, ist die Konversation zu einem erfolgreichen Abschluß gekommen (Zustand 5). Andererseits kann A die Situation anders beurteilen und erklären, die Bedingungen seien nicht erfüllt und damit die Konversation in Zustand 3 zurückversetzen. In diesem Zustand kann jede der Parteien eine Änderung der Einlösebedingungen vorschlagen. Und in jedem Zustand kann die eine oder andere Seite aus dem Verfahren aussteigen und erreicht damit einen Endzustand, für den der eine oder andere ›verantwortlich‹ gemacht werden kann (Zustände 7 und 9).

Wiederholungsmuster

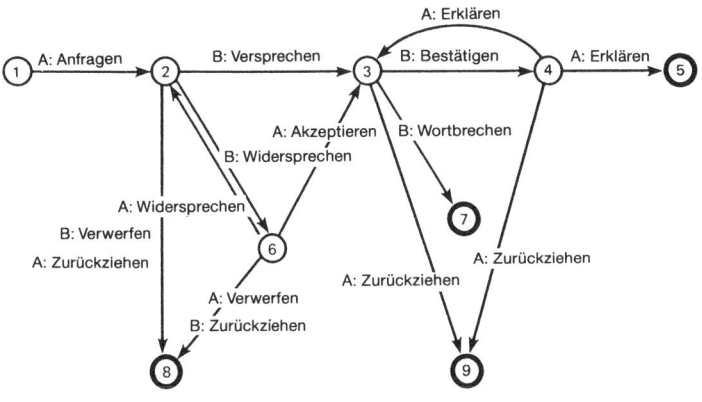

Handlungsorientierter Gesprächsablauf

Verschiedene Punkte dieser Konversationsstruktur verdienen Beachtung:

1. Zu jedem Zeitpunkt der Konversation gibt es eine durch Vorgeschichte bestimmte, eingeschränkte Menge von Handlungsmöglichkeiten. Diese Aussage gilt allerdings nur, weil wir uns an dieser Stelle mit der Grundstruktur, nicht mit inhaltlichen Details beschäftigen. Das ›Gegenangebot‹ als Handlung z.b. schließt eine beliebige Zahl von Möglichkeiten ein, was die Wahl neuer Einlösebedingungen angeht.
2. Alle relevanten Handlungen sind Sprachhandlungen – sie stellen Gesprächsäußerungen der Parteien dar oder Schweigen, was auch als Handlung zählt. Die auf eine Verpflichtung folgende Handlung ist die Bestätigung (ein assertiver Sprechakt) des ursprünglichen Zuhörers an den Anfragenden, daß die Aufforderung eingelöst worden ist. Und dieser Bestätigung muß eine Erklärung des Anforderers folgen, daß er zufriedengestellt ist. Das für die zur Erfüllung der Einlösebedingungen eigentlich notwendige Handeln liegt außerhalb der Konversation.
3. In vielen Fällen werden nicht ausdrücklich vollzogene Handlungen als solche ›gehört‹. Falls der Anfragende die Erfüllung

seiner Anforderung direkt wahrnehmen kann, ist keine ausführliche, abschließende Bestätigung erforderlich. Andere Handlungen, wie Zufriedengestelltsein zu erklären, kann als selbstverständlich vorausgesetzt werden, wenn eine gewisse Zeit ohne gegenteilige Behauptung verstrichen ist. Unausgesprochenes wird genauso wahrgenommen wie Gesprochenes.
4. Einlösebedingungen sind keine ›objektiven‹, also von den Interpretationen durch Sprecher oder Zuhörer unabhängige Realitäten. Sie existieren im Prozeß der Verständigung. Daher sind auch Verständigungsschwierigkeiten zwischen den Parteien immer möglich – bis zum Zusammenbruch (wenn z.B. der Versprechende die Erfüllung der Verpflichtung erklärt und der Anfragende damit nicht übereinstimmt) und nachfolgender Konversation über das wechselseitige Verständnis der Bedingungen.
5. Einige wenige ›Endzustände‹ eröffnen keine weiteren Handlungsmöglichkeiten (sie sind in der Abbildung mit dickumrandeten Kreisen dargestellt). Alle anderen Zustände stellen eine unvollendete Konversation dar. Der Abschluß einer Konversation garantiert keineswegs Zufriedengestelltsein. Wenn der Versprechende z.B. zur Handlung des ›Wortbruchs‹ greift, erreicht die Konversation einen Endzustand, in dem die ursprüngliche Anfrage nicht eingelöst ist.
6. Das Netzwerk aus Sprechakten sagt nichts darüber aus, was Menschen tun *sollten*. Es befaßt sich nicht mit Handlungskonsequenzen (wie das Aussteigen aus einer Verpflichtung). All dies sind wichtige Phänomene in Lebenssituationen, aber sie entstehen nicht auf der Gesprächsebene, die mit diesem Netzwerk formal dargestellt wird.

Das beschriebene Netzwerk aus Sprechakten veranschaulicht eine Betrachtungsweise, die auf weitere Dimensionen der rückbezüglichen Struktur von Wiederholungen in Konversationshandlungen als Grundlage angewandt werden kann. Das können zeitliche Bezüge zwischen Sprechakten oder die Verkettung von Konversationen untereinander sein (eine Bitte wird z.B. in der Absicht ausgesprochen, bei der Erfüllung eines zuvor vom Anfragenden gemachten Versprechens zu helfen). Diese Aspekte werden in Kapitel 11 ausführlicher diskutiert.

Andere Arten von Konversation können auf ähnliche Weise analysiert werden. Wir benötigen z.B. eine ›Logik sachgemäßen Argumentierens‹, um den Wahrheitsgehalt von Bestätigungen im Bereich von Wiederholungsstrukturen in Konversationen ausmachen zu können; dabei steht ›Argumentieren‹ für eine Folge von Sprechakten, die für das Zur-Sprache-bringen von Hintergrundannahmen von Bedeutung sind. Wenn jemand Behauptungen aufstellt, ist er auch verpflichtet, für den Fall des Scheiterns eine gewisse Art von ›Fangnetz‹ bereitzuhalten. Diese Absicherung hat die Form eines anderen Sprechaktes (ebenfalls in einem situationsgebundenen Kontext), der den Zuhörer davon überzeugt, daß der Einwand angemessen ist. Es gibt drei wesentliche Arten von Absicherung: empirisch, formal und sozial.

AUF EMPIRISCHER ERFAHRUNG BERUHEND. Das Verlangen, die Behauptung »Schnee ist weiß« zu rechtfertigen, läßt sich mit einer Reihe von Anweisungen (»Geh nach draußen und riskiere einen Blick!«) beantworten, so daß jede Person, die dem nachkommt, auf der Grundlage eigener Erfahrung beipflichten muß. Die naturwissenschaftliche Methode ist nach dieser Art von Absicherung für alle empirischen Aussagen entworfen. Nach MATURANA hat die sogenannte ›Objektivität‹ von Wissenschaft ihren Ursprung in der Annahme, daß jede Beobachtung mit einer Instruktion versehen werden kann, die, falls sie von einem ›Durchschnittsbeobachter‹ befolgt wird, ihn oder sie zu dem gleichen Schluß führen wird. Das bedeutet nicht notwendigerweise die Unabhängigkeit des Resultats vom Beobachter, sondern schlicht, daß die Übereinstimmung bei allen potentiellen, menschlichen Beobachtern vorausgesetzt wird.

FORMAL. Deduktive Logik und Mathematik bauen auf die Vorgehensweise nach Art eines ›Sprachspiels‹[49]; eine Menge formaler Regeln wird als selbstverständlich vorausgesetzt, und Be-

Sprache

weisführung schreitet als Abfolge regelgebundener Schritte voran. Wenn ich z.B. bei Ihnen den Glauben vermute, alle Schweden seien blond, und Sven ist rothaarig, kann ich mit Hilfe einer bestimmten Abfolge von Schritten die Grundlage für die Behauptung schaffen, Sven sei kein Schwede. Natürlich kann jemand rekursiv die Rechtfertigung jeder im Ableitungsprozeß aufgestellten Behauptung verlangen, bis eine nicht mehr formal ableitbare Absicherung erreicht ist. Formale Absicherung ist Gegenstand des Interesses formaler kompositorischer Semantik, allerdings mit einem anderen als dem von uns gesetzten Schwerpunkt. Unser Nachdruck liegt an dieser Stelle nicht auf der Übereinstimmung mit mathematischer Abstraktion. Wir wollen vielmehr die Rolle formaler Strukturen in Konversationsmustern betonen.

SOZIAL. Vieles von dem, was wir in Gesprächen äußern, beruht weder auf Erfahrung noch Logik, dafür aber auf vorhergehender Konversation. Wasser ist chemisch betrachtet H_2O, und Napoleon war der Kaiser von Frankreich; das glauben wir, nicht weil wir über einschlägige Erfahrungen verfügen, sondern weil es uns jemand mitgeteilt hat. Eine mögliche Form von Absicherung ist ›Weiterreichen des Schwarzen Peters‹ – wer auch immer die Behauptung aufgestellt hat, wird wohl schon für die Absicherung gesorgt haben.

Ebenso wie sich Systematiken und strukturelle Analysen illokutionärer Ziele aufstellen lassen, ist es wichtig, eine genaue Analyse dieser von uns angesprochenen Argumentationsstrukturen zu entwickeln. In vieler Hinsicht, nicht in jeder, wird diese Logik parallel zur klassischen formalen Logik verlaufen. Wenn Gesprächsmuster zwischen Individuen mit gemeinsamem Bezugsrahmen im Mittelpunkt des Interesses stehen, wird z.B. die Rolle von Analogie und Metapher stärker ins Zentrum rücken, als wenn es um deduktives Schlußfolgern mittels Axiomen geht.[50]

Bei unserer Untersuchung sich wiederholender Konversationsmuster dürfen wir nicht aus dem Blick verlieren, daß diese

Zusammenbruch und Existenz

Muster im Bereich beobachteter Konversation existieren, nicht in irgendeiner geistigen Sphäre der Gesprächsteilnehmer. Sprecher oder Zuhörer verwenden keine ›Konversationsmusterregeln‹, ebensowenig wie sie ›Wahrnehmungsregeln‹ oder ›Ableitungsregeln‹ anwenden. In Kapitel 3 haben wir als das wesentliche Merkmal von Sprachtätigkeit (der Prozesse von Sprechen und Zuhören) die Geworfenheit einer Person in das Sprachumfeld hervorgehoben. Wenn wir selbst in eine gelungene Sprachtätigkeit eingebunden sind, können wir nicht vom Vorhandensein der Konversation als etwas Beobachtetes ausgehen. Wir sind in deren Entfaltung eingebettet. Die Struktur der Konversation wird nur im Falle einer Art von Bruch offensichtlich.

5.5 ZUSAMMENBRUCH, SPRACHE UND EXISTENZ

Zwei Hauptpunkte haben wir bislang in diesem Kapitel hervorgehoben:

1. Bedeutung erwächst beim Zuhören, als Wahrnehmung der in Sprechakten ausgedrückten Geltungsansprüche oder Verpflichtungen.
2. Die Artikulation von Inhalt – die Art, wie wir über die Welt sprechen – kommt in den Wiederholungsmustern, hervorgerufen durch Zusammenbrüche, und in der Fähigkeit zu Gesprächen über Absicherung zum Vorschein.

Diese beiden Gesichtspunkte führen uns zu einer wesentlich radikaleren Einsicht in den Zusammenhang von Sprache und Existenz: *Nichts existiert außer durch Sprache.*

Beim Verständnis dieser These müssen wir Sorgfalt walten lassen, wollen wir nicht einem sprachtheoretischen Solipsismus das Wort reden, der unser Eingebundensein in eine Welt außerhalb unseres Sprechens negiert. Der springende Punkt unserer Argumentation liegt in der Bedeutung von ›Existieren‹. Mit der Aussage, daß ein ›Ding‹ existiert (oder gewisse Eigenschaften aufweist), haben wir es als Gegenstand in einen Bereich von sprachlich und durch die Struktur der Sprache artikulierten Objekten und Qualitäten gerückt, der in die Welt unserer Handlungsmöglichkeiten eingebunden ist.

Als ein Beispiel wollen wir zum wiederholten Mal die Bedeutung einzelner Wörter und das Problem, wie eine situationsadäquate Wahl spezieller Wörter getroffen werden kann, anschauen. Wir haben gezeigt, daß ›Wasser‹ in verschiedenen Situationen unterschiedlich interpretiert werden kann. Aber wie ist es möglich, daß dem Begriff in mehr als einer Situation die gleiche Deutung zukommt? Sprachliche Unterscheidungen entspringen nicht aus einer irgendwie objektiven Klassifikation von ›Situationen‹ der Umwelt, aber sie werden auch nicht vollkommen willkürlich getroffen.[51] Unterscheidungen erwachsen vielmehr aus sich wiederholenden Mustern von praktischem Scheitern. Für eine Vielzahl menschlicher Tätigkeiten (z.B. Trinken, Feuerlöschen oder Waschen) bestimmt der Mangel oder Überfluß an ›Wasser‹ einen Raum möglicher Zusammenbrüche. Wörter entstehen als Hilfe, um diesen Zusammenbrüchen vorzubauen und mit ihnen fertigzuwerden. Vielfach schon wurde darauf hingewiesen, daß Eskimos über eine Vielzahl Unterscheidungen für Schneearten verfügen. Diese Differenzierungen treffen sie nicht, weil sie jede Menge Schnee vor Augen haben (wir sehen viele Dinge, die wir keiner Rede wert finden), sondern genau deshalb, weil sie für ständig wiederkehrende Tätigkeiten von Belang sind, in denen es Raum für mögliches Scheitern gibt.

Die ausschließliche Betrachtung von Beispielen, die sich auf simple Wiederholungen physischer Tätigkeiten und Sinneseindrücke beschränken, kann diese Einsicht leicht verdecken. Einer solchen naiven Betrachtungsweise scheint es, daß ›Schnee‹ irgendwie als eine besondere Wesensart existieren muß, ohne Rücksicht auf jedwede dafür vorhandene Sprache (oder sogar menschliche Erfahrung). Auf der anderen Seite lassen sich leicht Beispiele finden, deren Existenz außerhalb des Bereichs menschlicher Bindung und Interaktion erst gar nicht gedacht werden kann; das sind Begriffe wie ›Freundschaft‹, ›Krise‹ und ›Semantik‹. In diesem Kapitel haben wir uns bewußt auf Wörter wie ›Wasser‹ anstelle ausdrücklich sozial verankerter Wörter konzentriert, gerade weil die augenscheinliche Einfachheit physikalisch interpretierter Begriffe so irreführend ist.

In Teil II werden wir feststellen, daß diese scheinbar paradoxe Sichtweise eine in der Praxis nützliche Orientierung für das Verständnis und den Entwurf von Computersystemen liefert. Die Funktionsweise der Computer muß in einer Weise verstanden werden, die über den Bereich physikalischer, aus Teilen zusammengesetzter Systeme hinausgeht und bis hinein in Struktur- und Verhaltensbereiche reicht, denen eine naive Sicht der Welt als bloße Ansammlung von Gegenständen mit Eigenschaften offensichtlich unangemessen ist. Denn die ›Dinge‹, aus denen ›Programme‹, ›Schnittstellen‹ und ›Benutzerführungen‹ bestehen, sind deutliche Beispiele für Gebilde, deren Existenz und Eigenschaften durch die Sprache und Verpflichtung derjenigen hervorgerufen wird, die sie bauen und über sie diskutieren.

KAPITEL 6
FÜR EINE NEUE ORIENTIERUNG

Wir haben in den vorausgegangenen Kapiteln Grundfragen der Existenz menschlichen – des Denkens und der Sprache mächtigen – Daseins behandelt. Die Auseinandersetzung mit diesen Fragen ist aus der Einsicht in deren unmittelbare Bedeutung für unser Verständnis von Computern und unsere Möglichkeiten beim Entwurf neuer Computertechnologie erwachsen. Wir sind nicht so vermessen, eine eindrucksvolle, philosophische Synthese kreieren zu wollen, die MATURANA, HEIDEGGER, GADAMER, AUSTIN, SEARLE und anderen den ihnen zukommenden Platz zuweist. Die Bedeutung ihrer Arbeiten liegt im Potential zum Entschleiern der rationalistischen Tradition, der wir immer bereits verhaftet sind. Gemeinsam ist ihnen die Absicht, Grundbestandteile dieser Tradition in Frage zu stellen und sie damit offenzulegen.

Als Grundlage unserer Studien über Computer und Programmierung in Teil II wollen wir in diesem Abschnitt die in den vorangegangenen Kapiteln aufgeworfenen Punkte rekapitulieren und ihre gemeinsamen, einander überlagernden Bereiche, sowie ihre Rolle für unsere detaillierten Untersuchungen der Computertechnologie und Gestaltung deutlich machen.

6.1 ERKENNTNIS UND IN-DER-WELT-SEIN

Das vorliegende Buch führt in seinem Titel das Wort ›Erkenntnis‹, und in den vorausgegangenen Kapiteln haben wir verschiedene Formen erkennender Tätigkeit dargestellt. Wenn wir den Ausdruck ›Erkenntnis‹ (*cognition*) verwenden, laufen wir jedoch Gefahr, implizit eben der Tradition zu folgen, die wir in Frage stellen. Wenn wir ›Erkenntnis‹ als gesonderte Funktion wie ›Schwitzen‹ oder ›Fortbewegen‹ bezeichnen, leisten wir einem Verständnis Vorschub, eine Tätigkeit des ›Erkennens‹ könne vom Rest der Tätigkeiten des Organismus getrennt werden. Zuerst müssen wir dieses Verständnis sehr sorgfältig untersuchen, seine Konsequenzen für die Gestaltung feststellen.

Wenn wir Denken als eine Art von Tätigkeit ansehen, so übernehmen wir damit ein allgemein verbreitetes Vorverständnis, das ob seiner Selbstverständlichkeit völlig unbestreitbar zu sein scheint. Wenn Sie vor ihrem Schreibtisch sitzen und überlegen, wo Sie in der Mittagspause zu Tisch gehen wollen, scheint es klar zu sein, daß Sie, im Gegensatz vielleicht zu anderen Dingen, mit denen Sie zur Zeit zu tun haben, mit ›Denken‹ beschäftigt sind. Diese Form der Tätigkeit läßt sich in Begriffen von Bewußtseinszuständen und geistigen Operationen beschreiben. Eine Erklärung, wie Denken vonstatten geht, wird sich der Ausdrucksweise von Sätzen und Vorstellungen, Begriffen und Ideen bedienen müssen. Diese Art distanzierter Überlegung ist nun zweifelsohne ein Bestandteil menschlichen Handelns. Die Blindheit rationalistischer Tradition liegt woanders. Sie hält diese Art von distanzierter Reflexion für ein geeignetes Fundament, um die gesamte Bandbreite dessen, was wir ›Erkenntnis‹ nennen, zu verstehen. Jedes der drei vorangegangenen Kapitel stellt diese Grundannahme in Frage.

Der Nachdruck, den HEIDEGGER auf den Zustand der Geworfenheit des Daseins als eine Bedingung seines In-der-Welt-Seins legt, ist einer der wesentlichsten Gesichtspunkte seiner Philosophie. Wir stellen mitunter tatsächlich bewußte und systematische Überlegungen an, aber dies ist zweitrangig gegenüber der vor-reflexiven Erfahrung des Geworfenseins in eine Situation, in der wir immer schon handeln. Wir sind immer bereits in einer Situation Handelnde und haben keine Möglichkeit, uns selbst von dieser Situation vollständig freizumachen und als abgehobene Beobachter zu fungieren. Auch wenn wir von dieser Situation ›zurücktreten‹, so findet diese Einstellung doch selbst wieder innerhalb von Geworfenheit statt: Wir entkommen nicht unserer Geworfenheit, sondern verlagern unsere Interessensphäre. Unsere Handlungen vollziehen sich immer bereits unter der Bedingung von Geworfenheit und lassen sich nicht als (be-

Neuorientierung

wußtes oder unbewußtes) Ergebnis eines Prozesses von Vorstellung, Planung und Entscheidungsfindung verstehen.

Nach HEIDEGGER ist unser In-der-Welt-Sein kein objektives Spiegelbild der Außenwelt als Vorhandenheit, sondern existiert als Zuhandenheit der Welt, wie sie sich in unseren Handlungen offenbart. Durch seine Erforschung biologischer Systeme ist MATURANA auf einem anderen Weg zu einer bemerkenswert ähnlichen Auffassung gelangt. Für MATURANA wird unsere Fähigkeit, als Beobachter zu fungieren, durch unsere Funktionsweise als strukturbestimmtes System hervorgerufen und durch strukturelle Koppelung geformt. Jeder Organismus ist in ein Tätigkeitsmuster eingebunden, daß durch Änderungen der ihn umgebenden Lebensbedingungen ausgelöst wird und über die Fähigkeit verfügt, die Struktur (und damit das zukünftige Verhalten) des Organismus zu verändern.

Beide Autoren erkennen die Phänomene, die unsere naive Sicht der Beziehung zwischen Denken und Handeln hervorgebracht haben, durchaus an und analysieren sie. Und beide führen Gründe an, daß wir über diese Sichtweise hinausgehen müssen, wenn wir das Wesen von Erkenntnis verstehen wollen – nicht als Tätigkeit, die sich in irgendwelchen ›geistigen Sphären‹ abspielt, sondern als Verhaltensmuster, das für die Funktionsweise des Menschen oder Organismus in seiner Welt von Bedeutung ist.

Dieser grundlegende Gesichtspunkt wird unser Verständnis bei der Betrachtung von Computertechnologie in verschiedene Richtungen lenken. Zuerst einmal wird dadurch entscheidend unsere Erwartung beeinflußt, welche Arten von computergestützten Werkzeugen als hilfreich einzustufen sind. Innerhalb einer Tradition, die das Denken als eine unabhängige Tätigkeit hervorhebt, werden wir dahin tendieren, Systeme für eben diesen Einsatzbereich zu entwickeln. Tatsächlich betonen viele der aktuellen Werbesprüche die Rolle des Computers als ›Wissensverarbeiter‹ und ›Entscheidungsfinder‹. Wenn wir hingegen von Handlungen als dem Primären ausgehen, werden wir uns fragen, welche Rolle Computer bei den Handlungstypen überneh-

In-der-Welt-Sein

men können, die unser Leben ausmachen – insbesondere bei kommunikativen Handlungen, durch die wir Wünsche und Verpflichtungen vorbringen und die uns mit anderen Menschen verbinden können. Die Diskussion über Textverarbeitungssysteme in Kapitel 1 (mit dem Hinweis auf die Rolle der Computer als Teil eines Netzwerkes aus Geräten und sozialen Interaktionen) veranschaulicht, wie wir eine neue Perspektive für bereits bestehende Systeme gewinnen und die Richtung für zukünftige entwerfen können.

Außerdem wollen wir verstehen, wie Menschen Computer einsetzen. Im Prozeß der Auseinandersetzung mit der uns umgebenden Welt, unsere Werkzeuge eingeschlossen, hebt die rationalistische Orientierung die Rolle analytischer Erkenntnisverfahren hervor. HEIDEGGER und MATURANA verweisen jeder auf seine Art auf die Bedeutung von Zuhandenheit (struktureller Koppelung) und den Umstand, daß Gegenstände und Eigenschaften erst durch eine Unzuhandenheit oder einen Zusammenbruch in dieser Koppelung existent (d.h. für uns thematisch) werden. Stellt sich der Entwickler eines computergestützten Werkzeugs auf diesen Standpunkt, so muß er den Möglichkeitsraum, der durch mögliche Zusammenbrüche entsteht, als Bereich in seine Arbeit einbeziehen. Der Akzent, der neuerdings auf den Entwurf ›benutzerfreundlicher‹ Computer gelegt wird, ist ein Zeichen impliziter Anerkennung einer mangelnden Berücksichtigung dieses Aspekts in der herkömmlichen Systementwicklung. Ein Großteil Weisheit ist durch die praktische Erfahrung im Entwerfen von Systemen selbst gewonnen worden, und eines unserer Ziele besteht darin, für diese Arbeit der Systementwicklung eine klare theoretische Grundlage als Basis zur Verfügung zu stellen. In Kapitel 12 werden wir im Rahmen unserer Diskussion über Gestaltung auf diesen Punkt zurückkommen.

Schließlich hat unsere Sichtweise der Erkenntnis und des Handelns auch wesentlichen Einfluß auf die Art und Weise, wie wir Computerprogramme verstehen, denen ihre Konstrukteure ›Denkvermögen‹ und ›Entscheidungsfähigkeit‹ nachsagen. Die

Neuorientierung

Tatsache, daß solche Etikette überhaupt mit ernster Mine angebracht werden können, spiegelt den vorherrschenden Einfluß der rationalistischen Tradition wider. In den Kapiteln 8 bis 11 werden wir die neueren Forschungsergebnisse im Bereich der Künstlichen Intelligenz prüfen und Gründe für unsere These anführen, daß die gegenwärtig populäre Diskussion über Fragen wie »Können Computer denken?« einer neuen Orientierung bedarf.

6.2 WISSEN UND REPRÄSENTATION

Unser Seinsverständnis ist eng verknüpft mit unserer Auffassung von Wissen. Was es bedeutet, (etwas) zu wissen, ist eine der ältesten und zentralsten Fragen der Philosophiegeschichte. Sie bildet den Kern der HEIDEGGERSCHEN Herausforderung. In Kapitel 2 ist ein in der rationalistischen Tradition vorherrschender ›naiver Realismus‹ vorgestellt worden. Wie wir dort ausgeführt haben, ist dieser zwar keineswegs die logisch zwingende Konsequenz aus dieser Tradition (und wird auch innerhalb dieser Tradition nicht von allen Philosophen akzeptiert), stellt aber einen Teil des durchgehenden Hintergrundverständnisses unserer Alltagserfahrung dar, das aus dieser Tradition erwachsen ist.

In ihrer einfältigsten Form gibt sich die rationalistische Sichtweise mit der Existenz einer objektiven Realität zufrieden, die aus Gegenständen besteht, die durch unterschiedliche Merkmale charakterisiert sind und in bestimmten Beziehungen zueinander stehen. Ein erkennendes Wesen ›sammelt Informationen‹ über diese Dinge und formt daraus ein ›geistiges Modell‹, das in bestimmter Hinsicht zutreffend, also eine originalgetreue Darstellung (*representation*) der Realität, in anderer Hinsicht dagegen fehlerhaft sein wird. Das Wissen ist danach eine Art Speicher von Vorstellungen (*representations*), die zum Verstandesgebrauch abgerufen und in Sprache übersetzt werden können. Das Denken ist ein Prozeß der Manipulation von Vorstellungen (als Repräsentationen der Realität).

Repräsentation

Diese naive Ontologie und Epistemologie bildet für MATURANA und HEIDEGGER den zentralen Angriffspunkt. Keiner von beiden akzeptiert die Existenz von ›Dingen‹ als Träger von Eigenschaften unabhängig von jeder Interpretation. Ihrer Auffassung nach können wir nicht einheitlich über eine ›externe‹ Welt sprechen, sondern haben es immer bereits mit Interpretation zu tun. MATURANA beschreibt das Nervensystem als geschlossenes System und bestreitet die Angemessenheit von Begriffen wie ›Wahrnehmung‹ und ›Information‹. HEIDEGGERS Ausgangspunkt ist das In-der-Welt-Sein, wobei nach HEIDEGGERS Verständnis das Vorhandensein von Gegenständen aus einem grundlegenderen Seinszustand erwächst: der Zuhandenheit, für die es noch keine Unterscheidungen zwischen Gegenständen und ihren Eigenschaften gibt.

Für HEIDEGGER kommen ›Dinge‹ zum Vorschein, wenn sie durch Unzuhandenheit thematisch werden. Für MATURANA ist die Präsenz von Gegenständen und Eigenschaften nur im Bereich von durch einen externen Beobachter getroffenen Unterscheidungen von Belang. Im Bereich der biologischen Mechanismen selbst existieren keine Objekte und Eigenschaften. Beide Autoren sehen uns in eine Welt gestellt, die nicht unser eigenes Werk ist. Ihre zentrale Einsicht besteht darin, daß diese Welt aus Gegenständen und Eigenschaften nur in engagierten, menschlichen Tätigkeiten zum Vorschein kommt.

Beide, MATURANA und HEIDEGGER, opponieren – wenngleich auf völlig unterschiedlichen Feldern – gegen die Vorstellung, Erkenntnis gründe auf der Manipulation ›geistiger Modelle‹ oder ›Repräsentationen‹ dieser Welt. Der Ausgangspunkt für MATURANA als Biologe war die Untersuchung der Wirkungsweise des Nervensystems. Obwohl es seiner Meinung nach einen Bereich der Beschreibung – die Erkenntnissphäre (*cognitive domain*) – gibt, für den es angebracht ist, von einer Korrespondenz zwischen dem effektiven Verhalten und der Struktur des umgebenden Milieus, in das Verhalten eingebettet ist, zu sprechen, führt er gute Gründe an, daß wir diesen Bereich der Beschreibung nicht mit dem Bereich der strukturbildenden (biologischen)

Neuorientierung

Mechanismen verwechseln dürfen, deren Funktionieren Verhalten produziert. Wenn wir z.B. von einer im Nervensystem vorhandenen ›Repräsentation‹ sprechen, so könnte uns diese falsche Konkretion sehr leicht irreführen und auf die erfolglose Suche nach entsprechenden ›Repräsentations‹-Mechanismen schicken. Wenn nun dieser Gesichtspunkt bei den anfänglich von ihm untersuchten Fällen des Reflexverhaltens von Fröschen beim Anblick einer Fliege noch offensichtlich war, so mißt MATURANA dieser Warnung auch für unser Verständnis von Verhalten überhaupt, komplexe Erkenntnis- und Sprachtätigkeiten eingeschlossen, zentrale Bedeutung bei.

HEIDEGGER formuliert eine noch radikalere Kritik und stellt die Unterscheidung zwischen einem bewußten, nachdenkenden, erkennenden ›Subjekt‹ und einem davon trennbaren ›Objekt‹ selbst in Frage. Erkenntnis als Repräsentation der Wirklichkeit wird für ihn zu einem abgeleiteten Phänomen, das lediglich bei Unzuhandenheit zum Vorschein kommt, also dann, wenn es ein Zusammenbrechen im selbstverständlichen Hintergrundverständnis unserer besorgenden Handlung gibt. Wissen liegt im In-der-Welt-Sein begründet, nicht in einer gedanklichen Repräsentation.

In Kapitel 2 haben wir angestrengte Versuche dargestellt, eine einheitliche, Menschen, allgemein tierische Lebewesen und Maschinen betreffende Kognitionswissenschaft ins Leben zu rufen. Wenn wir einmal unterstellen wollen, es gäbe in all diesen Bestrebungen eine intellektuelle Gemeinsamkeit, so dreht sich alles um die eine oder andere Form von *Repräsentationshypothese* – d.h. um die Vermutung, Erkenntnis gründe sich auf die Manipulation symbolischer Darstellungen, die als auf Objekte und Eigenschaften in dieser Welt bezogen verstanden werden können.[52]

Wenn wir uns in Kapitel 7 einer sorgfältigen Analyse von Computersystemen zuwenden, so werden wir feststellen, daß die entsprechende Repräsentationshypothese nicht nur legitim, sondern auch der Schlüssel für das Verständnis der Funktion solcher Systeme ist. Die Quintessenz von Datenverarbeitung

Vorverständnis

(*computation*) liegt in der Korrespondenz zwischen der Manipulation formaler Zeichen und Zuweisung bestimmter Bedeutungen an ebendiese formalen Zeichen: Als Zeichen repräsentieren sie dann Elemente in Welten dieser oder jener Art. Ein oft benutztes Kriterium zur Unterscheidung der Künstlichen Intelligenz von anderen Bereichen der Informatik liegt in der ausdrücklichen Bezugnahme auf Repräsentationen.

Die Frage nach dem Verständnis von Wissen und Repräsentation ist von zentraler Bedeutung für den Entwurf computergestützter Geräte, die als Werkzeuge zur ›Wissenserweiterung‹ gedacht sind. In dem Sinn, wie uns ein Textverarbeitungssystem erlaubt, erfaßte Texte zu manipulieren, können wir uns auch auf die Suche nach Mitteln und Wegen zur Manipulation von Wissen machen und Systementwicklungen in Angriff nehmen, die ›Wissensanwendung‹ bis zu einem gewünschten Grad treiben. Bei unserem Versuch wird die Wahl der Fragestellung und Problemlösung entscheidend von unserem umfassenden Verständnis von Wissen beeinflußt werden – davon also, was wir für Wissen halten und wie wir es einsetzen. Viele der im Forschungsbereich ›Wissensverarbeitung‹ entwickelten Expertensysteme stützen sich auf eine direkte Anerkennung der Repräsentationshypothese. In Kapitel 10 werden wir diese Bemühungen und ihre Grenzen beschreiben, und wir werden die Arten *systemischer Bereiche* charakterisieren, die als Repräsentationen bestimmter Welten erfolgreich verstanden und behandelt werden können.

6.3 VORVERSTÄNDNIS UND HINTERGRUNDBEZUG

In Kapitel 3 haben wir hervorgehoben, daß unsere Offenheit für Erfahrung in einem Vorverständnis gründet, ohne welches das Verstehen selbst nicht möglich wäre. Das Vorverständnis eines Individuums resultiert aus der Erfahrung im Rahmen einer Tradition. Alles, was wir sagen, wird vor dem jeweiligen Hintergrund an Lebenserfahrung und Tradition vorgebracht – und hat wiederum nur innerhalb dieses Bezugsrahmens Bedeutung.

Sprache muß (ebensogut wie andere bedeutungstragende Handlungen) lediglich ausdrücken, was nicht bereits augenfällig ist; sie kann sich nur zwischen Individuen ereignen, die bereits über einen weitgehend gemeinsamen Hintergrund verfügen. Wissen ist *immer* das Ergebnis von Interpretation – es ist stets abhängig von der gesamten, vorausgegangenen Lebenserfahrung des Interpreten und der Situationsgebundenheit in der jeweiligen Tradition. Wissen ist somit weder ›subjektiv‹ (dem Individuum zu eigen) noch ›objektiv‹ (unabhängig vom Individuum).

Ein damit eng verwandtes Phänomen beschreibt MATURANA mit seiner Erklärung, wie die vorherige Struktur des jeweiligen Systems auch den Bereich möglicher Perturbationen des Systems selbst festlegt. Der Organismus existiert nicht in einem von außen bestimmten Raum. Die Geschichte seiner strukturellen Koppelung erzeugt einen kontinuierlich sich ändernden Raum möglicher Perturbationen, die ihrerseits aus den möglichen Zuständen einen neuen Systemzustand selektieren werden. Aufeinander einwirkende Systeme sind durch wechselseitige strukturelle Koppelung miteinander verbunden, wobei die Struktur jedes einzelnen Systems bei der Auswahl möglicher Perturbationen (und damit der Abfolge der Strukturen) des anderen Systems eine Rolle spielt.

Auch in unserer Darstellung der Sprechakttheorie haben wir besonderen Nachdruck auf die Rolle von Hintergrundbezug und Interpretation gelegt, wobei wir unser zentrales Augenmerk auf die Natur der durch Sprachhandlung hervorgerufenen Verpflichtung richteten. Damit verlassen wir den individualistischen Ansatz, den Bewußtseinszustand (Absichten) von Sprecher und Zuhörer zu betrachten, und beschreiben statt dessen die Interaktionsmuster vor einem gemeinsamen Bezugsrahmen. In Kapitel 12 werden wir im Detail zeigen, daß die alles beherrschende Bedeutung eines gemeinsamen Hintergrundes für den Entwurf von Computersystemen weitreichende Konsequenzen hat.

Künstliche Intelligenz ist ein Versuch, die gesamte Bandbreite menschlicher Erkenntnis in ein formales System (ein Computerprogramm) zu packen. Der Computer jedenfalls kann einen Hintergrundbezug nur bis zu dem Maß berücksichtigen, wie dieser Hintergrund explizit ausformuliert und in das Programm eingebunden ist. Die Artikulation des Unausgesprochenen ist jedoch ein nie endender Prozeß. Wenn wir unser Vorverständnis beschreiben wollen, müssen wir dies in einer Sprache und vor einem Hintergrund tun, die selbst wieder ein Vorverständnis widerspiegeln. Solche Versuche sind wichtig und nützlich, aber sie können nie vollständig sein.

Diese Grenze möglicher Artikulation berührt ebenfalls praktische Fragen des Entwurfs computergestützter Werkzeuge. Wenn wir uns, ob bewußt oder unbewußt, das Ziel setzen, eine objektive, von jedem Bezugsrahmen unabhängige Interaktionssprache mit Computersystemen zu entwerfen, so müssen wir uns ausschließlich auf solche Bereiche beschränken, in denen eine Formulierung (für den vorgegebenen Zweck) vollständig sein kann. Dies ist möglich, allerdings nicht für den weitgespannten Bereich von Aufgaben, für den Computer eingesetzt werden. Viele Probleme, die gemeinhin der ›Computerisierung‹ als solcher zugeschrieben werden, ergeben sich daraus, unsere Interaktionsformen in die Zwangsjacke eines begrenzt formalisierten Bereiches stecken zu wollen.

Das andere Extrem markiert der Versuch, Systeme zu entwickeln, die uns eine Interaktion wie im Gespräch mit anderen Menschen, mit denen wir einen gemeinsamen Hintergrund teilen, gestatten sollen. Heilloses Durcheinander und Enttäuschung sind sehr leicht die Folge, und die Zusammenbrüche machen die vielfältigen Arten und Weisen offenbar, auf die Computer dabei scheitern müssen, wenn sie unsere unausgesprochenen Annahmen darüber, wie wir von anderen verstanden werden (wollen), berücksichtigen sollen. Computer zu entwerfen, die in der Lage sein sollen, Umgangssprache zu verstehen, muß in diesem Lichte neu interpretiert werden (dazu werden wir in Kapitel 9 Stellung nehmen). Besondere Sorgfalt ist im Umgang mit sogenannten ›Expertensystemen‹ geboten. Die Idealvorstellung eines objektiv mit Wissen ausgestatteten Experten muß ersetzt werden durch die Anerkennung der Bedeutung des Hintergrundbezuges. Unter dieser Perspektive sind Werkzeugentwicklungen möglich, die einen wechselseitiges Verstehen fördernden Dialog innerhalb einer erkennenden und erkennbaren Kommunikationsgemeinschaft erleichtern.

6.4 SPRACHE UND HANDLUNG

Populärwissenschaftliche Abhandlungen stellen Sprache oft als Kommunikationsmittel dar, mittels dessen die Information von einer Person (oder Maschine) zu einer anderen übertragen wird. Eine wichtige Konsequenz der Kritik im ersten Teil des vorliegenden Buches ist, daß Sprache keineswegs als bloße Übermittlung von Information verstanden werden kann.

Sprache ist Teil menschlichen, sozialen Handelns. Sie zielt auf die Herstellung der von MATURANA so bezeichneten ›wechselseitigen Orientierung‹. Diese Orientierung gründet sich nicht auf eine Entsprechung zwischen Sprache und Welt, sondern existiert als konsensueller Bereich – als miteinander verknüpftes Tätigkeitsmuster. Diese Verlagerung von einem Verständnis der Sprache als Beschreibungsmittel zur Sprache als Handeln bildet die Grundlage der Sprechakttheorie, die stärker sprachliche *Handlung* hervorhebt als deren abbildende Funktion.

In unserer Diskussion über Sprache haben wir besonders betont, daß durch Sprechakte Verpflichtungen erzeugt werden. Indem wir Verpflichtungen (bzw. Geltungsansprüche) als Grundlage für Sprache hervorheben, sind wir eher geneigt, Sprache eingebunden in eine soziale Umgebung zu sehen als im Rahmen ›geistiger Tätigkeit‹ oder von ›Bewußtseinszuständen‹ der Individuen. Mit dieser Schwerpunktverlagerung wollen wir der Vernachlässigung des Grundfaktums sozialer Verpflichtung entgegenwirken, die große Teile der theoretischen wie der *common-sense* Diskussion über Sprache durchzieht. Die rationalistische Tradition sieht Sprache als bloßes Darstellungsmittel (*representation*) – als Träger von Information – und verdeckt damit ihre zentrale soziale Rolle. Menschsein bedeutet, einer Gattung anzugehören, die durch Sprechen und Zuhören wechselseitige Verpflichtung herstellen kann. Ohne diese Fähigkeit, Bindungen zu erzeugen und zu akzeptieren (oder abzulehnen), handeln wir alles andere als menschlich und machen von Sprache nur sehr unvollständig Gebrauch.

Diese Dimension wird in der hermeneutischen Philosophie (einschließlich HEIDEGGER) oder in der von MATURANA gelieferten Interpretation sprachlicher Bereiche nicht ausdrücklich entfaltet. Die Entwicklung dieser Fragestellung ist Gegenstand der Sprechakttheorie (besonders in ihren späteren Weiterentwicklungen, etwa den Schriften von HABERMAS). Sie ist ein entscheidender Punkt in unserer Analyse der Nutzungsmöglichkeiten von Computertechnologie. Diese Schlüsselposition der sozialen Dimension von Sprache erwächst aus der Einsicht, daß Computer elementare Werkzeuge menschlichen Handelns verkörpern. Ihre Leistung als Werkzeug sprachlichen Handelns stützt sich auf die Fähigkeit der Computer im Umgang mit formalen Zeichen, die von gleicher Art sind, wie die Bausteine sprachlicher Strukturelemente. Computer sind jedoch ungeeignet, Verpflichtungen einzugehen und können sich daher nicht selbst am Sprachprozeß beteiligen.

Die Möglichkeiten von ›intelligenten Computern‹ und ›computerisiertem Sprachverständnis‹, von ›Expertensystemen‹ und ›computergestützter Entscheidungsfindung‹, sind Gegenstand der Diskussion in den folgenden Kapiteln. In all diesen Fällen herrscht ein Mißverständnis vor, das auf mangelnder Einsicht in die Rolle von *Verpflichtungen* (und Geltungsansprüchen) in der Sprache beruht. Computerprogramme sind z.B. keine Experten, sie können aber ein technisch sehr weit ausgereiftes Medium darstellen, das der Kommunikation unter Experten oder in Spezialbereichen als Kommunikationsmedium zwischen Hilfesuchendem und Experten dienlich ist. Ein Verständnis dieser Art veranlaßt uns zu einer Neubewertung gegenwärtiger Forschungsrichtungen und legt bestimmte Alternativen nahe.

Eine dieser Alternativen, die wir ausführlicher in Kapitel 11 beschreiben wollen, ist die Gestaltung – unter ausdrücklicher

Verwendung der Sprechakttheorie – von Werkzeugen zur Förderung menschlicher Kommunikation. In der Einleitung haben wir bereits hervorgehoben, daß Computer sprachliche Hilfsmittel sind. Auf der Basis unseres Verständnisses von sozialer Verpflichtung können wir Geräte entwickeln, die durch ihre Form von Zuhandenheit eine effektivere Kommunikation zu führen erlauben. Wir machen die Entwicklung einer bestimmten Gerätefamilie zum Thema. Diese Hilfsmittel, ›Koordinatoren‹ genannt, können uns dabei helfen, die Verpflichtungen innerhalb unserer Sprechhandlungen deutlich zu machen und bewußt einzugehen. Der Gebrauch solcher Werkzeuge leitet Menschen zu einem tieferen Problembewußtsein über die sozialen Dimensionen ihrer Sprache und über ihre Rolle für wirksames Handeln.

6.5 ZUSAMMENBRECHEN (UNZUHANDENHEIT) UND DIE ONTOLOGIE DER GESTALTUNG

In den vorangegangenen Abschnitten haben wir Hintergrundbezug und Verpflichtung diskutiert. Der dritte, wichtige Punkt der letzten Kapitel und von besonderer Bedeutung für die Gestaltungsfrage war die Auseinandersetzung um den Begriff ›Unzuhandenheit‹ (dem Bruch in der selbstverständlichen Zuhandenheit von Zeug).

Beim Entwurf neuer Artefakte, Werkzeuge, Organisationsstrukturen, Managementpraktiken und ähnlichem mehr besteht der Standardzugang darin, über ›Probleme‹ und ›Problemlösen‹ zu reden. Dieser Ansatz, der immer noch für ein Großteil der Literatur in diesem Bereich charakteristisch ist, ist stark von der rationalistischen Tradition beeinflußt. Die Schwierigkeit dabei liegt in der Tendenz, den fraglichen Problemen eine Art ›objektiver Existenz‹ zuzugestehen, ohne der Blindheit Rechnung zu tragen, die dem Problemfindungsprozeß von Natur aus anhaftet.

Menschen erwächst ein ›Problem‹ immer aus ihren eigenen Lebenssituationen – anders gesagt, ein Problem entsteht in bezug auf ein Hintergrundverständnis. Verschiedene Interpreten werden unterschiedliche Probleme sehen und über die Erfordernis verschiedener Handwerkszeuge, potentieller Handlungen und Gestaltungsvorschläge sprechen. In einigen Fällen wird das Problem der einen Person nicht unbedingt von einer anderen Person auch als Problem angesehen werden.

An dieser Stelle, wie an vielen anderen Stellen, wollen wir mit der rationalistischen Tradition brechen und eine besondere Sprache für ›Problemsituationen‹ vorschlagen. In Anlehnung an HEIDEGGERS Analyse von Brüchen in der Zuhandenheit[53] bevorzugen wir den Begriff ›Zusammenbruch‹. Damit meinen wir den Augenblick, in dem unser gewohnheitsmäßiges, normales, bequemes ›In-der-Welt-Sein‹ ins Stocken gerät. Derartige Zusammenbrüche haben eine äußerst wichtige, erkenntnisvermittelnde Funktion. Sie offenbaren uns unsere üblichen Verfahrensweisen und Einrichtungen und zeigen uns – vielleicht zum ersten Mal – ihr ›Vorhandensein‹. In diesem Licht haben sie eine eher positive als negative Funktion.

Nur in einem durch die Struktur sich periodisch wiederholender Zusammenbrüche hervortretenden Möglichkeitsraum kann Gestaltung (*design*) von Computersystemen neu konzipiert und umgesetzt werden. Jede Gestaltung stellt eine Interpretation von Zusammenbrüchen und das besorgende Bemühen, zukünftige Zusammenbrüche vorwegzunehmen, dar. In Kapitel 10 werden wir den Entwurf von Expertensystemen unter diesem Aspekt möglicher Zusammenbrüche analysieren. Kapitel 11 behandelt dann die Rolle von Expertensystemen in Management und Entscheidungsfindung.

Von größter Bedeutung ist jedoch die elementare Rolle von Unzuhandenheit bei der Schaffung des Raumes möglicher Bedeutungen und die Rolle von Sprache bei der Erzeugung unserer Welt. Vieles von dem, was wir in den vorhergehenden Kapiteln angesprochen haben, findet seine Erklärung, wenn wir uns über die grundlegende Bedeutung der Verschiebung von einer individualistisch orientierten zu einer sozial begründeten Auffassung von Verstehen klarwerden. Wissen und Verstehen (sowohl in kognitiver als auch in sprachlicher Hinsicht) resultieren nicht aus formalen Operationen mit geistigen Darstellungen (Repräsentationen) einer objektiv vorhandenen Welt. Wissen und Verstehen erwachsen vielmehr aus der besorgenden Teilnahme des Individuums an Beteiligung im Rahmen wechselseitig ausgerichteter Verhaltensmuster, die in einen Hintergrund gemeinsamer sozialer Interessen, Handlungen und Überzeugungen eingebettet sind. Diese Verschiebung von einer individuellen zu einer sozialen Perspektive – von geistigen Repräsentationen zu Interaktionsmustern – macht das Verschmelzen von Sprache und Erkenntnis möglich. Aus einem Grund, den HEIDEGGER unsere ›Geworfenheit‹ nennt, vergessen wir leicht die soziale Dimension des Verstehens und die daraus resultierende Bindung. Nur im Falle eines Zusammenbruchs werden wir dessen gewahr, daß ›Dinge‹ nicht als Ergebnis individueller Erkenntnisprozesse in unserer Umwelt existieren, sondern dank unserer aktiven Teilnahme an einem Bereich von diskursiver Kommunikation und wechselseitigem Aufeinanderbezogensein.

Nach dieser Auffassung ist somit die Sprache – die öffentliche Äußerung dieser wechselseitigen Orientierung in Wort und Schrift – nicht länger ein lediglich reflektierendes, sondern ein konstituierendes Medium. Wir erzeugen und verleihen einer Welt Bedeutung, die wir selbst bewohnen und mit anderen teilen. Um es in einer radikaleren Form auf den Punkt zu bringen: Wir gestalten uns selbst (und die unserem Leben Bedeutung verleihenden sozialen wie technologischen Netzwerke) durch Sprache.

Computer haben außerhalb von Sprache keine Existenzgrundlage, wenn man Existenz im Sinne eines Gegenstandes mit objektiven Eigenschaften und Funktionen versteht. Kommunikation von Menschen bei der Bewältigung und Vorwegnahme von Zusammenbrüchen hat die Computer hervorgebracht. Die gegenwärtig vorherrschende theoretische Auseinandersetzung über Computer beruht auf einer Mißdeutung des Wesens menschlicher Erkenntnis und Sprache. Das ist unsere zentrale Aussage im vorliegenden Buch. Computer, die auf der Grundlage dieses Mißverständnisses entworfen und gestaltet werden,

Gestaltung

bieten nur ärmliche Möglichkeiten zur Formung und Erweiterung des Gesichtsfeldes menschlichen Verstehens. Solche Computer sind nämlich in ihrem Einsatz beschränkt auf Wissensrepräsentation in Gestalt des Sammelns und Manipulierens von Fakten, und sie sind reduziert auf Kommunikation als Informationsübertragung. Wir sind heute Zeugen der Folgen dieser verengten Konzeption – wir erleben einen größeren Zusammenbruch im Bereich der Gestaltung von Computertechnologie – und dieser Zusammenbruch legt das rationalistisch orientierte Hintergrundverständnis, in das unser herrschendes Verständnis von Computern eingebettet ist, offen zutage.

Die Frage, mit der wir uns jetzt zu befassen haben, zielt auf den Entwurf von Computern auf der Basis eines neuen, von uns herausgearbeiteten Verständnisses von Sprache und Denken. Computer sind nicht nur mittels Sprache entworfen, sondern sie sind selbst Hilfsmittel für Sprache; sie werden nicht einfach unser Verständnis von Sprache widerspiegeln, sondern können uns gleichzeitig neue Möglichkeiten des Sprechens und Zuhörens eröffnen – um uns selbst durch und in Sprache zu erschaffen.

II
BERECHENBARKEIT, DENKEN UND SPRACHE

KAPITEL 7
COMPUTER UND REPRÄSENTATION

Das vorliegende Buch will die Einsatzmöglichkeiten von Computern verstehen helfen. In Teil I haben wir eine theoretische Standortbestimmung entwickelt, orientiert an menschlichem Denken und menschlicher Sprache. Sie dient uns als Bezugsrahmen für die Auslotung des Potentials, das in dieser Technologie steckt. Teil II wendet sich nun der Technologie selbst zu, legt besonderen Wert auf Voraussetzungen der Technologieentwicklung und will die zugrundeliegenden Annahmen aufdecken. Zunächst sprechen wir in diesem Kapitel einige Grundfragen an, die für alle Computerprogramme von Bedeutung sind, einschließlich der nachfolgend beschriebenen Arbeiten im Bereich Künstlicher Intelligenz. Wir wollen damit einen Kontext schaffen, um allgemein über Computer und Programmierung sprechen zu können. Bis zu einem gewissen Grad gehen wir dabei auch auf Einzelheiten ein, um Lesern, die mit dem Entwurf von Computersystemen nicht vertraut sind, eine klarere Vorstellung einerseits von der Detailfülle, andererseits aber auch von der umfassenden Bedeutung einiger weniger Grundprinzipien zu vermitteln.

Die meisten Bücher, die von Computern und ihren Anwendungen handeln, beginnen mit einer Beschreibung der formalen Seite von Rechnern, z.B. mit der Erklärung von Binärzahlen, von Boolescher Algebra und von Turingmaschinen. Diese Kenntnisse sind für die technische Beherrschung von Computern unumgänglich und können dazu beitragen, den geheimnisvollen Schleier zu lüften, der immer noch über Maschinen liegt, die mathematisch-logische Kalkulationen ausführen können. Vom entscheidenden Gesichtspunkt lenkt eine solche Herangehensweise jedoch ab. Gestützt auf Formalisierung von Teilaspekten der Welt entstehen Computersysteme als Ansammlung sich gegenseitig beeinflussender (nach physikalischen Gesetzmäßigkeiten konstruierter wie auch durch Programmierung festgelegter) Komponenten, die zu einem organisierten Ganzen größeren Ausmaßes zusammengefügt werden. Der Schwerpunkt dieses Kapitels liegt auf den zentralen Fragen von Sprache und Rationalität, die für Entwurf und Programmierung von Computern den Bezugsrahmen liefern.

Eines dürfen wir dabei nicht aus dem Auge verlieren: Unsere Darstellung geht von der idealisierenden Annahme aus, daß Computersysteme wie selbstverständlich auch nach den Zielvorstellungen funktionieren, für die sie entworfen worden sind. Konkrete Computeranwendungen bewegen sich jedoch stets in einem problembehafteten, weniger gut eingrenzbaren kritischen Bereich; zusätzliche Probleme entstehen hier durch Zusammenbrüche sowohl der Hard- als auch der Software (›Mucken‹ und ›Aussetzer‹), und nicht zuletzt verbergen sich hinter technischen Aspekten immer auch die Interessen von Menschen in ihrer Eigenschaft als Planer, Konstrukteure und Geräteanwender. Zu verstehen, was Computer tatsächlich tun, heißt somit, die soziale und politische Situation zu begreifen, in der sie entworfen, gebaut, angeschafft, installiert und eingesetzt werden. Die meisten unbrauchbaren Computersysteme waren auf der rein technischen Ebene mehr oder weniger erfolgreich, aber sie versagten, weil sie mit Zusammenbrüchen nicht fertig wurden und weil die Umgebung, in die sie hineingesetzt werden sollten, beim Entwurf nicht genügend berücksichtigt wurde.[54]

Es würde den Rahmen unseres Buches sprengen, sich mit all diesen Fragen gründlich zu befassen. Wir sehen unsere Aufgabe in der Ausarbeitung einer theoretischen Orientierung, die es uns gestattet, die relevanten Interessen offenzulegen und zweckdienliche Fragen zu stellen. Wir wollen aufzeigen, in welcher Weise Programmieren als Tätigkeit vom Aufstellen einer geeigneten Repräsentation abhängt, und damit einen Grundstein legen für die Beurteilung von Programmen, insbesondere von Programmen, die als intelligent bezeichnet werden.

Programmieren

7.1 PROGRAMMIEREN ALS REPRÄSENTATION[55]

Der erste und sofort ins Auge springende Punkt: Wann immer eine Person ein Programm schreibt, ist es ein Programm *über* irgendeine Gegebenheit *über* einen Sachverhalt oder Gegenstandsbereich.[56] Ob es sich dabei um Satellitenbahnen, um Rechnungen und Lohnlisten einer Firma oder um die auf einem Bildschirm sichtbar gemachten Bewegungen eines Raumschiffs handelt, immer existiert ein bestimmter Gegenstandsbereich, für den der Programmierer sein Programm schreibt.

Für den Augenblick (bis wir in Abschnitt 7.2 genauer hinschauen werden) können wir die zugrundeliegende Maschine als Ansammlung von Speicherzellen unterstellen. Jede dieser Zellen ist in der Lage, eine *Symbolstruktur* zu speichern, entweder als Zahl oder als Zeichenkette (bestehend aus Buchstaben, Ziffern und Interpunktionszeichen). Einzelne Programmschritte legen Operationen fest, die auf den Inhalt dieser Zellen wirken – Operationen können den Inhalt einer Speicherzelle auf andere übertragen (kopieren), sie vergleichen und modifizieren (z.B. durch Addition zweier Zahlen oder Entfernen eines Zeichens aus der Zeichenkette).

Der Programmierer hat bei der Programmentwicklung eine systematische Entsprechung vor Augen. Inhalte bestimmter Speicherzellen *repräsentieren* mittels dieser Entsprechung bestimmte Objekte und Relationen im Gegenstandsbereich. Ist ein Maßstab vorgegeben, so kann der Inhalt dreier Speicherzellen z.B. im Kartesischen Koordinatensystem den Ort eines real existierenden Objekts repräsentieren. Die Operationen, die diesen Inhalt während des Programmlaufs modifizieren, sind so gestaltet, daß sie bestimmten, gewünschten, den Ort dieses Objekts betreffenden Berechnungen entsprechen, z.B. daß sie der Bahn des Satelliten folgen. In ähnlicher Weise kann die in einer Zelle gespeicherte Zeichenkette den Namen oder die Adresse einer Person repräsentieren, für die ein Lohnzettel vorbereitet wird.

Der Entwurf dieser Repräsentationsbeziehung und die Festlegung einer Anzahl sowohl *wahrheitsgemäßer* als auch *effektiver*

Operationen entscheiden über erfolgreiches Programmieren. Wahrheitsgemäß (*veridical*) müssen Operationen bis zu dem Grad sein, daß sie Ergebnisse zustande bringen, die mit Bezug auf den jeweils repräsentierten Bereich korrekt sind: Sie müssen die konkrete Satellitenposition liefern und auch nur die gesetzlich vorgeschriebenen Beträge vom Lohnzettel abziehen. Wie effektiv sie sind, hängt davon ab, wie effizient die mathematisch-logischen Operationen ausgeführt werden können. Im Entwurf von Repräsentationen, die es ermöglichen, eine bestimmte Klasse von Operationen effizient auszuführen, steckt ein Großteil detaillierten Fachwissens der Informatik.

Die Forschung im Bereich Künstlicher Intelligenz hat sich schwerpunktmäßig der Probleme angenommen, die mit dem Entwurf von Repräsentationen verknüpft sind. Üblicherweise zeichnen sich Programme der Künstlichen Intelligenz durch eine wesentlich komplexere Zuordnung zwischen dem zu repräsentierenden Gegenstand und der entsprechenden, maschinell dargestellten Form aus als herkömmliche Programme. Die Gegebenheit, daß z.B. ein bestimmtes Objekt »zwischen 3 und 5 Meilen entfernt« oder »irgendwo in der Nähe der Raumstation« positioniert ist, ist nicht einfach mittels einer Zahl beschreibbar. Wir benötigen dazu Konventionen, die bestimmte Strukturen (z.B. Zeichenketten) mit solchen Tatbeständen verknüpfen. Eine direkte Abbildung nach Art der Kartographie (z.B. Sätze der Umgangssprache unverändert zu speichern) schafft in Hinblick auf Effektivität der Verarbeitung unüberwindliche Probleme. Hierbei können nämlich die Schlüsse nicht länger mittels wohlverstandener arithmetischer Operationen abgeleitet werden, sondern setzen höherstufige Schlußfolgerungsmethoden voraus.

Forscher im Bereich Künstlicher Intelligenz benutzen im allgemeinen Systeme der formalen Logik (z.B. das Prädikatenkalkül), bei denen die verfügbaren Operationen und deren Wirkungsweise sehr gut bekannt sind. Sie legen zwischen den Verknüpfungsregeln eines solchen Systems und den repräsentierten Gegenständen eine Zuordnung fest, die den Operationen den gewünschten Wahrheitsgehalt verschafft. Allein zum Problem, wie die wesentlichsten Eigenschaften solcher formalen Systeme auszusehen haben, gibt es eine Unmenge von Literatur. Die Annahmen jedoch, die allen gebräuchlichen Ansätzen zugrunde liegen, lassen sich folgendermaßen zusammenfassen:

1. Gegeben ist eine Struktur formaler Symbole, die nach einem präzise definierten und wohlverstandenen Regelsystem manipuliert werden kann.
2. Es existiert ein Abbildungsverfahren, das gestattet, relevante Eigenschaften des Gegenstandsbereiches durch Symbolstrukturen zu repräsentieren. Das Abbildungsverfahren geht systematisch vor, d.h. die Gemeinschaft der Programmierer kann untereinander Übereinstimmung darüber erzielen, was durch eine gegebene Struktur repräsentiert werden soll.
3. Es gibt bestimmte Operationen zur Manipulation von Symbolen, um ein wahrheitsgemäßes Resultat zu erzielen – um neue Strukturen abzuleiten, die einen Bereich so abbilden, daß Programmierer diese Strukturen als zutreffende Repräsentation des Bereiches ansehen können. Programme kombinieren diese Operationen, um die gewünschten Resultate zu erzielen.

Das Problem liegt nun darin, daß die Repräsentationsbeziehung einzig im Bewußtsein des (oder der) Programmierer(s) existiert. Weder in der Gestaltung (*design*) der Maschine noch während des Programmablaufs selbst deutet irgend etwas darauf hin, daß Symbolstrukturen als Repräsentation von irgend etwas anderem anzusehen sind.[57]

Es gibt zwei Fälle, bei denen es nicht unmittelbar einsichtig ist, daß die Bedeutung dessen, was in der Maschine gespeichert wird, von außen zugewiesen wird: roboterähnliche Maschinen, ausgestattet mit Sensoren und Effektoren, die selbsttätig in der realen Welt operieren; Symbole mit internem Bezug, z.B. Symbole, die auf Speicherzellen und Instruktionen innerhalb der Maschine verweisen. Auf Roboter werden wir ausführlich in

Kapitel 8 eingehen. Für den Augenblick wollen wir einfach unterstellen, daß bei Robotern, die im Bereich Künstlicher Intelligenz entwickelt werden, wesentliche Gesichtspunkte nicht so gänzlich anders sind als die hier erörterten Grundsatzfragen.

Das Problem der ›Metareferenz‹ ist vielschichtiger: NEWELL und SIMON (1976) z.B. behaupten im Zusammenhang ihrer Diskussion über ›symbolische Informationsverarbeitung‹ (*physical symbol systems*), es sei ein grundlegendes Merkmal intelligenter Systeme, daß einige Symbole auf Operationen und andere Symbole innerhalb der Maschine selbst verweisen: Sie sind zwar nicht für den außerhalb stehenden Beobachter zugänglich, aber sie bilden einen Teil des Kausalmechanismus.

Selbst in diesem Fall gibt es tiefgreifende und gewichtige Gründe, diese Bezugnahme nicht als eine der Maschine interne Referenz anzusehen. Diese Frage ist jedoch ziemlich komplex und steht hier nicht im Mittelpunkt unserer Auseinandersetzung. Wir befassen uns hauptsächlich mit dem Einsatz von Computern in einem praktischen Umfeld, und dabei ist die zentrale Frage die Repräsentation der Außenwelt. Die Fähigkeit der Computer, ihre eigenen Instruktionen und internen Strukturen selbst wieder logisch zusammenhängend repräsentieren zu können, ist ein interessantes und wichtiges technisches Problem, hat aber keinen Einfluß auf unsere Sicht der Dinge.

7.2 EBENEN DER REPRÄSENTATION

Im letzten Abschnitt haben wir Computer noch recht locker beschrieben: als Maschinen, die Operationen auf Symbolstrukturen unterschiedlichster Art ausführen können. Die physische Struktur und Funktionsweise von Computern haben wir damit allerdings noch nicht erfaßt. Theoretisch wäre ja ebenfalls eine Beschreibung der Arbeitsweise von Digitalcomputern denkbar, die sich ausschließlich der Begrifflichkeit von elektrischen Impulsen, die ein komplexes Netzwerk elektronischer Bauteile durchlaufen, bediente, ohne diese Impulse selbst als Symbole für irgend etwas Anderes anzusehen. Wenn wir sagen, eine bestimmte Zahl im Computer stellt ein relevantes Objekt (z.B. eine Satellitenposition) dar, zeigt die tiefergehende Analyse jedoch, daß die Zahl selbst wiederum kein Bestandteil des Computers ist, sondern daß bestimmte Impulsmuster oder elektrische Zustände im Computer ihrerseits die Zahl *repräsentieren*. Digitalcomputer bieten die einzigartige Möglichkeit, Systeme mit aufeinander aufbauenden, sehr tief gestaffelten Repräsentationsebenen zu konstruieren.

Der Programmierer oder theoretisch orientierte Informatiker sieht den Computer nicht als eine nach physikalischen Gesetzmäßigkeiten konstruierte Maschine, mit der er oder sie interagiert, sondern als Abstraktion – als einen Formalismus zur Beschreibung von Verhaltensmustern. Am Anfang des Programmiervorgangs steht eine Sprache, deren Einzelkomponenten unkomplizierte Handlungsschritte und Objekte beschreiben. Die weitere Verwendung dieser Sprache führt zur Beschreibung von *Algorithmen*, die vorgegebene Aufgabenstellungen bearbeiten können. Aus der Perspektive des Programmierers scheint das Systemverhalten vollständig durch das Programm determiniert zu sein. Die vorherige Implementation der Programmiersprache im Computer bleibt dem Programmierer in der Regel verborgen, Detailstrukturen des Computersystems, die eigentlich ausführenden Systembestandteile (Betriebssystem), sind für den ihn interessierenden Verhaltensspielraum nicht von Belang.

Die Funktionsweise eines Computers, auf dem ein für die Künstliche Intelligenz typisches Programm abläuft, können wir auf jeder der nachfolgend beschriebenen Ebenen analysieren:

DIE PHYSISCHE MASCHINE. Drähte, integrierte Schaltkreise, Magnetplatten und andere Bestandteile formen die Maschine als komplexes Netzwerk. Diese Komponenten funktionieren nach physikalischen Gesetzmäßigkeiten und erzeugen elektrisch und magnetisch aktivierte Zustände. Jede verständliche Beschreibung wird natürlich eine modulare Zerlegung der kompletten Maschine in ihre Bestandteile anstreben und diese Teile jeweils in der Begrifflichkeit ihrer internen Struktur und deren Wechselwirkung mit anderen Komponenten darstellen. Die Zerlegung ist rekursiv – eine einzelne Komponente von gegebener Struktur ist ihrerseits wiederum zusammengesetzt aus kleineren Struktureinheiten. Am Ende des Zerlegungsprozesses kommen physische Grundelemente zum Vorschein, Kupferleitungen und Schichten halbleitenden Metalls, aufgebracht auf kristallinem Siliziumsubstrat. Diese nach physikalischen Kriterien vorgenommene hierarchische Zerlegung der Hardware in einzelne Komponenten (auf der jeweiligen Ebene) darf allerdings – und das ist entscheidend – nicht mit der Analyse unterschiedlicher Ebenen der Repräsentation selbst verwechselt werden.

DIE LOGISCHE MASCHINE. Systementwickler gehen im allgemeinen nicht von der Begrifflichkeit aus, sich die zu entwerfende Maschine als Sammlung physischer Komponenten vorzustellen; sie haben statt dessen eine Vielzahl logischer Bausteine vor Augen. Komponenten dieser Ebene sind logische Abstraktionen wie ODER-Gatter, Inverter und Flipflopschaltungen (oder Multiplexer, Rechenwerk und Adressdecodierer auf einer nicht so weitgehenden Zerlegungsebene). Diese Abstraktionsebene wird repräsentiert durch aktivierte Zustände physischer Komponenten. Gewisse Spannungspegel interpretieren wir z.B. als Repräsentation der logischen Werte ›wahr‹ und ›falsch‹. Die zeitliche Abfolge von Änderungen läßt sich als Sequenz diskreter Zyklen auffassen; am jeweiligen Ende eines Zyklus werden die aktivierten Zustände als stabil unterstellt. Eine angemessen konstruierte Maschine liefert auf dieser Ebene wahrheitsgemäße Repräsentation – logisch interpretierte Muster aktivierter Zustände führen gemäß den Regeln der Logik zu anderen Mustern, die ebenfalls logischen Gesetzen gehorchen. In den ersten Etappen der Fehlersuche entspricht jede tatsächlich entwickelte Maschine nur unvollkommen diesen Anforderungen an die Repräsentation. Phänomene wie irreguläre Spannungspotentiale oder fehlerhafte Synchronisation beeinflussen das Maschinenverhalten und haben zur Folge, daß logische Komponenten nicht exakt repräsentiert werden. Erst bei zufriedenstellend funktionierender Ma-

Repräsentationsebenen

schine kann die logische Begrifflichkeit das *relevante* Verhalten auf der physischen Ebene angemessen repräsentieren.

DIE ABSTRAKTE MASCHINE. Die logische Maschine ist lediglich ein Netzwerk einzelner Komponenten, aktivierte Zustände verteilen sich über das gesamte Netzwerk. Heutige Computer werden jedoch in der Begrifflichkeit abstrakter, einzelner, sequentiell arbeitender Prozessoren beschrieben, die entlang einer Befehlskette vorgehen. Erst auf dieser Repräsentationsebene werden logische Muster (zusammengesetzt aus vielen ›wahr‹ und ›falsch‹) als höherstufige Symbole interpretiert, die z.B. Zahlen und Zeichen repräsentieren. Jeder Befehl stellt eine einfache Operation dar, Aufrufen oder Abspeichern von Symbolen, Ausführen logischer oder arithmetischer Berechnungen wie Vergleichen, Addieren oder Multiplizieren. Die Abfolge aktivierter Zustände auf logischen Maschinen ist nicht in der Weise in diskrete Zeitabschnitte zerlegbar, daß die Zeitintervalle jeweils einzelne Stufen in der Schrittfolge der abstrakten Maschine repräsentieren. Logische Schaltkreise heute üblicher Maschinen können nämlich zu jedem Zeitpunkt gleichzeitig einen Schritt vollenden (Resultate abspeichern), den folgenden Schritt ausführen (z.B. eine arithmetische Operation tätigen) und mit dem nächsten Schritt beginnen (die folgende Operation analysieren, um festzustellen, wo die dafür erforderlichen Daten zu holen sind). Andere Teile der Schaltung können Aufgaben erledigen, die für die Aufrechterhaltung von Maschinenfunktionen notwendig sind (z.B. Senden von Signalen zum Auffrischen der ansonsten verlöschenden Speicherinhalte), aber von den Arbeitsschritten der abstrakten Maschine unabhängig sind. Die meisten Darstellungsweisen für Computer bewegen sich auf dieser Ebene der abstrakten Maschine; denn normalerweise ist das die unterste Ebene, auf der Programmierer die Kontrolle über Details aktivierter Zustände im Computer haben.[58]

Computer und Repräsentation

EINE HÖHERE PROGRAMMIERSPRACHE. Heutzutage werden die meisten Programme in Sprachen wie FORTRAN, BASIC, COBOL und LISP abgefaßt. Sie erlauben elementare Operationen auf einer Ebene, die sich zur Repräsentation von Gegenstandsbereichen der realen Welt besser eignet. Eine komplexe, mathematische Operation wie x = (y+z)*3/z ist z.B. in einem einzigen Schritt ausführbar. Compiler oder Interpreter[59] übersetzen einen Ausdruck wie diesen in die entsprechende Operationenfolge der abstrakten Maschine. Kennzeichnend für höhere Programmiersprachen ist, daß sie auf komplexen Strukturen wie Listen, Bäumen und Zeichenketten aufsetzen können. LISP z.B. gestattet dem Programmierer, den Inhalt einer Reihe von Speicherzellen der unterstellten abstrakten Maschine als Repräsentation einer Liste von Einträgen aufzufassen. Die Liste ›(Äpfel Orangen Pudding Torte)‹ stellt für den Programmierer eine einzelne Symbolstruktur dar, auf die sich Operationen wie ›REVERSE‹ anwenden lassen. Aber Vorsicht: Zwischen einer Operation auf einem höherstufigen Sprachenniveau und der auf einer darunterliegenden Ebene, die diese Operation repräsentiert, muß nicht notwendigerweise eine einfache Entsprechungsbeziehung bestehen. Falls z.B. mehrere Ausdrücke den Term (y+z) enthalten, so kann der Compiler eine Abfolge von Maschinenschritten erzeugen, die diese Addition nur einmal ausführt und das Ergebnis für alle Bearbeitungsschritte, die diesen Term enthalten, in einer Speicherzelle ablegt. Die Antwort auf die Frage »Welche Formel berechnet im Moment diesen Term?« muß nicht aus einem einzigen höherstufigen Befehl bestehen.

EIN REPRÄSENTATIONSSCHEMA FÜR ›FAKTEN‹. Zur Repräsentation von Gegebenheiten dieser Welt benutzen Programme der Künstlichen Intelligenz Symbolstrukturen einer höheren Programmiersprache. Wie wir gerade dargestellt haben, steht eine Vielzahl von Möglichkeiten zur Verfügung; für jedes einzelne Programm muß jedoch eine einheitliche Organisationsform eingehalten werden. Eine Operation z.B., die ein Programmierer mit den Worten beschreiben würde »Speichere als Fakt, daß die

Repräsentationsebenen

Person mit Namen ›Eric‹ in Chicago lebt«, läßt sich auf höherer Programmiersprachenebene ebenso als Abfolge von Manipulationen einer Datenbasis codieren wie das Hinzufügen einer Aussage zu einer Sammlung von Axiomen. Bestimmte Zahlen oder Zeichenketten werden mit ›Eric‹, ›Chicago‹ und der Beziehung ›lebt in‹ verknüpft sein. Ein zusätzlich erforderliches Übereinkommen legt fest, wie der Sachverhalt, daß es Eric ist, der in Chicago lebt, und nicht umgekehrt, systematisch dargestellt wird. Auf dieser Betrachtungsebene bewegen sich die zu manipulierenden Objekte wiederum im Bereich der Logik (wie schon einmal etliche Ebenen tiefer). Aber anstelle einfacher Boolescher (zweiwertiger) Variabler handelt es sich jetzt um Ausdrücke, die für Aussagen stehen. Die dieser Darstellungsebene angemessenen Operatoren sind solche, die logisches Schließen erlauben, die z.B. eine allgemeingültige Behauptung aus einem bestimmten Einzelfall entwickeln oder die eine Schlußregel benutzen, um aus vorhandenen Behauptungen eine neue Behauptung abzuleiten.

Programmierer denken beim Entwurf in Begriffen des Gegenstandsbereiches, auf den sich die Aufgabe, die das Programm erledigen soll, bezieht, und ihre Gedanken bewegen sich auf der höchstmöglichen, durch das Programmentwicklungssystem vorgegebenen Ebene. Sie müssen sich mit den Objekten und Operationen befassen, die auf dieser Ebene zur Verfügung stehen. Der Umstand, daß diese Objekte und Operationen wiederum von einer tieferen Ebene repräsentiert werden (und diese wiederum von einer noch tieferen), ist für den Entwurf eines Programms nur von untergeordneter Bedeutung; wir werden das im nächsten Abschnitt erörtern. Für Systementwickler, die ein Programm oder ein Hardwarebestandteil auf tieferer Ebene entwerfen, ist der zu beachtende Gegenstandsbereich die jeweils nächsthöhere Ebene.

Die genauen Abmessungen dieses vielgeschossigen Gebäudes sind nicht entscheidend und können sich mit der Entwicklung neuer Hardwarebestandteile und besserer Programmierkonzepte durchaus ändern. Wir haben diesen Detailaspekt hier nur angesprochen, weil wir ein gewisses Gefühl vermitteln wollen für die komplexen Vorgänge, die zwischen einer Operation, wie sie der Programmierer erwähnen würde, wenn er die Leistung eines Programms beschreibt, und der physischen Operation, mit der das Gerät diese Leistung umsetzt, ablaufen. Personen, die noch keine Computer programmiert haben, verfügen im allgemeinen nicht über Erfahrungen, auf die sie sich für entsprechende Kenntnisse über Systeme intuitiv stützen könnten. Eine solche offenkundige Tatsache ist z.B., daß es für ein typisches, komplexes Computerprogramm keine einsichtige Entsprechung zwischen den Operationen auf den verschiedenen Ebenen gibt. Wenn Sie daher einen Programmierer auffordern, die aktivierten Zustände, die sich während der Berechnung einer Satellitenposition nacheinander in den Schaltkreisen seines Rechners einstellen, auf der Ebene der physischen Hardware zu charakterisieren, so werden Sie keine Antwort erhalten – es sei denn eine Darstellung, die von Ebene zu Ebene fortschreitend den Aufbau des Programms erläutert. Bei diesem Gang von Ebene zu Ebene geht der modulare Aufbau des Programms jedoch verloren. Einzelne Befehle der höheren Programmiersprache (herausgegriffen aus der Vielfalt verfügbarer Typen) werden möglicherweise in einen Code übertragen, der die unterschiedlichsten Maschinenbefehle beinhaltet, und zusätzlich kann die Festlegung, wie der Compiler die Übersetzung durchführt, von globalen Eigenschaften des höherstufigen Codes bestimmt sein.

7.3 KÖNNEN COMPUTER MEHR LEISTEN, ALS IHNEN AUFGETRAGEN WIRD?

Der im Umgang mit Computern erfahrene Leser wird längst festgestellt haben, daß die im vorausgegangenen Abschnitt erzählte Geschichte viel zu einfach ist. Dafür unterstreicht sie einen der theoretischen Schlüsselbegriffe der Informatik, nämlich die Undurchlässigkeit der jeweils in Anspruch genommenen Ebene. Eine vollständige, logisch zusammenhängende Ent-

Unbeabsichtigte Repräsentation

wurfsebene zur Verfügung zu haben, ohne gleichzeitig die physikalischen Größen auf tieferliegenden Ebenen berücksichtigen zu müssen, ist bei der Konstruktion naturwissenschaftlich-technischer Systeme die seltene Ausnahme. Computersysteme können dagegen viele Repräsentationsebenen aufweisen, die jede für sich, unabhängig von zugrundeliegenden Ebenen, verständlich sind. Ein Algorithmus, eine Ansammlung von Befehlen zur Manipulation logischer Ausdrücke läßt sich entwerfen und seine Funktionsweise läßt sich verstehen, ohne gleichzeitig Notiz davon nehmen zu müssen, wie sich diese Beschreibung in einer höheren Programmiersprache formulieren läßt; wie das Programm in eine für die abstrakte Maschine geeignete Instruktionenfolge übertragen wird; wie diese Instruktionen als Abfolge mikrocodierter Instruktionen interpretiert werden; wie diese wiederum Schaltvorgänge in logischen Schaltkreisen verursachen oder wie diese logischen Bausteine unter Ausnutzung physikalischer Eigenschaften aus elektronischen Komponenten zusammengesetzt sind. Theoretisch ist auf jeder dieser Ebenen die Maschine gegen eine ganz und gar andere Maschine mit entsprechender Struktur austauschbar, ohne die Funktionsweise auf höherer Ebene zu beeinflussen.

Diese These – daß alle relevanten Aspekte, die sich auf einer Ebene abspielen, in der Begifflichkeit der von dieser Ebene repräsentierten nächsthöheren Ebene charakterisiert werden können – ist jedoch eine allzu grobe Vereinfachung. Verschiedene Gesichtspunkte geraten dabei außer acht:

ZUSAMMENBRÜCHE. Die gerade entwickelte, fein säuberlich geschichtete Darstellung setzt voraus, daß sich jede Ebene als Repräsentation genauso verhält wie erwartet. Das aber ist selten der Fall. Wir haben schon bei der Beschreibung des Übergangs von elektronischen Schaltungen zu logischen Schaltkreisen darauf aufmerksam gemacht, wie sorgfältig eine Fehlerbeseitigung durchgeführt werden muß, bis gewährleistet ist, daß das Maschinenverhalten mit logischen Begriffen exakt beschrieben wird. An jeder Nahtstelle zweier Ebenen entsteht ein ähnlich gelagertes Problem, und die Person, die auf irgendeiner dieser Ebenen ein Programm schreiben will, ist häufig gezwungen, die Repräsentation dieser Ebene durch die darunterliegende zu verstehen (und möglicherweise zu modifizieren). Zusammenbrüche, verursacht in den Sphären tieferer Ebenen, müssen somit immer auch auf der jeweiligen Ebene reflektiert werden, um die nächsthöhere Ebene verstehen zu können. Diese Art wechselseitiger Abhängigkeit verschiedener Repräsentationsebenen voneinander wird gemeinhin als Systemfehler angesehen, und viel Mühe wird darauf verwendet, diese Schwäche auszugleichen. Sie läßt sich jedoch niemals vollständig überwinden.

RESSOURCENVERWENDUNG. Unterstellen wir einmal, die auf höherer Ebene entwickelte Darstellung sei der Aufgabenstellung angemessen (die Repräsentation sei wahrheitsgemäß), dann kann es gleichwohl Maschineneigenschaften geben, die zwar die effiziente Ausführung von Operationen auf höherer Ebene wesentlich beeinflussen, aber nur auf unterer Ebene beschreibbar sind. Zwei Operationen, die in einer höheren Programmiersprache gleichermaßen primitiv ausdrückbar sind, können sich z.B. auf einer vorhandenen Maschine bei gegebener *Implementierung* (Repräsentation der höheren Programmiersprache auf der abstrakten Maschine) hinsichtlich ihres zeitlichen Verhaltens und ihres Speicherplatzbedarfs sehr stark unterscheiden. Das mag für die Festlegung des Resultats belanglos sein, aber die Verarbeitungsgeschwindigkeit wird davon berührt. Gerade Systeme, die unter Echtzeit-Bedingungen arbeiten – also Systeme, die zu bestimmten, für den Gegenstandsbereich (z.B. ein industrielles Prozeßsteuerungssystem oder ein System zur Vermeidung von Flugzeugzusammenstößen) relevanten Zeitpunkten tatsächlich vorhandene Geräte in Betrieb setzen – unterliegen in ihrer Ausführungsgeschwindigkeit oft kritischen Grenzen. Der Verwendung von Speicherplatz sind, was die zur Verfügung stehende Kapazität anbelangt, sehr oft Grenzen gesetzt, und die Details, die beeinflussen, wann diese Grenzen erreicht werden, lassen sich nur auf unteren Ebenen festlegen.

Unbeabsichtigte Repräsentation

Die Einstellungen über den Einsatz vorhandener Ressourcen, die den Umgang mit daraus sich ergebenden Abhängigkeiten zwischen verschiedenen, ineinandergreifenden Systemebenen betreffen, gehen weit auseinander. Etliche Programmierer vertreten die Auffassung, ein Programm solle, wann immer die konkrete Form der zur Verfügung stehenden Ressourcen (wie Zeit oder Speicherkapazität) eine Rolle spielt, eher auf der Ebene abgefaßt werden, die eine direkte Beschreibung der verfügbaren Mittel zuläßt, als auf einer höheren Ebene. In Echtzeit ablaufende Kontrollprozesse sollten daher ihrer Meinung nach beispielsweise eher in ASSEMBLER (einer Sprache, die eng an die abstrakte Maschine angelehnt ist) als in einer höheren Programmiersprache geschrieben sein: Auf diese Weise könnten die mit Objekten und Operationen der abstrakten Maschine verknüpften Ressourcen direkt spezifiziert werden. Andere wiederum argumentieren, Programme sollten nur auf höherer Ebene entworfen werden, die tieferliegenden Ebenen sollten komplexere Operationen so effizient unterstützen, daß diese Ebenen selbst niemals in Betracht gezogen werden müßten. In der Praxis dagegen werden Programme zunächst ausschließlich auf der Entwurfsebene geschrieben, dann allerdings auf unteren Ebenen abgewandelt, um ihre Leistung zu steigern.

UNBEABSICHTIGTE REPRÄSENTATION. In manchen Fällen läßt sich die Funktionsweise des Programms auf höherer Ebene zwar sinnvoll umschreiben, die Darstellung ist jedoch eine ganz und gar andere als die ursprünglich vom Programmierer beabsichtigte Repräsentation. Einleuchtende Beispiele solcher Zufallsprodukte sind eine Reihe ad hoc entstandener ›Hacker-Programme‹, die geometrische Gebilde auf dem Bildschirm erzeugen. Ursprünglich entworfen für Symboloperationen, die überhaupt nichts mit anschaulichen Figuren zu tun haben, wurden daraus ganz andere Programme. Verblüffend regelmäßige, vom Programmierer nicht erwartete Muster entstehen, wenn Inhalte diverser, intern von diesen Programmen genutzter Speicherzellen als Werte interpretiert werden, die Positionen auf einem graphischen Bildschirm repräsentieren. Ein solches Programm kann z.B. eine aus Kreisbögen zusammengesetzte Figur erzeugen und müßte daher sinngemäß den Namen »Kreiszeichner« tragen, obwohl das Konstruktionsprinzip eines Kreises in der Entwurfsphase des Programms auf keiner Ebene eine Rolle gespielt hat. Nicht der Systementwickler, sondern irgendein außenstehender Beobachter hat in diesem Fall dem Programm eine entsprechende Repräsentation zugeschrieben.

Wenn es diese zuletzt festgestellte Möglichkeit unbeabsichtigter Repräsentation nicht gäbe, könnten wir argumentieren, daß jedes einwandfrei konstruierte Computerprogramm ausschließlich durch die vom Programmierer geplante Repräsentationsbeziehung mit dem Gegenstandsbereich verbunden ist. Es bleibt jedoch immer die logische Möglichkeit, daß Computer am Ende erfolgreich in Bereichen eingesetzt werden, die Systementwickler und Programmierer absolut nicht in Betracht gezogen haben.

Diese Entwicklungsmöglichkeit ist mit der von MATURANA aufgeworfenen Frage struktureller Koppelung und instruierender Interaktion verknüpft. Die Strukturen des Nervensystems repräsentieren seiner Auffassung nach keineswegs die Welt, in der der Organismus lebt. In gleicher Weise können wir von den genialen Graphikprogrammen behaupten, daß deren Struktur keineswegs die geometrischen Objekte repräsentieren, die sie zeichnen. Es ist nicht auszuschließen, daß wir (zufällig oder absichtlich) eine Maschine mit wesentlichen Eigenschaften ausstatten, die wir gar nicht erwartet haben. Was dies für die Frage bedeutet, ob Computer denken können, werden wir in Abschnitt 8.4 erörtern.

KAPITEL 8
BERECHENBARKEIT UND INTELLIGENZ

Auseinandersetzungen über den zukünftigen Umgang mit Computern gehen häufig mit der Frage einher, ob Computer intelligent sein können. Allein die Existenz eines Fachgebietes wie ›Künstliche Intelligenz‹ scheint derartige Möglichkeiten zu beinhalten, und in der Einleitung haben wir bereits auf zahlreiche Spekulationen über die sozialen Folgen einer solchen Entwicklung hingewiesen. Aufgrund der in den vorausgegangenen Kapiteln entwickelten theoretischen Grundsätze kommen wir jedoch zu einem entgegengesetzten Ergebnis: Niemand ist in der Lage, Computer so zu programmieren, daß sie intelligent sein werden, und wir müssen bei der Gestaltung leistungsfähiger Computertechnologie ganz andere Entwicklungsrichtungen im Blick haben. Mit diesem Kapitel verfolgen wir das Ziel, die hochgesteckten Ansprüche seitens der Künstlichen Intelligenz einer Analyse und Kritik zu unterziehen, um unsere Schlußfolgerung zu belegen. Zu Anfang dieses Kapitels wollen wir den Hintergrund aufrollen, vor dem die Frage maschineller Intelligenz aufgeworfen wurde.

8.1 WARUM FRAGEN WIR ÜBERHAUPT?

Eine erste Frage drängt sich auf. Warum kommt überhaupt jemand auf die Idee, die Frage zu stellen, ob Computer intelligent sein *könnten*? Computer sind wie Uhren oder Addiermaschinen komplexe, nach physikalischen Gesichtspunkten konstruierte Geräte mit bestimmten Aktivitätsmustern und repräsentieren damit einen bestimmten Teil irgendeiner Außenwelt. Doch die Frage, ob eine Uhr oder Addiermaschine über Intelligenz verfügt, würde uns völlig unangebracht erscheinen. Was aber unterscheidet dann einen Computer von anderen Geräten?

Eine einfache Antwort, eine scharfe Trennlinie, die Uhren eindeutig von Computern scheidet und letztere der Kategorie potentieller Denker zuordnet, gibt es nicht. Die Unterschiede sind allesamt gradueller (wenn auch gravierender) Natur. Solche Differenzen bestehen in mehrfacher Hinsicht:

SCHEINBARE AUTONOMIE. Die Uhr, darauf ist vielfach hingewiesen worden, prägt ganz entscheidend das Bild, das wir uns von naturwissenschaftlich-technischen Systemen machen. Sie stellt eine Art Autonomie zur Schau, die von den meisten mechanischen Hilfsmitteln nicht erreicht wird. Obgleich für einen konkreten Zweck gefertigt, läuft sie, einmal angestoßen, für lange (sogar unbegrenzte) Zeit, ohne auf menschliche Eingriffe angewiesen zu sein. Diese Eigenheit autonomer Tätigkeit macht die Uhr zum geeigneten Modell für die nach physikalischen Gesetzmäßigkeiten geordnete Welt – für Planetenbewegungen und für biologische Organismen gleichermaßen. Computer weisen diese Art Autonomie in noch viel stärkerem Maße auf. Einmal programmiert, sind sie in der Lage, komplexe Operationenfolgen ohne menschliche Eingriffe auszuführen.

VIELFALT DER VERWENDUNGSZWECKE. Die Uhr mag in den Konstruktionsdetails noch so komplex sein, ihre Struktur als Ganzes wird durch einen klar definierten, einsehbaren Zweck festgelegt. Ihre Funktionsweise ist vollständig erklärt durch eine Begrifflichkeit, die beschreibt, wie Einzelteile und deren Bewegung zur gleichmäßigen Rotation der Zeiger beitragen, und die Komplexität der Uhr kann modular – in Einzelbestandteile – zerlegt werden. Im Gegensatz dazu ist ein Computersystem für mehr als einen Verwendungszweck einsetzbar. Der Betrieb eines großen, modernen Time-sharing-Systems läßt sich nur verstehen, wenn wir uns einen Überblick über die umfangreiche Palette an Dienstleistungen, die eine solche Anlage den Benutzern bietet, verschaffen. Einem Konstruktionsdetail oder einer bestimmten Operation einen einzelnen, umfassenden Zweck zuzuschreiben, ist bei einer solchen Anlage nicht möglich. Jede Detaillösung ist gegebenenfalls Resultat eines aus vielen, widersprüchlichen Anforderungen erwachsenen Kompromisses. Wenn überhaupt eine Erklärung für den aktuellen Systemzustand gefunden werden kann, dann eventuell unter Berufung auf die Geschichte der Modifikationen des Systems.

STRUKTURELLE PLASTIZITÄT. Die meisten, nach physikalischen Gesetzmäßigkeiten konstruierten Mechanismen (Uhren eingeschlossen) unterliegen im zeitlichen Verlauf keinerlei strukturellen Änderungen. Dynamische Veränderungen (Bewegungen einzelner Teile) lassen die grundlegende Struktur der Maschine konstant. Demgegenüber durchlaufen Computersysteme fortwährend strukturelle Veränderungen. Jedesmal, wenn ein Programm abläuft, eine Datei beschrieben wird oder ein neues Programm hinzukommt, werden im System Änderungen gesetzt, die verursachen können, daß sich das System in Zukunft anders verhält. Maschinen vom Typ ›Uhr‹ unterliegen, um es in der Begrifflichkeit MATURANAS auszudrücken, lediglich Strukturänderungen erster Ordnung: Veränderungen der Beziehungen zwischen Komponenten, deren Eigenschaften selbst jedoch unverändert erhalten bleiben. Computer und andere vergleichbare Systeme durchlaufen zusätzlich auch Strukturänderungen zweiter Ordnung: Umgestaltung der Eigenschaften von Komponenten, die selbst wieder aus Untereinheiten zusammengesetzt sind. In Kapitel 7 haben wir bereits festgestellt, daß wir uns meistens auf einer höheren (Programmiersprachen-)Ebene bewegen, und normalerweise beurteilen wir auf dieser Ebene, ob sich das System geändert hat. Vom rein maschinenbezogenen Standpunkt greifen Modifikationen struktureller Beziehungen (das Gegenteil von stabilen Zuständen) nicht gravierender in die Hardware ein, als ein Radio sich verändert, wenn ein anderer Sender eingestellt wird. Die Möglichkeit, über einer relativ feststehenden, dem System zugrundeliegenden, nach physikalischen Überlegungen geschaffenen Struktur eine veränderbare (Verhalten bestimmende) Struktur auf höherer Ebene zu entwickeln, ist eine der Stärken der in Kapitel 7 beschriebenen schichtweisen Anordnung.

NICHTVORHERSAGBARKEIT. Häufig und in wesentlichen Hinsichten sind die Abläufe eines Computerprogramms (selbst bei fehlerfreiem Lauf) nicht vorherzusehen – das ist eine Konsequenz seiner Komplexität und Plastizität. Auf physischer Ebene sind die Systemzustände selbstverständlich vorhersehbar – die vollständige Simulation des auf einer Maschine vor sich gehenden Programmablaufs würde die entsprechenden Voraussagen liefern. Eine solche Voraussage hätte jedoch denselben Stellenwert, als wenn wir die Tätigkeit eines Organismus durch die Simulation aller seiner Zellen physikalisch vorhersagen wollten. Mit anderen Worten: Die geeigneten Modelle würden einen Grad an Komplexität erfordern, der sie als Vorhersageapparat uninteressant macht. Mit komplexen Computersystemen verhält es sich nicht anders: Wenn Sie auf höherer (Programmiersprachen-)Ebene entworfen und funktionstüchtig gemacht worden sind, haben wir vielfach keine echte Chance, das Systemverhalten vorauszusagen – außer wir lassen das ganze Programm ablaufen (oder wir simulieren es Schritt für Schritt, was jedoch denselben Grad an Komplexität aufwiese). Im tagtäglichen Umgang neigen wir dazu, ein solches System auf dieselbe Weise zu behandeln, wie einen Organismus – mittels Perturbationen wirken wir auf das System ein, beobachten Folgewirkungen und bauen auf diese Weise Schritt für Schritt ein Verständnis seines Verhaltens auf.

Die quantitativen Differenzen kreieren im Endeffekt einen scheinbar qualitativen Sprung, von den ›gewöhnlichen‹ Eigenschaften der Addiermaschinen und Uhren zu den ›verstandesgemäßen‹ Qualitäten der Computer. Es ist wichtig, dabei festzuhalten, daß diese Unterschiede nicht aus der Tatsache resultieren, daß Computer Symbole benutzen (das tun Addiermaschinen im selben Ausmaß) oder daß Computer Universalprozessoren enthalten (die befinden sich auch in vielen gebräuchlichen Mikrowellenherden). Die Differenzen ergeben sich vielmehr aus den globalen Eigenschaften des Gesamtsystems, in das die Funktionseinheit Computer eingebunden ist.

Intelligenz

8.2 INTELLIGENZ ALS RATIONALES PROBLEMLÖSEN

Kapitel 2 beschreibt, wie sich unter dem Einfluß der Arbeiten von SIMON über rationale Entscheidungsfindung aus dem Ansatz, Problemlösungsverhalten zu formalisieren, das Spezialgebiet Künstliche Intelligenz entwickelt hat. Ein Problem oder eine Aufgabe wird in der Begrifflichkeit eines ›Problemraumes‹ (*problem space*) analysiert, der von einer endlichen Menge von Eigenschaften und Operationen gebildet wird. Ein bestimmter Punkt in diesem Raum wird als ›Lösung‹ bezeichnet, wenn er die gewünschten Eigenschaften aufweist. Der Problemlösungsprozeß ist somit die Suche nach einer Abfolge von Operationen, die zu einem Lösungspunkt führen. Obwohl das Modell anfangs in seiner unmittelbaren Bedeutung für den Entwurf von Programmen wie dem ›Allgemeinen Problemlöser‹ GPS (General Problem Solver, NEWELL und SIMON 1972) eingesetzt wurde, ist es in einem viel allgemeineren Sinn für die meisten Arbeiten im Bereich Künstlicher Intelligenz verwendbar.

Die genaue Beobachtung dessen, was abläuft, wenn jemand ein Computerprogramm ausarbeitet, soll für uns der Einstieg sein, die Grenzen dieser Annäherung an Intelligenz auszuloten. Programmieren umfaßt mehrere, gesonderte Aufgaben (die nicht notwendigerweise in strenger Isolation voneinander oder in der hier entwickelten Reihenfolge erledigt werden müssen). Verschiedene Personen können zu gegebener Zeit mit einzelnen Aufgaben betraut sein, sie tragen Berufsbezeichnungen wie ›Systemanalytiker‹, ›Wissensingenieur‹ oder ›Programmierer‹. Der Einfachheit halber werden wir uns im weiteren Fortgang lediglich auf einen einzelnen ›Programmierer‹ beziehen.

BESCHREIBUNG DES AUFGABENUMFELDES. Der Programmierer muß vor allen Dingen eine klare Vorstellung von dem entwickeln, worin die Aufgabe besteht und wie mögliche Handlungsalternativen für das Programm aussehen könnten. Es reicht also nicht aus, die Aufgabe mit einigen verschwommenen Gemeinplätzen wie »Krankheiten diagnostizieren« oder »Zeitungsartikel verstehen« zu beschreiben, sondern sie erfordert eine präzise Festlegung in der Begrifflichkeit relevanter *Objekte* des Umfeldes und bestimmter *Eigenschaften*, die zu berücksichtigen sind. Später werden wir ausführlich erörtern, daß diese Festlegung die heikelste Aufgabe darstellt. Sie führt zur Konstruktion eines *systemischen Bereiches*, der die Interpretation der Sachlage, in die das Programm hineinwirken soll, in der Form verkörpert, wie sie vom Programmierer gedeutet wird.

ENTWURF EINER FORMALEN REPRÄSENTATION. Alle relevanten Tatsachen müssen explizit beschrieben werden, und in diesem Zwang zu formaler, symbolischer Repräsentation liegt eine schwerwiegende Beschränkung bei der Darstellung des Aufgabenumfeldes. Die formale Repräsentation muß nicht wie eine mathematische Logik aussehen, aber sie muß in dem Sinne formal sein, daß umfassend explizite Regeln, die eine syntaktisch korrekte Repräsentation begründen, aufgestellt werden können, und sie muß in einer Form manipulierbar sein, die mit den Erfordernissen des Aufgabenumfeldes übereinstimmt. In diesem Versuch, formale Systeme zu entwerfen, die in der Lage sind, Tatsachen dieser Welt angemessen und widerspruchsfrei zu repräsentieren, liegt ein hauptsächliches Betätigungsfeld der Theorien der Künstlichen Intelligenz.

UMSETZUNG DER REPRÄSENTATION AUF DEM COMPUTERSYSTEM. Die formale Repräsentation ist eine Abstraktion. Soll sie für die Konstruktion eines computergestützten Systems Verwendung finden, müssen die Repräsentationsstrukturen mit einer der Strukturebenen, die auf dem Computer zur Verfügung stehen, in eine Entsprechung gebracht werden. Viele Wege sind gangbar, um eine spezielle formale Repräsentation innerhalb des Computersystems zu verkörpern, die jeweilige Form zeichnet sich hinsichtlich der auszuführenden Berechnungen durch unterschiedliche Eigenschaften aus. Entscheidend ist, daß die Darstellung dem formalen System treu bleibt – die vom Computersystem

Blindheit

ausgeführten Operationen müssen den Regeln des Formalismus entsprechen.⁶⁰

IMPLEMENTIERUNG EINES SUCHVERFAHRENS. Zur Erledigung der gewünschten Aufgabe entwirft der Programmierer schließlich ein Verfahren, das auf den durch den Computer verkörperten Repräsentationsstrukturen beruht und sich auf sie bezieht. Diese Prozedur kann, wie schon angemerkt, auch direkt als Suchverfahren charakterisiert werden. Unabhängig davon, ob die Prozedur auf mathematischer Logik, prozeduralen Schlußfolgerungsverfahren, Logik unscharfer Begriffe (*fuzzy logic*), Mustererkennung oder einem anderen System aufbaut, entscheidend ist, mit welcher Genauigkeit sie das formale System befolgt. Für jedes dieser Systeme existieren grundlegende formale Regeln, die ungeachtet der Tatsache, daß sie sich von normaler, deduktiver Logik unterscheiden können, festlegen, wie eine gültige Repräsentation auszusehen hat und was mit dieser Repräsentation bewerkstelligt werden kann. Ohne vollständig mit diesen Regeln vertraut zu sein, wird niemand Zugang zum Entwurf von Computerprogrammen finden.

8.3 DAS PHÄNOMEN DER BLINDHEIT

Vorbereitet durch den kurzen Abriß im letzten Abschnitt und mit Bezug auf HEIDEGGERS Darstellung der für den Umgang mit Zuhandenheit charakteristischen perspektivischen ›Blindheit‹ können wir uns nun die Frage nach der Möglichkeit von maschineller Intelligenz stellen. HEIDEGGER vertritt die Auffassung, die wir bereits in Kapitel 3 diskutiert haben, daß unser *In-der-Welt-Sein* die Grundlage für ein Verstehen von Erkenntnis darstellt. Unsere Fähigkeit, Erfahrung als etwas zu begreifen, das mit dem *Vorhandensein* von Objekten zu tun hat, leitet sich ab vom vor-bewußten Erleben dieser Objekte als *Zuhandene*. Wesen unseres Seins ist die vor-reflexive Erfahrung, in eine Handlungssituation *geworfen* zu sein, ohne eine Chance zu haben, vielleicht auch, ohne das Bedürfnis zu verspüren, sich außerhalb dieser Situation zu stellen und die Rolle des distanzierten Beobachters einzunehmen. Reflexion und Abstraktion sind bedeutsame Phänomene, aber nicht Grundvoraussetzung unseres alltäglichen Handelns.

Jedesmal, wenn wir vom Vorhandensein einer Situation ausgehen, sie also in der Begrifflichkeit von Gegenständen und deren Eigenschaften analysieren, erzeugen wir damit auch eine spezifische ›Blindheit‹: Unsere Sicht ist eingeschränkt auf das, was wir mit diesen gegenständlichen Begriffen ausdrücken können. Das ist nun nicht etwa ein Schwachpunkt im Denken, den es zu vermeiden gälte – im Gegenteil, solche Beschränkung ist notwendig und unabwendbar. Ohne diese Abstraktion, die ihre perspektivische Blindheit erzeugt, ist theoretische Reflexion nicht möglich. Nichtsdestoweniger müssen wir uns der dadurch gezogenen Grenzen bewußt sein.

Programmierer, die ein Computerprogramm schreiben, sind dafür verantwortlich, den Aufgabenbereich als Sammlung von Objekten, Eigenschaften und Operationen zu beschreiben und mit Hilfe dieser Begriffe aus einzelnen Teilzielen eine Aufgabenstruktur festzulegen. Dies läßt sich offensichtlich nicht völlig nach Belieben erledigen. Programmierer wirken in einem gesellschaftlich wie individuell immer schon durch Sprache, Kultur und Vorverständnis geprägten Milieu. Das geschaffene Programm bleibt immer darauf beschränkt, in einer Umgebung zu fungieren, die vom Programmierer durch denkbare Objekte, Eigenschaften und deren Beziehungen untereinander ausdrücklich bestimmt ist; das Programm verkörpert deshalb die spezifische Blindheit, die mit dieser Artikulation einhergeht.

In begrenzten Aufgabenbereichen ist trotz dieser Blindheit ein intelligent erscheinendes Verhalten nicht ausgeschlossen. Spiele sind Beispiele dafür. Die im vorausgegangenen Abschnitt beschriebenen Techniken sind für die meisten Spiele direkt einsetzbar, um Programme zu schreiben, die menschlichen Gegenspielern überlegen sind. *A priori* gibt es keinen Grund, daran zu

zweifeln, daß dies selbst für äußerst komplexe Spiele wie Schach der Fall sein wird. In bestimmten Bereichen ist selbst die Entwicklung sogenannter ›Expertensysteme‹ mit Aussicht auf Erfolg möglich, z.B. bei der Manipulation algebraischer Ausdrücke, bei der Analyse chemischer Spektrogramme oder beim Aufspüren von Anomalien in Elektrokardiogrammen. Wie bei festgelegten Spielregeln handelt es sich um Bereiche, in denen die charakteristischen Merkmale einfach auszumachen und die Lösungswege klar zu umreißen sind.
Betrachten wir Intelligenz allerdings in einem weiter gefaßten Rahmen, dann macht sich die Unzulänglichkeit von Programmen, die mit eingebauter Blindheit geschlagen sind, bemerkbar. Ein wesentliches Merkmal von Intelligenz besteht ja darin, auch in einer Situation, die keine einfache Vor-Definition des Problems oder einen Zustandsraum, der nach einer Lösung abzusuchen ist, bereitstellt, angemessen handeln zu können. Rationale Suchverfahren innerhalb eines Problemraumes sind erst möglich, nachdem der Raum selbst geschaffen wurde, und die Suche ist nur bis zu dem Grade sinnvoll, wie die Formalstruktur der Situation tatsächlich entspricht.
So sollte es auch nicht überraschen, daß der Bereich, in dem die Künstliche Intelligenz die allergrößten Schwierigkeiten hat, die Umsetzung des gesunden Menschenverstandes in Programmform ist. Schon vor längerer Zeit mußte man feststellen, daß es weitaus einfacher ist, ein Programm zur Durchführung abstruser, formaler Operationen zu schreiben, als den praktischen Sinn eines Hundes einzufangen. Damit wird eine naheliegende Konsequenz aus HEIDEGGERS Erkenntnis formuliert, die besagt, daß wir gerade in unserer ›durchschnittlichen Alltäglichkeit‹ in ›Zuhandenheit‹ eingebettet sind. Die Methode, formal definierte Aufgaben mittels sorgfältig entworfener Repräsentation (die die Dinge zu ›vorhandenen‹ macht) ausführen zu wollen, kann also das Problem der perspektivischen ›Blindheit‹ im Umgang mit Zuhandenheit nicht berücksichtigen. Wir machen es Mitmenschen zu Recht zum Vorwurf, es an gesundem Menschenverstand fehlen zu lassen, wenn sie eine einmal gewählte

Vorstellung der Situation blind macht für den Möglichkeitsraum relevanter Handlungsalternativen.

Innerhalb der Literatur über Künstliche Intelligenz gibt es ausführlichere Diskussionen über die Möglichkeit, in Programmen zwischen verschiedenen Repräsentationen hin und her zu springen oder neue Repräsentationen zu erzeugen. Falls realisierbar, könnte ein solches Vorgehen die einer einzelnen Repräsentation inhärente Blindheit in der Tat überwinden. Wenn wir uns jedoch genauer anschauen, was tatsächlich vorgeschlagen wird, stellen wir fest, daß die entscheidenden Punkte auch hier gar nicht berührt werden. In einigen Fällen haben Programmierer eine geringe Zahl unterschiedlicher Beschreibungen (anstelle einer einzigen) eingebaut, und das Programm ist in der Lage, zwischen diesen hin und her zu schalten. In anderen Fällen befaßt sich der sogenannte Aufbau von Repräsentationen erst gar nicht mit einer Beschreibung des Umfeldes (aus dem das Problem erwächst), sondern lediglich mit Einzelheiten der Formalstrukturen, die zur Repräsentation verwandt werden. ›Blindheit‹ als durch den Vorsatz, programmieren zu wollen, geschaffenes Problem bleibt somit in beiden Fällen unangetastet.

Die aktuelle Forschung im Bereich Künstlicher Intelligenz sieht oftmals in der ›Wissensakquisition‹ den Schlüssel zum Erfolg. Wissenschaftler suchen nach Entwicklungsmethoden für Werkzeuge, die Experten des jeweiligen Fachgebietes (z.B. der medizinischen Diagnostik) in die Lage bringen, ihr Wissen auf Computersysteme zu übertragen. Anhand unserer bisherigen Diskussion sollte die Aussichtslosigkeit eines solchen Unterfangens klar ersichtlich sein. Bisher wurde allgemein angenommen, die Schwierigkeit, Experten dazu zu bewegen, ihr Wissen auszuformulieren, sei ein reines Kommunikationsproblem – die angemessene Repräsentation sei zwar irgendwie im Bewußtsein der Experten vorhanden, aber der Selbstbeobachtung entzogen und nicht in Worte faßbar. Wenn wir jedoch die Arbeiten von HEIDEGGER und MATURANA ernst nehmen, so müssen wir feststellen, daß Experten gar keine formalisierten Repräsentationen benötigen, um handeln zu können.⁶¹ Diese Feststellung schließt natürlich nicht aus, daß Experten als festen Bestandteil erfolgreicher Tätigkeit auch formale Repräsentationen verwenden, aber die Suche nach einer umfassenden Formalisierung des Vor-Verständnisses, das allem Denken und Handeln zugrunde liegt, ist aussichtslos. Wir können niemals eine ganz und gar vollständige explizite Kenntnis unserer Vorurteile erlangen – darauf hat GADAMER uns hingewiesen und damit eine wesentliche Voraussetzung menschlicher Denkweise und Sprache benannt, die keineswegs dem Mangel an Kommunikationswerkzeugen geschuldet ist.

Vielleicht ist jemand versucht, weitere Einwände geltend zu machen. Waren wir vielleicht zu voreilig, Maschinen aufgrund ihrer Blindheit Intelligenz absprechen zu wollen? Könnten wir damit nicht einem ›Übermensch-Mensch Trugschluß‹ aufsitzen, also dem gewöhnlichen menschlichen Denken ebenfalls Intelligenz absprechen?

Die Antwort auf diese Einwände ist in den vorausgegangenen Kapiteln angelegt. Für HEIDEGGER liegt das Wesen von Intelligenz in unserer Geworfenheit begründet, nicht in unserer Reflexion. MATURANA zeigt entsprechend, daß die Funktionsweise biologischer kognitiver Systeme ebenfalls nicht auf der Handhabung von Repräsentationen der Außenwelt beruht. Nur der außenstehende Beobachter beschreibt ein Verhalten als Repräsentation von etwas anderem. Menschliche Erkenntnis schließt den Umgang mit Repräsentationen ein, ist jedoch nicht auf Repräsentationen gegründet. Wenn wir (wissentlich oder unwissentlich) die Grenzen akzeptieren, die mit einer bestimmten, in der Begrifflichkeit von Objekten und Eigenschaften formulierten Charakterisierung der Welt gesetzt sind, tun wir auch das nur vorläufig. Denn jederzeit besteht die Möglichkeit, gewählte Beschreibungen wieder zu verwerfen, sie neu zu strukturieren und so über die jeweilige Form der Blindheit hinauszugehen. Diese Möglichkeit ist jedoch von uns nicht völlig bewußt zu steuern – der Zusammenbruch einer Repräsentation und der Sprung zu einer neuen vollzieht sich ohne unseren willentlichen Vorsatz.

Dieser Prozeß ist vielmehr Bestandteil unseres Eingebundenseins in die von uns bewohnte Welt. Der verbreitete Einwand, Maschinen können nur das ausführen, was ihnen zuvor an Leistungsmerkmalen eingegeben worden ist, wurde in der Fachdebatte über Entwicklungsmöglichkeiten Künstlicher Intelligenz permanent heruntergespielt. Typisch ist etwa die Reaktion von EVANS (1979, S. 157). Auf die Frage »Ist es nicht so, daß Computer lediglich ausführen, was ihnen zuvor einprogrammiert worden ist?« hat er die unerwartet einfache Lösung zur Hand »Das gilt genauso für Tiere und Menschen«. In dieser Erwiderung (wie in allen anderen Antworten der Künstlichen-Intelligenz-Theoretiker) steckt offensichtlich der Fehler, zwei sehr unterschiedliche Dinge zu vergleichen: *strukturbestimmte* Systeme (wie Menschen, Computer und überhaupt alles, was gemäß physikalischen Gesetzmäßigkeiten funktioniert) und ausdrücklich festgelegte, aufgrund einer bestimmten Repräsentation *programmierte* Systeme. Wenn wir diese beiden Seiten sorgfältig auseinanderhalten, müßte ein entsprechender Satz vielmehr lauten: »Handeln kann ein Tier oder Mensch nur in dem Maße, wie seine bisher entwickelte Struktur Handlungen zuläßt«. Das aber ist keinesfalls dasselbe wie »was ihnen zuvor einprogrammiert worden ist«, unabhängig davon, ›wer‹ programmiert hat und welche Vorstellung von ›Programmieren‹ entsprechend der gegenwärtigen Art, Computer zu programmieren, damit verbunden war.

8.4 LERNFÄHIGKEIT UND SELBSTTÄTIGE ENTWICKLUNG VON COMPUTERPROGRAMMEN?

Auch wenn der Leser unseren Argumenten bis hierher gefolgt ist, so könnte er jetzt gleichwohl versucht sein, gegen den von uns eingeschlagenen Weg der Verbindung der beiden Fragen »Können Computer intelligent sein?« und »Sind wir in der Lage, intelligente Maschinen zu entwerfen?« Einwände geltend zu machen. Wir haben bisher unser Hauptaugenmerk auf Kon-

Lernfähigkeit

struktionsprobleme gerichtet und nachgewiesen, daß die Rahmenbedingungen, denen Programmierer unterworfen sind, zwangsläufig zu Beschränkungen führen. Aber wie ist es, wenn Programmierer die Repräsentation und deren Darstellung nicht mehr ausdrücklich festlegen müssen? Wenn sich nun diese Repräsentation und deren Umsetzung auf Computer auf irgendeine Weise selbsttätig entwickeln kann?

Daß das Wesen von Intelligenz in der Fähigkeit des Organismus liegt, aus Erfahrung zu lernen, diese Kritik ist von Beginn an den Arbeiten im Bereich Künstlicher Intelligenz entgegengehalten worden, und Kritiker haben alle Bemühungen verdammt, Maschinen durch Programmierung ›intelligent‹ machen zu wollen. Es hat viele Versuche gegeben, lernfähige Programme zu entwickeln. Programme dieser Art gehen von einem Minimum an Struktur aus und entwickeln daraus weitere Strukturen, entweder durch einen sich verstärkenden Prozeß, der auf behavioristischen Modellen von Belohnung und Strafe fußt, oder durch eine Art von Selektion, die den Modellen der Evolutionstheorie folgt. In jüngster Zeit ist das Interesse an solchen lernfähigen Programmen wiedererwacht, und auch Autoren, die selbst scharfe Kritiker (MINSKY 1981) früherer Versuche waren, verfolgen jetzt diese Richtung.

Wenn wir die Literatur im Bereich Künstlicher Intelligenz nach den Begriffen Lernen und Lernfähigkeit durchforsten, stoßen wir auf drei, nur geringfügig unterschiedene Ansätze:

NACHFÜHREN VON PARAMETERN. Beim einfachsten Zugang (das ist auch derjenige mit den meisten veröffentlichten Ergebnissen) beschränkt sich die Lernfähigkeit des Programms auf die Anpassung von Parametern, die innerhalb einer feststehenden Repräsentation operieren. Das Damespiel-Programm von SAMUEL (1963) enthält z.B. eine Reihe von Bewertungsfunktionen, um die Güte einer ins Auge gefaßten Position berechnen zu können. Für die verschiedenen Spielsituationen liefern die Funktionen (die z.B. die Anzahl der Spielsteine addieren oder nachsehen, wie viele Sprünge möglich sind) unterschiedliche Ergebnisse.

Offenbar liegt das Problem in der Entscheidung, welches Gewicht jedem einzelnen Sprung bei der für einen Spielzug notwendigen Gesamtbewertung beizumessen ist. Das von SAMUEL entwickelte Programm ist in der Lage, Gewichte nach und nach zu verschieben und die modifizierte Gewichtung anschließend zu übernehmen, falls die auf diese Art ausgewählten Spielzüge erfolgreich waren.

Mittlerweile wurden anspruchsvollere Umsetzungen dieser Technik entwickelt, aber die grundlegende Idee ist nach wie vor dieselbe: Eine feststehende Struktur ist gegeben, und die Lernfähigkeit erschöpft sich darin, die Gewichtung in spezifischer Weise nachzuregeln, um einen höheren Leistungsgrad zu erzielen. Es mag durchaus Programmieraufgaben geben, die sich mit dieser Technik sinnvoll bearbeiten lassen, aber zweifellos ist das Problem der Blindheit auf diese Weise nicht zu umgehen; denn die Vorgehensweise gestattet lediglich eine geringfügige Korrektur vorprogrammierter Repräsentationen.

BEGRIFFSBILDEN DURCH KOMBINATION. Die zweite Sorte lernfähiger Programme geht in einer Weise vor, die als ›Begriffsbilden‹ (*concept formation*) oder auch als ›Begriffslernen‹ (*concept learning*) bezeichnet worden ist. Grundlage dieses Ansatzes ist die Beobachtung, daß Menschen über die Fähigkeit verfügen, verwandte Objekte in Kategorien eingruppieren zu können. (Dies war auch der Ausgangspunkt für viele Experimente im Bereich der Kognitiven Psychologie.) Scheinbar verfügen Menschen über einen ›Begriff‹ des ›Pferdes‹, der sie in die Lage versetzt, zwischen Pferden und Nicht-Pferden zu unterscheiden. Die Frage ist nun, wie solche Begriffe entstehen; denn in den meisten Fällen werden sie ja nicht ausdrücklich gelehrt, sondern die Erfahrung zeigt, ob bestimmte Gegenstände als Bestandteil oder Nicht-Bestandteil einer Klasse zugeordnet werden.

Das Problem wird, um durch Computerprogramme bearbeitet werden zu können (und auch bei den meisten psychologischen Experimenten), zunächst einmal in der Terminologie einer gegebenen Menge von Objekten und Eigenschaften gefaßt.

Lernfähigkeit

Diese Vorgehensweise unterscheidet sich in überhaupt nichts von den schon beschriebenen Standardmethoden des Programmierens. Das von WINSTON (1975a) für eine ›Klötzchenwelt‹ entwickelte Programm als Beispiel genommen, umfaßt ursprünglich nicht weiter zerlegbare Objekte (einzelne Klötzchen) und deren Eigenschaften (wie z.B. Farbe, Form, räumliche Lage oder die Tatsache, ob sie sich berühren oder nicht). Von dieser Lagebeschreibung ausgehend versucht das Programm, strukturelle Kombinationen von Objekten und Eigenschaften zu finden, die den (vom Programmierer) vorgegebenen Beispielen für einzelne Kategorien entsprechen. Die Aussage »zwei vertikal angeordnete Klötzchen, die sich nicht berühren und ein drittes, horizontal ausgerichtetes Objekt tragen« könnte eine Kombination umschreiben, wie sie z.B. das von WINSTON entwickelte Programm, dargestellt anhand einer Reihe typischer Beispiele, als Begriff für ein(en) »Tor(Bogen)« (*Arch*) erzeugt. Andere Programme verfügen über kompliziertere Mechanismen, haben aber eine gemeinsame Grundlage: Das Programmieren beginnt mit dem Aufstellen einer Repräsentation, und das ›Lernen‹ beschränkt sich darauf, gewissen Kriterien genügende und aus Elementen dieser Repräsentation aufgebaute Kombinationen aufzuspüren (und für spätere Verwendung zu speichern).

Die Beschränkungen dieses Ansatzes sind nicht so unmittelbar einsichtig wie bei der vergleichsweise einfachen Parameteranpassung, ergeben sich aber unzweideutig aus der im vorigen Abschnitt geführten Diskussion. Denn: Wie groß auch immer die Umwandlung und Neuordnung existierender Elemente ausfallen mögen, niemals werden die Annahmen überschritten, die zur Repräsentation dieser Elemente unterstellt wurden. Programme dieser Art haben sich nur mit der einfachsten Sorte von Beispielen abgegeben, den verwendeten ›Begriffen‹ fehlte es an Natürlichkeit und Allgemeingültigkeit. Um überhaupt bei der Suche nach Kombinationen irgendeinen Erfolg zu haben, muß die ursprüngliche Repräsentation auf eine bescheidene Zahl sorgfältig ausgewählter Eigenschaften zusammengestrichen werden. Zu diesem Problem merkt WINSTON (1978, S. 166) vorsichtig an: »Die geringe Zahl der mit jedem Objekt verknüpften Eigenschaften mag der Grund sein für ein gewisses Unbehagen. Kann es nicht möglicherweise angehen, daß Beispiele nur aufgrund sorgfältig angeordneter Argumentstellen (*slots*) und der geringen Zahl dieser Argumentstellen funktionieren? Tatsächlich stellt sich im weiteren Fortgang die ganz entscheidende Frage, wieviel Komplexität bewältigt werden kann, bevor das System zusammenbricht.«

ENTWICKELN VON STRUKTUREN. Die dritte und zugleich ehrgeizigste Art des Lernens geht von einem System aus, das in seinem Anfangsstadium keinerlei Struktur aufweist, die unmittelbar mit der Aufgabe, wie sie vom Systementwickler gesehen wird, verknüpft ist. In diese Kategorie gehören die lernenden Maschinen der frühen sechziger Jahre[62] und Versuche in Richtung ›künstlicher Evolution‹ (z.B. FOGEL, OWENS und WALSH 1966). Solcher Art Programme setzen die beiden schon beschriebenen Verfahren, Parameteranpassung und kombinatorische Suche, auf mikroskopischer Ebene ein, auf der Ebene einzelner, in ein übergreifendes Netz eingebundener Elemente. Die Netzstruktur ist nicht in Form einer Repräsentation entworfen, und die Hoffnung ist, daß ein nach allgemeinen Prinzipien (häufig in Analogie zu einfachen Modellen des Nervensystems) gestricktes Muster als Folge seiner strukturellen Koppelung längs einer Reihe von Lernschritten einen weitgefaßten Verhaltensbereich erarbeiten kann.

Dieser Ansatz verträgt sich mit der von MATURANA vorgestellten Sichtweise struktureller Koppelung. Anstatt auf das Problem, wie sich Computer programmieren lassen, zu starren, betrachten wir hier Maschinen als formbare, strukturbestimmte Systeme und gewinnen damit eine vollkommen andere Perspektive. Ein Computersystem braucht nicht notwendigerweise eine durch Programmierer festgefügte Struktur, ebenso möglich ist eine entwicklungsfähige, durch Interaktion geformte Struktur. Die überwiegende Zahl charakteristischer Merkmale autopoietischer Systeme gelten für alle Systeme, deren interne Struktur

Lernfähigkeit

sich als Folge von Perturbationen verändern kann; und Computerprogramme gehören in diese Systemkategorie.

Theoretisch ist der evolutionäre Ansatz durchaus auf Künstliche Intelligenz anwendbar, ein grundlegender Erfolg, ihn praktisch umzusetzen, ist aber bislang ausgeblieben. Die für strukturelle Änderungen auf mikroskopischer Ebene und für Organisationsstrukturen von Elementverknüpfungen entwickelten Verfahren konnten nämlich nicht einmal in rudimentärster Weise Verhalten von Belang nachbilden.[63] Nach einer kurzen Blüte in den fünfziger und frühen sechziger Jahren wurden somit die Arbeiten in dieser Richtung nahezu vollständig aufgegeben und durch den bereits dargestellten Typ von Künstlicher-Intelligenz-Forschung ersetzt.

Wenn wir uns die Hypothesen der Forscher, die den evolutionären Ansatz verfolgt haben, genauer ansehen, dann kann der Fehlschlag allerdings nicht sonderlich überraschen. Sie gingen nämlich von der Annahme aus, daß die zugrundeliegenden Systeme eine relativ einfache Struktur hätten und ihre Komplexität die Folge einer Vielzahl erlernter, wechselseitiger Verbindungen sei: Eine große Zahl im wesentlichen einheitlicher Neuronen mit ausgedehnten und gleichfalls im wesentlichen einheitlichen Verknüpfungsmöglichkeiten – das war das Leitmotiv dieses Forschungsansatzes. Lebende Organismen stimmen aber – wie neuroanatomische und neurophysiologische Arbeiten der letzten Jahre ergeben haben – keineswegs mit diesem Bild überein. Selbst ein Organismus von der Größe eines Wurms mit nur einigen hundert Neuronen ist hochgradig strukturiert, und sein Verhalten wird überwiegend durch eingebaute und nicht durch erlernte Strukturen bestimmt.

Die Struktur des Nervensystems ist selbstverständlich im Laufe der Evolution entstanden. Wenn wir jedoch versuchen, an Stelle von Strukturänderungen, die im Laufe eines individuellen Lebens stattfinden, die Evolution zu wiederholen, so stehen wir einer noch größeren Unkenntnis der verschiedenen Mechanismen von Veränderung gegenüber. Diese Aussage gilt ungeachtet jüngster Fortschritte molekularer Genetik, mit deren

Berechenbarkeit und Intelligenz

Hilfe die Komplexität der Schicht auf Schicht wirkenden Mechanismen bis hinein in die mikroskopisch kleinste Ebene immer weiter aufgedeckt werden. Außerdem gibt es den offensichtlichen Umstand, daß die biologische Evolution in ihrem Zeitmaßstab epochal ist; evolutionäre Änderungen als Resultat von Koppelung vollziehen sich über einen Zeitraum von Jahrmillionen.

Als Argument bei Diskussionen über die künstlich erzeugte Evolution wird manchmal ins Feld geführt, künstlich geschaffene Systeme müßten nicht einem so langsamen Entwicklungstempo unterliegen. Die internen Operationen eines Computerprogramms seien schließlich um ein Vielfaches schneller als organische Nervensysteme; an einem einzigen Tag seien Abermillionen von ›Generationen‹ herstellbar. In zweifacher Hinsicht ist dies jedoch falsch. Erstens verläuft die natürliche Evolution nicht in sequentieller Abfolge. Selbst wenn jede Generation höherer Lebewesen Tage oder Jahre in Anspruch nimmt, so sind doch Millionen individueller Organismen diesem Prozeß gleichzeitig unterworfen. Die zusätzliche Geschwindigkeit von Rechnern wird durch diesen hohen Grad an Parallelität mehr als ausgeglichen. Zweitens und von größerer Bedeutung ist, daß die Sichtweise, Evolution könne sich mit Maschinengeschwindigkeit vollziehen, den fundamentalen Prozeß struktureller Koppelung mißachtet. Wenn nämlich strukturelle Änderungen für das Überleben des Organismus in dem von ihm bewohnten Milieu von Belang sein sollen, so muß den Umwandlungsprozessen und ihrer Wirkung auf die Funktionsweise des Organismus auch genügend Zeit zur Verfügung stehen. Der evolutionäre Zyklus muß mit dem Tempo der Koppelung einhergehen, nicht mit der Geschwindigkeit von intern im Rechner erzeugten Änderungen. Auch ein künstlich geschaffenes System kann sich nicht schneller entfalten als andere Systeme, die der gleichen Koppelung ausgesetzt sind, es sei denn, wir schränken unsere Vorstellung von Systemumfeld auf Dinge ein, die wir umgehend berechnen können (und landen in diesem Falle bei all den Problemen, die wir schon für eingeschränkte, stark vereinfachende Repräsentation erörtert haben).

Lernfähigkeit

Es ist also höchst unwahrscheinlich, daß irgendein von uns konstruierbares System evolutionäre Änderungen (Lernprozesse) von der Art durchlaufen kann, die das System an die Intelligenz selbst eines geringgeachteten, weit unter Niveau des Menschen stehenden Wurmes heranbrächte.

Das Problem des strukturellen Wandels ist ebenfalls eng verknüpft mit der Frage, wie die physische Verkörperung von Computern durch Roboter zu bewerten ist. So hat man behauptet, die mittels Repräsentation ausgedrückte Beziehung zwischen Computern und der von diesen Computerstrukturen beschriebenen Welt werde eine andere sein, wenn es uns gelingt, Roboter mit visuellen, berührungsempfindlichen und anderen Sensoren, sowie motorgetriebenen, in einer tatsächlich vorhandenen Umgebung operierenden Effektoren auszustatten. Mit einer Fernsehkamera verbundene Computer unterscheiden sich jedoch im Prinzip nicht von Computern, die mit einer Eingabetastatur ausgestattet sind, darauf haben zahlreiche Philosophen hingewiesen (z.B. SEARLE 1980). Die jeweilige Ausgestaltung der Maschine legt die verwendbaren Eigenschaften und deren Repräsentation fest. Ein mit der Videokamera abgetastetes Bild, verarbeitet zu einem Feld numerischer ›Pixel‹ (Bildpunkte), ist vollkommen identisch mit einer langen Liste von Sätzen, jeder von der Form »Die Intensität des Lichteinfalls auf die Netzhaut an der Position [x, y] ist z«.

Mit dem Entwurf einer festgefügten Zuordnung von Repräsentationselementen zu Parametern der Meßfühler (und Effektoren) erzeugt der Programmierer genau jene Art von Blindheit, von der oben bereits die Rede war. Um es noch einmal zu betonen: Das Gesagte gilt stärker für Systementwürfe, die eine besondere Repräsentation umsetzen, und nicht für Systeme, die sich über strukturelle Kopplung weiterentwickeln können. Zukunftsaussichten auf Computer, deren physische Struktur sich in dieser Weise entwickeln könnte, liegen jedoch in noch weiterer Ferne als Systeme, die sich durch entwicklungsbedingte Änderungen selbst programmieren.

8.5 WARUM WACHSEN SCHWEINEN KEINE FLÜGEL?

An diesem Punkt werden in der analytischen Tradition geschulte Leser zu dem Schluß gekommen sein, unsere Argumentation, Computer könnten nicht intelligent sein, weise mehrere ›logische Sprünge‹ auf:

1. Vor allen Dingen haben wir uns auf keine präzise Definition von Intelligenz festgelegt. Die Auseinandersetzung mit HEIDEGGER hat zwar verschiedene Qualitäten menschlicher Intelligenz erkennen lassen, eindeutige Kriterien, die sich als Maßstab für den Entwurf objektiver Experimente zur Beantwortung der Frage, ob ein gegebenes System intelligent ist, eigneten, haben sich daraus jedoch nicht ergeben.

2. Computer können bestimmte Aufgaben (z.B. das Spielen komplizierter Spiele) genauso gut ausführen wie Menschen, das haben wir ausdrücklich zugegeben. Zahlreichen Forschern ist das Grund genug, ihnen intelligentes Verhalten zu unterstellen. Wieso verbannen wir dann ein solches Verhalten aus dem Bereich der Intelligenz?

3. Schließlich haben wir die Möglichkeit offengelassen, daß eine geeignet konstruierte Maschine oder ein Zusammenschluß mehrerer Maschinen in der Lage sein könnte, in angemessener Weise eine Entwicklung struktureller Koppelung durchzumachen. Folglich hätten diese Systeme das gleiche Anrecht, Intelligenz zugesprochen zu bekommen wie jeder Organismus, Menschen eingeschlossen. Wenn wir nun die Auffassung, Menschen seien nach physikalischen Gesetzmäßigkeiten aufgebaute, strukturbestimmte Systeme, akzeptieren, so können wir nicht mehr sicher sein, ob ein entsprechend aus Silizium und Metall aufgebautes System einem aus Protoplasma bestehenden nicht gleichwertig ist.

Schweine mit Flügeln?

Verhalten wir uns angesichts dieser strittigen Punkte mit unserer Behauptung, Computer könnten nicht intelligent sein, nicht unlogisch oder inkonsistent?

Wir müssen hier auf die in Kapitel 5 entwickelte Sprachtheorie zurückgreifen, um auf diesen Einwand einzugehen. Sätze in einer menschlichen Sprache lassen sich nicht als Tatsachenbehauptungen einer objektiv vorhandenen Welt begreifen, sondern als Handlungen in einem durch soziale Verpflichtungen (bzw. kommunikative Geltungsansprüche) geprägten Lebensraum. Wenn das für die Frage »Ist noch Wasser im Kühlschrank?« zutrifft, muß die Aussage mindestens genauso nachdrücklich für die Frage »Können Computer intelligent sein?« gelten.

Unterstellen wir, hinter der aufgeworfenen Frage stecke eine ernstzunehmende Person, so fragt diese Person vor einem zweckbestimmten und verständnisprägenden Hintergrund (den ›Horizont‹, wie ihn GADAMER nennt). In diesen Rahmen ordnet sich die gestellte Frage ein. Auch wenn sie unerhört und an den Haaren herbeigezogen ist, eine Antwort auf die Frage »Warum wachsen Schweinen keine Flügel?« würde einem in der analytischen Tradition verhafteten Gegenüber schwerfallen, denn aktuelle Arbeiten im Bereich der Gentechnik schließen logisch die Möglichkeit nicht mehr aus, daß ein Tier mit den geforderten Merkmalen erzeugt werden kann. Eine gewisse Zuflucht ließe sich zugegebenermaßen in der Gegenfrage finden, ob eine solche Ungeheuerlichkeit noch richtig als Schwein zu bezeichnen sei.[64] Die Frage wäre damit außer Kraft gesetzt. Wäre sie jedoch ernsthaft gestellt, so träfe weder der Verweis auf die logische Möglichkeit noch das Beharren auf der genauen Bedeutung von »Schwein« den Punkt, auf den es ankäme. Der Fragesteller würde die Frage aus einem bestimmten Beweggrund und vor einem gewissen, zweckbestimmten und verständnisprägenden Hintergrund stellen, und eine zufriedenstellende Antwort müßte für den entsprechenden Bezugsrahmen Bedeutung haben (genauso wie bei der Frage »Ist noch Wasser im Kühlschrank?«).

Berechenbarkeit und Intelligenz

Den Hintergrund für ernstgemeinte Fragen über Computerintelligenz bildet die Entwicklung von Computersystemen und deren Einsatz für menschliche Belange. Was aber ist dann Grundlage der Entscheidung, ob wir berechtigterweise Computern potentiell Intelligenz zuschreiben? Wenn wir ein bestimmtes Prädikat auf eine Entität anwenden, gehen wir damit einen Geltungsanspruch für die Vermutung ein, es handele sich um eine Art Gegenstand, der sich mit diesem Prädikat in geeigneter Weise beschreiben ließe. Äußern wir einen Satz, der mit mentalen Begriffen (›intelligent‹, ›wahrnehmen‹, ›lernen‹) operiert, so nehmen wir damit gegenüber dem Gegenstand, den das Subjekt des Satzes bezeichnet, eine Einstellung ein, als sei das Ding ein autonom handelndes Subjekt. Streitfrage ist dabei nicht, ob es wirklich autonom ist – die Frage der Willensfreiheit wird schließlich seit Jahrhunderten erörtert, und die Künstliche-Intelligenz-Forschung hat hierzu keine neuen Lösungen beigetragen. Durch Verwendung mentaler Begriffe verpflichten wir uns vielmehr selbst, uns so zu verhalten, als hätten wir es mit einem autonomen Gegenüber zu tun.

Gegenüber Maschinen dieselbe Einstellung einzunehmen wie gegenüber Menschen (die wir als autonome Wesen betrachten), vermittelt aus guten Gründen ein ungutes Gefühl. Die Frage, gestellt in der Kapitelüberschrift, läßt sich jedoch nicht mit wahr oder falsch, zutreffend oder unzutreffend erledigen, sie wird vielmehr bestimmt durch das Vor-Verständnis, das unser Argumentieren und Handeln prägt.

Wird Maschinen Intelligenz zugesprochen, ist damit mehr in Bewegung gesetzt, als lediglich eine, wie DENNETT (1973, S. 246) es nennt, ›intentionale Haltung‹ (*intentional stance*) einzunehmen. Eine intentionale Haltung gegenüber Computern einzunehmen, bedeutet seiner Meinung nach lediglich, daß jemand behauptet, »gelegentlich kann ein rein physisches System so komplex sein, daß wir es passend oder für Zwecke der Erklärung und pragmatischer Voraussagen notwendig finden, das System so zu behandeln, als verfüge es über eigene Auffassungen und Bedürfnisse und wäre mit Vernunft begabt«. Ein System zu

Schweine mit Flügeln?

behandeln, als sei es rational (in einem formalen Sinn von Rationalität), ist jedoch etwas ganz anderes, als dem System eine eigene Meinung und Sehnsüchte zu unterstellen. Eine solche Vermengung schafft nur ein heilloses Durcheinander.

Wir behandeln Mitmenschen nicht ausschließlich als ›rationale Wesen‹, sondern als ›verantwortungsbewußte Geschöpfe‹. Die Fähigkeit, Verpflichtungen einzugehen und sich für die möglichen Folgen beabsichtigter Handlungen verantwortlich zu fühlen, ist wesentlich Bestandteil menschlichen Daseins. Computer können niemals intersubjektive Verpflichtungen eingehen (allerdings können sie als Medium Verpflichtungen der Systementwickler übermitteln) und genauso wenig als Teilnehmer in den Bereich menschlicher Kommunikation eintreten. Die zentrale Bedeutung von Verpflichtungen (bzw. Geltungsansprüchen) auch für diejenigen Aspekte intelligenten Verhaltens, die zunächst auf objektive Rationalitätsvorstellungen gegründet zu sein schienen, haben wir in den vorausgegangenen Kapiteln herausgearbeitet. Selbst die Fähigkeit, eine ›wahre Behauptung‹ zu äußern, würde es ohne Geltungsansprüche nicht geben, und die fehlende Fähigkeit, Verpflichtungen eingehen zu können, beläßt Computer auf einer vollständig anderen Seinsebene.

Die Frage, ob Computer Intelligenz entwickeln können, betrachten wir also nicht als ›rein theoretische‹ Frage, die man je nach Bedarf so oder so beantworten könnte. Wir existieren immer bereits in einem Kontext von Kommunikation, der sowohl unsere Äußerungen prägt als auch durch sie geprägt wird. Jede Frage oder Behauptung erfährt ihre Bedeutung durch die Rolle, die sie im Rahmen dieser Kommunikation spielt. Nur im Kontext der Fragen, wie wir sie in den übrigen Kapiteln aufwerfen, der Handlungsorientierung, die diese Fragen vermitteln, läßt sich also unsere – negative – Antwort auf die Frage verstehen, ob Maschinen intelligent sein können.

KAPITEL 9
SPRACHE VERSTEHEN

Zwischen Intelligenz und Sprache besteht eine innige Beziehung. Der Ausgangspunkt für die bisher beschriebenen Techniken von Repräsentation war der Versuch, ›natürliche Sprache‹ oder Umgangssprache[65] mit Computern zu verarbeiten. Als Konsequenz aus den vorausgegangenen Kapiteln ist unsere Position zu diesem Unterfangen die, daß Computer Sprache nicht verstehen können. Über den Weg, auf dem wir zu dieser Schlußfolgerung gelangt sind, lassen sich jedoch einige wesentliche Beobachtungen anstellen. In diesem Kapitel wollen wir die vorhandenen Forschungsergebnisse im Detail Revue passieren lassen. Wir werden uns dabei auch auf technische Einzelheiten einlassen; denn die Forschung über Umgangssprache stellte für viele Bemühungen im Bereich der Künstlichen Intelligenz, die sich theoretisch mit den von uns aufgeworfenen strittigen Punkten beschäftigt haben, den übergreifenden Kontext dar. Für den Entwurf von Maschinen, die in gewisser Hinsicht mit ›Verstehen‹ und ›Interpretation‹ zu tun haben, sind als gangbare Wege verschiedene Verfahren wie ›Beschreibungsrahmen‹ (*frames*), ›Skripte‹ (*scripts*) und ›Schlußfolgern unter Bedingungen begrenzter Ressourcen‹ (*recource-limited reasoning*) vorgeschlagen worden. Wollen wir feststellen, ob die erhobenen Ansprüche eingehalten wurden, so müssen wir diese Ansätze sorgfältig überprüfen.

9.1 KÜNSTLICHE INTELLIGENZ UND SPRACHVERSTEHEN

Um die Mitte der sechziger Jahre steckte die Untersuchung natürlicher Sprachen mit Hilfe von Computerprogrammen in einer weitverbreiteten Krise. Der Grund dafür lag im Mißlingen der vorher in den höchsten Tönen gepriesenen und mit immensen Forschungsgeldern geförderten maschinellen Sprachübersetzungsprojekte. Ein Gefühl von Ernüchterung machte sich breit, die Forscher seien beim Versuch gescheitert, ihre anfänglich selbstsicher vorgetragenen Ansprüche einzulösen, und vielleicht seien ja Computer auch gar nicht in der Lage, mit der Komplexität menschlicher Sprache fertigzuwerden. Die im Bereich der Künstlichen Intelligenz forschenden Wissenschaftler wählten damals einen neuen Ansatz, der über syntaktische Wortjongliererei, die bisher das maschinelle Übersetzen beherrscht hatte, hinausgehen sollte. Eindeutig hatte sich herausgestellt, daß für eine effektive, rechnergestützte Sprachverarbeitung – ob es sich nun um Übersetzungen, um die Beantwortung von Fragen oder um das komplizierte Wiederauffinden von Informationen handelte – die Analyse syntaktischer Strukturen und die Identifizierung lexikalischer Einträge nicht ausreiche. Die neuen Programme sollten sich vielmehr auf irgendeine Art und Weise damit abgeben, was Worte und Sätze *bedeuten*.

Zahlreiche Programme der neuen Art wurden in den frühen Aufsatzsammlungen über Künstliche Intelligenz (FEIGENBAUM und FELDMAN 1963; MINSKY 1967) beschrieben. Jedes dieser Programme bearbeitete ein bestimmtes, sehr weit eingeschränktes Feld (z.B. Baseballtabellen, Familienstammbäume oder das Lösen mathematischer Textaufgaben), und innerhalb dieser Bereiche bestand die Möglichkeit, formale Repräsentationsstrukturen entsprechend der Bedeutung einzelner Sätze aufzustellen. Diese Strukturen konnten in einem systematischen Schlußfolgerungsverfahren als partielle Simulation für sprachliches Verstehen eingesetzt werden. Das implizit in diesen Programmen verwandte Modell von Sprachverstehen stützte sich auf einige Grundannahmen, die wir bereits bei unserer Behandlung der rationalistischen Tradition herausgearbeitet haben:

1. Sätze einer natürlichen Sprache entsprechen Tatsachen dieser Welt.
2. Es ist möglich, ein formales Repräsentationssystem zu kreieren, so daß:

Sprachverstehen

(a) für jede relevante Tatsache dieser Welt eine entsprechende Struktur des Repräsentationssystems gefunden werden kann;
(b) auf systematische Weise ein Satz einer natürlichen Sprache mit den Strukturen des Repräsentationssystems in Übereinstimmung gebracht werden kann, wobei die entsprechende Struktur den gleichen Sachverhalt ausdrückt wie der Satz;
(c) systematische, formale Operationen erdacht werden können, die auf Repräsentationsstrukturen anwendbar sind, um gültige Schlußfolgerungen abzuleiten.

Diese doch stark vereinfachende Formulierung bedarf nun weiterer Ausarbeitungen, wenn sie aussagekräftig sein soll. Außer Zweifel steht, daß z.B. eine Frage oder ein Befehl nicht in derselben Weise einer Tatsache ›entspricht‹ wie ein Behauptungssatz und daß ein auf reine Logik gegründetes Ableitungssystem wohl kaum ausreichen wird. Einige dieser Ausarbeitungen werden wir später noch diskutieren, für ein erstes vorläufiges Verständnis spielen sie jedoch keine entscheidende Rolle.

Der kritische Punkt dieses Ansatzes liegt in der systematischen Manipulation einer formalen Repräsentation. Wenn man auf der Grundlage von Repräsentationsstrukturen Operationen ausführen will, so bemißt sich ihre Berechtigung nicht an sprachlichen Gegebenheiten, sondern an der Frage, ob die Repräsentation der beschriebenen Außenwelt entspricht. Ist eine solche ›Entsprechung‹ gewährleistet, dann wird diesen Programmen unterstellt, daß sie die Wörter und Sätze ›verstehen‹, mit denen sie zu tun haben, während die zuvor entwickelten, maschinellen Übersetzungsprogramme (und andere Programme, die Text mit Verfahren, Schlüsselwörter zu suchen, oder mit statistischen Methoden in Angriff nehmen) dagegen nur ›ohne Sinn und Verstand‹ herumgestochert hätten.

Vielfach wurde der Anspruch erhoben, dieses ›Paradigma Künstlicher Intelligenz‹ sei neu und den älteren sprachphilosophischen Ansätzen überlegen. Bis auf wenige Ausnahmen (auf die wir noch eingehen werden) haben sich diese Behautungen allerdings als ziemlich hohl erwiesen. Modelle der Künstlichen Intelligenz jedenfalls, soweit sie klar und eindeutig definiert sind, stimmen grundsätzlich schon mit den älteren philosophischen Modellen der rationalistischen Tradition überein – das hat FODOR (1980) ausgeführt und dabei auf Vorstellungen Bezug genommen, die bis auf ARISTOTELES und weiter zurück in die Vergangenheit reichen. Bevor wir uns den durch diese Tradition gesetzten Grenzen zuwenden, wollen wir anschauen, welche Erfolge die Künstliche Intelligenz aufzuweisen hat.

Eine der bekanntesten Entwicklungen in der hier angesprochenen Richtung ist das von WINOGRAD (1972) entwickelte Programm SHRDLU: Zwischen Mensch und Programm findet ein Dialog statt (vermittelt durch ein Blattschreiberterminal). Gegenstand des Dialoges sind die Aktivitäten eines simulierten Roboterarmes in einer tischplattengroßen Welt aus Spielzeugobjekten (die häufig auch als ›Klötzchenwelt‹ bezeichnet wird). Das Programm kann Fragen beantworten, Befehle ausführen und neue Fakten im Rahmen seiner eigenen Welt aufnehmen. Die Simulationswelt erscheint auf einem Bildschirm und zeigt als Tätigkeitsfolge, wie Objekte von einer Stelle zu einer anderen bewegt werden. Einige der Programmfertigkeiten veranschaulicht der folgende Dialog (WINOGRAD 1972, S. 8-15; *kursiv* gesetzte Zeilen wurden vom Computer verfaßt, die sonstigen von der eingebenden Person):

Nimm einen großen, roten Klotz.
OK.
Ergreife die Pyramide.
Ich verstehe nicht, welche Pyramide Sie meinen.
Suche einen Klotz, der größer ist als der, den du hältst, und lege ihn in die Schachtel.
OK.
...
Was enthält die Schachtel?
Die blaue Pyramide und den blauen Klotz.
Wodurch wird die Pyramide gestützt?

Die Schachtel.
Wie viele Klötze sind nicht in der Schachtel?
Vier.
Ist mindestens einer davon schmaler als derjenige, welchen ich dich aufheben ließ?
Ja, der rote Würfel.
Wird er gestützt?
Ja, vom Tisch.
Kann der Tisch Klötze aufheben?
Nein.
...
Hast du schon eine Pyramide berührt, bevor du den grünen auf den kleinen Würfel gesetzt hast?
Ja, die grüne.
Wann hast du sie aufgenommen?
Als ich den roten Würfel, einen großen roten und einen großen grünen Klotz aufeinanderstapelte.
Warum?
Um sie loszuwerden.
...

Parallel zu den ausgegebenen Reaktionen, die vom menschlichen Dialogteilnehmer weiteres Nachdenken über den Gegenstandsbereich (die Welt der Bauklötze) abverlangen, zieht das System Schlüsse aus der Struktur der Konversation und über das vermutete Wissen seines Gegenübers. Um einen Ausdruck wie »die Pyramide« auswerten zu können, muß der Kontext in Betracht gezogen werden. Der kurz nach Dialogeröffnung erteilte Befehl »Ergreife die Pyramide« ist nicht ausreichend spezifiziert, weil mehrere Pyramiden in der Roboterwelt vorkommen. Die später gestellte Frage »Wodurch wird die Pyramide gestützt?« wird jedoch als Hinweis auf die Pyramide verstanden, die bereits in einer Systemantwort angesprochen wurde. SHRDLU zeichnet die Konversation auf und kann damit oftmals den Bezug einer (ohne diesen Kontext unverständlichen) Redewendung feststellen. Zusätzlich behält das System auch Teilwis-

Hintergrund und Bedeutung

sen, das implizit in der Äußerung seines Gegenübers enthalten ist: z.B. die Tatsache, daß unter Angabe der Farbe auf einen bestimmten Klotz verwiesen wurde. Dieses Wissen dient dem System gegebenenfalls als Hilfe, um zwischen einander ausschließenden Interpretationen zu entscheiden. Hat die eingebende Person beispielsweise einen Klotz als »grünen Klotz« angesprochen, wird dieser Klotz bei einer später erfolgenden Frage »Welche Farbe hat er?« nicht mehr als möglicher »er« in Betracht gezogen.

Die von SHRDLU eingeschlagene Methode, Schlüsse aus dem Konversationsablauf zu ziehen, benutzt nicht den gleichen Repräsentationsformalismus, der für die Darstellung der eigentlichen Klötzchenwelt verwendet wird, es ist vielmehr eine *ad hoc* Methode. Dennoch besteht im Großen und Ganzen kein Unterschied zu irgendeinem anderen Schlußfolgerungsverfahren, das auf Repräsentationsstrukturen Anwendung findet. Spätere Programmentwicklungen haben den Ansatz dann weiter verfeinert und ausgebaut, aber sie bewegen sich vor dem gleichen theoretischen Hintergrund.

9.2 HINTERGRUND ALS PROBLEM

Der rationalistische Zugang zum Problem der Bedeutung, der Systemen wie SHRDLU anhaftet, gründet auf der Voraussetzung, daß sich die Bedeutung von Worten und der damit gebildeten Sätze und Redewendungen unabhängig von der situationsabhängigen und je individuellen Interpretation ermitteln lassen. Bestimmte Aspekte der Sinngebung legen natürlich eine Modifikation dieser unterstellten Annahme nahe. Bestandteil eines Satzes können z.B. indexikalische Ausdrücke sein (Wörter wie »ich«, »du« oder »jetzt«), die auf Elemente der Gesprächssituation verweisen, oder ein Satz kann eine mitschwingende Nebenbedeutung (mit der Wucht einer poetischen Metapher) vermitteln, vorausgesetzt, der Zuhörer ist zu emphatischem Verstehen in der Lage und bereit, sich auf sein Gegenüber einzulassen. Ein rationalistisches Sprachverständnis sieht solche Hinsichten von Bedeutung jedoch als bloße Zusätze zu einem ›wörtlichen‹, harten Bedeutungskern, der kontextunabhängig sein soll. Diese Unterscheidung zwischen ›wörtlicher Bedeutung‹ und anderen Sprachinhalten wird selbst von Kritikern der Künstlichen Intelligenz akzeptiert. Gegen die Zukunftsaussichten computergestützten Verständnisses polemisiert Joseph JOSEPH WEIZENBAUM z.B. auf folgende Weise:

»(...) so kann es möglich sein, eine begriffliche Tiefenstruktur zu konstruieren, die der Bedeutung des Satzes entspricht: »Möchtest du heute abend mit mir essen gehen?«. Aber es ist schwer zu sehen (...) wie man mit [einem solchen] Schema den Satz gegebenenfalls so verstehen könnte, daß er die verzweifelte Sehnsucht eines schüchternen jungen Mannes nach der Liebe bedeutet.« (WEIZENBAUM 1977, S. 265)

Dem Buch von WEIZENBAUM hat JOHN MCCARTHY mit einer Rezension geantwortet, in der er darauf verweist, daß es verschiedene Arten von Verstehen gibt. Wir könnten somit seiner Meinung nach einen Computer erwarten, der die wörtliche Bedeutung verstehen könne, selbst wenn ihm die Nebenbedeutungen und emotionalen Feinheiten umfassender Sinnzusammenhänge verborgen blieben:

»Dieses gut gewählte Beispiel wirft interessante Fragen auf und scheint einige Unterscheidungen nahezulegen. Das vollständige Verstehen des Satzes würde zwar tatsächlich das Verlangen des jungen Mannes nach Liebe offenbaren, aber man sollte doch annehmen, daß es noch eine weniger weitgehende, nützliche Verständnisebene gibt, auf der die Maschine lediglich Kenntnis davon hat, daß er gerne mit ihr zum Essen gehen möchte.« (MCCARTHY 1976, S. 86)

Dagegen haben wir bereits in den Kapiteln 3 und 5 festgestellt, daß wörtliche Bedeutung als Verständniskonzept selbst im Umgang mit Allerweltsbeispielen untauglich ist. Hintergrundbezug und Interpretation durchziehen unser gesamtes Alltagsleben.

Hintergrund und Bedeutung

Jede Bedeutung leitet sich ab aus einer in einer Situation wurzelnden Interpretation:

»... daß solche Gelegentlichkeit das Wesen des Sprechens selbst ausmacht. Denn jede Aussage hat nicht einfach einen eindeutigen Sinn in ihrem sprachlichen und logischen Aufbau als solchem, sondern jede Aussage ist motiviert. Eine hinter ihr stehende Frage gibt jeder Aussage erst ihren Sinn.« (GADAMER 1972, S. 255)

Nicht einmal die ›wörtliche‹ Bedeutung läßt sich auf Wahrheitsbedingungen reduzieren. Dieses Ziel ist letzten Endes unerreichbar und führt unvermeidlich in die Irre, dies haben GADAMER, HEIDEGGER, HABERMAS und andere deutlich gemacht. Sich zur Erklärung von Sprachverstehen an ›wörtlicher‹ Bedeutung zu orientieren, lenkt die Aufmerksamkeit auf abgeleitete und weit hergeholte Sprachaspekte (wie z.B. den Tatbestand mathematischer Wahrheiten), während die zentralen Probleme von Bedeutungszuweisung und Kommunikation ignoriert werden. Streichen wir nämlich beim Verstehen die Rolle der Interaktion, so stehen wir nicht vor dem Bedeutungskern, sondern halten Hülsen ohne Inhalt in der Hand. Die Bedeutung eines so konkreten Begriffes wie ›Wasser‹, das hat Kapitel 5 deutlich gemacht, läßt sich nur im Zusammenhang mit der verfolgten Absicht und dem Hintergrundbezug verstehen. Wenden wir uns Computerprogrammen zu, lauern Probleme dieser Art hinter jeder Formulierung. Um mittels Computersystemen aus dem Umgang mit Worten oder Wortkombinationen Schlüsse ziehen zu können, muß die Bedeutung mit einer endlichen Auswahl logischer Prädikate (deren Wahrheitsbedingungen) oder verwendbarer Prozeduren ausgewiesen werden. Selbst in offensichtlich einfachen Fällen ergeben sich Komplikationen.

In den klassischen semantischen Untersuchungen wurde häufig das Wort ›Junggeselle‹ als ein Beispiel herausgestellt, das sich eindeutig mit elementareren Begriffen definieren läßt: »erwachsener Mensch männlichen Geschlechts, der nie verheiratet war«[66]. Wird jedoch eine Person in einer gewöhnlichen Gesprächssituation als »Junggeselle« bezeichnet, schwingt damit viel mehr (oder weniger) an Bedeutung mit. Als Bezeichnung für den Papst oder einen Partner in monogamer, homosexueller Beziehung ist das Wort »Junggeselle« unangemessen, könnte allerdings sehr gut als Beschreibung auf eine unabhängige Karrierefrau passen. Das Problem besteht nicht darin, daß die Komplexität der Definition von Junggeselle mehr Begriffe erfordert, als in der klassischen Definition berücksichtigt werden. Keine im logischen Sinn eindeutige Checkliste, und mag sie noch so lang sein, schafft die Voraussetzung, daß Objekte folgerichtig als ›Junggeselle‹ bezeichnet werden, weil sie alle gestellten Bedingungen erfüllen, und Objekte, die eine oder mehrere dieser Bedingungen nicht erfüllen, ausgeschlossen sind.[67] Die Frage »Ist X ein Junggeselle?« läßt sich ohne Erwägung der zu erwartenden Reaktion auf die Frage »Warum wollen Sie das wissen?« nicht beantworten. Genau das besagt die von GADAMER aufgestellte These »Eine hinter ihr stehende Frage gibt jeder Aussage erst ihren Sinn«. Es ist möglich, willkürlich ›vereinbarte Definitionen‹ aufzustellen; mathematische Abhandlungen oder die Festschreibung verwendeter Begriffe in Gesetzestexten können das belegen. Ein Vorgehen wie in diesen Bereichen ist jedoch nicht beispielhaft für den gewöhnlichen Umgang mit Sprache.

Verlassen wir die philosophischen Beispiele und wenden uns Wörtern zu, wie sie in der Alltagssprache Verwendung finden, dann wird uns das Problem noch deutlicher bewußt. Jedes Substantiv des Satzes »Die Korruptheit des Regimes löste eine Krise des Vertrauens in die Regierung aus« stellt uns vor ein signifikantes Definitionsproblem. Es ist nicht zu verleugnen, daß Zielsetzung und Kontext eine wesentliche Rolle spielen, wenn es darum geht zu ergründen, was mit den Worten ›Krise‹, ›Korruptheit‹ oder ›Regime‹ gemeint sein könnte.

Wörter wie ›der‹ oder ›und‹, die scheinbar den logischen Operatoren am unmittelbarsten zugänglich sind, schaffen bei ihrer Handhabung zusätzliche Probleme. Das bereits erwähnte Programm SHRDLU stützt sich bei der Festlegung, wofür ein bestimmter substantivischer Ausdruck wie ›der Klotz‹ steht, auf eine Liste zuvor angesprochener Objekte. Der zuletzt erwähnte Gegenstand, auf den die Beschreibung paßt, wird als der betreffende unterstellt. Damit ist jedoch nur eine grobe Annäherung erreicht; mal entspricht die Reaktion nicht dem Geforderten, mal macht sie überhaupt keinen Sinn. Betrachten wir folgenden Wortlaut: »Tommy hat gerade einen neuen Satz Klötzchen bereitgestellt. Als er Jimmy hereinkommen sah, öffnete er die Schachtel.«

»Was sich in der Schachtel befindet, wird nicht erwähnt – kein Hinweis, um was für eine Schachtel es sich überhaupt handelt. Eine Person jedoch, die den Text liest, trifft die naheliegendste Annahme, daß die Schachtel den Satz Klötzchen enthält. Wir können das unterstellen, weil wir wissen, neue Gegenstände kommen häufig verpackt auf den Markt, und das Öffnen einer Schachtel ist für uns eine alltägliche Angelegenheit. Entscheidend ist, daß wir davon ausgehen, eine zusammengesetzte Aussage mitgeteilt bekommen zu haben. Dabei liefert sie keine Rechtfertigung, warum die Schachtel mit den Klötzchen in Verbindung gebracht werden sollte. Wenn dem jedoch nicht so ist, läßt sich das ohne weitere Erklärung nicht feststellen.« (WINOGRAD 1974, S. 75)

Das Problem liegt also darin, wie man berücksichtigen kann, daß Hintergrundwissen und Erwartungshorizont eine Interpretation zuwege bringen. Bei der Systementwicklung im Bereich Künstlicher Intelligenz hat das dazu geführt, der Repräsentation ›interne‹ Gesichtspunkte hinzuzufügen. Das Programm zieht nicht nur Schlüsse über den Gegenstand selbst, sondern versucht, diejenigen Aspekte interner Denkprozesse bei Sprecher und Zuhörer nachzubilden, die für die Interpretation wichtig sind. Viel Arbeit ist in diese Entwicklungsrichtung gesteckt worden (z.B. SCHANK und ABELSON 1977, HOBBS 1979, GROSZ 1980), gestützt auf eine erweiterte Version des im vorigen Abschnitt vorgestellten Grundlagenmodells und einer entsprechenden Ausweitung unterstellter Annahmen:

Sprachverstehen

1. Es gibt einen systematischen Zugang, um Sätze, abgefaßt in natürlicher Sprache, und Strukturen des Repräsentationssystems aufeinander zu beziehen.
2. Die Korrelation läßt sich analysieren mittels:
   (a) fixierter Basisbedeutungen kleinster Elemente (Wörter oder Morpheme) und
   (b) der Kompositionsregeln, um aus diesen Elementen Sinnzusammenhänge in Redewendungen und Sätzen zu formen. Diese Regeln können besondere Merkmale der aktuellen Verfassung von Sprecher und Zuhörer in Rechnung stellen (Erinnerung an zuvor Gesprochenes eingeschlossen).
3. Es gibt eine feststehende Menge relevanter Eigenschaften zur Charakterisierung des psychischen Zustands eines der Sprache mächtigen Menschen, und es gibt einen wohldefinierten Regelsatz, der beschreibt, wie dieser Zustand durch eine Äußerung verändert wird.

Diese Ausweitung der Grundannahmen läßt zu, daß auch neue Tatbestände, Schwerpunktsetzungen und das Wissen des Zuhörers dazu beitragen, den Sinn einer Äußerung zu analysieren. Die dritte Annahme ist notwendig, sonst macht die zweite keinen Sinn. Ohne Angabe relevanter Eigenschaften und der sie leitenden Gesetzmäßigkeiten können wir zu keiner genauen Interpretation von Bedeutung gelangen.

Philosophen haben generell diese Art der Ausweitung gemieden, weil ihnen die Schwierigkeiten, die sich einer eindeutigen Beschreibung der psychischen Verfassung in bezug auf Sprache in den Weg stellen, bewußt sind.[68] Im Gegensatz dazu haben sich die im Bereich Künstlicher Intelligenz Tätigen einen pragmatischen Ansatz salopper Selbstbeobachtung zu eigen gemacht, der ihnen als Richtschnur für das Aufstellen möglicherweise brauchbarer Modelle dient. Nach ihrem Gefühl, welche Gegebenheiten von Belang sein könnten, fügen Programmierer der Darstellung, die die psychische Verfassung von Sprecher und Zuhörer repräsentiert, weitere Objekte und Eigenschaften hinzu. Weil Entwickler ein derartiges System als eines wahrnehmen, das in gewisser Weise besser arbeitet als ohne diese Erweiterungen, machen sie so weiter.

Viele gescheite Ideen, was alles in ein Modell von Sprecher und Zuhörer aufgenommen werden sollte und wie diese Vorstellungen umgesetzt werden könnten, sind vorgebracht worden, aber alles in allem vermitteln sie das Gefühl von orientierungsloser und nicht erprobter Spekulation. Die Experimentelle Psychologie liefert zwar einige anregende Begriffe, aber darüber hinaus nichts von unmittelbarem Nutzen. Ein System, das über sprachliche Ausdrucksmöglichkeiten verfügen soll, ist angewiesen auf Modelle von Gedächtnis, Aufmerksamkeit und der Fähigkeit, Schlüsse ziehen zu können, die allesamt bereits mit bedeutungsgeladenem Material zu tun haben, nicht nur mit den exakt kontrollierten Reizen typischer Laborexperimente. Die neuere Forschung im Bereich Kognitiver Psychologie hat sich aber Aufgabenstellungen zugewandt, die nicht auf diese komplexeren Tätigkeiten abzielen. In der Tat scheinen sich die psychologischen Untersuchungen darüber, wie Menschen mit bedeutungshaltigem Material umgehen, eher durch die Forschungen im Bereich Künstlicher Intelligenz leiten zu lassen als umgekehrt.

9.3 VERSTEHEN ALS MUSTERERKENNUNG

Die Literatur der siebziger Jahre im Bereich Künstlicher Intelligenz kündet von einem Wandel, der von der traditionellen Ausrichtung auf Verfahren des Problemlösens hin zu einem neuen Ansatz führt, der ›Beschreibungsrahmen‹ (*frames*) oder ›Erwartungen‹ (*expectations*) in den Mittelpunkt stellt. Ob sie sich auf ›Betastrukturen‹ (MOORE und NEWELL 1973), ›Beschreibungsrahmen‹ (MINSKY 1975), ›Skripte‹ (SCHANK und ABELSON 1977), ›Schemata‹ (BOBROW und NORMAN 1975) oder ›Prototypen‹ und ›Perspektiven‹ (BOBROW, WINOGRAD et al. 1977) stützen, alle Programme befassen sich mit dem Problem, wie eine bereits vorhandene Struktur die Interpretation neuer Eingaben steuert. Der Schwerpunkt liegt mehr auf dem (Wieder-)*Erkennen (recognition)* als auf dem *Problemlösen.* Man hat nun behauptet, diese neuen Systeme gingen den Beschränkungen früherer Repräsentationsansätze aus dem Weg und ließen auch ›nicht-logische‹ Formen des Schlußfolgerns zu, die der menschlichen Intelligenz sehr viel näher kämen. Diesen Anspruch wollen wir im Lichte unserer Ausführungen über Hintergrundbezug von Verstehen prüfen.

Die zugrundeliegende Idee faßt MINSKY folgendermaßen zusammen:

»Die Quintessenz der Theorie lautet: Wird jemand vor eine neue Situation gestellt (oder vollzieht er eine wesentliche Änderung seiner Sichtweise des gegebenen Problems), so aktiviert er aus seinem Gedächtnis eine substantielle Struktur, Beschreibungsrahmen genannt. Gemeint ist damit ein aus der Erinnerung zurückgeholtes Gerüst, das der jeweiligen Gegebenheit durch Änderungen im Detail, je nach Notwendigkeit, angepaßt wird ... Ist einmal ein Beschreibungsrahmen als Repräsentation der Situation geschaffen, dann versucht ein Such- und Anpassungsprozeß den terminalen Positionen [das sind die Detailmerkmale] jedes Beschreibungsrahmens Werte zuzuweisen, die mit den Kennzeichen an jeder Stelle vereinbar sind ... Die phänomenologische Aussagekraft einer Theorie hängt vor allem davon ab, daß sie auch Erwartungen und andere Arten von Vermutungen einbeziehen kann. Terminale Positionen eines Beschreibungsrahmens sind gewöhnlich mit Voreinstellungen belegt. Aus diesem Grund kann ein Beschreibungsrahmen über eine umfangreiche Sammlung unterschiedlichster Details verfügen, die nicht speziell aus der jeweiligen Situation abgeleitet sein müssen. Diese Details sind zur Repräsentation der gesamten Information vielfältig nutzbar, am vielversprechendsten in Fällen, in denen sie als Technik zur ›Umgehung der Logik‹ dienen, oder in denen sie die Möglichkeit bieten, sinnvolle Verallgemeinerungen vorzunehmen.« (MINSKY 1975, S. 212-213)

Mustererkennung

MINSKYS Standardbeispiel ist ein Beschreibungsrahmen für die visuelle Erscheinung eines Raumes. Wenn wir erst einmal zu der Überzeugung gelangt sind, daß wir ein Zimmer vor uns haben (möglicherweise hat uns der Anblick einer Türöffnung dazu verleitet), dann interpretieren wir die übrige Szenerie unter dem Vorurteil, daß auch gewisse andere Elemente (z.B. Fenster) vorhanden sind. Das Verstehen eines formulierten Satzes unterliegt ebenfalls ähnlichen Voraussetzungen; ein in der Vergangenheit gebildeter Erwartungshorizont wird mit dem Satzinhalt abgeglichen. Wenn wir diese Vorstellung eines Beschreibungsrahmens auf die Bedeutung von Worten einer natürlichen Sprache anwenden, dann ordnen wir jedem Wort einem diesem Beschreibungsrahmen ähnlichen ›Prototyp‹ zu. Dieser Prototyp umfaßt, ähnlich einer Definition, die Beschreibung des Objekts, das mit dem Wort bezeichnet wird. Im Gegensatz zur Definition gilt diese zusätzliche Beschreibung jedoch nicht als hinreichend oder notwendig, um feststellen zu können, ob das entsprechende Wort geeignet ist. Der Prototyp kann charakteristische Sachverhalte einschließen (das muß aber nicht immer der Fall sein) oder aber Gegebenheiten, die nur in einem gewissen Kontext von Belang sind. Die Entscheidung, ob die Repräsentation eines Objektes durch ein Wort treffend umschrieben ist, fällt das schlußfolgernde System, indem es zusätzliche Beschreibungen mit dem vergleicht, was über das Objekt bekannt ist. Dabei kann sich das System durchaus vorzugsweise nur mit bestimmten Teilen der Beschreibung abgeben und das weitere Vorgehen aus dem Kontext ermitteln.

Es könnte nun so scheinen, als wäre ein derart ausgelegter Prozeß in der Lage, Wortbedeutungen in derselben unabschließbaren Weise zu behandeln wie in dem schon diskutierten Beispiel »Junggeselle«. Der Prototyp für »Junggeselle« schließt zwar zusätzliche Beschreibungen (gebräuchlicher Lebensstil, Alter usw.) ein, aber der Prozeß, diese Angaben zu überprüfen, ist jeweils kontextabhängig. Ist der Kontext und die aktuelle Zielsetzung bis zu einem gewissen Grad charakterisiert, lassen sich für die Entscheidung, welche dieser Beschreibungen erprobt werden soll, Strategien finden.

Sprachverstehen

Solche ›Beschreibungsrahmen‹-Systeme eignen sich nicht nur für die Handhabung von Erwartungen typischer Eigenschaften, sie wurden ebenfalls als Methode dargestellt, um mittels Analogien Schlüsse zu ziehen und Verstehen zu entwickeln.

»Ein besonderes Erlebnis ist eine Angelegenheit, dessen sich Menschen oft sogar bis in Einzelheiten erinnern. Deshalb postulieren wir eine Gedächtnisebene, die Erinnerungen an besondere Situationen beinhaltet ... Verstehen besteht dann im Auffinden der nächstliegenden, verfügbaren, höheren Struktur, die geeignet ist, eine neue Eingabe (*input*) zu erklären und dafür in der Begrifflichkeit der dem alten Knoten nahe verwandten, höheren Struktur einen neuen Knoten im Gedächtnis zu prägen. Verstehen ist ein Prozeß, der seinen Grund im Erinnerungsvermögen hat, insbesondere im Vermögen der Erinnerung an nahe verwandte, durch Rückbesinnung zugängliche und in Analogien ausdrückbare Erfahrungen.« (SCHANK 1981, S. 121 und 129)

Computergestützte Systeme, die nach diesem ›Beschreibungsrahmen‹-Konzept entworfen wurden, nähern sich in gewisser Hinsicht dem Problem des Bedeutungsverstehens mit einem hermeneutischen Zugang. Sie heben nicht ab auf die Frage »Wie erreicht das Programm eine genaue Wiedergabe der Situation?«, im Mittelpunkt steht vielmehr die Frage »Wie beeinflußt das Vorwissen des Systems (als Sammlung von Beschreibungsrahmen) die situationsgebundene Interpretation durch das System?« Die Bedeutung eines Satzes oder eines Vorgangs erschließt sich somit aus der Interaktion zwischen der Struktur des Satzes oder Vorgangs und der bereits im Programm vorhandenen Strukturen der Maschine.

Der umsichgreifende Enthusiasmus für solche ›Beschreibungsrahmen‹-Programme war eine Reaktion auf das allgemein vorhandene, aber nicht artikulierte Bewußtsein von der Untauglichkeit des ›Problemlösungs‹-Ansatzes. Diese Wende löste die Probleme jedoch nicht. Versetzen wir uns noch einmal in einen Programmierer, der vor die Aufgabe gestellt wird, ein intelligen-

Mustererkennung

tes Programm zu schreiben, aber diesmal unter Verwendung von Beschreibungsrahmen. Als erstes ist die Charakterisierung des Aufgabenumfeldes gefordert, darin unterscheidet sich der neue Ansatz nicht wesentlich vom alten. Bevor überhaupt mit der formalen Darstellung begonnen werden kann, ist immer noch erforderlich, die relevanten Objekte und Eigenschaften kenntlich zu machen.

Der Unterschied stellt sich mit dem zweiten Schritt ein – mit dem Entwurf des formalen Systems, das zur Repräsentation der Situation dienen soll. Stärker an herkömmlichen Methoden orientierte Programme, ob sie nun ausdrücklich von formaler Logik Gebrauch machen oder nicht, gründen auf der Annahme, daß formale Ausdrücke Behauptungen verkörpern, denen im Sinne der rationalistischen Tradition Wahrheitsbedingungen zugeordnet sind. Die Aussage »Jeder Hund ist ein Säugetier« liefert dafür ein Beispiel. Ein mit Hilfe von Beschreibungsrahmen formalisiertes Programm hat nun als wesentliches Ziel, ›Standardannahmen‹ (*defaults*) zu repräsentieren: d.h. den typischen Gang der Dinge, der aber nicht immer eintreten muß. Wir könnten z.B. die Tatsache »Hunde bellen« aufnehmen wollen, ohne damit die Möglichkeit, daß es auch einen stummen Hund geben kann, auszuschließen.

Die Intuition, Beschreibungsrahmen zu verwenden, läßt sich nur in ein System einbauen, das auch informelle Schlüsse zuläßt – ein System, das auf der Grundlage nur partieller Informationen Schlüsse ziehen und Vermutungen darüber anstellen kann, was jeweils relevant und in typischen Fällen zu erwarten ist, und das mögliche Fehler und Widersprüche aushält. Ein solches System kann also ›nicht-monoton‹ sein – es kann etliche Entscheidungen fällen und sie anschließend aufgrund zusätzlich gewonnener Information verwerfen.[69]

Das Problem besteht natürlich darin, zu wissen, wann etwas als ›typisch‹ anzusehen und welcher Aspekt des Beschreibungsrahmens in der jeweiligen Situation als relevant zu erachten ist. Unter dem Stichwort ›Beschreibungsrahmen als Systemkonzept‹ finden wir in der Literatur jedoch nur eine Mixtur aus

Sprachverstehen

Faustregeln und Schweigen. Mit einfachen Regeln ist es nicht getan. Wird z.B. mit Standardannahmen, solange keine ausdrückliche (zuvor hergeleitete), konträre Information vorliegt, peinlich genau verfahren, dann wird jeder annehmen, daß die einmal getroffene Einstellung Bestand hat, selbst wenn eine unmittelbare einfache Schlußfolgerung das Gegenteil belegen würde. Werden Analogieschlüsse zu unbedarft gezogen, so ist ein jeder versucht, Detaileigenschaften von einem auf ein anderes Objekt zu übertragen, auch wenn sie dafür nicht angemessen sind.

Die Antwort kann also nicht in einer Regelausweitung bis in jede Verästelung innerhalb des jeweiligen Gegenstandsbereiches hinein liegen, das sollte klargeworden sein. Die Annahme, Räume haben Fenster, hat z.B. nicht länger den Charakter einer typischen Voreinstellung, wenn sie nur in Fällen wie »diejenigen Räume, welche...und nicht diejenigen, welche« angewandt wird. Wir haben dann lediglich unsere Sicht der Welt verfeinert und unterscheiden zusätzliche Eigenschaften von Räumen.

Ein anderer Vorschlag lautete, ›Verarbeitung unter Bedingung begrenzter Ressourcen‹ (*resource-limited processing*) als Grundlage für Schlußfolgerungsverfahren zu verwenden.[70] Jedem Interpretationsakt und jedem Ableitungsschritt stehen auf seiten des Systems (einerlei, ob es sich um ein biologisches System oder einen Computer handelt) nur begrenzte Verarbeitungskapazitäten zur Verfügung. Detailstrukturen des Prozessors, seine Umgebung und Vorgeschichte beeinflussen die Beschaffenheit der zur Verfügung stehenden Ressourcen. Das Resultat eines Prozesses ist von der Interaktion zwischen Aufgabenstruktur und Zuweisung von Verarbeitungskapazitäten abhängig. Das Vermögen, nur teilweise vorhandene oder ungenaue Information verarbeiten zu können, leitet sich aus der Fähigkeit ab, nach einem begrenzten Verarbeitungsaufwand das, was sich bis dahin angesammelt hat, zusammenzufassen und dann gewissermaßen mit einem Sprung einen Schluß zu ziehen, auch wenn diese Schlußfolgerung nicht deduktiv gewonnen, ja nicht einmal wahr sein muß. Auf diese Systemeigenschaft bezieht sich MINSKY mit seiner Äußerung, es sei notwendig, die »Logik zu umgehen«.

In gewisser Hinsicht ist ein mit begrenzten Ressourcen arbeitendes System ein rein logisch vorgehendes, formales System – es funktioniert wie jedes Computerprogramm nach exakten Regeln auf wohldefinierten Strukturen. Unter einem anderen Blickwinkel jedoch zeigt das System die Fähigkeit, auf informelle Weise zu schlußfolgern. Der Schlüssel zu diesem Paradoxon liegt in der Verwendung formaler Regeln, die nur relativ zum System, d.h. die auf die Struktur des Computersystems, das den Formalismus verkörpert, bezogen sind.[71] Das in eine bestimmte Aufgabenumgebung plazierte Ableitungsverfahren kann ein auf dem ›Beschreibungsrahmen‹-Konzept aufgebautes System zu Schlüssen führen, die nicht nur auf Aussagen über diese Welt beruhen, sondern auch in Abhängigkeit von der Repräsentationsform und der sie manipulierenden Prozesse zustandekommen (z.B. die Schlußfolgerung, etwas sei ›falsch‹, weil es in der Repräsentation des Systems als ›typisch falsch‹ vorkommt und im vorliegenden Fall mit einigermaßen vertretbarem Herleitungsaufwand nicht auf seinen Wahrheitsgehalt überprüft werden kann).

Diese Intuition, ›Beschreibungsrahmen‹ als System-Konzept zu verwenden, hat ebenfalls Bezug zu den bislang von uns vorgestellten Arbeiten. MATURANAS Interpretation strukturbestimmter Systeme befaßt sich direkt mit der Frage, wie die ›interne‹ Systemstruktur (statt einer von außen beobachtbaren Umgebungsstruktur) den Wirkungsbereich des Systems festlegt. Dennoch besteht ein wesentlicher Unterschied: Der Ansatz, Beschreibungsrahmen einzusetzen, unterstellt nämlich einen, wenn auch begrenzt Ressourcen erfordernden, aber auf Repräsentationen ausgerichteten Mechanismus.

Obwohl also die Idee als solche, Beschreibungsrahmen mit begrenzt Ressourcen erfordernden Schlußfolgerungskapazitäten einzusetzen, gewisse Plausibilität für sich hat, sind dadurch keine Computersysteme entstanden, die irgendwelchen Ansprüchen auf Verallgemeinerbarkeit genügen. Das Problem liegt in der genauen Umsetzung der Detailstrukturen des Systems, die das gewünschte Ergebnis zuwege bringen sollen. Bisher konn-

Sprachverstehen

ten nur sehr einfache Beispiele, die zeigen, wie diese Strukturen aussehen könnten, vorgestellt werden, und diese Ansätze sind in keiner sich abzeichnenden Richtung erweiterbar. Die Programme, die tatsächlich auf der systematischen Grundlage von Beschreibungsrahmen entwickelt sind, lassen sich in die eine oder andere von zwei Kategorien aufteilen: Entweder werden die Strukturen unter Berücksichtigung einiger weniger Sonderbeispiele geschrieben und funktionieren auch nur in diesen Fällen sowie geringfügigen Varianten einwandfrei[72], oder sie beziehen sich gar nicht ernsthaft auf das Konzept der Beschreibungsrahmen (übernehmen lediglich eine an Beschreibungsrahmen angelehnte Notation) und gleichen mehr traditionell verfaßten Programmen[73].

Selbst wenn es gelingen sollte, ein auf Beschreibungsrahmen aufgebautes System mit angemessener Struktur zu entwickeln, bleibt es immer noch der in Kapitel 8 beschriebenen Form von programmabhängiger, perspektivischer ›Blindheit‹ verhaftet. Der Programmierer eines Systems, das mit Beschreibungsrahmen arbeitet, ist in genau demselben Maße für die Charakterisierung von Objekten und Eigenschaften verantwortlich wie der Programmierer jedes anderen Repräsentationssystems auch. Die Beschreibung in Frage kommender Objekte und Eigenschaften steht auch hier am Anfang des Programms. Eine bis ins Detail überlegte interne Programmstruktur (sowohl deren Repräsentation als auch die auf sie wirkenden Prozesse) kann über diese ursprüngliche Formulierung nicht hinausgehen. Keine Form nicht-monotoner, begrenzt Ressourcen erfordernder Verarbeitung, sei sie auch noch so umfangreich, kann dem Programm einen wirklichen, offenen Horizont oder einen lebensweltlichen Hintergrundbezug verschaffen, weder im Sinne des von HEIDEGGER betonten Vor-Verständnisses, noch in Form der von MATURANA beschriebenen strukturellen Koppelung.

9.4 VERSTEHEN – WAS BEDEUTET DAS?

Angesichts dieser Kritik mag es uns Kopfzerbrechen bereiten, wenn *Newsweek* mit einer Meldung herauskommt, »Computer können...Vergleiche anstellen zwischen Theaterstücken von SHAKESPEARE und Erzählungen verstehen, die von Freundschaften und Ehebruch handeln« (BEGLEY et al. 1980), und wenn SCHANK und RIESBECK (1981, S. 6) behaupten, daß ihr Programm SAM »ein großer Fortschritt war ... weil es durch die Verwendung von Skripten in die Lage versetzt wurde, wahre Lebensgeschichten nachzuvollziehen«. Sind diese Ansprüche gerechtfertigt oder nicht?

Diese Frage nach der Berechtigung solcher Behauptungen einfach in der ihr eigenen Begrifflichkeit zu beantworten, würde unserer Sprachtheorie zuwiderlaufen. Wenn nicht einmal für den Begriff »Wasser« objektive Wahrheitsbedingungen festgelegt werden können, wie sollten sie dann für das Wort »verstehen« möglicherweise zu finden sein? Wir müssen statt dessen das Geflecht aus Verpflichtungen (bzw. Geltungsansprüchen) analysieren, in das wir mit einer ernstgemeinten Äußerung wie »X versteht Y« eintreten. Um eine Grundlage zum Vergleichen zu schaffen, wollen wir mit der Illustration einiger einfacher ›sprachverstehender‹ Programme beginnen.

PROGRAMM 1 druckt jedesmal die Tageszeit aus, wenn der Satz »Was für eine Uhrzeit haben wir?« exakt in dieser Form eingegeben wird. Jede andere Formulierung wird schlicht ignoriert. Solch ein Programm könnte zur Zufriedenheit aller funktionieren, und seine Nutzer wären vielleicht versucht, weil das System angemessen reagiert, den Anspruch, es »versteht die Frage«, geltend zu machen.

PROGRAMM 2 akzeptiert Sätze der Art »Was für ... haben wir?«, wobei der Zwischenraum mit den Worten »eine Uhrzeit«, »einen Tag«, »einen Monat« oder »ein Jahr« gefüllt werden kann. Jede daraus ableitbare Kombination führt zu einer passenden

Sprachverstehen

Antwort; entspricht eine Eingabesequenz nicht diesem Muster, wird sie verworfen.

PROGRAMM 3 verfügt über eine Anzahl Muster, mit denen die jeweilige Eingabe verglichen wird. Jedem dieser Muster entspricht ein Vordruck, der, gegebenenfalls mit Fragmenten der Eingabesequenz gefüllt, ausgedruckt werden kann. Findet sich ein mit der Eingabe übereinstimmendes Muster, wird die zugehörige Antwort ausgegeben. Ist das Programm z.B. mit dem Muster »Mein Name ist ...« und der damit verknüpften Antwort »Hallo, ..., wie geht es Dir heute?« ausgestattet, würde die Eingabe »Mein Name ist Josef« die Reaktion »Hallo, Josef, wie geht es Dir heute?« hervorrufen.

Wer schon mit Künstlicher Intelligenz vertraut ist, wird in Programm 3 unschwer ELIZA wiedererkennen (WEIZENBAUM 1966). Auf der Grundlage einer Mustersammlung funktionierte das Programm (unter dem Namen DOCTOR) in einem nondirektiven Patientengespräch als Psychiaterersatz. Es reagierte z.B. auf die Eingabe »Ich habe ...« mit »Wie lange haben Sie ...?«, auf »Ich hoffe, daß ...« mit »Was würde es für Sie bedeuten, daß ...?« und auf »... jeder ...« mit »Denken Sie dabei an eine bestimmte Person?«.

Das DOCTOR-Programm zeigte ein überraschend menschenähnliches Verhalten. WEIZENBAUM berichtete:

»Ich konnte bestürzt feststellen, wie schnell und wie intensiv Personen, die sich mit DOCTOR unterhielten, eine emotionale Beziehung zum Computer herstellten und wie sie ihm eindeutig menschliche Eigenschaften zuschrieben ... Eine [weitere] und für mich überraschende Reaktion auf ELIZA war die verbreitete Ansicht, es handelte sich hier um die allgemeine Lösung des Problems, wieweit Computer eine natürliche Sprache verstehen können.« (WEIZENBAUM 1977, S. 19 f.)

Was bedeutet Verstehen?

PROGRAMM 4 umfaßt eine Auswahl ›Skripten‹, deren jedes einer bestimmten Art von Abfolgesequenz der Ereignisse entspricht. Das Programm könnte z.B. über ein Skript für einen Restaurantbesuch verfügen: »Die Person tritt ein, bekommt vom Wirt einen Platz zugewiesen, erhält vom Ober eine Speisenkarte, bestellt einige Speisen, bekommt vom Ober die Speisen serviert, verzehrt die Speisen, erhält vom Ober die Rechnung, bezahlt die Rechnung und verläßt das Restaurant.« Stellt das Programm fest, daß der ›Titel‹ des Skripts (üblicherweise wird der Besuch eines Restaurants als Tatbestand im Titel vermerkt sein) einer Eingabe entspricht, vergleicht das Programm daraufhin jede nachfolgende Eingabe mit einem der Ausgangsmuster des Skripts und füllt entsprechend der Eingabe Werte auf (wie z.B. ELIZA in den oben angeführten Beispielen die freien »...« ausfüllt). Stimmt die Eingabe mit dem nächstfolgenden Schritt im Skript nicht überein, übergeht das Programm diesen Punkt und vergleicht die Eingabe mit dem nächsten. Ist die Eingabe erst einmal abgeschlossen, kann das Programm die aus der Eingabe entnommenen Werte zur Beantwortung einfacher Fragen einsetzen. Die Eingabesequenz »John besuchte ein Restaurant; John aß einen Hamburger« kann mit Hilfe des Skripts auf die Frage »Was hat John bestellt?« zu der Antwort »einen Hamburger« führen.

Damit ist ebenfalls die (wenn auch geringfügig vereinfachte, aber keineswegs sinnentstellende) Beschreibung eines existierenden Programms geliefert – des Programms SAM, dem SCHANK und RIESBECK die Fähigkeit zusprechen, »wahre Lebensgeschichten nachzuvollziehen«. Programm 4 diente als Modell für eine Reihe sehr sorgfältig ausgearbeiteter Programme der Gruppe um SCHANK, die in dem Buch von SCHANK und RIESBECK (1981) veröffentlicht wurden.

Mit diesen Programmbeispielen im Hinterkopf wollen wir nun auf die Frage zurückkommen, was es für Computer bedeuten würde, Sprache verstehen zu können. Naheliegend wäre, dem Computer Auffassungsgabe zuzusprechen, sobald er angemessen reagiert. Offensichtlich liegt das Problem in der Entscheidung darüber, was man unter einer angemessenen Reaktion versteht. In gewisser Hinsicht reagiert das primitive Uhrenprogramm immer angemessen. Auf die Frage »Was für eine Uhrzeit haben wir?« druckt es die Tageszeit aus. Selbstverständlich aber hätten wir das Programm genausogut auch so entwerfen können, daß es mit der Uhrzeit antwortet, sobald wir »Warum ist der Himmel blau?« oder schlicht »?« eingeben. Die Angemessenheit der Reaktion ist relativ zu einem Hintergrund aus weiteren Gegebenheiten, die angeführt werden könnten. Das vorliegende Beispiel einer Zeitansage (oder das anspruchsvollere Programm 2, das eine gewisse Variation der Muster erlaubt) verfügt über einen zu geringen Ermessensspielraum und rechtfertigt nicht, von Verstehen zu sprechen.

Steigern wir die Komplexität und wenden uns den Programmen ELIZA und SAM zu, so müssen wir nichtsdestoweniger feststellen, daß der entscheidende Punkt sich nicht ändert. Das Angebot an Mustern wird größer, und – WEIZENBAUM berichtet das – für ein Individuum wird es immer schwieriger, die Beschränkungen des Programms zu erkennen. Nach wie vor gilt jedoch, daß diese Programme auf der Grundlage eines unveränderlichen Mustersatzes antworten, der von Programmierern durch die Antizipation bestimmter Eingabemuster festgelegt wurde. Diese Vorwegnahme möglicher Eingaben kann raffiniert sein (wie z.B. in DOCTORs Antwort auf Sätze, die das Wort »jeder« enthalten), aber immer noch verkörpern die Muster eine durch ihre Struktur vorgegebene Blindheit. Diese Grenze wird nicht durch unzulängliches Deduktionsvermögen gesetzt, sie gilt ebenso für Programme wie SHRDLU, die sich auf Schlußfolgerungsroutinen mittels Repräsentation stützen, wie auch für Systeme mit ›beschreibungsrahmenähnlichen‹ Ableitungsmechanismen. Die Beschränktheit liegt in der Natur der Sache, des Prozesses, wie Repräsentationen in einem Computerprogramm festgeschrieben werden.

Die Begrenzung ist ebénfalls nicht von der Spannweite des Gegenstandsbereiches abhängig. SHRDLU funktioniert in ei-

Was bedeutet Verstehen?

ner Mikrowelt, bewegt sich offensichtlich in einer festgeschriebenen und beschränkten Welt aus Objekten, Eigenschaften und Relationen. Der DOCTOR beschäftigt sich scheinbar mit sämtlichen Aspekten menschlicher Lebensweise, aber tatsächlich arbeitet das Programm mit einer viel eingeschränkteren Menge und Eigenschaften, die in den Mustern spezifiziert sind. Auf die Aussage »Ich schlucke Gift« wird das System »Wie lange schlukken Sie schon Gift?« antworten und damit wohl anders auf Implikationen, die beim Entwurf der Muster nicht berücksichtigt worden sind, reagieren als ein menschliches Wesen.

Die Behauptung, daß Computer »Erzählungen verstehen, die von Freundschaften und Ehebruch handeln«, stützt sich auf ein Programm namens BORIS (LEHNERT et al. 1983), eine weiterentwickelte Version von SAM. Anstelle von »John besuchte ein Restaurant; John aß einen Hamburger« bearbeitet BORIS ganze Geschichten mit Sätzen wie »Als Paul ins Schlafzimmer ging, Sarah mit einem anderen Mann vorfand, da bekam er fast einen Herzinfarkt. Anschließend realisierte er, was für ein Segen das war«. Das System reagiert auf Fragen wie »Was passierte mit Paul daheim?« und »Wie fühlte sich Paul?« mit den Antworten »Paul erwischte Sarah beim Ehebruch« und »Paul war überrascht«.

Bei genauerer Untersuchung der Arbeitsweise von BORIS stoßen wir auf einen ganzen Zoo skriptähnlicher Repräsentationen (MOPS, TOPS, TAUS und META-MOPS genannt), die das System in die Lage versetzen, Fragen zu dieser einen, speziellen Geschichte zu beantworten. TAU-RED-HANDED wird z.B. aktiviert, »wenn die Absicht, eine Norm zu verletzen, deren Erfolg Geheimhaltung voraussetzt, während der Planausführung durch einen Zeugen durchkreuzt wird«. Das System bezeichnet den Gefühlszustand des Zeugen als »überrascht«. Um diese Aussagen für die eine Geschichte nutzen zu können, gibt es MOPS wie z.B. M-SEX (immer dann eingesetzt, wenn zwei Personen sich gemeinsam im Schlafzimmer aufhalten) und M-ADULTERY (enthält die Struktur, um die Voraussetzungen für den Einsatz von TAU-RED-HANDED abzuprüfen). Die sichtbar menschliche Spannbreite des Programms entspricht der in ELIZA. Eine Regel

Sprachverstehen

wie »Halten sich zwei Personen zusammen in einem Schlafzimmer auf, folgt daraus, daß sie miteinander schlafen« ist genauso aus einer Mikrowelt abgeleitet wie die Aussage »Befindet sich ein Klotz direkt über einem anderen, folgt daraus, daß der untere den oberen stützt«. Der behandelte Gegenstandsbereich läßt die Dinge so aussehen, als fände vielschichtiges und hintergründiges Verstehen statt, und schürt damit die von WEIZENBAUM aufgedeckten Illusionen.

In ähnlicher Weise kann ein anderes Programm »Vergleiche anstellen zwischen Theaterstücken von SHAKESPEARE«. Es funktioniert ebenfalls in einer Mikrowelt, die ein Programmierer strickte, nachdem er SHAKESPEARE gelesen hatte (WINSTON 1980). In Wirklichkeit wird kein Stück von SHAKESPEARE eingegeben oder eine formale Repräsentation der von den Charakteren des Stückes gesprochenen Zeilen erstellt, sondern eine aus wenigen Objekten und Relationen der Handlung abgeleitete Struktur. Die vollständige Repräsentation von *Macbeth*, wie sie für Vergleiche vom System herangezogen wird, sieht folgendermaßen aus:[74]

(Macbeth ist adlig) vor (Macbeth ist König).
Macbeth heiraten Lady-Macbeth.
Lady-Macbeth ist Frau – hat-Eigenschaft habgierig ehrgeizig.
Duncan ist König.
Macduff ist adlig – hat-Eigenschaft treu zornig.
Böse-Schwestern ist Hexen Gruppe – hat-Eigenschaft alt
　häßlich böse – Zahl 3.
Böse-Schwestern weissagen (Macbeth morden Duncan).
Macbeth wünschen (Macbeth Art-von König)
　[Ursache (Macbeth morden Duncan)].
Lady-Macbeth überreden (Macbeth morden Duncan).
Macbeth morden Duncan (Mittäter Lady-Macbeth –
　Instrument Messer.
Lady-Macbeth töten Lady-Macbeth.
Macbeth morden Duncan [Ursache (Macduff töten Macbeth)].

Was bedeutet Verstehen?

Bestandteil des Programms sind einfache Regeln wie »Wann immer eine Person eine andere zu einer Handlung verleitet, ist die Handlung durch Überzeugungskraft veranlaßt, und die überzeugte Person hat ›Verfügungsgewalt‹ über die Handlung«. Der Anspruch des Programms, verstehen zu können, wird, wie in allen bislang angeführten Beispielen, durch den Umstand befördert, daß Sprachumfang und Erfahrungsschatz, den Programmierer mittels Repräsentation einfangen wollen, äußerst vielschichtig sind und ein breites Spektrum menschlicher Auffassungsgabe abverlangen. Tatsächlich bewegt sich das Programm jedoch, wie bei den anderen Beispielen auch, in einer eingeschränkten Mikrowelt und spiegelt damit die Blindheit dieser Repräsentation wider.

Aber sind nicht auch Menschen ebenfalls dieser Form von Blindheit ausgesetzt? – könnte der Einwand lauten. Wenn wir den Programmen die Fähigkeit von ›Sprachverstehen‹ absprechen wollen, wie können wir dann überhaupt irgend jemandem Verstehen zuschreiben, ohne uns zu widersprechen? Die Antwort führt uns zurück zu der in Kapitel 5 vorgestellten Sprachtheorie. Wir haben dort geltend gemacht, daß das Wesentliche der Sprache als menschliche Tätigkeit nicht in der Fähigkeit begründet liegt, die Welt widerzuspiegeln, sondern in ihrer Eigenschaft, Verpflichtung zu erzeugen. Wenn wir von einer Person sagen, sie verstehe etwas, dann unterstellen wir, daß er oder sie die mit diesem Verständnis verknüpfte Verpflichtung (bzw. den unterstellten Geltungsanspruch) eingegangen ist. Aber wie soll ein Computer Bindungen eingehen?

Die Verwendung mentaler Begriffe wie »verstehen« setzt – wie wir in Kapitel 8 herausgestellt haben – die Ausrichtung auf ein autonom handelndes Individuum voraus. Trotzdem werden diese Begriffe oft aus Bequemlichkeit für tierische Lebewesen oder Maschinen eingesetzt. Die Aussage »Das Programm versteht lediglich Kommandos, die nach Uhrzeit und Datum fragen«, erscheint uns natürlich, und wir halten die Redeweise zur Erklärung des Programmverhaltens für brauchbar. »Ein Kommando verstehen« bedeutet in diesem Fall, Operationen auszu-

Sprachverstehen

führen, die irgend jemand durch einen Befehl hervorrufen will. Der Computer ist jedoch keineswegs verpflichtet zu dieser Verhaltensweise – er ist zu überhaupt nichts verpflichtet. Wir erwarten vom Computer nicht die gleiche Form von Verantwortlichkeit wie von einem Menschen, der dem identischen Wortlaut Folge leistet (oder daran scheitert).

Selbstverständlich gibt es auch hier Verpflichtungen, aber die des Programmierers und nicht des Programms. Wenn jemand eine Notiz schreibt und an eine andere Person schickt, wird auch niemand auf die Idee kommen, dem Papier sprachliche Fähigkeiten zuzugestehen. Das Papier wirkt in diesem Falle als Interaktionsmedium zwischen zwei Personen. Schreibt jemand ein komplexes Computerprogramm, das auf Dinge, die eine andere Person eingibt, reagiert, ist die Situation genau dieselbe – das Programm ist lediglich ein Medium, das dem Benutzer die Verpflichtung des Programmierers übermittelt. Das Dazwischentreten eines Mediums ist nicht belanglos. Die Rolle, die der Computer als ›aktiv strukturierendes Kommunikationsmedium‹ spielen kann, werden wir in Kapitel 12 beschreiben. Dennoch – um es noch einmal zu betonen – lassen wir uns auf eine ausgesprochen riskante Form von Blindheit ein, wenn wir dem Computer – anstatt dem Menschen, der ihn programmiert hat – die Tätigkeit des Verstehens zuschreiben.

Dies gilt gleichermaßen für ein System wie TEIRESIAS (DAVIS 1979), das auf Fragen über Details der Repräsentation selbst antworten und die Art und Weise aufzeigen kann, wie es die eigene formale Beschreibung zu speziellen Berechnungen herangezogen hat. Das diesem System einprogrammierte ›Metawissen‹ stellt überhaupt keine andere Repräsentation dar als die, von der bisher das ganze Buch hindurch die Rede war. Für die Funktionsweise des Programms mag diese Darstellungsform sinnvoll sein, sie spiegelt jedoch eine vorher festgelegte Auswahl an Objekten, Eigenschaften und Relationen wider, und der Beschreibung des eigenen Programmablaufs sind in gleicher Weise Grenzen gesetzt wie dem Programm in der Beschreibung des bearbeiteten Gegenstandsbereiches. HOFSTADTER (1985) behauptet zwar, daß diese Beschränkungen möglicherweise nicht für Systeme gelten, die eine vielfache Schichtung solchen Wissens berücksichtigen und ›Seltsame Schleifen‹ einschließen, in denen Beschreibungsebenen auf sich selbst anwendbar sind. Er räumt jedoch ein, daß es sich dabei um eine unbewiesene Vermutung handelt, und er ist nicht in der Lage, eine Erklärung zu liefern, warum wir gerade von einem solchen System erwarten sollen, daß es sich grundlegend von anderen unterscheidet.

Wir haben schon in den vorausgegangenen Kapiteln deutlich gemacht, daß ein Individuum nicht ständig von derselben Art von Blindheit eingefangen wird. Uns ist die Fähigkeit zu eigen, auf Zusammenbrüche in einem Bereich mit einer Verlagerung des Bereiches, in dem wir neue Bindungen eingehen, zu reagieren. Verstehen ist keine festgefügte Beziehung zwischen Repräsentation und repräsentierten Gegenständen, vielmehr die Verpflichtung zur Teilnahme an einem Dialog, der vor dem übergreifenden Horizont von Sprecher und Hörer stattfindet, in einer Weise, die neue Unterscheidungsmerkmale entstehen läßt.

Was bedeutet all das Gesagte nun in Hinblick auf praktische Anwendungen der Sprachverarbeitung mit Computern? Eine Verurteilung der bislang geleisteten technischen Entwicklungsarbeit ist nicht Ziel unserer Kritik. Ebensowenig kritisieren wir bestimmte Verfahren (Repräsentationen, Deduktive Logik, Beschreibungsrahmen, Metaebenen der Beschreibung usw.). Mit unserer Kritik stellen wir vielmehr die herrschenden Vorstellungen über den Zusammenhang dieser Verfahren mit menschlichem Sprachgebrauch in Frage. In Kapitel 10 werden wir einige zweckmäßige Anwendungen von Computerprogrammen beschreiben, bei denen sprachliche Strukturen (vornehmlich englische Terminologie und Syntax) für den Entwurf formaler Repräsentationen und den Zugriff auf sie ein nützliches Medium darstellen. Die in der Künstlichen Intelligenz entwickelten deduktiven Verfahren (einschließlich der in diesem Kapitel besprochenen Schlußfolgerungsverfahren mit dem Rückgriff auf ›Beschreibungsrahmen‹) können sehr wohl dazu beitragen, bei solchen Programmen zweckmäßige Reaktionen hervorzurufen.

Sprachverstehen

Wichtig aber ist, daß Menschen, die ein solches System einsetzen, zwei kritische Sachverhalte (an)erkennen (die von ELIZA Betrogenen waren sich dessen nicht bewußt). Erstens benutzen sie Strukturen ihrer eigenen Umgangssprache, um mit einem System zu interagieren, das diese Sprache nicht versteht, jedoch in der Lage ist, einige dieser Strukturen zu manipulieren. Zweitens spiegeln die Reaktionen des Systems eine bestimmte, von einer einzelnen Person oder Personengruppe entworfene Repräsentation wider, und diese Repräsentation verkörpert damit immer auch eine perspektivische Blindheit, die nicht einmal den Programmentwicklern vollkommen bewußt war.

KAPITEL 10
AKTUELLE ENTWICKLUNGSTENDENZEN DER KÜNSTLICHEN INTELLIGENZ

Unsere kritische Sicht des Potentials Künstlicher Intelligenz und die gegenwärtig verbreitete Stimmung optimistischer Expansion, die Forschung und Entwicklung in diesem Bereich dominieren, sind offensichtlich miteinander unvereinbar. Künstliche Intelligenz hat während der letzten Jahre das Stigma, aus dem Kuriositätenkabinett der Forschungslabors zu entstammen, abgeschüttelt und trachtet nach einer Schlüsselrolle in der Technologiepolitik und bei Investitionsentscheidungen. In seiner, 1981 an die *American Association for Artificial Intelligence* (AAAI) gerichteten Ansprache als Vorsitzender schildert FEIGENBAUM die ersten Wogen der Begeisterung:

»Keiner, der an der ersten nationalen AAAI-Konferenz im vergangenen August in Stanford teilnahm, konnte sich dem Eindruck entziehen, den Umfang und die Qualität der wissenschaftlichen Tagung und die Wucht der dort präsentierten Ideen auf ihn machten ... Elfhundert Wissenschaftler, Ingenieure, Forschungs- und Entwicklungs-Manager, Risikokapitalgeber und Journalisten waren dort versammelt ... Durchsetzt mit normalen wissenschaftlichen Vorträgen drehten sich die Diskussionen um unmittelbar bevorstehende industrielle Anwendungen und die Beweggründe von (mächtigen wie winzigen) Firmen, die jetzt aufgrund des vorhandenen Potentials dies Feld betreten.« (FEIGENBAUM 1980/81)

Selbst innerhalb der traditionell eher konservativen Geschäftswelt wurde eine Kampagne gestartet, die den Optimismus pflegen und das ökonomische Interesse an gewagten Unternehmungen im Bereich Künstlicher Intelligenz fördern sollte:

Entwicklungstendenzen der KI

»Die Welt steht an der Schwelle zum nächsten Computerzeitalter. Die neue Technologie, die momentan die Labors verläßt, verändert die Computer, aus atemberaubend schnellen Kalkulationsmaschinen werden Geräte, die menschliche Denkprozesse nachahmen – Maschinen erlangen die Fähigkeit, Schlüsse zu ziehen und Urteile zu bilden, sie werden sogar Lernen können ... Es ist nur noch eine Frage der Zeit, davon sind Experten überzeugt, bis diese ›denkenden‹ Computer ehrfurchtgebietende neue Anwendungen in Büro, Fabrik und eigenem Heim erschließen«. (*Business Week* 1982, S. 66)

»Computer ... entstanden vor Jahrzehnten, mechanisierten den Prozeß, Rohdaten in Information umzuformen, damit Menschen sie erfassen und zur Entscheidungsfindung heranziehen können. Gegenwärtig wird eine Ära eingeleitet, in der Computer Information in Wissen verwandeln – sie zeigen uns, wie wir Computer zu entwerfen haben, wo wertvolle Erzlager zu finden sind und wie wir ansonsten unsere Ziele erreichen können. Möglicherweise erleben wir eines Tages, wie sie Wissen zu Weisheit werden lassen – und uns dazu raten können, welche Ziele es wahrhaft wert sind, überhaupt erfüllt zu werden.« (ALEXANDER 1982, S. 160)

Diese Aussagen könnten eigentlich als reine Hirngespinste abgetan werden. Die Computer-Empfehlung, »welche Ziele es wahrhaft wert sind, erfüllt zu werden«, bewegt sich so offensichtlich außerhalb der Reichweite maschineller Rechenoperationen, daß damit nur das grundlegende Mißverständnis darüber, was Computer leisten können, bloßgelegt wird. Diese gesamte Diskussion übt jedoch einen starken Einfluß auf unser gemeinsames Hintergrundverständnis von Computern aus, und wir brauchen daher dringend Kriterien, um derartige Phantasievorstellungen von tatsächlichen Entwicklungsmöglichkeiten zu unterscheiden. Wir wollen in diesem Kapitel eingehender den aktuellen Stand der Forschung im Bereich der Künstlichen Intelligenz und das sich entfaltende Interesse an kommerziellen Anwendungen untersuchen.

Entwicklungspfade

10.1 DIE GABELUNG DER ENTWICKLUNGSPFADE

Bis Mitte der siebziger Jahre glaubten fast alle Forscher im Bereich der Künstlichen Intelligenz, sie könnten gleichzeitig auf zwei Ziele hinarbeiten: die Leistungsfähigkeit von Computern steigern und dem Verstehen menschlicher Intelligenz näherkommen. Möglicherweise haben sie als kurzfristige, forschungsstrategische Festlegung den einen oder anderen Aspekt stärker betont und als Bezeichnung ihrer Arbeit entweder ›Künstliche Intelligenz‹ oder ›Kognitive Simulation‹ gewählt, im Endeffekt zielten sie allerdings stets auf eine endgültige Synthese.

Diese Auffassung wurde in den letzten Jahren in Frage gestellt. Die von uns in diesem Buch vertretene These – die geläufigen Künstliche-Intelligenz-Verfahren seien nicht dazu geeignet, menschliche Denkweise und Sprache zu verstehen – wird mittlerweile stillschweigend akzeptiert. Das führt im Ergebnis zu einer eindeutigen Aufspaltung: in ›Wissensingenieure‹ einerseits, die gut durchdachte Verfahren Künstlicher Intelligenz als Technologie auf praktische Probleme anwenden, und in ›Verstandesmodelleure‹ andererseits, die über komplexere Strukturen als Erklärungsmöglichkeit für menschliches Denken spekulieren.

Kommerziellen Nutzen verspricht die erste Richtung – das Aufspüren profitabler Anwendungen für eine eher begrenzte Methodenvielfalt. Von herausragender Bedeutung sind dabei die sogenannten ›Expertensysteme‹ – also Programme, die sich als Problemlösungsverfahren in bestimmten wissenschaftlichen und technischen Bereichen anbieten. Wir werden im nächsten Abschnitt ausführlich auf Expertensysteme zurückkommen. Zunächst aber werfen wir einen Blick auf die noch nicht so weitgehend vorangetriebenen Entwicklungsarbeiten in den Bereichen der Robotik und der maschinellen Verarbeitung menschlicher Sprache, sowie auf Arbeiten, die mehr in die Richtung einer (Nach-)Modellierung kognitiver Prozesse zielen.

Entwicklungstendenzen der KI

Robotik

In den Anfangsjahren der Künstlichen-Intelligenz-Forschung und -Entwicklung legten besonders die Arbeiten zum Bereich der Robotik größten Wert auf die Suche nach allgemeinen, menschlicher Wahrnehmung und Handlungsweise zugrundeliegenden Prinzipien von Intelligenz. Die Absicht, einen Roboter zu konstruieren, der mit einer ›Hand‹ ausgestattet ist oder selbsttätig den Weg um ein Hindernis finden kann, regte die theoretische Beschäftigung mit symbolischen Problemlösungsverfahren an. Auch die heute verbreiteten Forschungsarbeiten zum Bereich der Robotik verwenden noch verschiedene Methoden aus dieser anfänglichen Entwicklungsphase. Die Robotik als Fachdisziplin läßt sich insgesamt jedoch besser mit dem Fortschreiten der Automatisierung erklären, die einige Jahrzehnte früher einsetzte.

In der Wirklichkeit der heutigen Industriearbeit spielen Computer bereits eine Hauptrolle, z.B. bei der Kontrolle komplexer Prozesse in Ölraffinerien oder der Steuerung numerisch kontrollierter Fräsmaschinen. Dadurch, daß Computerteile zusehends billiger werden, geraten immer mehr Tätigkeiten in den unmittelbaren Zugriff der Automatisierung:

»Etliche der größten U.S.-Gesellschaften engagieren sich in großem Ausmaß beim Einsatz von Industrierobotern ... Drei der führenden Computerfirmen ... erwägen ernsthaft den Einstieg in den Robotermarkt ... Die neue Technologie macht es in zunehmendem Maße möglich, Facharbeiter zu ersetzen. Die neuesten computergestützten Roboter sind um einiges flexibler als die im Vergleich dazu schlichten, nur zwei Jahre alten Vorgänger. Und eine weitere Robotergeneration, die ›sehen‹, ›fühlen‹ und sogar ›denken‹ kann, verläßt die Laboratorien.« (*Business Week* 1980, S. 62)

Auch in diesem Falle müssen wir vor Worten wie ›denken‹ (selbst wenn sie in Anführungszeichen gesetzt sind) auf der Hut

Entwicklungspfade

sein. Nichtsdestoweniger ist vorauszusehen, daß die Automatisierung weiter voranschreiten wird, einschließlich der Entwicklung universell programmierbarer Manipulatoren und visuell koordinierter Handhabungsautomaten. Es würde den Rahmen dieses Buches sprengen, das ökonomische Potential solcher Systeme zu analysieren oder die sozialen Folgeerscheinungen ihres weitverbreiteten Einsatzes zu behandeln. Allerdings muß sorgfältig unterschieden werden zwischen der tatsächlichen Leistungsfähigkeit solcher Geräte und den sozialen Implikationen der Gepflogenheit, diese Geräte als Nutzanwendungen künstlicher ›Intelligenz‹ zu sehen. Schon die Verwendung des Wortes ›Roboter‹ führt in die Irre.

Aspekte der Intelligenz, die unmittelbar auf Wahrnehmung und Handlungsabläufe innerhalb einer tatsächlich vorhandenen Umgebung abzielen, stehen nicht im Mittelpunkt unseres Buches. Dies nicht etwa deshalb, weil diese Gesichtspunkte ganz und gar andere wären, sondern weil der Kern unserer Argumentationslinie, wie wir in Kapitel 8 dargelegt haben, auf ›gegenstandslosen‹ Betrachtungsebenen klarer sichtbar wird. Die Beschränkungen, denen Repräsentation und Programmierung, die sich auf formale Beschreibung von Eigenschaften und Handlungen stützt, unterliegen, gelten erst recht (wenn nicht noch zwingender) für den Einsatz realisierter Roboter. Wahrnehmung ist mehr, als die Außenwelt in einer Repräsentation zu verschlüsseln, und Handlung erschöpft sich nicht allein in ›motorgetriebenen Bewegungsabläufen‹. Dennoch können automatische Handhabungsgeräte, die in bewußt eingeschränkten Bereichen funktionieren, ganz nützlich sein, selbst wenn sie (und manchmal auch, weil sie) nicht die Eigenheit menschlicher Wahrnehmung und Handlungsweise widerspiegeln.

Interaktion in menschlicher Sprache

Ein anderes Feld geschäftiger kommerzieller Aktivitäten stellt die Entwicklung von ›natürlichsprachlichen Zugangssystemen‹ dar. Häufig übertrifft die Werbung, wie in anderen Bereichen auch, die Substanz der Forschung bei weitem. Eine Firma wirbt z.B. für ein »Programm, das Sie versteht, ohne daß Sie es selbst verstehen müssen«.[75] In der Broschüre heißt es weiter:

»Cognitive Systems, Inc. produziert und vertreibt eine die Datenverarbeitung revolutionierende Software, die, was die Produktivität der Mitarbeiter und den Informationszugriff angeht, enorme Vorteile bietet. Unsere Programme verstehen Englisch – nicht eine dem Englischen ähnliche Programmiersprache, sondern *alltägliches Umgangsenglisch* [Hervorhebungen im Original] (oder Französisch oder Deutsch oder jede Sprache, die Sie wollen) ... Die natürlichsprachlichen Programme von Cognitive Systems sind insofern einzigartig, als sie intelligent sind ... Wir statten unsere Computer mit der gleichen Art Wissen aus, wie Menschen es einsetzen, deshalb verstehen unsere Programme einen Satz genauso wie Menschen und antworten in englischer Umgangssprache.«

Selbst die, die an den Erfolg Künstlicher Intelligenz glauben, sehen in solchen Ansprüchen eine maßlose Übertreibung der Leistungsfähigkeit jedes bislang existierenden Systems. Die Behauptungen sind um so denkwürdiger, als an der Spitze dieser Firma eine der führenden Persönlichkeiten im Forschungsbereich der Künstlichen Intelligenz steht, die gleichzeitig den Vorsitz des Informatikdepartments einer bedeutenden Universität innehat.[76]

Diejenigen Verfechter von Computer-Interaktion mit einer in menschlicher Sprache operierenden ›Peripherie‹, die in ihren Äußerungen verantwortungsbewußter sind, räumen natürlich ein, daß Sprache in ihrer umfassenden Bedeutung gar nicht von Programmen ›verstanden‹ werden kann, und sie vertreten die Auffassung, daß für viele praktische Einsatzmöglichkeiten ein wirkliches Verstehen auch gar nicht erforderlich ist. Umgangssprachliche Strukturen eröffnen in gewissen Anwendungszusammenhängen sinnvolle Interaktionsmöglichkeiten mit Computersystemen, die in beschränkten Aufgabenbereichen eingesetzt werden können. Kontrolltätigkeiten (z.b. das Erteilen von Anweisungen an Handhabungsautomaten) oder das Wiederauffinden von Information (z.b. das Abfragen von Statistiken aus Datenbanken) können Zwecke einer solchen Form der Interaktion sein. Zahlreiche Firmen und Forschungslabors arbeiten am Entwurf ›natürlichsprachlicher Peripherie‹ als möglichem Zugang zu Datenbanksystemen, sowohl bei Großrechnern als auch bei Arbeitsplatzcomputern. Ein entsprechendes Programm transformiert eingegebene Sätze in wohlgeformte Abfrageformate, die dann von Datenbanksystemen bearbeitbar sind. Dem Umfang des Gegenstandsbereiches und damit dem Horizont möglicher Auskünfte werden natürlich durch die Datenbank selbst Schranken gesetzt.

Die Frage, ob und wieweit Systeme, die in begrenztem Ausmaß gesprochene Sprache verarbeiten, sich praktisch verwenden lassen, ist nach wie vor offen. Die formale Struktur der Datenbank beschränkt Reichweite und Natur der Frageprozedur selbst, und es kann daher für eine Person wesentlich effektiver sein, eine spezialisierte, genau für diesen Zweck entworfene formale Sprache zu erlernen, als immer erst durch Erfahrung mit dem System herausfinden zu müssen, welche englischsprachigen Sätze nun gerade akzeptiert oder zurückgewiesen werden. Denn solche ›umgangssprachliche‹ Interaktion verleitet sehr leicht zu der Annahme, die Ausdrucksmöglichkeiten, die angemessen vom System verarbeitet werden können, würden näherungsweise dem entsprechen, was Menschen, die über eine ähnliche Datensammlung verfügten, in der Lage wären zu verstehen. Da das ein Trugschluß ist, paßt sich der Benutzer wohl oder übel an das System an und landet schließlich bei einer Anzahl Formulierungen – festen Mustern, die erfahrungsgemäß funktionieren. Ist damit der angebliche Zugewinn an Flexibilität wieder verflogen, so ist nicht mehr klar, ob sich der zusätzliche Aufwand ›natürlichsprachlicher‹ Systeme (Wortvielfalt, Redundanz, Mehrdeutigkeit usw.) gegenüber einem stärker durchorganisierten, formalen System überhaupt lohnt. Andererseits läßt umgangssprachliches Auftreten ein Computersystem in bestimmten Fällen weniger eindrucksvoll erscheinen und fördert damit die Benutzung durch Leute, die vor einem offen erkennbaren formalen Zugang zurückschrecken würden.

Einige der speziellen, in Verbindung mit Sprachforschung auf dem Gebiet Künstlicher Intelligenz entwickelten Verfahren werden wahrscheinlich zu praktisch verwendbaren Systementwürfen führen. Spracherkennungssysteme z.B. eröffnen eine Form der Kommunikation, die ein bedeutend höheres Maß an Zuhandenheit bietet als das Drücken von Tasten einer Tastatur. Kunden werden allerdings enttäuscht, falls sie einen Computer erwarten, der gesprochenes Wort wie ein menschlicher Gesprächspartner versteht. In begrenztem Rahmen kann das System jedoch Lautsequenzen identifizieren und auf dieser Grundlage Handlungen auslösen. Gegenwärtig sind Maschinen in der Lage, das Vokabular von einigen hundert Formulierungen (Worte oder kurze Redewendungen) zu erkennen. Innerhalb kurzer Zeit wird die Kapazität des zur Verfügung stehenden Wortschatzes wachsen, und Spracherkennungssysteme werden imstande sein, anspruchsvollere künstliche Syntaxstrukturen, die gewissen Strukturen der Umgangssprache gleichkommen, auszuwerten. Die Unfähigkeit der Computer, menschliche Sprache zu verstehen, schließt also einen begrenzten Nutzen mündlicher ›Interaktion‹ mit solchen Systemen keineswegs aus. Unser theoretisches Verständnis vom Werkzeugcharakter von Rechnersystemen führt uns vielmehr zu der Auffassung, daß es viele Vorteile mit sich bringen wird.

Modellieren kognitiver Prozesse

Die mit großem Werbeaufwand breit publizierten, praktisch anwendbaren Neuentwicklungen nehmen ein Ausmaß an, das ganz im Gegensatz zur theoretisch ausgerichteten, an grundsätzlichen Fragen menschlicher Erkenntnis interessierten Forschung steht. Aktuelle Forschungsarbeiten suchen sich, darauf haben wir bereits hingewiesen, anders als die Versuche früherer

Entwicklungspfade

Jahre, weniger ehrgeizige Betätigungsfelder, Detailuntersuchungen des auf der Netzhaut ablaufenden Sehprozesses haben z.B. am Massachusetts Institute of Technology Artificial Intelligence Laboratory die vormaligen Arbeiten zum Sehvermögen, die sich mit Objekterkennung auf höherer Ebene und ›Beschreibungsrahmen‹ befaßt haben, abgelöst.[77] Das soll nicht heißen, am MIT (oder anderswo) gäbe es keine Forschung mehr, die menschlichen Talenten in klassischer Manier Künstlicher Intelligenz mit Repräsentationsverfahren allgemein beizukommen versucht. Arbeiten umfassenden Anspruchs fristen jedoch gegenüber einer Forschung, die stärker an speziellen Untersuchungen ›peripherer‹ Fähigkeiten orientiert ist, ein Hinterbänklerdasein, und etliche Forscher haben diesen globalen Forschungsansatz zugunsten einer in hohem Maße spekulativen Charakterisierung komplexer Ebenen der Verstandesarchitektur aufgegeben.

Diese zuletzt angesprochene Tendenz ist interessant, weil sie die Beschäftigung mit Fragestellungen wiederbelebt hat, die im früher existierenden Forschungsbereich Kybernetik im Mittelpunkt standen und von den Wissenschaftlern im Bereich Künstlicher Intelligenz schon voreilig verworfen worden waren. Das Interesse an Phänomenen des Lernens ist z.B. neu erwacht, ebenso die metaphorische Verwendung von ›gespeicherter Erfahrung‹ als Grundlage für Verstehen. Die Forschung der sechziger und frühen siebziger Jahre im Bereich der Künstlichen Intelligenz hatte diese beiden Ansätze heruntergespielt, waren sie doch formaler Analyse nicht zugänglich und auch nicht mit den Programmierverfahren bearbeitbar, die sich damals gerade herausbildeten. Das Interesse an diesen aufgegebenen Ansätzen kehrt nun in dem Maße zurück, wie akzeptiert werden muß, daß die zur Verfügung stehenden Verfahren als Grundlage einer umfassenden Theorie nicht tragfähig genug sind. Skizzenhaft und frei formulierte Beschreibungen als ›konnektionistische‹ Zugänge zu mentalen Strukturen waren die Alternative, z.B. ›Society of Minds‹ (MINSKY 1979), ›K-lines‹ (MINSKY 1981) und ›Memory Organizing Packets‹ (SCHANK 1981). Das Verlangen nach berechenbarer Exaktheit wurde so zunehmend fallengelassen zugunsten des Unternehmens, an subtilere Aspekte des Denkens und der Sprache heranzureichen.

Das Hindernis bei all diesen Versuchen, wie bei der in Kapitel 9 beschriebenen, auch nach dem Konzept der Beschreibungsrahmen vorgehenden Forschung, besteht aus einem schier unüberwindlichen Graben zwischen der Finesse der motivierenden Intuition einerseits und der Armseligkeit der Berechnungsverfahren, um ein dieser Intuition angemessenes Verhalten zu erzeugen, andererseits. Die theoretische Rechtfertigung solcher Ansätze scheint zuweilen auf nicht viel mehr als die Hoffnung zu bauen, daß schon so etwas wie Intelligenz herauskommen wird, wenn die Kalkulationssysteme hinreichend komplex und ihr funktionales Verhalten genügend schwer vorauszusagen ist.

Andere Forscher verlegen sich auf den Entwurf von weniger vorprogrammierten als vielmehr anhand trainierender Abläufe ›lernfähigen‹ Systemen. Programme wie EURISKO, entwickelt von LENAT (1984), beginnen mit einer Basismenge von Objekten und Eigenschaften sowie mit heuristischen Methoden, die diese Objekte und Eigenschaften auf unterschiedliche Weise miteinander kombinieren und die Effektivität dieser Kombinationen testen. Die Grenzen ihres Ausgangsbereiches können solche Systeme allerdings nicht überschreiten, das haben wir in Kapitel 8 im Abschnitt über Lernfähigkeit allgemein erörtert. Ein weiterer Ansatz baut auf detaillierte theoretische Überlegungen, die in gewisser Weise die Funktionsweise und die im Laufe der Zeit stattfindenden Modifikationen des Nervensystems nachbilden. Wenn wir wissen wollen, wie unser Nervensystem wirklich funktioniert, gilt es noch vieles zu entdecken, allerdings bewegen sich Theorien der Künstlichen Intelligenz und neurophysiologische Theorien in verschiedenen Sphären. Genausowenig wie spezielle, physikalische Halbleitertheorien die Komplexität von Computerprogrammen verständlich machen können, werden die ins Detail gehenden Theorien neurologischer Abläufe die Grundlage zur Beantwortung der allgemein gestellten Frage nach Intelligenz und Verständnis liefern.

10.2 EXPERTENSYSTEME

Der Entwurf von Systemen, die ausgewählte technische Detailaufgaben bearbeiten können, hat als Betätigungsfeld Künstlicher Intelligenz am nachhaltigsten kommerzielle Interessen wachgerüttelt. Die Auswertung von Spektrogrammen in der Chemie (LINDSAY et al. 1980), die Identifizierung bakterieller Infektionen (SHORTLIFFE 1976) oder die Konfigurierung geplanter Computerinstallationen (MCDERMOTT 1982) sind Beispiele solcher Expertensysteme.

Diese Programme basieren auf recht einfachen Verfahren, die bereits in den frühen Arbeiten im Bereich Künstlicher Intelligenz entstanden. Die schwierigen Fragen nach Relevanz, Kontext und Hintergrundbezug, die wir in den vorausgegangenen Kapiteln aufgeworfen haben, werden hier gar nicht erst angegangen. Den Entwürfen liegt die Annahme zugrunde, daß dem Programmierer eine eng begrenzte, eindeutige Klassifikation relevanter Objekte und Eigenschaften zusammen mit dem zugehörigen Regelsatz zur Verfügung steht. Die Programme sind nur in sorgfältig umschriebenen Bereichen anwendbar. Zur Charakterisierung geeigneter Problemstellungen hat BUCHANAN (1982, S. 283) u.a. die folgenden Merkmale aufgelistet: »Fachwissen eines Spezialbereiches; geringer Sprachumfang zur Formulierung von Sachverhalten und Kausalzusammenhängen; begrenzende Annahmen hinsichtlich Problemlage und Lösungsmethoden; geringer Einfluß des eigenen Horizonts und dessen Grenzen«. Er legt zwar großen Wert darauf, diese Einschränkungen nur auf den aktuellen ›Stand der Wissenschaft‹ zu beziehen, tatsächlich lassen sich seine Bemerkungen jedoch allgemeiner verstehen. Sie entsprechen nämlich genau der Charakterisierung, die wir in Kapitel 8 ausführlich als Voraussetzung dafür beschrieben haben, um Verfahren der ›Problemlösung‹ innerhalb eines systemischen Bereiches als Programm entwerfen zu können. Es besteht keine Veranlassung zu dem Glauben, daß irgendein zukünftiger Stand der Wissenschaft die Grenzen dieser Merkmale überschreiten wird.

In unterschiedlichsten Technologiebereichen erfüllt der Einsatz komplexer Berechnungen seinen Zweck, als Spezialmethode sind Verfahren der Künstlichen Intelligenz ein Teil davon. Wir gehen davon aus, daß sich solche Art von Verwendung weiter stark ausbreiten wird. Das war immer schon so, seit die ersten Computer zum Knacken verschlüsselter Nachrichten oder für ballistische Berechnungen eingesetzt wurden. In dem Maße, wie sich Bereiche gut definieren und entsprechende Regeln präzise festlegen lassen, ist der Entwurf von ›Expertensystemen‹ möglich, und wir können auch davon ausgehen, daß sie erfolgreich arbeiten werden. Zwei bedeutsame Einsprüche sind jedoch angesagt.

Erstens lauert bereits in der Bezeichnung ›Expertensystem‹ selbst eine Gefahr. Sprechen wir nämlich von einer Person als ›Experte‹, so verbinden wir damit in unserer Vorstellung einen Menschen, dessen Auffassungsgabe nicht nur zum Lösen genau formulierter Probleme ausreicht, sondern eine Person, die Fragen auch in einen größeren Zusammenhang stellen kann. Wir unterscheiden somit zwischen Experten und ›Fachidioten‹. Ein Programm ›intelligent‹ zu nennen oder einem System die Fähigkeit zuzusprechen, ›verstehen‹ zu können, ist irreführend, aber genauso irreführend ist, ein Programm mit dem Titel eines ›Experten‹ auszustatten. Für Leute, die Forschungsgelder einwerben oder fertige Programme verkaufen wollen, mag die falsche Darstellungsweise nützlich sein, allerdings kann sie bei potentiellen Nutzern allzuhoch gespannte Erwartungen bestärken. DREYFUS und DREYFUS (1987) beschreiben vier Stufen schrittweise zunehmenden Fachwissens, davon ist nur die erste Stufe, der ›Neuling‹, vergleichbar mit der Art von Regeln, wie sie Programme beim Versuch, Expertenverhalten zu kopieren, einsetzen.

Zweitens stellt sich beim Entwurf von ›Expertensystemen‹ das Problem, die Beschränkungen des jeweiligen Programms zu kennen und ein Gefühl für die Problemlage des allgemeinen Ansatzes zu vermitteln. Der Einsatz von Computern in der Medizin ist für diese Schwierigkeiten beispielhaft. Niemand wird in Frage stellen, daß in diesem Bereich erhebliche Kalkulationen anfallen (z.B. die Bestimmung des Elektrolythaushalts im Organismus), die von Hand nicht mehr abgewickelt werden können. In anderen Fachgebieten (z.b. der Abklärung spezifischer Infektionen oder der Analyse von Elektrokardiogrammen) ist der Gegenstandsbereich sorgfältig genug eingrenzbar, und Programme können sogar dann Erfolg haben, wenn für die ›richtige Antwort‹ kein simpler, ›geschlossener‹ Algorithmus angegeben werden kann. Aber die populärwissenschaftliche Presse (und genauso der überwiegende Teil der einschlägigen Fachliteratur) beschreibt Computer weiter als ›Diagnostiker‹ und ›Therapeuten‹ von Krankheiten.

Ein Editorial des renommierten *New England Journal of Medicine* bewertet die Möglichkeiten der Computerdiagnose so:

»Die optimistischen Erwartungen von vor zwanzig Jahren, Computertechnologie würde auch bei den klinischen Entscheidungen eine wichtige Rolle spielen, haben sich nicht erfüllt. Wenn überhaupt, werden Computer nur in wenigen Fällen routinemäßig zur Unterstützung medizinischer Diagnostik oder Therapiewahl herangezogen ... Im wirklichen Leben ist es für den Arzt unabdingbar, nicht nur statistische Relationen von Zeichen und Symptomen zu jeweils möglichen Krankheitsbildern zu verstehen, sondern ebenfalls über Weisheit und gesunden Menschenverstand zu verfügen, die aus Verständnis und Erfahrung täglicher Lebenspraxis herrühren. Es ist diese zuletzt angesprochene Forderung, die die schwächste Seite der Computertechnologie darstellt, wenn es darum geht, in irgendeiner inhaltlichen Form das Problem klinischer Diagnostik in Angriff zu nehmen.« (BARNETT 1982, S. 493-494)

Der erste Schritt, den Regelsatz für ein medizinisches ›Expertensystem‹ aufzustellen, besteht notwendigerweise in der Vorauswahl relevanter Faktoren, verbunden mit der Konsequenz, den Hintergrundbezug im weiteren Vorgehen ausklammern zu müssen. Das aber erzeugt, darauf haben wir das ganze Buch hindurch hingewiesen, aus sich selbst heraus unweigerlich

Blindheit. Eine explizite Darstellung bedeutet in jedem Fall eine Grenzziehung, und mögliche Zusammenbrüche verlangen zu jeder Zeit, über diese Grenze hinauszugehen.

Das Problem besteht gerade nicht darin, daß die Entwickler solcher Programme andere Menschen nicht glauben machen könnten, der Computer leiste mehr als er tatsächlich zu leisten vermag, sondern darin, daß die Konstrukteure selbst die Augen verschließen gegenüber den Schranken, die sie errichten. Ein Großteil des Enthusiasmus, der gegenwärtig den Einsatz Künstlicher Intelligenz begleitet, rührt aus dem Glauben, die arg beschränkten Arbeitsbereiche aktueller Programme seien lediglich die ersten Schritte auf dem Weg zu Programmen, die tatsächlich Diagnosen stellen und Behandlungen vorschlagen können. Ernstzunehmende Forscher werden mit Voranschreiten der Arbeit die Probleme, die sie in Angriff nehmen, besser einschätzen lernen. Letzten Endes werden wir eine Spaltung feststellen zwischen denen, die nach wie vor beharrlich nach ›Intelligenz‹ in ihren Programmen suchen, und den Programmautoren, die in sorgfältig umschriebenen Bereichen erfolgreich Berechnungen ausführen.

10.3 COMPUTERSYSTEME DER FÜNFTEN GENERATION

Forschung im Bereich Künstlicher Intelligenz wurde bis vor kurzem fast ausschließlich in den USA und Großbritannien betrieben, die wenigen übrigen Aktivitäten verteilten sich auf Europa und den Rest der Welt. Japanische Wissenschaftler verfolgten die Entwicklung mit Interesse, produzierten jedoch kaum neue Forschungsergebnisse. Mit dem breit publizierten, 1981 begonnenen Computerprojekt der ›Fünften Generation‹ versuchen sie jetzt, den Umschwung herbeizuführen.[78] Unter Ausnutzung der neuesten Entwicklungen Künstlicher Intelligenz zielen sie auf die Produktion von Computersystemen für die neunziger Jahre und wollen diese Verfahren für neue Nutzanwendungen und Einsatzmöglichkeiten weiterentwickeln. Nach einer zwei Jahre währenden Vorstudie, an der Dutzende von Forschern beteiligt waren, beschloß das Japanische Ministerium

Die fünfte Generation

für internationalen Handel und Industrie (MITI), in einem eigens dafür geschaffenen Forschungszentrum in Tokio, dem Institut für Computertechnologien der neuen Generation, ein ehrgeiziges Zehnjahresprojekt zu fördern. Für das gesamte Zehnjahresprojekt wurden Investitionskosten von nicht weniger als 500 Millionen Dollar veranschlagt, möglicherweise ein Mehrfaches dieser Summe.[79]

Die Bekanntgabe des Engagements, Computertechnologie in eine neue Richtung drängen zu wollen, traf in den USA und Europa auf eine krisenhafte Situation und eine Phase der Selbstzweifel über Produktivität und erfolgversprechende Nutzbarmachung von Technologie. Der Erfolg Japans auf dem Weltmarkt (insbesondere bei Produkten der Hochtechnologie) wurde gleichzeitig überschwenglich gelobt, aufs schärfste verurteilt und bis zur Selbstzerfleischung einer Detailprüfung unterzogen. Wie nicht anders zu erwarten, erregte auch das Projekt ›Fünfte Generation‹ das lebhafteste Interesse. Verschiedene Nationen haben reagiert, um nicht ins Hintertreffen zu geraten. Ein Ausschuß in Großbritannien, geleitet von Lord ALVEY (1982), befürwortete einen mit viel Geld ausgestatteten, neugeschaffenen Forschungsfinanzierungsplan im Bereich Informatik. Für den Europäischen Gemeinsamen Markt (EG) wurde ein Programm namens ESPRIT zur Förderung multinationaler Forschungsanstrengungen der Partnerländer installiert. Ein in Frankreich abgefaßter Bericht (CNSRS 1983) faßt zusammen: »Der Bericht insistiert auf sofortigen Maßnahmen: Wir haben keine Zeit mehr zu verlieren«. In den USA reagierte hauptsächlich die Behörde für wissenschaftliche Forschungsprojekte des Verteidigungsministeriums (Defense Advanced Research Projects Agency – DARPA), die lange Zeit die einzige Geldgeberin für Forschung im Bereich Künstliche Intelligenz gewesen war. Diese Stelle leitete die Strategische Computer-Initiative (*Strategic Computing Initiative* – SCI) mit der Absicht in die Wege, über einen Zeitraum von zehn Jahren mehr als 500 Millionen Dollar in technologische Entwicklungen der Künstlichen Intelligenz vor allem für ausgewählte militärische Projekte, zu investieren.[80]

Das Projekt ›Fünfte Generation‹ und dessen Nachfolgeprojekte werfen eine Vielzahl entscheidender Punkte auf, Fragen über die Entwicklung von Technologie überhaupt und die Rolle von Staat und Wirtschaft in der Forschung. Wir konzentrieren uns in diesem Buch jedoch stärker auf die theoretischen Grundlagenfragen der Computertechnologie: Was wollen diese Projekte tatsächlich in die Realität umsetzen, und was würde eine Verwirklichung dieser Pläne bedeuten?

Die Ziele sind alles andere als bescheiden. In der Einleitung zur Studie, die dem Projekt ›Fünfte Generation‹ vorausging, erklärt der Projektleiter:

»Von Computern der Fünften Generation wird erwartet, daß sie höchst wirkungsvoll in allen gesellschaftlichen Bereichen tätig sind ... Ganz neue Einsatzfelder werden sich herausbilden, die gesellschaftliche Produktivität wird wachsen, und man wird die Verzerrung der Wertvorstellungen eliminieren können ... Auch ohne professionelles Wissen über Computer wird jeder von uns in der Lage sein, mit ihnen zu verkehren. Selbst bei Verwendung der alltäglichen Umgangssprache wird der Computer unsere Gedanken nachvollziehen können und sinnvolle Antworten geben ... Die Förderung des Studienfachs Künstliche Intelligenz und die Produktion intelligenter Roboter wird ein besseres Verständnis der Mechanismen menschlicher Lebensweise ermöglichen. Die sich bereits abzeichnende Verwirklichung automatischer Textinterpretation und Sprachübersetzung wird Menschen verschiedener Sprache als Hilfsmittel gegenseitiger Verständigung dienen, durch Mißverständnisse und mangelnde Kenntnisse verursachte Schwierigkeiten reduzieren und weiteres Wachstum auf der Grundlage wechselseitigen Verstehens der jeweiligen Kulturkreise befördern. Der Aufbau einer Wissensbank wird es möglich machen, das Wissen, das die Menschheit angesammelt hat, zu speichern und effektiv zu nutzen, so daß die kulturelle Entwicklung als Ganzes sehr rasch vorangetrieben werden kann.« (MOTO-OKA 1982a, S. 23-24)

Die fünfte Generation

Die erste Seite der Studie zählt vier bedeutende gesellschaftliche Arenen auf, in denen Computer der Fünften Generation »eine aktive Rolle bei der Lösung vorauszusehender sozialer Engpässe spielen« werden:

1. Zur Produktivitätssteigerung in Bereichen geringer Ergiebigkeit wie z.b. Landwirtschaft, Fischereiwesen, Güterverteilung und soziale Dienstleistungen.
2. Für das Bestehen gegenüber der internationalen Konkurrenz und als Beitrag zur internationalen Zusammenarbeit dank der Entwicklung informationsintensiver Industrie.
3. Als Hilfe zum Einsparen von Energie und Ressourcen durch Effektivierung des Umgangs mit Rohstoffen und durch Entwicklung vermehrt wissensintensiver (statt ressourcenintensiver) Industrie.
4. Zur Bewältigung der Probleme einer alternden Gesellschaft durch Verbesserungen, wie sie modernisierte Medizin und damit verknüpfte Informationssysteme bieten, durch Managementsysteme im Gesundheitswesen und Erziehungssysteme, die lebenslanges Lernen ermöglichen.

All das soll entscheidend zum technologischen Fortschritt beitragen, der mit Begriffen umschrieben wird wie: »steigert die Computerintelligenz in gleichem Maße wie deren Neigung, mit dem Menschen zu kooperieren«, »benutzt die Fähigkeit, ungeheure Mengen an Information speichern zu können, um eigenständige, neuartige Gerichtsbarkeit zu erzielen« und »[hebt] das Intelligenzniveau von Computern ... auf eine Ebene, auf der sie die eigene Umgebung begreifen können.« Wie unsere Kritik der Künstlichen Intelligenz auf dieses Vorhaben anwendbar ist, sollte auf der Hand liegen. Schlicht naiv ist die Ansicht, Computer irgendeiner Generation wären in der Lage, »unsere Gedanken nachzuvollziehen« oder »die eigene Umgebung zu begreifen«, und dementsprechend unrealistisch ist die Erwartung, sie würden in größerem Maße positiv Einfluß nehmen auf das breite Spektrum der von MOTO-OKA identifizierten Probleme.

Dennoch verschiebt sich die Perspektive ein wenig, wenn wir uns die mehr ins Detail gehenden Pläne der Studie über Computer der Fünften Generation genauer anschauen. Das Projekt plant nämlich keine monolithische und nur auf ein einziges Ziel ausgerichtete Offensive, sondern stellt eher den Versuch dar, Forschungen im Bereich moderner Computertechnologie in einer ganz allgemein bestimmten Richtung zu fördern und zu koordinieren. Künstliche Intelligenz steht dabei zwar im Zentrum des öffentlichen Interesses, ist aber lediglich ein Teilaspekt des umfassenden Forschungsspektrums der Informatik. Unterstellt, das Projekt hat ein übergreifendes Thema als gemeinsame Klammer, so können wir den Inhalt als eine locker ineinandergreifende Abfolge von Forschungsengagements zusammenfassen:

1. Bei der Lösung sozialer Probleme kann Computertechnologie eine tragende Rolle übernehmen.
2. Das entscheidende technische Problem liegt darin, den Umgang des Menschen mit dem Computer wirkungsvoller zu gestalten.
3. Dies läßt sich durch die Entwicklung ›intelligenter‹ Systeme erreichen, entworfen nach den Prinzipien vorhandener Expertensysteme und aktueller Forschungsansätze im Bereich Künstlicher Intelligenz.
4. Expertensysteme werden, wenn sie auf speziell für diesen Zweck entworfenen Computersystemen und dafür besonders geeigneten Programmiersprachen implementiert werden, einen entscheidenden Sprung nach vorne machen.
5. Diese neuen Maschinen werden in viel stärkerem Maße von Parallelverarbeitung (der Fähigkeit, viele Berechnungen gleichzeitig ausführen zu können) Gebrauch machen als heute übliche Computer.
6. Die Konstruktion solcher Maschinen setzt die Entwicklung fortgeschrittener, höchstintegrierter (VLSI) Herstellungsverfahren voraus.

Die fünfte Generation

Die meisten der einzelnen Glieder dieser Kette sind auch für sich allein genommen tragfähig. In den Behauptungen etwa, die Mensch-Computer Schnittstelle sei ein vordringliches Forschungsfeld und von der Parallelverarbeitung gingen neue Impulse aus, liegt nichts Ungewöhnliches. Viele der spezifisch formulierten Aufgabenstellungen in der Forschung lassen sich dem einen oder anderen Punkt der oben beschriebenen Schrittfolge zuordnen, und deren Erfolg oder Mißerfolg wird nicht von der Schlußfolgerungskette insgesamt abhängen. Das Projekt wird brauchbare Ergebnisse hervorbringen, selbst wenn es keinen Beitrag zur Produktivitätssteigerung in der Landwirtschaft leistet oder die Lebensqualität im Alter anhebt. Wir wollen jeden dieser Schritte sorgfältiger untersuchen.

KANN COMPUTERTECHNOLOGIE BEI DER LÖSUNG SOZIALER PROBLEME EINE TRAGENDE ROLLE ÜBERNEHMEN? Wie jede andere Technologie birgt sie ebenso möglichen Nutzen wie Gefahren in sich. Computer werden zweifelsohne größeren Einfluß auf die Gesellschaft nehmen als sie dies ohnehin schon haben. Damit ist zwar eine wesentliche Begründung für technische Entwicklungen gegeben, aber wir dürfen nicht in die Falle gehen und unterstellen, daß Technologie die Probleme lösen wird. Bei Computern unterliegen wir sogar einer doppelten Versuchung. Wenn der unmittelbare Einsatz von Computertechnologie keine Abhilfe schafft, könnten wir auf die Hoffnung setzen, daß ›intelligente‹ Programme uns erklären werden, wie wir mit den Problemen umzugehen haben. Das ist ein frommer Wunsch, wie wir in Kapitel 8 nachdrücklich betont haben.

LIEGT DAS ENTSCHEIDENDE TECHNISCHE PROBLEM DARIN, DEN UMGANG DES MENSCHEN MIT DEM COMPUTER EFFEKTIVER ZU GESTALTEN? Der Grundidee stimmen wir hier vorbehaltlos zu, aber nicht ihrer Formulierung. Die Art und Weise, wie Menschen Maschinen einsetzen, bildet in der Tat ein Nadelöhr für die technische Entwicklung. Im kommenden Jahrzehnt werden die bedeutsamsten Fortschritte der Informatik unter den Methoden zur Erleichterung der Interaktion mit Computern zu finden sein. In der öffentlichen Debatte über dieses Projekt setzen die beteiligten Forscher jedoch häufig verbesserte Interaktionsformen mit dem Entstehen menschenähnlicher Systeme gleich. MOTO-OKA (1982, S. 27) behauptet: »Hervorstechendstes Merkmal wird sein, daß sich die Schnittstelle zwischen Mensch und Computer weitgehend menschlichem Niveau angleicht ... Für die Kommunikation mit dem Computer wird dem Menschen zur Verfügung stehen: Sprache, Text, Graphik und Bilder.« Bis zum Jahr 1990 – so prophezeit der Bericht – werden Maschinen der Fünften Generation in der Lage sein, übliche verbale Äußerungen mit einem Wortschatz von mehr als 10 000 Wörtern zu verstehen.

Die Annahme, der Erfolg würde sich in den Geleisen Künstlicher Intelligenz bewegen, ist ein Irrtum. Die Zuhandenheit herzustellender Werkzeuge begreifen und die Zusammenbrüche antizipieren zu können, die bei ihrer Nutzung eintreten werden, darin vielmehr liegt der Schlüssel zur Gestaltung. Ein System, das in begrenztem Ausmaß menschliches Verhalten imitiert, wird sich durch scheinbar regelwidrige und unverständliche Zusammenbrüche störend bemerkbar machen. Wir können andererseits Werkzeuge gestalten, die Wahrnehmungs- und Verständnisvermögen der Menschen optimal ausnutzen, ohne deshalb schon diese menschlichen Fähigkeiten auf Computer projizieren zu müssen.

LIEGT DER SCHLÜSSEL IN DER ENTWICKLUNG ›INTELLIGENTER‹ SYSTEME? Das ist das schwächste Glied der Kette. Als ›Experten‹ werden Systeme in vielen Spezialgebieten von Nutzen sein, aber nicht als Grundlage zur Handhabung der Mensch-Maschine Schnittstelle. Der Bericht über Computer der Fünften Generation geht sehr freizügig mit dem Wort ›intelligent‹ um, verwendet es in lockerer Manier für Redewendungen wie ›intelligente Terminals‹. Ebenfalls als Wortgebilde gebräuchlich sind ›intelligente Schnittstellen‹, ›intelligente Systemunterstützung‹, ›intelligentes Programmieren‹, ›intelligentes VLSI Design‹, ›intelligentes Betriebssystem‹, ›intelligente Programmierwerkzeuge‹ oder

›intelligentes Kommunikationssystem‹. Dahinter verbirgt sich häufig der simple Werbeslogan für ein System, das nicht mehr darstellt als eine etwas erweiterte und fortgeschrittenere Version des bislang verfügbaren Systems. Gebräuchliche Verfahren der Künstlichen Intelligenz werden mit dem Fortgang des Projekts ihren Weg gehen und in einer Vielzahl von Nischen Platz finden, aber dem übergreifenden Ziel, Maschinen zugänglicher zu machen, werden sie kaum näher kommen. Die ehrgeizigeren Vorhaben der Künstlichen Intelligenz wie z.b. Universalübersetzungssysteme oder tatsächliches Verstehen der Umgangssprache werden unweigerlich im Sande verlaufen.

KÖNNEN EXPERTENSYSTEME, IMPLEMENTIERT AUF SPEZIALMASCHINEN, EINEN ENTSCHEIDENDEN SPRUNG NACH VORNE MACHEN? Das akademische Interesse am Projekt zielte vorwiegend auf den Versuch, höherstufige Programmiersprachen, basierend auf formaler Logik, einzusetzen[81], diese Sprachen mit der Vorgehensweise logischen Schließens zu verknüpfen und effiziente Zugriffsverfahren auf große Datenbanken zu verwirklichen. Derartige Sprachen und die ins Auge gefaßten Methoden sind nun auf den gegenwärtig verfügbaren Computern bekanntermaßen ineffektiv, und eine der Hauptforderungen des Projekts an die Technik ist, diesen Flaschenhals mit neuartigen Systementwürfen zu umgehen.

Technische Detailargumente auf dieser Ebene würden den Rahmen dieses Buches sprengen. Für bestimmte Arten symbolischer Manipulation, insbesondere für die Handhabung großer Mengen gespeicherter Daten, wird die Forschung aller Voraussicht nach leistungsfähigere Gerätschaften hervorbringen. Die Entwicklung der Spezialsysteme im Umfeld der Künstlichen Intelligenz wird von diesen Maschinen profitieren, darüber hinaus auch ganz allgemein Programme, die in systemischen Bereichen eingesetzt werden sollen; in Kapitel 12 werden wir auf diesen Punkt zurückkommen. Ein Patentrezept, das die verbleibenden Entwicklungsschritte an das übergreifende Ziel kettet, ist damit jedoch nicht gefunden, und es ist noch die Frage, ob die gegenwärtig konzipierten Systeme auch für eine erheblich reduzierte Zielsetzung die richtigen sein werden.

IST PARALLELVERARBEITUNG FÜR DEN ENTWURF NEUER COMPUTERSYSTEME VON ENTSCHEIDENDER BEDEUTUNG? Wieder ein technischer Gesichtspunkt und zudem einer, der innerhalb der Informatikergemeinde breite Zustimmung findet. Die Frage, ob der vom Projekt gegenwärtig ins Auge gefaßte Ansatz der bestmögliche ist, muß erst noch beantwortet werden, es würde aber nicht überraschen, wenn Anstrengungen der geplanten Größenordnung auf diesem Gebiet einen erheblichen Sprung in eine neue Richtung bewirken könnten.

IST DIE ENTWICKLUNG HÖCHSTINTEGRIERTER (VLSI) HERSTELLUNGSVERFAHREN UNABDINGBAR? Über diese Frage läßt sich genauso schwer diskutieren wie über den vorigen Punkt. Das Projekt ›Fünfte Generation‹ kann erfolgreich zu dieser Forschungsrichtung beitragen, das sollten wir vernünftigerweise unterstellen, zumal auch jede größere Computerfirma und jedes bekanntere Informatiklabor auf diesem Gebiet tätig sind. Diese letztgenannten zwei Arbeitsgebiete liefern sehr wahrscheinlich vorzeigbare Resultate, aber sie stehen in kaum einer Beziehung zu den hochgesteckten Projektzielen, das ist der springende Punkt.

Die grandiosen Ziele sind also unerreichbar, aber nützliche Nebenprodukte werden abfallen. Das Streben nach wirklich intelligenten Computersystemen, das das Projekt ›Fünfte Generation‹ und ähnliche Vorhaben an anderen Orten der Welt an den Tag legen, ist auf lange Sicht gesehen kein Hauptbeitrag technologischer Entwicklung. Die Ansätze sind zu tief verwurzelt in rationalistischer Tradition und zu sehr abhängig von deren Grundannahmen über Intelligenz, Sprache und formale Beschreibung.

III
GESTALTUNG

KAPITEL 11
MANAGEMENT UND GESPRÄCHSFÜHRUNG

Die vorausgegangenen Kapitel haben die gängigen Auffassungen über Computer untersucht und die Prophezeiungen über ›intelligente‹ Maschinen und ihre Einsatzmöglichkeiten überprüft. Wir haben dargelegt, daß Künstliche Intelligenz auf Annahmen basiert, die das in ihr steckende Potential, neue Wege der Gestaltung zu eröffnen, eher einschränken. Die grundlegende Frage, auf die wir in den beiden Schlußkapiteln zurückkommen, lautet »Was können Menschen mit Computern tun?«. Beginnen wollen wir mit der Frage »Was tun Menschen überhaupt?«.

Auf diese Frage gibt es nicht nur eine Antwort. ›Tun‹ ist eine Interpretation vor einem Hintergrundbezug und einer Menge unterschiedlichster Interessen. Menschen plaudern und wandern, atmen und bewegen ihre Hände. Sie leben und lieben und hoffen auf Anerkennung. Ohne eine genauere Zielrichtung ist die Frage »Was tun Menschen überhaupt?« inhaltsleer. Wir beschäftigen uns mit der Gestaltung neuer, computergestützter Werkzeuge, und in diesem Zusammenhang fragen wir, was Menschen im Bereich sprachlichen Handelns tun. Analog zu unserem Beispiel eingangs des Buches betrachten wir, wie Menschen in ihrer Arbeit vorgehen, und wählen das Büro als prototypischen Arbeitsplatz. Wechselseitige Verpflichtung und Handlungskoordination, die in dieser Umgebung besonders im Rampenlicht stehen, sind wesentlich für das Arbeitsleben insgesamt und nicht minder für das ›Privatleben‹.

Innerhalb des Bürobereiches wollen wir unsere Aufmerksamkeit ganz besonders darauf richten, was alles unter dem Oberbegriff ›Management‹ vor sich geht. Unser Interesse richtet sich, wenn wir von Management sprechen, nicht ausschließlich auf die Geschäftsführung. Jeder, der sich in einer anleitenden Position befindet, d.h. einer Stellung, die Einfluß nimmt auf die ökonomischen, politischen und physischen Handlungsbedingungen anderer Personen, ist in gewissem Sinne ein Manager. Jeder, der nicht auf einem völligen Routinearbeitsplatz arbeitet, fordert zu Handlungen auf und leitet sie ein, die sich ihrerseits auf die Arbeit anderer Beschäftigter auswirken. Die Dimension der ›Koordination‹, die besonders bei Managementaufgaben im Vordergrund steht, ist deshalb – worauf wir später noch zurückkommen – wesentlicher Bestandteil aller Arbeitsabläufe innerhalb einer Organisation. Um zu untersuchen, was Menschen tun, beginnen wir daher mit der Betrachtung einer speziellen Figur: des Managers in einer Büroumgebung.

Die Frage »Was tut diese Person gerade?« läßt sich auf den unterschiedlichsten Ebenen beantworten:

- am Tisch sitzen, schlückchenweise Kaffee trinken und einen Stift über ein Blatt Papier bewegen
- einen englischsprachigen Text verfassen
- nach dem rechten Wort suchen, um einen Satz zu beenden
- ein innerbetriebliches Rundschreiben aufsetzen
- einen Verwaltungsassistenten an die Besprechung über den Softwarevertrag erinnern, die nächste Woche angesetzt ist
- entscheiden, ob der Vertriebsmanager an der Besprechung teilnehmen soll
- an der Abfassung des neuen Vertrages arbeiten
- versuchen, die Effizienz zu steigern, mit der sein Büro Verträge handhabt
- ...

All das sind angemessene Beschreibungen. Jeder einzelne Punkt kennzeichnet einen bestimmten Bereich und die für diesen Bereich möglichen Brüche der Zuhandenheit. Aktuelle Gestaltungsansätze der ›Büroautomation‹ basieren, wie schon die Behandlung der Textverarbeitung in Kapitel 1 gezeigt hat, auf Tätigkeitsbereichen, die mit dem Verfassen von Text und der Manipulation von ›elektronischem Papier‹ z.B. in Form von Rundschreiben, zu tun haben. Der Bereich der Sprechakte und

Entscheidungsfindung

der Gesprächsführung – ein Bereich, in dem Begriffe wie ›erinnern‹, ›einfordern‹ und ›zustimmen‹ von Bedeutung sind – eignet sich für den Einsatz neu gestalteter Werkzeuge, und wir vertreten die Auffassung, daß dies der erfolgversprechendste Bereich ist, um Management zu verstehen und zu erleichtern. Jeder Manager ist in erster Linie mit dem Aufbau und der Aufrechterhaltung eines auf Handlung orientierten Konversationsnetzwerkes beschäftigt – einzelne Gespräche, bei denen Anforderungen und Verpflichtungen zu einem erfolgreichen Abschluß der Arbeit führen.

11.1 MANAGEMENT UND ENTSCHEIDUNGSFINDUNG

Wenn wir von Managern sprechen, so vermeiden wir bewußt das verbreitete Etikett ›Entscheidungsträger‹. Die von uns beschriebenen Manager (und in weiter gefaßter Bedeutung auch andere Beschäftigte) könnten zwar auch als Entscheidungsträger bezeichnet werden, aber bei diesem Begriff schwingt immer ein bestimmtes Vorverständnis der Tätigkeit einer solchen Person mit, das wir gerade in Frage stellen wollen. Zunächst stellen wir die Tradition der ›entscheidungstheoretischen‹ Forschung dar und zeigen, wie das Verständnis dessen, was Manager tun, durch diese Tradition eingeschränkt und in die Irre geführt wird.

In Kapitel 2 haben wir einen kurzen Überblick über den theoretischen Zugang zur Entscheidungsfindung gegeben, wie er von SIMON und anderen entwickelt wurde, und damit eine Schlüsselstelle für das Aufkommen des Fachgebietes Künstliche Intelligenz benannt. SIMON beschreibt den Prozeß der Entscheidungsfindung als heuristische Suche unter Alternativen in einem Problemraum möglicher Handlungsfolgen mit der Absicht, eine befriedigende Lösungsmenge aufzuspüren. Es handelt sich dabei um Verfahren von beschränkter Rationalität; die Auswahl erfolgt aufgrund präziser, aber keinem einfachen Modell des Schlußfolgerns oder der Beweisführung entlehnter Anwendung von formalen Regeln auf nur teilweise vorhandene Information.

Verfahren dieser Art wurden von Forschern im Bereich Künstlicher Intelligenz als Grundlage für eine Vielzahl menschlicher Verstandestätigkeiten genommen, wie wir in Kapitel 8 gesehen haben. Es ist deshalb auch nicht weiter erstaunlich, daß das in den vorausgegangenen Kapiteln beschriebene theoretische Verständnis gleichermaßen auf Managementprobleme und Entscheidungsfindung anwendbar sein soll.

Es ist notwendig, an dieses Modell der Entscheidungsfindung eine Reihe kritischer Fragen zu richten: Ist damit wirklich der einzig mögliche Weg rationaler Entscheidung beschrieben? Wie steht es mit anderen Möglichkeiten, Unschlüssigkeit zu bewältigen, z.B. mit Lernprozessen und Verhaltensweisen, die sich nach einer Autorität, nach Regeln oder eigener Eingebung richten? Eine Reihe nachgeordneter Fragen schließt sich an: Woraus ergeben sich Alternativen? Woher entstehen individuelle Präferenzen? Wer richtet sich überhaupt nach ihnen? Ist es nicht möglich, daß eine falsche Herangehensweise an Probleme uns nur deshalb zu Lösungen drängt, um ein naheliegendes, aber zu enges Situationsverständnis zu überdecken?

Die als selbstverständlich betrachtete Voraussetzung, die rationale Entscheidungsfindung mit Auswahl unter vorgegebenen Alternativen gleichsetzt, ist hochgradig restriktiv. Eine solche Unterstellung kann uns nämlich die Irrationalität einer bestimmten Situationsdeutung mit ihren irreführenden Alternativen und fehlgeleiteten Vorlieben nicht mehr bewußt machen. Sicher: In vielen Fällen sind Methoden zur Auswertung und Wahl zwischen Alternativen zugegebenermaßen hilfreich; diese Methoden verlieren jedoch ihren Wert, wenn sie uns für die umfassendere Sorge um menschliches Verhalten blind machen. Zwei Probleme treten deutlich zutage: Geworfenheit in eine Situation und die Bedeutung von Hintergrundbezug. Wir wollen diese Gesichtspunkte nacheinander betrachten.

Vor allen Dingen geht die Darstellung der Entscheidungsfindung als heuristische Suche in einem Möglichkeitsraum nicht konform mit der Beobachtung dessen, was sich in Managementsituationen abspielt. Nach Auffassung von KEEN und SCOTT-

Entscheidungsfindung

MORTON (1978, S. 15) »war die Ignoranz gegenüber und das mangelnde Interesse an den konkreten Bedingungen, unter denen Entscheidungen tatsächlich gefällt werden, eine ernstzunehmende Schwachstelle der gesamten Managementwissenschaften«. Sie ziehen eine Parallele:

»Stellen Sie sich vor, Sie fahren eines schönen Tages mit dem Auto und 30 km/h durch eine Vorortstraße. Sie sehen ein kleines Kind vor ihrem Fahrzeug über die Straße rennen. Die Problemlage ist vollkommen klar – Sie müssen bestimmte Handlungen ausführen, sonst wird das Kind angefahren. Schätzungsweise stehen ihnen vier Alternativen offen: (1) den Motor abstellen, (2) den Rückwärtsgang einlegen, (3) einen Schwenk machen oder (4) auf die Bremse treten. Die Wahl zwischen diesen Alternativen ist uns ›einprogrammiert‹ worden, und normalerweise würden wir unwillkürlich die Bremsen betätigen. Bei geänderten Bedingungen, während sie in strömendem Regen mit 90 km/h bei dichtem Verkehr auf einer Schnellstraße fahren, stürmt plötzlich ein großer Hund direkt vor Ihnen über die Straße – den Hund anfahren könnte das Fahrzeug aus der Spur werfen, das Steuer herumreißen würde zum Zusammenstoß mit Autos rechts und links führen, zu scharfes Bremsen könnte das Auto ins Schleudern bringen und vieles mehr. Eine sorgfältige Beurteilung der Alternativen, beispielsweise durch Rundumblick, um festzustellen, wie groß der Abstand zum nächsten Auto ist, ist theoretisch nur möglich, wenn genügend Zeit zur Verfügung steht. Die hohe Fahrzeuggeschwindigkeit schließt jedoch sämtliche Informationssammeltätigkeiten aus. Wir haben also eine Situation, in der zwar alle Variablen bekannt sind, aber nicht ausreichend Zeit zur Verfügung steht, um eine Auswertung durchzuführen. In einem solchen Fall, behaupten wir, verwandelt der Kontext die Sachlage in ein unstrukturiertes Problem. Manager sind häufig irritiert durch den bei Wissenschaftlern verbreiteten Hang zur Fokussierung auf inhärente Strukturen des Entscheidungsprozesses, die sich mit Managementfragen befassen, bei gleichzeitiger Nichtbeachtung der Abhängigkeit jeder Entscheidung vom jeweiligen Kontext. Unser Autofahrerbeispiel ist ein Beleg dafür.« (KEEN und SCOTT-MORTON 1978, S. 94)

Der erwähnte Autofahrer ist ein Beispiel *par excellence* für die von HEIDEGGER in unserem Alltagsleben herausgestellte Situation von ›Geworfenheit‹. Wir handeln nicht in erster Linie als Resultat vorausgegangener Erwägungen, sondern aus einer bestimmten Seinsweise heraus. Die Reaktion des Fahrers in der dargestellten Situation läßt sich mit der Begrifflichkeit rationalen Verhaltens allein, selbst mit beschränkter Rationalität nicht angemessen umschreiben. Seine Gewohnheiten oder eine Erfahrung, die er bei einem früheren Unfall gemacht hat, können um ein Vielfaches bedeutsamer sein als jede gedankliche Vorwegnahme oder Bewertung eines Unfallrisikos. Manager reagieren ›irritiert‹ auf Verfahren der Entscheidungsfindung, weil der methodische Ansatz mit der Annahme verknüpft ist, daß diese ›Leistungsbeschränkungen‹ irgendwie randständig und vermeidbar sind und daß ein Manager in der Lage sein sollte, ohne Rückgriff auf Gewohnheiten und eigene Erfahrungen zu handeln. Die Theoretiker der Entscheidungsfindung mögen zwar Erfolg haben bei dem Versuch, Manager von den Vorzügen systematischer Beurteilung und Auswahlverfahren zu überzeugen, aber ihre Erfahrung als Manager bestätigt eher HEIDEGGERS Analyse des In-der-Welt-Seins.

Das Problem liegt nicht nur in der Beschränkung auf rationale Entscheidungsfindung. Jeder theoretische Ansatz, der Management nur als rationales Problemlösungs- oder Entscheidungsfindungsverfahren betrachtet, scheitert unweigerlich an der Frage des Hintergrundbezugs. Die Auffassung, ein Manager optimiere Eckwerte durch eine Selektion vorhandener Handlungsalternativen, entspricht der Sichtweise, das Verstehen von Sprache mit einem Auswahlverfahren unter formalen Begriffsbestimmungen gleichzusetzen. Zu verstehen, wie die für einen gegebenen Kontext sinnvollen Alternativen zum Vorschein kommen, ist das härteste Stück Arbeit. Der entscheidende Punkt jeder Problem*lösung* steckt bereits in der *Formulierung* des Problems.

Der methodische Ansatz, der von beschränkter Rationalität ausgeht, unterstellt nun nicht mehr, daß der Entscheider in der Lage ist, alle Möglichkeiten auszuwerten, er setzt jedoch weiterhin einen wohldefinierten Problemraum voraus, der alle Alternativen an einer bestimmten Stelle einordnet. Für welche Art von Betrachter dieser Alternativenraum geeignet sein soll, ist nicht ersichtlich. Wir (als außenstehende Beobachter) können zwar die Beschreibung von Managerverhalten formalisieren, indem wir die Sachlage als eine Menge zur Verfügung stehender Alternativen mit den dazugehörigen Eigenschaften darstellen. Wenn wir dies tun, so bringen wir jedoch unser eigenes Vorverständnis zur Geltung, und schaffen, herausgegriffen aus der Gesamtsituation, unsere eigenen, gesonderten Alternativen. Wenn wir ein Programm schreiben wollen, sind wir gezwungen, *a priori* eine Analyse in dieser Form zu leisten.

KEEN und SCOTT-MORTON (1978, S. 58) unterstreichen: »Die meisten, wenn nicht alle zentralen Managemententscheidungen befassen sich mit unscharf formulierten Problemstellungen, die von Managern oder deren Organisation nicht vollkommen durchschaut werden. Von entscheidender Bedeutung ist stets das persönliche Urteilsvermögen der Manager.« Probleme erwachsen aus Sprachhandlungen, durch die die relevanten Probleme identifiziert und bestimmten Kategorien zugeordnet werden. Irgendeine Situation geht natürlich jeder Formulierung voraus, aber ihr Vorhandensein als besonderes Problem wird erst geschaffen durch die sprachlichen Geltungsansprüche derjenigen, die über das Problem reden. Ihre Kommunikation wiederum vollzieht sich vor einem gemeinsamen Hintergrund der Gesprächsteilnehmer, der in deren Tradition verankert ist.

Wir können uns genausowenig wie insgesamt bei Sprache mit einfachen Vorstellungen von Wahrheit und Deduktion zufriedengeben. Die ›Energiekrise‹ war auch nicht einfach das Resultat wirtschaftlicher Maßnahmen der Ölgesellschaften, der Araber oder der amerikanischen Konsumenten, sondern wurde von denjenigen hervorgerufen, die die Macht hatten, einen Konsens in der Situationsdeutung herzustellen und weit vorausschauend die Situation für krisenhaft zu erklären. Die entscheidende Frage ist nicht, ob die Tatsache, daß es sich um ein Problem handelt, ›wahr‹ oder ›falsch‹ ist, sondern welche Verpflichtungen (oder Geltungsansprüche für Sprecher und Zuhörer) durch die Sprachhandlungen, die das Problem aufgebracht haben, erzeugt werden und wie diese Verpflichtungen den Raum möglicher Handlungen hervorbringen.

11.2 ENTSCHEIDUNGSFINDUNG UND ENTSCHLUSS

Anstatt über ›Entscheidungen‹ und ›Probleme‹ zu reden, sollten wir von einer ›Situation der Unschlüssigkeit‹ sprechen, d.h. einer Situation, in der wir die Kontroverse spüren, die durch die Suche nach einer Antwort auf die Frage »Was muß getan werden?« ausgelöst wird. Wenn jemand einen neuen Beschäftigten einstellt, mag dem eine ›Entscheidung‹ zugrunde liegen oder nicht, mit Sicherheit können wir jedoch behaupten »Ein Entschluß ist gefällt worden«. Der Vorgang, der letztlich zu dem Entschluß führt, wird typischerweise durch einen bestimmten Anspruch ausgelöst, der erst einmal ein Gefühl von Unentschlossenheit erzeugt. Solche Ansprüche können unterschiedlichster Art und Herkunft sein: eine interne Bestandsaufnahme, gewisse äußere Umstände oder unvorhergesehene Ereignisse, aber auch ein neuer Vorschlag, der uns einen springenden Punkt unserer Handlungsmöglichkeiten vor Augen führt. Die nachfolgende Unschlüssigkeit ist kein Vorgang, bei dem rein logische Alternativen erwogen werden. Ganz allgemein herrscht mehr oder weniger ausdrücklich ausgesprochen Unzufriedenheit darüber, »wie die Dinge sich entwickeln«. Die Lage ist verwoben mit der Vergangenheit als dem vorgegebenen Handlungsmuster und der Zukunft als dem Möglichkeitsraum für weitere Handlungen.

Die Frage »Was muß getan werden?« erwächst aus einem Zusammenbruch, der den Tätigkeitsverlauf durch eine Art von

Entschluß

›Unzuhandenheit‹ unterbricht. Häufig kennzeichnen zögerliches Verhalten sowie heilloses Durcheinander das Erscheinungsbild und richten sich damit *immer schon* auf bestimmte Entwicklungsmöglichkeiten. Ein möglicher Handlungsraum wird offengelegt und gleichzeitig werden andere zugedeckt, dadurch erscheint diese Vorzugsrichtung auf die Zukunft als ausschließende Befangenheit.

Zur Veranschaulichung ein einfaches Beispiel:

Sie sind immer als Pendler mit ihrem alten Chevrolet zur Arbeit gefahren. Kürzlich mußten Sie dreimal Starthilfe für das Auto in Anspruch nehmen, und jedesmal, wenn Sie auf die Bremse traten, ertönte ein ominöses Schnarren. Eines Morgens, auf dem Weg zur Arbeit, konnten Sie den ersten Gang nicht mehr einlegen. Sie haben also das Fahrzeug zu einem Autoschlosser gebracht, und der hat Ihnen erklärt, daß etwas mit dem Getriebe nicht in Ordnung ist. Offensichtlich befinden Sie sich in einer Situation der Unschlüssigkeit. Sie sprechen mit ihrem Mann und kommen zu dem Schluß, daß mehrere Alternativen offenstehen – Sie können das alte Auto reparieren lassen, Sie können aber auch ein gebrauchtes oder neues Auto kaufen. Falls Sie sich zu einem Gebrauchtwagen entschließen, könnten Sie versuchen, ihn über Freunde oder durch eine Kleinanzeige in der Zeitung aufzutreiben oder zu einem Händler gehen. Falls Sie sich zu einem Neuwagen durchringen sollten, würde Ihnen ein Wohnmobil gefallen, das für Urlaubsfahrten einsetzbar ist, aber Sie sind nicht sicher, ob Sie sich ein solches Fahrzeug leisten und immer noch den Urlaub, den Sie geplant haben, machen können. Tatsächlich sind Sie sich nicht einmal sicher, ob Sie sich überhaupt ein Auto leisten können, denn Abzahlung und Versicherung für das Auto Ihres Mannes müssen sowieso schon aufgebracht werden.

Die klassische Entscheidungstheorie würde ihre Aufgabe darin sehen, einen Alternativenraum aufzubauen und jeder Möglichkeit einen Wert zuzumessen. Das beinhaltet die Handhabung von Unsicherheiten, z.B. ist nicht klar, wieviel die Reparatur kosten wird, wieviel Ärger mit der Suche nach einem guten Gebrauchtwagen verbunden ist, auch nicht, wie Ihre zukünftige finanzielle Situation aussehen wird. Zusätzlich erfordert es den Vergleich von Faktoren, die nicht unmittelbar vergleichbar sind. Wie wichtig ist es für Sie, komfortabel Camping machen zu können? Als wie negativ empfinden Sie, bis zum Hals in Abzahlungen für das Auto zu stecken, so daß die Einteilung des Haushaltsgeldes jeden Monat einen Ehekrach auslöst? Was würde der Verzicht auf den Urlaub bedeuten? Wie teuer würde die Vermeidung des wachsenden Ärgers über Zusammenbrüche werden, die mit einem Gebrauchtwagen einhergehen? Was würde es Ihnen ausmachen, am Steuer einer alten Karosse erkannt zu werden?

Die Unmöglichkeit, systematische Entscheidungsverfahren einzusetzen, liegt gerade nicht in der Problemstellung begründet, sondern in der Befangenheit, die mit der Situationsbeschreibung selbst als Wahl zwischen Alternativen immanent verknüpft ist. Stellen Sie sich vor, Sie würden am nächsten Tag (weil Sie für den Weg zur Arbeit kein Auto zur Verfügung haben) das städtische Busunternehmen anrufen, die Fahrzeiten erfragen und einen geeigneten Bus finden. Nach wenigen Tagen Busfahrt wird Ihnen klar, daß Sie eigentlich kein Auto benötigen. Das Problem »Wie komme ich zu einem fahrbereiten Auto?« ist nicht *gelöst*, sondern hat sich *aufgelöst*. Sie begreifen, daß das Problem, das Sie tatsächlich lösen wollten, mit der Frage gestellt ist »Wie kann ich zur Arbeit kommen?«.

Natürlich könnte jemand einwenden, daß Ihnen die Festlegung des richtigen Alternativenraumes mißlungen ist, aber nichtsdestoweniger sei ein solcher vorhanden. Stellen Sie sich dagegen ein etwas andersgeartetes Szenario vor. Die Busfahrt nimmt zuviel Zeit in Anspruch, und Sie klagen einem Freund bei der Arbeit Ihr Leid über diese Situation. Er kann sich in Ihre Situation versetzen, denn sein Arbeitsweg mit dem Fahrrad ist auch unerfreulich wenn es regnet. Sie beide kommen auf die Idee, die Firma müßte Beschäftigten Transportbusse für Fahrge-

Entschluß

meinschaften zur Verfügung stellen. In diesem Fall ist die Lösung erst im Entstehungsprozeß einer weiteren Alternative gewachsen. Der entscheidende Punkt ist auch hier nicht die Auswahl unter vorhandenen Alternativen, sondern deren Erzeugung. Sie könnten aber auch ein Auto stehlen oder Ihre Haushaltsführung in ein Zelt, mitten in Ihr Büro verlegen oder Selbstmord verüben. Jedes Vorgehen würde auf seine Weise ›das Problem lösen‹. Wir unterliegen ernsthafter Täuschung, wenn wir den Raum aller logischen Möglichkeiten für den Alternativenraum halten, der von Belang ist. Die Relevanz leitet sich immer aus einer hintergrundbezogenen Vorzugsrichtung ab.

Sie unterhalten sich mit einem anderen Freund, der gerade sein Auto aus der Werkstatt geholt hat. Er hört sich Ihre Geschichte an und drückt seine Verwunderung über die ganze Angelegenheit aus. Ihm kommt nie der Gedanke, etwas anders regeln zu wollen, als er es immer getan hat. Der Entschluß, das Auto reparieren zu lassen, steht für ihn außer Frage. Ein Unschlüssigkeit auslösender Zusammenbruch ist ihm noch nie passiert. Diese alles ausschließende Eigenheit ist ein wesentlicher Bestandteil seiner Beschlußfassung, manchmal zur Sprache gebracht als Beweggrund oder Argument, wobei einige der ausgeschlossenen Pfade angesprochen werden können (»Ich kann mir nicht leisten, ein neues Auto zu kaufen«). Immer ist ein Mehr an Bedeutung, das nicht ausgesprochen wird, mit im Spiel, das damit dem unergründlichen, als offensichtlich angesehenen Bezugsrahmen anheimfällt.

Diese Art ausschließender Verpflichtung auf bestimmte Handlungsmuster ist selbst in Situationen vorhanden, in denen wir gar keine Unentschlossenheit empfinden; wir handeln einfach, ordnen an, versprechen, erklären oder lehnen dankend ab. Dadurch verpflichten wir uns selbst auf gewisse Handlungsabläufe. Es ist naiv zu glauben, dies seien keine rationalen Handlungen, nur weil bei ihnen der Prozeß des Abwägens (im Sinne der Auswahl zwischen Alternativen) fehlt. Verpflichtung auf einen bestimmten Handlungsablauf unter Ausschluß all dessen, was ansonsten in Frage kommen könnte, ist für gewöhnlich ein

charakteristischer Bestandteil von Haltungen, die einer Handlung vorausgehen.
Den Prozeß, der von der Unentschlossenheit zur Beschlußfassung führt, nennen wir ›Abwägung‹. Eine irgendwie geartete Form von Gespräch (an dem einer oder viele Akteure beteiligt sein können), das geleitet wird durch Fragen, in welche Richtung Handlungen zielen sollen, ist Hauptmerkmal für die Tätigkeit des Abwägens. Manchmal können wir Vorbehalte benennen, die weiterer Erkundigungen bedürfen, und damit einem Entschluß näherkommen. Bei anderer Gelegenheit nimmt ein Entschluß seinen Ausgang von einer länger anhaltenden Unschlüssigkeit und (oder) Diskussion. Nur in wenigen dieser Fälle wird das Phänomen auftreten, daß wir zwischen gegebenen Alternativen auswählen, und ein ›entscheidungstheoretisches‹ Verfahren, das eine Rangfolge gemäß einer bestimmten Metrik oder anderen Kriterien aufstellt, wird vermutlich noch seltener vorkommen.
Der Gesprächsverlauf, aus dem das Abwägen als Tätigkeit besteht, läßt sich folgendermaßen beschreiben:

1. Dadurch, daß verschiedene Personen Meinungen, Hinweise, Geringschätzungen, Gegenmeinungen etc. zur Sprache bringen, werden zu irgendeinem Zeitpunkt Ansprüche formuliert und dabei einige einleitende Teilvorschläge erkennbar. In diesem Gespräch werden Unterscheidungen zwischen Mitteln und Zwecken, zwischen Teilaspekten und dem Ganzen fallengelassen zugunsten der Interpretation etwaiger kausaler Zusammenhänge, möglicher Ergebnisse und Unannehmlichkeiten.
2. Zu irgendeinem Zeitpunkt schält sich vielleicht eine festgefügte Meinung über mögliche Handlungsabläufe heraus, die es zu beurteilen und in Betracht zu ziehen gilt; dies ist dann der Zeitpunkt, an dem man die als ›Auswahl‹ bezeichnete Abwägung beobachten könnte. Die Bezeichnung ›Auswahl‹ ist jedoch unangemessen, weil sie das Vorhandensein algorithmischer Verfahren bei der Selektion des Handlungsablaufes nahelegt.

Organisationen

Es ist auf jeden Fall wert, vermerkt zu werden, daß sich viele der als ›Problemlösungsverfahren‹ bezeichneten Vorgehensweisen gar nicht mit einer unschlüssigen Situation abgeben, sondern erst im üblichen Endstadium der Entscheidung greifen. Wird z.B. ein Modell der Linearen Programmierung zur Planung der Arbeitsvorgänge in einer Raffinerie eingesetzt, verlangt nicht etwa das zu lösende ›Problem‹ nach einer Entscheidung. Die Beschlußfassung erfordert hier ein Neuerkunden der Situation und nicht die Anwendung herkömmlicher Mittel.

11.3 ORGANISATIONEN ALS NETZWERKE
AUS WECHSELSEITIGEN VERPFLICHTUNGEN

Die Frage »Was tun Manager überhaupt?« läßt sich nur beantworten, wenn wir uns anschauen, was in einer Organisation als Ganzes vor sich geht. Teil I hat verdeutlicht, daß ebenso wie die sich wiederholenden Strukturen, die bei Zusammenbrüchen auftreten, gewisse Formen von ›Wiederholung‹ oder ständig wiederkehrenden Handlungsmustern unser Leben durchziehen. Organisationen versuchen, sich diesen Umstand durch Arbeitsteilung zunutze zu machen, um Zusammenbrüche als etwas bereits Bekanntes behandeln und sich damit gegen Störungen wappnen zu können.

Stellen Sie sich nun als Variante unseres einfachen Autobeispiels vor, anstelle eines defekten, privaten Personenwagens handele es sich um ein firmeneigenes Lieferauto. In einem solchen Fall greift die Firma auf ein etabliertes Instandsetzungsverfahren zurück, die Auflösung der Problemlage ist im voraus festgelegt: Das Fahrzeug kommt in die Betriebswerkstatt und wird vorübergehend mit einem Ersatzteil ausgerüstet. Die Organisation hält andere Handlungsmuster bereit, die mehr darauf ausgerichtet sind, einem Zusammenbruch zuvorzukommen als damit fertig zu werden – in diesem Beispiel offensichtlich die regelmäßig stattfindende, vorbeugende Wartung von Lastkraftwagen.

Dieses Modell von Zusammenbruch und Wiederholung gilt gleichermaßen, wenn wir über Bereiche wie Fahrzeugwartung hinausgehen, wo ein solcher Gedankengang selbst bei oberflächlicher Betrachtungsweise einleuchtet. Zusammenbrüche sind nicht nur Indiz für eine schwierige Lage, sondern machen deutlich, wie die Dinge jedem einzelnen Beschäftigten der Organisation erscheinen. Eine Menge Probleme werden bereits durch Spezialisierung in der Arbeit vorweggenommen: Formblätter, die ausgefüllt werden müssen, Kreditvergaberichtlinien, Verfahrensweisen bei der Bestandsführung und viele weitere Maßnahmen. Seine Arbeit zu tun, bedeutet zu wissen, wie Zusammenbrüche gehandhabt werden und wie man sich in Erwartung möglicher Zusammenbrüche im voraus einzustellen hat.

Der als selbstverständlich unterstellte Vorgang von Wiederholung in einer Organisation umfaßt z.B. nicht nur die Festlegung, welche Produkte und Dienstleistungen angeboten und wem sie offeriert werden, sondern auch, welche Arten der Anfrage zu berücksichtigen sind. Einerseits ist ein gewisses Maß an Starrheit als Folge von Wiederholung unumgänglich, andererseits bringt sie auch eine Gefahr, eine Trägheit und den Hang mit sich, das Feld der Möglichkeiten zu beschränken und nach außen abzuschließen. Derartige Unbeweglichkeit tritt häufig bei Unterstützungstätigkeiten auf, z.B. in Bereichen, die für Wartung zuständig sind oder die Anwendern der Datenverarbeitung weiterhelfen sollen. Die Entwicklung von Hilfsmitteln zur Erledigung solcher Aufgaben kann sich so weit verselbständigen, daß die eigentliche Unterstützungstätigkeit vollkommen aus dem Blick gerät. Wenn der Fortbestand einer Organisation durch eine von außen abgegebene Erklärung gesichert ist, wofür staatliche Bürokratien oder Armeen zu Friedenszeiten Beispiele sind, kann die selbsterzeugte Blindheit ein immenses Ausmaß annehmen. Diese Organisationen werden von Programmen und Projekten in Beschlag genommen, fertigen periodisch wiederkehrende Anfragen ab, wobei sie nur eine geringe Sensibilität entwickeln für die Konsequenzen und Implikationen ihrer Maßnahmen sowie für die von ihnen offiziell eingegangenen Verpflichtungen.

Organisationen

Entscheidungsfindung, wie wir sie im ersten Abschnitt dieses Kapitels beschrieben haben, ist Bestandteil beständig sich wiederholender Tätigkeiten. Die Fachdisziplin ›Systemanalyse‹ hat sich auf regelmäßig strukturierte Prozesse konzentriert und nimmt vorwiegend Probleme in Angriff, die zwar in eingefahrenen Geleisen verlaufen, aber von immensem Umfang sind. Mit Kommunikationsproblemen beschäftigt sich die Systemanalyse allerdings weniger. Wenn wir uns jedoch noch einmal genau den eingangs des Kapitels beschriebenen Vorgang einer Entschlußfassung anschauen, so stellen wir fest, daß dabei die Gespräche zwischen den beteiligten Parteien und die aus der Entschlußfassung entstehende Verpflichtung auf bestimmte Handlungen die Schlüsselelemente darstellen. Der Erfolg läßt sich hier nicht der Entscheidungskraft eines einsam Handelnden zuschreiben, sondern ausschließlich einer Gemeinschaftsleistung.

Sorgfältige Beobachter dessen, was Manager eigentlich tun, (z.B. MINTZBERG 1973) haben bereits bemerkt, daß Managementtätigkeiten nicht besonders gut in das Klischee eines reflektierenden einsamen Geistes passen, der vielschichtige Alternativen abwägt. Statt dessen scheinen Manager durch viele, nur kurz andauernde Wechselbeziehungen zwischen verschiedenen Gesprächspartnern in Anspruch genommen zu werden; die meisten Interaktionen spielen sich in einem Zeitraum zwischen zwei und zwanzig Minuten ab. Sie bevorzugen offenbar eindeutig verbale Kommunikationsformen – per Telefon oder von Angesicht zu Angesicht. Wir können somit sagen, daß Manager durch diese von ihnen geführten Gespräche innerhalb einer Organisation neue Verpflichtungen schaffen, verfolgen und in die Wege leiten. Das Wort ›Management‹ bedeutet aktiv besorgende Teilnahme an Handlungen, insbesondere die Sicherstellung effektiven kooperativen Handelns. Auf höherer Ebene befaßt sich Management ebenfalls mit dem Aufbau von Arbeitszusammenhängen, die Voraussetzung sind, um beständig effektive Handlungen ausführen zu können.

Wenn wir Management als Sorge um die Artikulation und Aktivierung eines Netzwerkes wechselseitiger Verpflichtungen verstehen, das in erster Linie durch Versprechungen und Anforderungen hervorgerufen ist, können wir damit ein Großteil der Managementtätigkeiten erfassen. Nichtsdestoweniger müssen wir auch die unentbehrlichsten Verpflichtungen des Managers einbeziehen: offen zu sein, zuhören zu können und in bezug auf die Aktivitäten und Verpflichtungen der Organisation Autorität zu verkörpern. Dieser Verantwortungsbereich des Managers kann als seine Teilnahme an ›zukunftsorientierter Konversation‹ gesehen werden, als Gesprächsführung, die für handlungsorientierte Konversation einen neuen Bezugsrahmen erschließt.

Die Fragestellungen »Was liegt überhaupt im Rahmen der Möglichkeiten?« und »In welchem Handlungsbereich werden wir uns in Zukunft engagieren?« markieren die Schlüsselstelle solcher zukunftsorientierten Konversation. Diese verlangt daher beständig nach Neuinterpretation zurückliegender Aktivitäten, jedoch nicht im Sinne einer bloßen Auflistung der in vergangenen Handlungsgesprächen geleisteten Anforderungen, Zusagen und Taten, sondern als Interpretation der Gesamtlage – als Situationsauslegung, die eine Voreinstellung auf neue Entwicklungsmöglichkeiten befördert. Manager müssen, wie die Autobesitzerin in unserem Beispiel, immer offen sein für günstige Gelegenheiten, die über den bisherigen Horizont hinausgehen.

11.4 ENTSCHEIDUNGSUNTERSTÜTZENDE SYSTEME

Diejenigen, die eine Entwicklung intelligenter Computer für möglich halten, schlagen vor, diese Systeme in Zukunft zur Verbesserung der von Menschen getroffenen Entscheidungen zu verwenden; Computer sollen Alternativen vorschlagen, Konsequenzen voraussagen und alle Informationen zusammenfassen, die in die Entscheidungsfindung eingehen:

»... In Zukunft könnte Künstliche Intelligenz aussagekräftige Assistenten hervorbringen, die Informationen für uns aufbereiten, die Bücher, Zeitungen, Zeitschriften und Berichte lesen, die Inhaltsangaben anfertigen und uns von Dingen freihalten, von denen der Computer weiß, daß sie uns nicht interessieren, die aber mit allem Schritt halten, was in der Welt passiert, und die dafür Sorge tragen, daß uns nichts entgeht, was wir unbedingt wissen sollten. Intelligente Computer können Entscheidungen, die uns vorschweben, analysieren, das Wissen in Bibliotheken nach Fakten, die uns im Entscheidungsprozeß helfen, durchsuchen und uns das Wissen dann zusammen mit Handlungsvorschlägen und möglichen Konsequenzen unterbreiten. Sie könnten Spezialwissen verstehen und über Kenntnisse verfügen, wie sich dieses Wissen in einigen der Fachgebiete, die besondere Qualifikationen erfordern und bislang Menschen vorbehalten waren, verarbeiten läßt – solche Bereiche wären z.B. Rechtsprechung und Medizin.« (STOCKTON 1980, S. 41)

In diesem Punkt sollte Klarheit herrschen: Computer *können* nicht »dafür Sorge tragen, daß uns nichts, was wir unbedingt wissen sollten, entgeht«. Der etwas bescheidenere Anspruch, Computer könnten von Nutzen sein, eine bereits vorstrukturierte Menge an Alternativen auszuwerten, war jedoch die Grundlage für die Entwicklung einer als ›entscheidungsunterstützende Systeme‹ bekannten Familie von Geräten. Wie bei den sogenannten ›Expertsystemen‹ gibt es auch hier einen passenden Anwendungsbereich für solche Geräte, aber es besteht gleichzeitig auch die Gefahr, ihnen zu viel zuzutrauen. Wir beschreiben diese Systeme hier in ihren Möglichkeiten und wollen sie anschließend den andersartigen Werkzeugen gegenüberstellen, die wir zur Unterstützung von kommunikativen Tätigkeiten für möglich halten.

»Entscheidungsunterstützende Systeme (*Decision Support Systems* – DSS) verkörpern eine Sichtweise der Rolle, die Computer im Prozeß der Entscheidungsfindung auf Managementebene spielen können. Entscheidungsunterstützung bedeutet den Einsatz von Computern mit dem Ziel:

Management und Gesprächsführung

1. Managern in ihrem Entscheidungsprozeß bei halbwegs strukturierten Aufgabenstellungen zu helfen.
2. Die Urteilsbildung bei Managern eher zu unterstützen als zu ersetzen.
3. Mehr die Effektivität der Entscheidungsfindung als die Effizienz der Entscheidungen zu steigern.« (KEEN und SCOTT-MORTON 1978, S. 1)

KEEN und SCOTT-MORTON führen im Zuge ihrer sorgfältigen Definition solcher Systeme Begriffe ein, die der näheren Erläuterung bedürfen. Sie beziehen sich auf ›halbwegs strukturierte Aufgabenstellungen‹ und unterscheiden zwischen ›Effektivität‹ und ›Effizienz‹.

Fast jeder Autor, der über Management und Entscheidungsfindung schreibt, unterscheidet zwei Arten von Managementsituationen: ›programmierte vs. nichtprogrammierte Entscheidungen‹ (SIMON 1966), ›strukturierte vs. unstrukturierte Probleme‹ (KEEN und SCOTT-MORTON 1978), ›gestellte vs. neuentstehende Situationen‹ (BOGUSLAW 1965). Auf der einen Seite haben wir offensichtlich sich beständig wiederholende Aufgabenstellungen, ein Beispiel dafür ist die Personaleinsatzplanung für die Maschinen im Werkstattbereich. Andererseits gibt es unabgeschlossene, innovative Handlungen, die in Diskussionen über Entwicklungsperspektiven eingebracht werden.

Für strukturierte Aufgabenstellungen ist es sehr oft möglich, ein Regelwerk zu kreieren und durch Computereinsatz auf die entsprechende Situation anzuwenden. Unstrukturierte Probleme sind jedoch mit einem solchen Ansatz vorgegebener Regeln nicht faßbar. Es existiert jedoch ein Zwischenbereich ›halbwegs strukturierter‹ Aufgabenstellungen, die ein gewisses Maß an Wiederholung aufweisen, das aber nicht so stark ist, daß die dafür relevanten Regeln völlig spezifiziert werden könnten. Nach Auffassung von KEEN und SCOTT-MORTON ist das der einschlägige Bereich, in dem Computer Menschen bei der Entscheidungsfindung unterstützen können. Nicht ›Effizienz‹ sondern ›Effektivität‹ – bezogen auf das Gesamtergebnis, nicht so-

Computer als Unterstützung?

sehr auf Schnelligkeit des Entscheidungsprozesses oder dessen unmittelbaren Gewinn – erklären sie zu ihrem Ziel. Wenn eine Organisation, die das System einsetzt, sich in eine bessere Ausgangslage versetzt findet, gilt ein System als effektiv. Ein System kann äußerst effizient bei der Entscheidungsfindung, aber ineffektiv sein, weil die Lösungen in Wirklichkeit (aufgrund der partiellen Blindheit, die der Formulierung eigen ist) unerheblich oder sogar schädlich für das Unternehmen sind.

Wir wollen gar nicht erst den Versuch machen, an dieser Stelle die entscheidungsunterstützenden Systeme im Detail zu untersuchen. Unbestritten ist, daß im tagtäglichen Managementgeschäft Gebiete beackert werden, in denen solche Werkzeuge von Nutzen sein können, und zugegebenermaßen sind viele Ideen für deren Entwurf vorhanden. Aber genauso wichtig scheint es uns, auf einige der Gefahren hinzuweisen, die mit ihrem Einsatz verbunden sein können.

ORIENTIERUNG AUF SELEKTION GEGEBENER ALTERNATIVEN. Das Schlagwort ›Entscheidungsunterstützung‹ lenkt die Vorstellung davon, was Manager zu tun haben, in eine bestimmte Richtung – eine Orientierung, die wir bereits kritisiert haben. Der Schwerpunkt, der implizit diesem Ansatz zugrunde liegt, untermauert eine dezisionistische Sicht der Dinge und stärkt in der Organisation einen unverrückbaren Status quo, der die Vertrauenswürdigkeit stärker sozial, gefühlsbetont, intuitiv und persönlich motivierter Herangehensweisen an die komplexen Vorgänge der Entscheidungsfindung in Abrede stellt.

VORBEHALTLOSE UNTERSTÜTZUNG DER RELEVANZ DES SYSTEMS. Ist das Computersystem einmal installiert, so ist es schwierig, nicht der Annahme anheimzufallen, vor allem die Gegebenheiten, die es bearbeiten kann, seien für die Belange des Managers von höchster Priorität. Ein Informationssystem, das dem Zweck des Datensammelns und Beantwortens zuvor festgelegter Fragen dienen soll, selbst ein System, das nach dem bestmöglichen Stand der Technik entworfen ist, zeitigt schädliche Auswirkungen, wenn es nicht durch unkonventionelle Praktiken und eine permanente Haltung der Offenheit, die Zuhören möglich macht, ergänzt wird.

UNBEABSICHTIGTER TRANSFER VON MACHT. Der Entwurf eines Systems, das in einer Organisation eingebracht werden soll, bringt zahlreiche Entscheidungen mit sich, die bedeutsame Konsequenzen für das Leben innerhalb der Organisation nach sich ziehen. Das stellt auch BOGUSLAW heraus:

»Ein Systementwickler, der de facto das Privileg besitzt, den Phänomenbereich, den sein System erkennen kann, abzustekken, ist selbstverständlich im Besitz enormer Machtfaktoren ... Es ist durchaus nicht notwendig, das diese Macht als Zuteilung einer bestimmten formalen Autorität ausgewiesen sein muß ... Programmierer wie Entwickler von Computeranlagen und Programmiersprachen verfügen über Macht. Entscheidungen, die von den an diesem Gestaltungsprozeß Beteiligten getroffen werden, können so weitreichend sein, daß sie Handlungsalternativen anpassen, einschränken oder vollständig eliminieren; sie setzen Kräfte in Bewegung und üben Macht aus in der soziologischen Bedeutung dieser Begriffe.« (BOGUSLAW 1965, S. 190)

Sehr oft verfolgen diejenigen, die die Macht haben, eine generelle Linie, die von anderen Beschäftigten innerhalb der Organisation nicht geteilt wird. Geschulte Fachkräfte aus dem Bereich der Computertechnologie neigen dazu, großen Wert auf Effizienz und Vorhersagbarkeit zu legen und das Bedürfnis nach menschlicher Handlungsfreiheit und Innovation abzuwerten. Ein ausschließlich auf die Effizienz innerhalb der Organisation gerichteter Entwurf kann im Ergebnis ihre Effektivität untergraben. In einem Fall wurde ein computergestütztes Kommunikationssystem eingesetzt, um die Arbeitseinteilung für den Maschinensaal zu automatisieren (vorher wurde der Bereich vom Werkstattleiter, der von Arbeiter zu Arbeiter ging, gemanagt).

Computer als Unterstützung?

Erst nach zahlreichen Zusammenbrüchen wurde deutlich, daß der Werkstattmanager mit seinen Begehungen viel mehr vollbrachte als schlicht Aufgaben zuzuteilen. Seine Offenheit für neuauftretende Dinge (die er sowohl bei Gesprächen mit den Arbeitern, aber auch für Beobachtungen der Arbeitsumgebung aufbrachte) war entscheidend für die Vorwegnahme von Zusammenbrüchen, die beim Entwurf des Computersystems nicht berücksichtigt worden waren.

UNVORHERGESEHENE EFFEKTE. Jeder technologische Fortschritt bringt unvorhergesehene Folgeerscheinungen mit sich, manche davon sind wünschenswert, andere weniger. Im Zeitalter ökologischen Bewußtseins ist das Aufzählen von Beispielen für unbeabsichtigte Gefahrenmomente bei scheinbar so zuträglichen Errungenschaften wie Auto und Kernkraftwerk nahezu überflüssig. Computertechnologie bringt die ihr eigene Art von Problemen mit sich. Ein Versuch beispielsweise, Managern eine bessere Informationsgrundlage über Vorgänge in einem Lebensmittellager zu verschaffen, stützte sich auf die Installation eines Computersystems, das erlaubte, die Tätigkeiten einzelner Arbeiter minutengenau zu überwachen. Die Arbeiter streiken und forderten, das System zu entfernen, weil sie den ihnen dadurch auferlegten Streß und die Verschlechterung der Arbeitsbedingungen nicht hinnehmen wollten.

Auswirkungen dieser Art lassen sich nur schwer begrifflich vorwegnehmen und sind kaum exakt nachprüfbar. WESSEL hat z.B. versucht, die Gefahren großer Datenbanksysteme abzuschätzen, und folgendes bemerkt:

»In der Tat ist der Schaden, der aus einem möglichen Mißbrauch der Fakten entsteht, viel geringer zu bewerten, als der Schaden, der aus dem schlichten Wissen des Individuums erwächst, daß eine Datenbank vorhanden ist. Es entsteht ein Problembewußtsein, das subtil, aber zwangsläufig Einfluß auf individuelles Verhalten hat.« (WESSEL 1974, S. 30)

Management und Gesprächsführung

VERSCHLEIERUNG VON VERANTWORTLICHKEITEN. Ist ein Computersystem einmal entworfen und installiert, verleitet es dazu, den Computer als unabhängiges Gebilde zu behandeln. Nach unserer in diesem Buch entwickelten Auffassung sollte man hingegen die Rolle des Computers nicht als die eines Ersatzexperten sehen, sondern als die eines Vermittlers – als ausgeklügeltes Kommunikationsmedium. Eine Personengruppe (normalerweise zusammengesetzt aus Computerexperten und Experten, die sich im bearbeiteten Gegenstandsbereich auskennen) schreibt ein Programm und führt damit einen Teil der untereinander geführten Diskussionen in formale Repräsentation über. Der Computer übermittelt dann die Ergebnisse ihrer Anweisungen als Kombination von Anweisungen (*statements*) an nachfolgende Benutzer des Systems. Der Umstand, daß diese Anweisungssequenzen komplexe deduktive Logik, heuristische Regelauslegungen und statistische Auswertmethoden umfassen, ändert ihre grundlegende Struktur als kommunikative Handlung (Anweisung) nicht.

Machen wir uns erst einmal bewußt, daß der Maschine die Rolle eines Vermittlers zukommt, wird klar, daß die damit einhergehende Verpflichtung, die jeder Form von Sprache zu eigen ist, von denen erzeugt wird, die das System in die Welt setzen. Ohne eine solche Sicht der Dinge unterliegen wir allzu leicht dem folgenschweren Fehler, der Maschine die Fähigkeit zuzusprechen, selbst Verpflichtungen eingehen zu können, und verschleiern auf diese Weise die Quelle der Verantwortlichkeit für das, was der Maschineneinsatz auslöst. Medizinische Diagnoseprogramme (die wir als entscheidungsunterstützende Systeme für Ärzte ansehen können) liefern ein gutes Beispiel dafür. Stellen Sie sich ein Programm vor, geschrieben von Computerspezialisten, die als Team mit einer Gruppe medizinischer Fachleute zusammengearbeitet haben. Dieses System wird von der Krankenhausverwaltung installiert und von einem Mitglied der Ärzteschaft zur Wahl der richtigen Behandlung eingesetzt. Wer ist verantwortlich, wenn die Diagnose falsch ist und der Patient zu Schaden kommt?

Computer als Unterstützung?

Nicht immer liegt das Problem in mangelndem medizinischen Wissen, sondern häufig in den Hintergrundannahmen. Eine Antwort, die unter gewissen Umständen korrekt ist, kann in anderem Zusammenhang völlig ungeeignet sein. Ein Programm, das z.B. im Hinblick auf ambulant zu behandelnde Patienten geschrieben wurde, muß nicht unbedingt für chronisch bettlägrige Patienten angemessen sein. Die Person, die ein Programm schreibt (oder dessen ›Wissensbank‹ bereichert) vollbringt diese Tätigkeit immer vor einem Hintergrund, der Annahmen über den Umgang mit dem Programm und die Interpretation der erzielten Resultate voraussetzt. Dieser Bezugsrahmen läßt sich teilweise in der Systemdokumentation offenlegen, aber ein Teil verbleibt immer als impliziter Hintergrundbezug, der als allgemein verbreitete Auffassung einfach unterstellt wird. Zwangsläufig kommt es zu Zusammenbrüchen, weil das System in einer Weise eingesetzt wird, die nicht den ursprünglichen Hintergrundannahmen entspricht, es sei denn, es handelt sich um ein System, das in einem streng begrenzten Bereich operiert. Ein computervermitteltes System (als Gegenteil von direkter Interaktion zwischen Personen) macht es schwierig, die impliziten Verpflichtungen und die Dialogfähigkeit angesichts eines Zusammenbruchs aufrechtzuerhalten.

UNBEGRÜNDETES VERTRAUEN AUF OBJEKTIVITÄT. Die Verschleierung von vermittelter Bindung führt als unmittelbare Konsequenz zu einer Illusion von Objektivität. ›Fakten‹, in einem Computer gespeichert, können nicht ohne weiteres mit Verpflichtungen, die von einem Individuum eingegangen werden, in Zusammenhang gebracht werden, und deshalb ist es so leicht, über diesen Ursprung hinwegzusehen. EVANS beschreibt z.B. die mittels Computer erarbeiteten Hochrechnungen über das Aussehen der zukünftigen Weltwirtschaft, wie sie für den CLUB OF ROME (1972) angefertigt wurden, und vertritt dabei die folgende Auffassung:

»Es mag ihnen gefallen oder nicht, selbst der leidenschaftlichste Computergegner müßte einräumen, daß der Computer frei von Emotionen, Gefühlen und Vorurteilen aus einer vorhandenen Problemstellung nur die nackten Tatsachen berücksichtigt und herleitet.« (EVANS 1979, S. 92)

Das ist jedoch Unsinn. Computer können Tatsachen weder berücksichtigen noch herleiten. Sie manipulieren symbolische Repräsentationen, die von irgendeinem Menschen in dem Glauben entwickelt wurden, sie entsprächen den vorgefundenen Gegebenheiten. Ein Großteil der Untersuchungen über das verheerende Endergebnis des U.S.-Militärs in Vietnam kam erst aufgrund nachträglicher Einsicht zustande. Das wachsende militärische Engagement baute auf den guten Glauben, den die Oberbefehlshaber mit Computerberechnungen, die auf extrem verzerrten und sogar gefälschten ›Tatsachen‹ fußten, festigten. Auch wenn es so scheinen mag, Irrtum oder bewußte Fälschung sind nicht einmal die problematischen Punkte. Das Problem steckt in der Natur jeder ›Tatsache‹, denn sie stellt eine Behauptung dar, die ein Individuum in einem Kontext von Vorverständnis äußert. Zu welchen Trugschlüssen es führt, wenn man dies außer acht läßt, illustriert D'AMATO am Beispiel computerunterstützter Urteilsfindung in der Rechtsprechung:

»Möglicherweise könnte ein anderer Vorteil darin zu finden sein, daß die Rechtsprechung für den Mann auf der Straße unparteiischer erscheint, wenn Computer in weiten Bereichen Aufgaben übernehmen, die bislang Richtern obliegen. In Teilen der Öffentlichkeit ist sicherlich bis zu einem gewissen Grad die Ansicht verbreitet, Richter könnten der eigenen Befangenheit und ihren Vorurteilen nicht entgehen und sich nicht freimachen von ihrer privilegierten sozialen Stellung. Computer kennen dagegen keine Befangenheit, es sei denn, die Voreingenommenheit wird ihnen eingegeben.« (D'AMATO 1977, S. 1300)

Koordinatorsysteme

Wieder einmal haben wir es mit barem Unsinn zu tun. Damit ein Programm voreingenommen wird, braucht der Programmierer keineswegs wissentlich Vorurteile einzustreuen, und es ist auch unwahrscheinlich, daß er oder sie dies tun werden. Wenn sich Programmierer (oder Gesetzes-Experten, die mit Programmierern zusammenarbeiten) an die Vorbereitung eines Programms machen, so müssen sie unweigerlich im Rahmen ihres eigenen (Vor)Urteilshintergrundes vorgehen. Das ist nicht etwa ein Mangel, der zu umgehen wäre, sondern eine wesentliche Voraussetzung für jede Art von Wissen. Wir zitieren noch einmal eine zentrale Aussage von GADAMER:

»... daß nicht so sehr unsere Urteile als unsere Vorurteile unser Sein ausmachen ... liegt es in der Geschichtlichkeit unserer Existenz, daß die Vorurteile im wörtlichen Sinne des Wortes die vorgängige Gerichtetheit all unseres Erfahren-Könnens ausmachen. Sie sind Voreingenommenheiten unserer Weltoffenheit, die geradezu Bedingungen dafür sind, daß wir etwas erfahren, daß uns das, was uns begegnet, etwas sagt.« (GADAMER 1967, S. 106)

Abschließend möchten wir festhalten, daß entscheidungsunterstützende Systeme wie jedes computergestützte System ein Potential verkörpern, das menschlichem Handeln neue Wege eröffnen kann. Mit dieser Möglichkeit gehen unweigerlich bestimmte Ausprägungen von Blindheit und mögliche Gefahren einher. Die Frage ist nicht, ob solche Systeme gut oder schlecht sind, sondern wie unser Verständnis und der Umgang mit ihnen festlegt, was wir tun und welche Rolle wir dabei spielen.

11.5 WERKZEUGE FÜR DIE GESPRÄCHSFÜHRUNG

Wir haben die Auffassung vertreten, daß ›Entscheidungsunterstützung‹ – die Handhabung von Alternativen, Bewertungen und Auswahlverfahren – nicht der für das Management erfolgversprechendste Bereich der Entwicklung computergestützter

Management und Gesprächsführung

Werkzeuge ist. Wir wollen in diesem Abschnitt eine andere Art von Hilfsmitteln umreißen, computergestützte Werkzeuge, die auf unseren theoretischen Überlegungen über das Management und die verschiedenen Formen der Gesprächsführung gründen. Wir beginnen mit der Rückschau auf die grundlegenden theoretischen Ergebnisse, die wir in diesem Kapitel und in Kapitel 5 gewonnen haben:

1. Organisationen existieren als Netze aus Direktiven und Kommissiven. Direktive beinhalten Anforderungen, Anfragen, Rücksprachen und Angebote; Versprechen, Zustimmen und Zurückweisen sind Formen der Kommissive.
2. Zwangsläufig wird es zu Zusammenbrüchen kommen, und eine Organisation muß sich darauf einstellen. Die Bewältigung von Zusammenbrüchen erzeugt weitere Netze aus Direktiven und Kommissiven.
3. Menschen innerhalb einer Organisation (einschließlich der Manager, aber nicht sie allein) geben mündliche oder schriftliche Äußerungen von sich, die eine Konversation entstehen lassen, wie sie das organisatorische Netz erfordert. Sie beteiligen sich an der Erzeugung und Aufrechterhaltung des Kommunikationsprozesses. Den Kern des Prozesses bildet das Zusammenspiel sprachlicher Handlungen, die die unterschiedlichsten Formen von Verpflichtungen zur Folge haben.

Beim Erfüllen der äußeren Verpflichtungen verwickelt sich die Belegschaft in ein Netz aus Konversationen. Das Netz besteht aus Anfragen und Zusagen als Voraussetzung, um Verpflichtungen einhalten zu können, schriftliche Berichte über die Einlösebedingungen von Verpflichtungen, Berichte über außerorganisatorische Umstände, Verlautbarungen über neue Vorgehensweisen und vieles mehr. Die Organisation trifft auf Anfragen und andere externe Eventualitäten, denen sie durch das Eingehen von Verpflichtungen nachkommen kann. Einlösen kann sie diese Verpflichtungen durch Aktivierung bestimmter, spezieller

Koordinatorsysteme

Netze periodisch wiederkehrender Gespräche, bei denen nur gewisse inhaltliche Details der Konversation differieren, nicht deren Grundstruktur. Diese Netze periodisch wiederkehrender Gespräche bilden den Kern der Organisation, verkörpert als miteinander in Verbindung stehende Büros, jedes spezialisiert auf die Einlösung gewisser Arten von Verpflichtung.

Eine Person, die in einer Organisation tätig ist, wird ständig mit Fragen konfrontiert wie »Was fehlt noch?«, »Was muß noch erledigt werden?« und »Wo stehe ich in bezug auf meine Verpflichtungen und Möglichkeiten?« In Situationen, in denen zahlreiche Menschen zusammenarbeiten müssen, kommt dem Problem der Koordinierung entscheidende Bedeutung zu. Für viele Organisationen wird Koordination zur Überlebensfrage. Das aus Verpflichtungen geknüpfte Netz und die Gespräche, in die Personen verwickelt sind, weiten sich ständig aus und werden immer vielschichtiger. Die Komplexität hat mittlerweile den Punkt überschritten, bis zu dem es noch möglich war, ohne geeignete Werkzeuge die Kontrolle über Organisationen auszuüben.

Eine bessere computergestützte Kommunikationstechnologie kann hilfreich sein, Zusammenbrüche vorwegzunehmen und zu vermeiden. Zusammenbrüchen schon durch Planung vollständig aus dem Wege zu gehen ist unmöglich; denn es liegt in der Natur der Sache, daß jeder Entwurfsprozeß aus den vorgefundenen Gegebenheiten eine begrenzte Menge im voraus zu treffender Annahmen auswählen muß. Wir können jedoch Situationen, in denen wahrscheinlich Zusammenbrüche auftreten, partiell voraussehen (wenn wir deren wiederholtes Auftreten vermerken) und Personen mit Hilfsmitteln und Verfahrensrichtlinien ausstatten, die sie für die Bewältigung von Zusammenbrüchen benötigen. Außerdem lassen sich bessere Gesprächsnetze anlegen, damit die Organisation die Fähigkeit erlangt, Verbesserungsmöglichkeiten zu erkennen und umzusetzen.

Häufig haben Computerspezialisten beim Systementwurf das Bild eines allein arbeitenden Individuums vor Augen, und sie verfolgen das Ziel, Tätigkeiten in seinem individuellen Einsatzbereich zu erleichtern. Solcherart Werkzeuge (Textverarbeitungssysteme, Dateiverwaltungssysteme, Softwareentwicklungswerkzeuge etc. eingeschlossen) sind zugegebenermaßen nützlich, sie lassen jedoch die wesentliche Dimension von Zusammenarbeit außer acht. Die Koordination von Handlungen ist aber in den meisten Arbeitsbereichen von entscheidender Bedeutung. Die Dimension des Gesprächs durchdringt jeden Bereich koordinierter Tätigkeit, sei es Computerprogrammierung, medizinische Versorgung oder Verkauf von Schuhen. Die Details ändern sich von Fall zu Fall, konstant bleibt jedoch ein gemeinsames theoretisches Fundament und eine gemeinsame Regelstruktur. Wenn es darum geht, Verpflichtungen einzufordern, zu erzeugen und zu überwachen, können durchaus computergestützte Werkzeuge eingesetzt werden. Auf die Frage »Was muß ich als nächstes tun?« oder, wie wir die Frage vorzugsweise stellen würden, »Was ist der Zustand meiner derzeit aktivierten Verpflichtungen?« können Computer sachdienliche Antworten liefern.

Die Regeln der Gesprächsführung sind nicht von der Art willkürlicher Konventionen wie beim Schachspiel, sondern spiegeln das grundlegende Wesen menschlicher Sprache und Handlungsweise wider. Die in Kapitel 5 vorgestellte Systematik der Sprechakte und das Schema der Konversationsstruktur beschäftigen sich mit der Fundamentalontologie sprachlicher Handlungen und liefern damit eine Grundlage für den Entwurf von Werkzeugen, die im sprachlichen Bereich eingesetzt werden sollen.

Wir behaupten damit nicht, daß Computer Sprechakte durch Auswertung natürlichsprachlicher Äußerungen ›verstehen‹ können. Es ist nicht möglich, eine exakte Übereinstimmung zwischen Wortkombinationen und der Struktur von Verpflichtungen sowie Geltungsansprüchen in einem Gespräch festzuschreiben. Wir schlagen statt dessen vor, dem Benutzer die Struktur seiner Verpflichtungen bewußt zu machen und Hilfsmittel ausdrücklich für die Arbeit mit diesen Strukturen zur Verfügung zu stellen. Bei einem von uns entwickelten Computerprogramm,

Koordinatorsysteme

das wir einen ›Koordinator‹[82] genannt haben, sind wir versuchsweise so vorgegangen. Entworfen haben wir das Programm für die Errichtung und Verwaltung von Gesprächsnetzen in weitverzweigten, elektronischen Kommunikationssystemen. Ein Koordinator ist Teil eines computergestützten Kommunikationsnetzes (das auf lokalen Netzen, Timesharing oder fortgeschrittener Telefonübermittlung fußen könnte), auf das alle Teilnehmer mittels verschiedener Arten von Arbeitsplatzrechner Zugriff haben. Ein Koordinator verfolgt den Zweck, Interaktionen transparent zu machen – ein zuhandenes Werkzeug, das im Bereich handlungsorientierter Konversation wirksam wird.

Erstaunlicherweise gibt es nur einige wenige grundlegende, regelmäßig in handlungsorientierter Konversation wiederkehrende Gesprächsbausteine (z.B. Anfrage/Zusage, Vorschlag/Zustimmung und Bericht/Bestätigung). Die weitere Gesprächsentwicklung erfordert die Auswahl aus einer gewissen, begrenzten Menge an Möglichkeiten, die durch die einleitende Direktive und die nachfolgenden Erwiderungen festgelegt ist. Es ist wie bei einem Tanz, einige Anfangsschritte sind jedem Tänzer in einer bestimmten Abfolge vorgegeben.

Ein Koordinator unterstützt zahlreiche Operationen:

HERVORBRINGEN VON SPRECHAKTEN. Das Individuum vollzieht einen Sprechakt und setzt den Koordinator ein: zur Selektion der illokutionären Rolle, ausgewählt aus einer geringen Anzahl Alternativen (die bereits erwähnten Grundbausteine); für die Anzeige des propositionalen Gehalts in Textform; zur ausdrücklichen Festlegung der zeitlichen Bezüge zu anderen (vergangenen und antizipierten) Handlungen. Beispielsweise die unmittelbare Feststellung, daß es sich bei einer bestimmten Äußerung um eine ›Anfrage‹ mit genauem Einlösetermin handelt, engt das Zuhören in einem viel stärkeren Maße ein als es für einen in Umgangssprache formulierten Satz wie »Würden sie bitte so freundlich sein und ...« der Fall ist. Die Rolle, die ein Sprechakt einnimmt, erwächst aus interessegeleitetem Zuhören, und wenn wir diese Rolle in einer Erklärung ausdrücklich angeben, können wir Konfusion und einen Zusammenbruch vermeiden, die bedingt durch (gewollt oder ungewollt) unterschiedliches Zuhören der beteiligten Parteien eintreten. Verfügen wir über die unmittelbare Festlegung der Rolle eines Sprechaktes, bleibt zusätzlich immer auch der Bezug auf andere Sprechakte, z.B. als Entgegnung auf eine Anfrage oder als Anfrage, die als Einlösung einer zuvor eingegangenen Verpflichtung gestellt wird. Diese Beziehungen werden explizit gemacht durch die Art und Weise, wie ein Sprechakt in einen Arbeitsplatzrechner eingebaut wird. Die Notwendigkeit, unter vorstrukturierten Alternativen für in Frage kommende illokutionäre Rollen auswählen zu müssen, fungiert als eine Art ›Nachhilfe‹, durch die Möglichkeitsraum und Struktur verschiedener, in diesem Raum verfügbarer Handlungsweisen offenbar werden.

ÜBERWACHEN DER FERTIGSTELLUNG. Die unmittelbar aufeinanderfolgenden Belange, die durch Sprache zum Ausdruck gebracht werden, haben zumeist zum Ziel, handlungsorientierte Konversation zum Abschluß zu bringen. Fragen wie »Was muß ich jetzt tun?« und »Was muß ich als nächstes überprüfen?« sind eigentlich Fragen zum Fortgang der Gesprächshandlung, und sie zielen auf die in Kapitel 5 beschriebenen Endzustände (was ein Einlösen der ursprünglichen Anfrage bedeuten kann oder auch nicht). Der Koordinator kann so eingesetzt werden, daß er uns über den Stand der Angelegenheiten auf dem laufenden hält und Änderungen anzeigt. Daraus lassen sich Gedächtnishilfen sowie Alarmsignale ableiten, und wir bekommen ein eindeutiges Bild gezeichnet, was jeweils vor sich geht und wo möglicherweise Zusammenbrüche zu erwarten sind.

BERÜCKSICHTIGUNG ZEITLICHER RELATIONEN. Innerhalb des Netzwerkes kann der Koordinator Zeitbezüge in Rechnung stellen und in einer Weise aufbereiten, daß sie eine Hilfe darstellen, um Zusammenbrüche vorwegzunehmen und gegebenenfalls mit ihnen fertigzuwerden. Der zeitliche Aspekt ist dabei keine Nebensächlichkeit, sondern entscheidender Bestandteil jedes Sprechaktes. Ein Versprechen ist nicht wirklich ein Versprechen, solange nicht ein wechselseitig (implizit oder explizit) eine Zeitspanne zur Einlösung dieser Zusage vereinbart wird. Etwas hintergründiger läßt sich sagen, eine Anfrage ist solange nicht vollständig formuliert, bis ein zeitlicher Rahmen für eine Entgegnung und Erfüllung des Verlangens abgesteckt ist. In einem unstrukturierten, sozialen Umfeld verständigen sich Gesprächsteilnehmer über zeitliche Bedingungen aufgrund ihres gemeinsamen Hintergrundbezuges, die Bedingungen selbst werden womöglich nie explizit angesprochen. Durchstrukturierte Organisationen arbeiten mit direkt festgelegten, zeitlichen Absprachen, und in Situationen wie Vertragsverhandlungen nehmen sie sogar die Form gesetzlicher Vorschriften an. Sprechakte, die unter Verwendung des Koordinators vollzogen werden, verlangen vom Benutzer eines solchen Systems, zeitliche Bezüge, die von zentraler Bedeutung für das Bindungsgeflecht sind, explizit darzustellen. Relationen dieser Art lassen sich heranziehen, um zu überwachen, was erledigt werden muß, und um vor möglichen Zusammenbrüchen zu warnen.

ÜBERPRÜFUNG DES NETZWERKES. Ein einzelner ist in der Lage, Teile des Gesprächsnetzes zu veranschaulichen und damit Konversationen und deren Status, individuelle Bindungen und Zusagen, sowie deren Beziehungsgeflecht untereinander deutlich zu machen. Es ist z.B. möglich herauszufinden, welche Rückfragen beim Einlösen einer bestimmten eingegangenen Verpflichtung getätigt wurden, weil ein Zusammenbruch vorauszusehen war, oder welche Anforderungen lediglich eine Reaktion eines bestimmten Individuums erwarten. Details der Interaktion (ob z.B. ein Graphik-Programm benutzt wird) sind zwar für die Zuhandenheit des Werkzeuges von Belang, aber theoretisch nicht von zentraler Bedeutung. Der Schlüssel liegt darin, das Netzwerk von der Ebene aus zu betrachten, die von der Konversationsstruktur gebildet wird.

AUTOMATISIERTER UMGANG MIT WIEDERHOLUNGSFÄLLEN. Jede Organisation hat mit Situationen zu tun, die wiederholt auftreten und in einer festgeschriebenen Weise gehandhabt werden. Wird beispielsweise einer bestimmten Anfrage (etwa einer Zahlungsaufforderung) in einem gewissen Zeitraum nicht nachgekommen, werden weitere Aufforderungen (an die gleiche oder eine andere Gesellschaft) gerichtet. Der Koordinator kann über ein solches Muster verfügen und entsprechende Handlungen ohne unmittelbaren Eingriff von außen veranlassen. Dabei ist wichtig, sich daran zu erinnern, daß niemals der Computer selbst Rückfragen stellt oder Verpflichtungen eingeht. Eine ständig wiederkehrende Anfrage oder eine wiederholt einzugehende Bindung kann nur durch eine Person benannt werden; ein Individuum beschreibt die Fälle, die automatisch erzeugt werden.

RÜCKGRIFF AUF DEN PROPOSITIONALEN GEHALT. Bislang haben wir den propositionalen Gehalt des Sprechaktes nicht berücksichtigt. Das war vorsätzlich unsere Strategie, denn die illokutionäre Bedeutung und damit einhergehende zeitliche Bezüge stellen für den Koordinator die kritische Dimension der Konversation dar. Aber auch in bezug auf den propositionalen Gehalt gibt es selbstverständlich wiederholt auftretende Fälle. Ein ›Bestellschein‹ oder ein ›Antrag auf Reisekostenvorschuß‹, ein jedes Formblatt dieser Art ist mit der Absicht entworfen, das Verfahren zu erleichtern, wie eine Anfrage zu stellen ist oder eine Bindung, die einem bestimmten Inhalt entspricht, eingegangen werden kann. Die Erzeugung und der Gebrauch von ›Formblättern‹ dieser Art läßt sich in einen Koordinator und damit in den Rahmen integrieren, der durch grundlegende Gesprächsstrukturen geschaffen wird.

Ein Koordinatorsystem (CASHMAN und HOLT 1980) existiert bereits als Komponente einer auf diverse Programme verteilten Entwicklungsumgebung und unterstützt die Wartung umfangreicher Sammlungen von Softwareprodukten. Bei bereits ausgelieferten und im Einsatz befindlichen Produkten dieser Samm-

Koordinatorsysteme

lung erwächst als Problem, daß Personen Fehler ausfinding machen, Verbesserungen anbringen und auf den neuesten Stand gebrachte Versionen herstellen müssen. Dieser Prozeß war nur unter größten Schwierigkeiten zu bewerkstelligen, führte zu beträchtlichen Verzögerungen und zu Fehlschlägen in der Berücksichtigung der Bedürfnisse der Programmbenutzer. Die Bereitstellung eines computergestützten Werkzeuges, das die Struktur von Anfragen und Verpflichtungen verfolgte, führte zu einer deutlich ansteigenden Produktivität. Zahlreiche Institutionen sind dabei, andere Systeme dieses Typs zu entwickeln (HOLT et al. 1983, SLUZIER und CASHMAN 1984).

Der Einsatz eines Koordinators konfrontiert die einzelne Person mit einer eingeschränkten Menge an Möglichkeiten und gestattet damit weniger als ein Gespräch von Angesicht zu Angesicht oder ein Telefongespräch; ihre Situation ist nicht einmal mit der des Empfängers einer elektronisch vermittelten Nachricht vergleichbar. Weil illokutionäre Rolle und Zeitbedingtheit explizit anzugeben sind, besteht die Notwendigkeit, sich dessen bewußt zu sein und ihnen einen für alle Konversationsteilnehmer sichtbaren Ausdruck zu verleihen. Für ein Großteil der tagtäglich innerhalb von Organisationen stattfindenden Kommunikation ist ein solches Vorgehen nützlich, aber wir haben damit keine universelle Kommunikationseinrichtung, die in allen Situationen gleichermaßen einsetzbar wäre. Diese Form von Explizitheit wird in vielen Situationen auch gar nicht verlangt, möglicherweise ist sie sogar abträglich. Sprache läßt sich nicht auf die Repräsentation von Sprechakten reduzieren. Der Koordinator befaßt sich lediglich mit *einer* Dimension der Struktur von Sprache – einer Ebene, die für die Handlungskoordination zweckmäßig und entscheidend ist, aber nur einen Teilaspekt des umfassenderen und letzten Endes unbegrenzten Bereiches der Interpretation ausmacht.

Wir möchten an dieser Stelle die Diskussion über den Koordinator abbrechen, nicht ohne noch einmal zu betonen, daß computergestützte Werkzeuge ihrerseits lediglich einen Gesichtspunkt des Gesamtbildes ausmachen. Der Vorteil, der mit der

Umsetzung von Theorien über Gesprächsverläufe in Organisationen verknüpft ist, ergibt sich aus der Entwicklung *kommunikativer Kompetenz*, hat zu tun mit dem Aufstellen von Grundsätzen und Verhaltensrichtlinien für die Organisation, einschließlich der Schulung zur Ausbildung angemessenen Verstehens. Gemeint sind damit eine zweckmäßige Terminologie, Fachkenntnisse, Vorgehensweisen, die erkennen lassen, was bislang versäumt wurde, wo eine Verschlechterung eingetreten ist oder was aufgezwungen ist (d.h. zu erkennen, was zusammengebrochen ist), und die Fähigkeit, mit der vorgefundenen Situation umgehen zu können.

Menschen verfügen über Erfahrungen, wie sie im Alltag miteinander umgehen und wie bestimmte Situationen zu handhaben sind. Nichtsdestoweniger gibt es unterschiedlich ausgeprägte Kompetenzgrade. Mit Kompetenz meinen wir an dieser Stelle nicht den grammatisch einwandfreien Sprachgebrauch oder einen gepflegten Sprachstil, sondern die erfolgreiche Auseinandersetzung mit der Umwelt, gute Managementfähigkeiten, sowie Verantwortungsbewußtsein und Sorgfaltspflicht gegenüber anderen Personen. Kommunikative Kompetenz bezeichnet die Fähigkeit, die eigenen Absichten deutlich zu machen, und die Bereitschaft, in dem durch Äußerungen und deren Interpretation in die Welt gesetzten Netzwerk an Verpflichtungen Verantwortung zu übernehmen. In ihrer tagtäglichen Lebensweise sind sich die Menschen im allgemeinen gar nicht mal bewußt, wie sie vorgehen. Sie arbeiten ganz einfach, sprechen miteinander usw., mehr oder weniger blind für die überall vorhandenen, mit dem Eingehen einer Verpflichtung verknüpften, entscheidenden Dimensionen. Folgerichtig gibt es eine Ebene, die nach Schulung in kommunikativer Kompetenz verlangt: das ist der Bereich der grundlegenden Beziehungen zwischen Sprache und erfolgreichem Handeln. Die bewußten Kenntnisse der Menschen über ihre Rolle in dem Netzwerk eingegangener Verpflichtungen können bestärkt und entwickelt werden und damit auch ihre Fähigkeiten, im Bereich der Sprache zu handeln.

KAPITEL 12
DER UMGANG MIT COMPUTERN:
EINE GESTALTUNGSRICHTLINIE

Die Gestaltung computergestützter Systeme mit der Zielsetzung, menschliche Arbeit und Interaktion zu erleichtern, bildet das Thema des vorliegenden Buches. Im jetzt folgenden Abschlußkapitel schlagen wir Richtlinien für die Zukunft vor und beziehen uns dabei auf die in Teil I bereits aufgeworfene Frage, was Gestalten eigentlich bedeutet.

Der wesentlichste Aspekt von Gestalten ist *ontologischer* Natur.[83] Jedes Gestalten stellt ein Eingreifen in unseren ererbten Hintergrundbezug dar, erwächst aus bereits bestehenden Weisen unseres In-der-Welt-Seins und beeinflußt unsere Seinsweise nachhaltig. Gestalten ist der Versuch, durch bessere Geräte, Ausrüstungsgegenstände, Gebäude und Organisationsstrukturen im voraus festzulegen, wie und wo in unserer Alltagspraxis und im Umgang mit Werkzeugen Zusammenbrüche auftauchen werden; Gestalten will neue Räume schaffen, in denen wir arbeiten und die wir ausnützen können. Gestaltung im ontologischen Sinne ist demnach notwendigerweise gleichermaßen reflexiv und politisch orientiert, sie wirft den Blick zurück auf die Tradition, die uns geformt hat, aber auch gleichzeitig in die Zukunft, auf bislang noch nicht verwirklichte Veränderungen unseres Lebenswandels. Das Auftauchen neuartiger Werkzeuge wandelt unser Bewußtsein von menschlicher Natur und menschlicher Handlungsweise, und dies bringt wiederum neue technologische Entwicklungen mit sich. Der Gestaltungsprozeß ist Teil dieses sich im Kreis drehenden ›Tanzes‹, in dem die Struktur unserer Entwicklungsmöglichkeiten entsteht und sich wandelt.

Die Schlußabschnitte dieses Kapitels behandeln die ontischontologische Bedeutung von Gestaltung[84] – auf welche Weise unsere Werkzeuge einen Teil des Hintergrundes abgeben, vor

Umgang mit Computern

dem wir die Frage, was es heißt, Mensch zu sein, stellen können. Zuerst betrachten wir, welche unmittelbare Relevanz unsere in diesem Buch entwickelte theoretische Denkrichtung für den Entwurf von Computersystemen hat. Im wesentlichen werden wir gesprächsunterstützende Systeme wie den in Kapitel 11 beschriebenen Koordinator als Beispiel benutzen. Unser Augenmerk richtet sich jedoch nicht nur auf diesen einen Anwendungsbereich, sondern auch auf weitere computergestützte Systeme, letztlich auf die gesamte Technologie.

12.1 EIN BEZUGSRAHMEN FÜR DEN ENTWURF VON COMPUTERN

In der populärwissenschaftlichen Literatur über Computer stößt man häufig auf Worte wie ›benutzerfreundlich‹, ›leicht erlernbar‹ oder ›selbsterklärend‹. Diese Begriffe bleiben vage und werden vielleicht überstrapaziert, aber sie drücken reale Funktionen von Computersystemen aus – Funktionen, die sich im Rahmen der rationalistischen Tradition nicht angemessen verstehen lassen und für die eine phänomenologische Einsicht in Zuhandenheit, Zusammenbruch und Blindheit von Belang ist.

Zuhandenheit

Je ähnlicher Computer den Menschen werden – so die weitverbreitete Zukunftsvision – um so einfacher wird ihre Handhabung. In der Zusammenarbeit mit anderen Menschen bauen wir Verständigungsebenen auf, die es uns erlauben, auf diesem gemeinsamen Vorverständnis mit einem Minimum an Worten und bewußter Anstrengung miteinander zu kommunizieren. Gewahr werden wir der Struktur unserer Kommunikation lediglich, wenn es in irgendeiner Weise zu einem Zusammenbruch kommt und eine Korrekturmaßnahme erforderlich wird. Hätten Maschinen die gleiche Auffassungsgabe wie Menschen, dann wäre uns die Interaktion mit dem Computer in ähnlich transparenter Weise vertraut wie der Umgang der Menschen miteinander.

Entwurf

Nun ist Transparenz der Interaktion beim Entwurf von allen Werkzeugen, auch von Computersystemen, von allergrößter Bedeutung, aber der Versuch, menschliche Fähigkeiten nachzuahmen, ist dafür keineswegs der optimale Weg. Die Handgriffe, um beim Autofahren die Kontrolle über das Fahrzeug zu haben, sind in der Regel selbstverständlich. Sie überlegen nicht jedesmal »Wie weit muß ich das Steuer einschlagen, um durch die nächste Kurve zu kommen?« Tatsächlich sind Sie sich der Handhabung eines Lenkrades meist nicht einmal bewußt (es sei denn, irgend etwas verhindert den Lenkvorgang). Phänomenologisch betrachtet üben Sie nicht etwa Kontrolltätigkeiten aus, sondern fahren einfach die Straße entlang. Diese Form der Zuhandenheit beim Autofahren ist Ergebnis eines langwierigen Entwicklungsprozesses mit den verschiedensten Formgebungen für Automobile. Die Zuhandenheit wurde nicht etwa dadurch erreicht, daß mit Autos in gleicher Weise kommuniziert würde wie mit Menschen, sondern durch das Bereitstellen der angemessenen Koppelung zwischen Fahrer und Bewegungsablauf im relevanten Bereich (eine Straße entlangsteuern).

Der Entwurf computergestützter Werkzeuge ist eine härtere Aufgabe, aber die Kernpunkte sind dieselben. Ein gelungenes Textverarbeitungssystem ermöglicht einer Person den Umgang mit Worten und Textabschnitten auf dem Bildschirm, ohne daß sie sich der Formulierung und Eingabe von Befehlen jedesmal bewußt sein muß. Auf der Ebene der Benutzeroberfläche sind für den ›Schnittstellenentwurf‹ zahlreiche unterschiedliche Wege gangbar, um Transparenz zu fördern, z.B. spezielle Funktionstasten (die mit einem einzigen Tastendruck eine sinnvolle Aktion auslösen), Zeigevorrichtungen (die es ermöglichen, auf dem Bildschirm ein Objekt auszuwählen) oder Menüs (die eine Auswahl aus einer kleinen Menge anwendbarer Handlungen zur Verfügung stellen).

Von größerer Bedeutung ist die Gestaltung des Bereiches, in dem Handlungen verursacht und interpretiert werden. Ein schlechter Entwurf zwingt den Benutzer, sich mit Komplexitäten aus dem verkehrten Bereich herumzuschlagen. Stellen Sie sich z.B. eine Person im Umgang mit einem elektronischen Post-System vor, die versucht, eine Nachricht zu verschicken, und mit einer ›Fehlermeldung‹ konfrontiert ist, die besagt »Mailbox-Server wird neu geladen«. Der Benutzer eines elektronischen Post-Systems bewegt sich normalerweise in einem Raum, der von Personen und den zwischen ihnen verschickten Nachrichten gebildet wird. Dieser Bereich beinhaltet Handlungen (z.B. das Verschicken einer Nachricht und das Durchsehen der Post), die wiederum mögliche Zusammenbrüche (z.B. das Scheitern beim Versenden einer Nachricht) hervorrufen können. Mailbox-Server mögen zwar ein entscheidender Bestandteil der Implementation des Post-Systems sein, aber in diesem Fall treten sie für den Benutzer als Störung aus einem anderen Bereich dazwischen – aus einem Bereich, der zum Fachgebiet der Systementwickler und Ingenieure zählt. In diesem einfachen Beispiel wäre die Fehlermeldung ersetzbar durch eine andere, etwa »Nachrichtenübertragung zum Empfänger nicht möglich. Bitte starten Sie in fünf Minuten einen neuen Versuch.« Erfolgreiche Systemkonstrukteure lernen, nachdem sie die Frustrationen der Menschen, die ihre Programme einsetzen, eingesehen haben, den Verstehensbereich der Benutzer zu berücksichtigen.

In diesem Zusammenhang geht es jedoch um ein noch systematischeres Prinzip. Der Programmierer entwirft das Sprachumfeld und erzeugt damit die Welt, in der Benutzer agieren. Diese Sprache kann ›ontologisch einwandfrei‹ sein oder ein Durcheinander verknüpfter Bereiche. Eine übersichtlich und systematisch aufgebaute Ontologie bildet das Fundament für die Art von Einfachheit, die Systeme für ihre Benutzer brauchbar macht. Wenn wir z.B. versuchen, die Anziehungskraft zu begreifen, die Computer wie der Apple/Macintosh (und dessen Vorläufermodell STAR von Xerox) ausüben, so stoßen wir auf die gleiche Art von Zuhandenheit und ontologischer Unkompliziertheit, die wir gerade beschrieben haben. Innerhalb der relevanten Arbeitsbereiche erlauben sie dem Benutzer die durch keine weitere Ebene des Computersystems gestörte problemlose Handhabung von Text und Graphik – der Benutzer

Entwurf

kann das System ›fahren‹, er ist nicht in der Rolle eines ›Kommandeurs‹, der das System erst durch Befehle in Gang setzen muß. Die nächste Generation von Systementwürfen muß sich der Herausforderung stellen, dieselbe Effektivität über den Bereich der Oberflächenstrukturen von Wort und Bild hinaus in Bereiche zu verlängern, die dadurch gebildet werden, daß Menschen solche Strukturen manipulieren.

Vorwegnahme von Zusammenbrüchen

Unsere Beschäftigung mit HEIDEGGER hat die zentrale Rolle, die ›Zusammenbrüche‹[85] für menschliches Verstehen spielen, deutlich werden lassen. Ein Zusammenbruch ist keine ungute Situation, die es zu vermeiden gilt, sondern ein Zustand von Nichtoffensichtlichkeit, ein Umstand, der aus der Erkenntnis, daß irgend etwas fehlt, eine (durch unsere Erklärungsversuche ausgelöste) Offenlegung einiger Aspekte des Netzes aus Werkzeugen befördert, die wir gerade im Gebrauch haben. Ein Zusammenbruch offenbart somit die Verflechtung von Beziehungen, die zur Vollendung einer Aufgabe notwendig sind. Das schafft für Gestaltung eine unmißverständliche Zielsetzung – ihre Aufgabe wird es, Erscheinungsformen von Zusammenbrüchen vorwegzunehmen und Raum für mögliche Handlungen zu schaffen, falls es zum Zusammenbruch kommt. Jeden Zusammenbruch bereits auf der Gestaltungsebene vollständig ausschließen zu wollen, ist unmöglich. Was sich jedoch entwerfen läßt, das sind Hilfsmittel für diejenigen, die in einem bestimmten Bereich möglicher Zusammenbrüche leben. Ein Teil dieser Hilfestellung besteht in Schulung. Diese sollte zu einem angemessenen Verständnis des Bereiches verhelfen, in dem Zusammenbrüche auftreten, und Fachkenntnisse sowie Vorgehensweisen vermitteln, die notwendig sind, um zu erkennen, was zusammengebrochen und wie die Situation zu bewältigen ist.

Auch bei der Vorwegnahme und Korrektur von Zusammenbrüchen, die nicht selbst Computerzusammenbrüche sind, sondern im Anwendungsbereich auftreten, können computerge-

Umgang mit Computern

stützte Werkzeuge hilfreich sein. Die Komponenten eines Koordinators, die eingegangene Verpflichtungen überwachen und an sie erinnern können, sind beispielhaft für ein System, das im Bereich handlungsorientierter Konversation eingesetzt wird. Der Entwurf eines entscheidungsunterstützenden Systems ist hauptsächlich damit befaßt, mögliche Zusammenbrüche vorauszuahnen. CYBERSYN[86] ist eines der ersten Beispiele für ein solches System, das zur Produktionsüberwachung in einem Sektor der chilenischen Wirtschaft eingesetzt wurde. Das System ermöglichte es Gruppen vor Ort, ökonomische Eckdaten (z.B. den Produktionsausstoß einer lebenswichtigen Fabrik) im Rahmen ihrer üblicherweise auftretenden Schwankungen festzuschreiben, um jeweils sofort informiert zu werden, falls ein signifikantes, abweichendes Muster auftrat, was auf einen möglichen Zusammenbruch hindeuten könnte.

Von noch größerer Bedeutung ist jedoch die Schlüsselrolle, die Zusammenbrüche für den Gestaltungsprozeß spielen. Im letzten Abschnitt haben wir herausgestellt, daß Gegenstände und ihre Eigenschaften, die den Handlungsbereich einer Person ausmachen, erst im Zusammenbruch selbst thematisch werden und als ›vorhandene‹ zum Vorschein kommen. Kehren wir zu unserem unkomplizierten Beispiel des elektronischen Post-Systems zurück. Die beschriebene ›Klemme‹ ließ der betreffenden Person angesichts eines Zusammenbruchs gewisse Handlungsabläufe offen. Er oder sie können das Ansinnen, eine Nachricht verschicken zu wollen, einfach vergessen, oder sie warten eine Zeitlang und starten dann einen neuen Versuch. Denkbar wäre aber auch, die Nachricht an einen anderen ›Mailbox-Server‹ zu schicken, der die verzögerte Beförderung und Zustellung übernimmt. Dies setzt jedoch voraus, daß im System eine Benutzerebene vorhanden ist, die die Existenz eines ›Mailbox-Servers‹ und dessen Eigenschaften als Teil des für den Benutzer relevanten Handlungsspielraumes berücksichtigt.

Bereits mit dem Entwurf von Computersystemen und in den dadurch geschaffenen Bereichen müssen wir somit die Spannweite möglicher Vorkommnisse vorwegnehmen, die über das

Entwurf

übliche Funktionsspektrum hinausgehen, und wir müssen Mittel bereitstellen, die uns helfen, ihr Auftreten zu verstehen und auch noch handlungsfähig zu sein. Auf dieser Erkenntnis fußt die häufig von guten Programmierern befolgte heuristische Faustregel »Versuche beim Programmieren an alles und jedes zu denken, das schief gehen könnte«, aber auch sie ist wiederum mehr als ein verschwommener Aphorismus. Die Sichtung der Bereiche möglicher Zusammenbrüche kann Ausgangspunkt für eine Analyse des menschlichen Tätigkeitsumfeldes sein; und diese kann dann wieder als Grundlage dienen für die Schaffung der Objekte, Eigenschaften und Handlungen, die den Aufgabenbereich festlegen.

Gestaltung erzeugt Blindheit

Jedes Öffnen neuer Möglichkeiten verschließt gleichzeitig andere, und das gilt insbesondere für die Einführung neuer Technologien. Denken Sie beispielsweise an die Möglichkeiten, die eine ›elektronische Bibliothek‹ bietet. Sie können nach Einzelheiten suchen und dabei raffinierte Katalogisierungsverfahren heranziehen, die aufbauen auf bibliographischen Angaben (z.B. Autor, Verlag und Titel) oder Sachgebietseinteilungen (z.B. die Kategorisierung der Library of Congress und die Schlüsselwortsystematik, die in vielen Zeitschriften benutzt werden). Solange wir den Bereich, der durch diese Einteilungen geschaffen wird, als den relevanten Bereich zum Auffinden von Büchern akzeptieren, ist das System angemessen und brauchbar. Möglicherweise wurde damit jedoch nicht die richtige Wahl getroffen. Die Einrichtung kann dem Leser in einem engen Spezialgebiet die Suche nach einem Buch durchaus erleichtern, gleichzeitig beschränkt dieses Vorgehen aber die Ungezwungenheit, die das ›Schmökern‹ in Bücherregalen, die angefüllt sind mit locker thematisch verknüpftem Material, auszeichnet. Wenn wir die Bedeutung von Hintergrundbezug und Geworfenheit anerkennen, dann leuchtet sofort ein, daß die unerwarteten und nicht beabsichtigten Funde, auf die jemand beim Durchstöbern trifft, von weitaus größerer Bedeutung sein können als der effiziente, präzise Abruf eines Buches. Falls sich das Problem näherungsweise auffassen läßt als »Finden Sie ein Buch, von dem bestimmte Angaben bekannt sind«, dann mag ein solches System angebracht sein. Das gilt möglicherweise nicht mehr, wenn das System in einem umfassenderen Kontext für Fragen wie »Suchen Sie sich Artikel, die für ihr Vorhaben relevant sind« eingesetzt wird, denn Relevanz läßt sich nicht so einfach formalisieren. Mit dem Bereitstellen eines Werkzeuges werden wir die Gewohnheiten ändern, wie Menschen mit Bibliotheken und dem dort gelagerten Lesestoff umgehen.

Ebensowenig wie bei Zusammenbrüchen handelt es sich bei Blindheit um etwas, das sich vermeiden läßt; doch wir können uns ihrer bewußt werden. Als Gestalter sind wir eingebunden in ein Gespräch über Entwicklungsmöglichkeiten. Die Sorge um den Erhalt von Fähigkeiten, die mit der Einführung eines neuen Systems wegfallen, muß sich die Waage halten mit den Erwartungen, die in die neugeschaffenen Möglichkeiten gesetzt werden.

12.2 EIN BEISPIEL FÜR GESTALTUNG

Wir wenden uns jetzt einem konkreten Beispiel zu, das zeigt, wie unser theoretisch fundiertes Hintergrundwissen den Entwurf eines computergestützten Systems in einer praktischen Anwendungssituation bestimmen könnte. Wir wollen dabei allerdings keine vollständige Fallanalyse vorlegen, sondern Entwicklungsmöglichkeiten vorschlagen und die in diesen beiden Schlußkapiteln aufgeworfenen Fragen klären. Wir haben ein Allerweltsbeispiel aus dem Geschäftsleben ausgewählt, aber dieselben Prinzipien gelten auch für Computeranwendungen im Rahmen von Organisationen ganz allgemein.

Die Lage: Sie führen seit mehreren Jahren ein erfolgreiches Bekleidungsgeschäft und haben es im letzten Jahr zu einer Kette mit drei Filialen expandiert. Bislang haben Sie keinen Computer

Ein Beispiel

eingesetzt, aber unlängst kam Ihnen in den Sinn, daß ein Computer vielleicht hilfreich sein könnte. Ertragssteigerung stand dabei nicht im Vordergrund Ihrer Überlegung, vielmehr verlieren Sie etliche Kunden, die offenbar mit dem Kundendienst nicht mehr zufrieden sind. Außerdem fühlen sich Ihre Angestellten überlastet.

DIE ZU LÖSENDEN PROBLEME SIND NICHT KLAR UMRISSEN: MASSNAHMEN MÜSSEN IN EINER SITUATION DER UNSCHLÜSSIGKEIT GETROFFEN WERDEN. Damit ist der Zustand gekennzeichnet, in dem Fragen über das weitere Vorgehen typischerweise aufkommen, wie wir sie bereits oben in Kapitel 11 beschrieben haben. Ein eindeutig faßbares ›Problem‹, das gelöst werden müßte, läßt sich nicht ausmachen, trotzdem eröffnet ein Gefühl der Unschlüssigkeit neue Gelegenheiten zum Handeln. Computer sind nicht die ›Lösung‹, sie können jedoch hilfreich sein, um Maßnahmen zu ergreifen, die die Lage verbessern. Sobald der Manager dies spürt, wäre üblicherweise sein nächster Schritt der Gang zu einer Firma, die Computersysteme verkauft, um herauszufinden, welche Arten von ›Systemen‹ verfügbar sind, und um festzustellen, ob sich eine Anschaffung überhaupt lohnt. Der Handlungsspielraum wird durch die einzelnen Offerten und die von den angebotenen Systemen gezeigten ›Merkmale‹ bestimmt. Wir können aber auch weitaus radikaler vorgehen und analysieren, was im Laden abläuft und welche Hilfsmittel denkbar sind.

EIN GESCHÄFT GRÜNDET SICH (WIE JEDE ANDERE ORGANISATION) AUF EIN NETZ PERIODISCH AUFTRETENDER GESPRÄCHSABLÄUFE. Als ersten Schritt suchen Sie die grundlegenden Gesprächsnetze, die das Geschäftsleben ausmachen. Sie fragen also: »Wer plaziert Anfragen oder erteilt wem Zusagen, und wie werden diese Gespräche zum Abschluß gebracht?« In erster Näherung behandeln Sie die Firma als eine Einheit und untersuchen ihre Konversation mit der Außenwelt – Kunden, Lieferanten und Anbieter von Dienstleistungen. Sie stoßen dabei auf augenfällig zentrale, mit Kunden und Lieferanten geführte Gespräche, die eröffnet werden mit einer Anfrage nach (oder einem Angebot an) Bekleidung gegen Geld. Die nachfolgenden Gespräche drehen sich um die Einlösebedingungen des Ausgangsgespräches: Diskussionen über das Abändern von Bekleidung, Verhandlungen betreffs Zahlungsweise (gegen Rechnung, Vorauszahlung, Ratenzahlung etc.) und Gespräche, die möglichen Zusammenbrüchen in den Geschäftsräumen vorbeugen sollen (Hausmeisterdienste, Dekorieren der Schaufensterauslagen etc.).

Wenn Sie nun das Geschäft in einem zweiten Analyseschritt als zusammengesetztes Ganzes auffassen, dann können Sie zusätzlich die Gesprächsnetze innerhalb Ihrer Firma untersuchen: Verbindungen zwischen Einzelbestandteilen, also zwischen den Abteilungen und zwischen einzelnen Beschäftigten. Zwischen Verkäufer und Warenlager, Verkäufer und Buchhaltung, Warenlager und Einkauf und vielen anderen Ebenen finden Gespräche statt. Jede dieser Gesprächsformen hat ihre eigene, ständig wiederkehrende Struktur und spielt eine gewisse Rolle zur Aufrechterhaltung grundlegender Konversation der Firma. Stellen Sie sich als unkompliziertes Beispiel ein Gespräch vor, in dem der Lagerverwalter veranlaßt, Warenbestellungen an Lieferanten abzuschicken. Der Anlaß für diese Gesprächsform ist entweder gegeben durch ein vorheriges Gespräch, in dem der Verkäufer einen Gegenstand aus dem Lager ordert, der nicht verfügbar ist, oder dadurch, daß der Angestellte im Warenlager selbst die Möglichkeit eines solchen Zusammenbruchs voraussieht. Andere Gesprächsformen sind Teil der zugrundeliegenden Struktur, die den Individuen die Mitwirkung an diesem Netz ermöglicht (Gehaltseinstufung, Arbeitsvorbereitung, Leistungsbeurteilung etc.).

GESPRÄCHE SIND IN EIN REGULÄRES MUSTER VON AUSLÖSENDEN EREIGNISSEN UND ZUSAMMENBRÜCHEN EINGEBUNDEN. Die Analyse dieser Gespräche zielt auf eine Beschreibung, in der die implizite Verknüpfung zwischen den sich periodisch wiederholenden Gesprächsformen explizit gemacht werden kann. Sol-

Ein Beispiel

cherart Bindeglieder können normale Auslösemomente sein (z.B. initiiert eine Kundenanfrage eine Anfrage im Warenlager) aber auch andere Ereignisse, die mit Zusammenbruch zu tun haben (wird z.b. die Bitte, ein Kleidungsstück zu ändern, nicht rechtzeitig ausgeführt, könnte das beim Kunden den Wunsch aufkommen lassen, den Geschäftsführer zu verlangen). Wenn Sie alle diese Aspekte zu einer Gesamtbeschreibung zusammengetragen haben, sind Sie in der Lage, aufgrund der Beobachtung, wo Gespräche abbrechen und nicht zu einem zufriedenstellenden Abschluß gebracht werden, die Möglichkeiten für eine Neustrukturierung des Gesprächsnetzes zu sehen. Sie könnten z.B. feststellen, daß die Ursache für die Unzufriedenheit der Kunden darin liegt, daß die Abänderungen nicht rechtzeitig ausgeführt werden (der Grund ist vielleicht, daß die Änderungsmaßnahmen neuerdings aus allen drei Filialen zusammengefaßt werden und ein Schneider deshalb nicht mehr unmittelbar zur Verfügung steht). Ein rigider Zeitplan für anfallende Änderungen (z.B. keine Zusage mehr für einen kürzeren Zeitraum als eine Woche zu machen) ist möglicherweise eine der Maßnahmen, um eingegangene Verpflichtungen im übernommenen Zeitrahmen einlösen zu können, selbst wenn dadurch die Zusagen zeitlich weniger flexibel werden. Oder Sie tragen sich vielleicht mit dem Gedanken, geeignetere Hilfsmittel zur Koordination einzusetzen, z.B. ein computergestütztes System, das die Änderungswünsche verfolgt und den dringlicheren eine höhere Priorität zuweist.

DIE BEREITSTELLUNG VON WERKZEUGEN GESTALTET NEUE KONVERSATIONSFORMEN UND GESPRÄCHSEBENEN. Wird im Geschäftsablauf etwas verändert, dann betreffen die bedeutsamsten Neuerungen nicht die mechanischen Werkzeuge, die ein Gespräch vermitteln (z.B. ein manuelles Verfahren, das sich auf Formblätter stützt durch ein Computersystem zu ersetzen), sondern die Veränderungen in der Struktur der Konversationen selbst. Mit der Einführung weiterer Hilfsmittel wandelt sich das Konversationsmuster als Ganzes, was neue Perspektiven eröffnet oder eine weitsichtigere Vorwegnahme von Zusammenbrüchen in den bislang existierenden Vorgehensweisen möglich macht. Dieser umfassende Aspekt bleibt häufig verborgen, weil der Austausch von Geräten und der Wandel in den Konversationsstrukturen für gewöhnlich Hand in Hand gehen. Manchmal sind solche Veränderungen vorteilhaft, manchmal richten sie Schaden an. Es lassen sich etliche Fälle aufzählen, in denen Systeme für Tätigkeiten, z.B. Personaleinsatzplanung, eingeführt wurden, um Abläufe effizienter zu gestalten, aber tatsächlich über die dadurch geänderten Konversationsstrukturen eher ein Hindernis für die Arbeit darstellten. Häufig liegt die Ursache darin, daß lediglich eine Seite des Gesprächsnetzes (der ›offizielle‹ oder ›vorgeschriebene‹ Teil) aufgegriffen und in der Struktur des Computersystems abgebildet wird. Andere, weniger regelmäßig auftretende Arten der Anfrage und Zusage, die für die Vorwegnahme und den Umgang mit Zusammenbrüchen entscheidend sein können, bleiben dabei auf der Strecke. Eine planvollere Gestaltung von Konversationsstrukturen, die auch funktionieren, setzt voraus, daß man die tatsächlichen Auswirkungen neuer Systementwicklungen berücksichtigt.

So gibt es beispielsweise einen Bedarf an koordinierenden Systemen, die den Zwang zu rigider Arbeitseinteilung abmildern. Das Zeitgefüge von Abläufen innerhalb einer Organisation wird überwiegend durch die Notwendigkeit diktiert, den Fertigstellungstermin voraussehen zu können. Kann der Geschäftsführer davon ausgehen, daß eine bestimmte Aufgabe jeden Freitag zum Abschluß gebracht wird, dann ist er oder sie in der Lage, eine Verpflichtung einzugehen, die am Montag etwas zu tun verspricht, was auf dem freitags bereitgestellten Arbeitsergebnis fußt. Eine solche Vorgehensweise ist für die meisten Routineaufgaben die beste Garantie für effektive Koordination. Sie kann aber auch eine starre Zwangsjacke darstellen und den Spielraum, der den Beschäftigten bei der Einteilung ihrer Arbeit bleibt, einschränken. Falls effektive Koordination auf einer Ebene von Absprache zu Absprache geregelt werden kann, kann die Unbeweglichkeit teilweise aufgegeben und die Konver-

Ein Beispiel

sationsstruktur geändert werden, um den schöpferischen Fähigkeiten der Mitarbeiter Raum zu geben.

GESTALTUNG FÖRDERT AUCH NEUE ENTWICKLUNGSMÖGLICHKEITEN ZUTAGE. Es gibt keine Analyse periodisch wiederkehrender Strukturen, die eine Beschreibung aller Perspektiven liefert. Vorhandene Netze repräsentieren einen bestimmten Aspekt struktureller Koppelung, die die Organisation mit der Welt, in der sie existiert, verbindet. Handlungen können diese Struktur radikal verändern. Das Geschäft in unserem Beispiel könnte z.b. die Änderungsschneiderei schlicht einstellen. Möglich wäre aber auch, mehr Schneider einzustellen oder Änderungen als Auftrag nach außen zu vergeben oder etliche Schneider mehr einzustellen und ebenfalls mit Änderungsschneiderei in das Auftragsgeschäft einzusteigen. In manchen Fällen könnte das Geschäft als Ganzes eine andere Auslegung erfahren. Vielleicht beobachtet der Besitzer eines kleinen Süßwarenladens den Erfolg mit Videospielen im rückwärtigen Teil des Hauses und kommt letztlich zu dem Schluß, ein Videospiel-Salon mit Süßwarentheke sei das Geschäft der Zukunft. Es gibt keine Methode, die alle diese Möglichkeiten garantiert aufspüren könnte, aber eine sorgfältige Analyse der Konversationsstruktur kann dabei behilflich sein, Gespräche mit solchen Expansionspotentialen offenzulegen.

Der Entwurf computergestützter Gerätschaften bringt uns niemals in eine Position, ein formales ›System‹ zu kreieren, das die Funktionsweise der Organisation und der in diesem Rahmen tätigen Menschen abdecken könnte. Jeder Versuch in dieser Richtung führt unweigerlich zu einem System (mit entsprechenden Folgen für den Handlungsspielraum der Menschen), das nicht anpassungsfähig ist und daher kaum geeignet, mit neu auftretenden Zusammenbrüchen oder Zukunftsperspektiven fertigzuwerden. Statt dessen entwerfen wir Ergänzungen und Varianten des Netzwerks aus Gerätschaften (von denen einige computergestützt sind), das Menschen bei ihrer Arbeit umgibt. Computer sind wie Werkzeuge, sie werden vervollkommnet für die

Handhabung durch Menschen, die einem gewissen Handlungsbereich verpflichtet sind. Der Gebrauch von Werkzeugen formt das Potential, auf das die Handlungen zielen und die Art und Weise, wie diese Handlungen betrieben werden. Computer unterscheiden sich von gebräuchlichen Werkzeugen durch ihre Einbindung in ein umfangreicheres Netz an Ausrüstungsgegenständen. Sie erfüllen nicht nur einen einzelnen Zweck wie der Hobel für den Tischler; die Stärke von Computern liegt in der Verbindung, die sie herstellen zum umfassenderen Kommunikationsnetz (basierend auf elektronischen Medien, Telefon und Papier), in dessen Rahmen die Tätigkeiten einer Organisation ablaufen.

GEGENSTANDSBEREICHE ENTSTEHEN DURCH DEN RAUM MÖGLICHER ZUSAMMENBRÜCHE VON HANDLUNGEN. Hat in unserem Beispiel der Inhaber des Bekleidungsgeschäftes beschlossen, ein computergestütztes System zu installieren, das einige der laufenden Gesprächsformen abwickeln soll, ist der nächste Analyseschritt die Untersuchung (und Herstellung) des geeigneten Gegenstandsbereiches. Automation durch Computer spielt sich vielfach in standardisierten Folgebereichen ab, z.B. Lohnbuchhaltung, Fakturierung oder Arbeitskräfteeinteilung. Ein Gegenstandsbereich relevanter Objekte, Eigenschaften und Handlungen ist immer schon durch die gängige Praxis etabliert und durch die Notwendigkeit erzwungen, von außen kommenden, auf diesen Bereich zurückgreifenden Konversationen gerecht zu werden (z.B. den Anforderungen des Finanzamts). Aber selbst in diesen Fällen, in denen sich der Einsatz von Computern längst durchgesetzt hat, ist die Einsicht wichtig, daß die Vorhandenheit der Gegenstandswelt immer auf dem Zusammenbruch von Handlungen beruht.

Die Frage nach der ›Adresse‹ eines Kunden liefert ein anschauliches Beispiel. Die unmittelbare Rückfrage lautet »Für welchen Zweck?« (oder »In welchem Gesprächszusammenhang ist die Antwort eine Bedingung, um das Gespräch zufriedenstellend beenden zu können?«). Zwei unterschiedliche Antwor-

Ein Beispiel

ten sind möglich. Einige Kundengespräche beinhalten den Wunsch, Waren zugestellt zu bekommen, während andere weitere Korrespondenz nach sich ziehen. Die verschiedenen Bedingungen, dem Kundenwillen gerecht zu werden, erfordern unterschiedliche Arten von Adressen. Das ist der Normalfall, und die meisten Geschäftsbriefe oder computergestützten Datenbanken unterscheiden deshalb zwischen »Lieferanschrift« und »Bestelladresse«. Aber vielleicht benötigen wir auch eine Adresse, unter der der Kunde während des Tages erreichbar ist, um weiter Anproben vornehmen zu können. In jedem Fall wird die relevante ›Eigenschaft‹, die mit der Person verknüpft ist, davon abhängen, welche Rolle sie in einer Handlung spielt. Diese stets an den jeweiligen Handlungsverlauf gekoppelte Beschreibung durchkreuzt jeden Versuch, die Welt formal in eine sprachliche Struktur mit Gegenständen, Eigenschaften und Ereignissen einteilen zu wollen.

Diese Überlegung führt uns weiter zu der Einsicht, daß jeder Entwicklungsprozeß eines computergestützten Systems zyklisch vorgehen muß, vom Entwurf über die mit dem System gemachten Erfahrungen zurück zur Entwurfsebene. Schließlich lassen sich alle Zusammenbrüche und die damit verbundenen Gegenstandsbereiche unmöglich voraussehen. Sie kommen erst allmählich, Schritt für Schritt, in der Praxis zum Vorschein. Die Methoden der Systementwicklung müssen diese Erkenntnis als grundlegende Voraussetzung bei der Eingrenzung von Betätigungsfeldern in sich aufnehmen und durch Verfahren handhabbar machen, die beispielsweise in einem frühen Stadium des Entwicklungsprozesses Prototypen bereitstellen und diese Vorabversionen auf Situationen anwenden, die so eng wie möglich an die Bedingungen angelehnt sind, unter denen das System schließlich eingesetzt werden soll.

ZUSAMMENBRUCH HEISST SITUATIONSAUSLEGUNG — ALLES EXISTIERT NUR ALS INTERPRETATION VOR EINEM ERWARTUNGSHORIZONT. Stellen Sie sich Bedingungen vor, die erfüllt sein müssen, damit dem Begriff ›Paßform‹ genüge getan wird. Wir haben damit ein interesanteres Beispiel für die Art und Weise, wie die Welt durch Sprache entsteht. Der Kunde ist nur dann zufriedengestellt, wenn ein Kleidungsstück paßt. Ein umfangreicher Bereich sprachlicher Ausdrücke (der Bereich der Kleidergrößen) hat sich herausgebildet, der Mittel an die Hand gibt, um Zusammenbrüche vorauszusehen und ihnen zuvorzukommen. Aber ›passen‹ läßt sich nicht objektiv definieren. Eine Person ist vielleicht glücklich mit einem Artikel, den eine andere Person von gleicher Statur und Größe zurückweisen würde. Die Geschichte der Mode und Kulturunterschiede macht deutlich, daß ›passen‹ nur zu verstehen ist als Interpretation vor einem bestimmten Erwartungshorizont. Gleichwohl sind Kleidergrößen nicht völlig individuell vergeben. Nur der in einer Gemeinschaft akzeptierte Bezugsrahmen macht individuellen ›Geschmack‹ passabel.

Außerdem legt letztendlich nicht die Außenwelt fest, wann etwas zufriedenstellend ist, sondern eine Erklärung des Kunden, daß die Bedingung erfüllt ist. Nun mag ›Paßform‹ als extremes Beispiel erscheinen, aber letzten Endes beruht jeder Zustand der Zufriedenstellung auf einer individuellen Erklärung, die im Bezugsrahmen einer Gemeinschaft getätigt wird. Die ›objektiv‹ erscheinenden Fälle sind diejenigen, die eine weitgehende Regelmäßigkeit aufweisen und für die leidlich befriedigende Zustände (möglicherweise formell im Rechtssystem) vereinheitlicht sind. Eine Form der Innovation ist die Schaffung anderer Interpretationen und damit einhergehender neuer Bereiche, die zufriedenstellende Zustände beschreiben. In der Tat wäre die Auffassung nicht abwegig, dies als die eigentliche Unternehmung der ›Mode‹-Industrie (und jeder unternehmerischen Tätigkeit überhaupt) anzusehen.

ANTIZIPIERTE GEGENSTANDSBEREICHE SIND IMMER UNVOLLSTÄNDIG. Der Bereich sprachlicher Ausdrücke zur Beschreibung von Bekleidungsgrößen ist entstanden, um Zusammenbrüche, die bei Verkaufsgesprächen auftreten, vorwegzunehmen. Es ist ein sinnvoller, aber unvollständiger Versuch. Da das

Ein Beispiel

›Passen‹ immer selbst von Interpretation abhängig ist, kann kein Bekleidungsgrößensystem Erfolg garantieren. Auch dies ist nur ein deutliches Beispiel für ein viel allgemeineres Phänomen. Jeder Versuch, Zusammenbrüche vorauszusehen, bezieht sich auf einen bestimmten, antizipierten Gegenstandsbereich. Dadurch wird er kein nutzloses Unterfangen, wir müssen aber bei jedem Gestaltungsversuch mit einer Flexibilität vorgehen, die andersartige (stets unerwartet auftretende) Zusammenbrüche in Rechnung stellt.

Stellen Sie sich Lagerbestandskontrolle als ein weiteres Beispiel vor. Der Lagerverwalter versucht, Vorräte verfügbar zu halten; dabei will er einerseits die Gefahr, daß Artikel knapp werden, reduzieren, andererseits die im Bestand insgesamt gebundenen Investitionsmittel so gering wie möglich halten (und auf diese Weise Zusammenbrüche auf der Einnahmeseite vorwegnehmen). Bestellungen werden rechtzeitig aufgegeben, um Lieferschwierigkeiten zuvorzukommen, und anhand der Belege, die für verkaufte Ware erstellt werden, hält er sich auf dem laufenden über den Vorratsbestand. Zusammenbrüche passieren natürlich auch bei dieser Vorgehensweise an allen Ecken und Enden. Ein Zulieferer kann schlicht vergessen, wie versprochen zu liefern. Auf der Bestandsliste, die aufbauend auf vorhergehender Inventur durch Fortschreibung verkaufter Ware geführt wird, wurde versäumt, die Ladendiebstähle in Rechnung zu stellen. All das besagt nicht, jede Voraussicht sei unmöglich oder Systeme, die Antizipation unterstützen, sollten überhaupt nicht gebaut werden. Der entscheidende Punkt liegt vielmehr darin, klar zu erkennen, was die wirklichen Gegenstandsbereiche sind. Die Bestandsliste ist keine Sachdarstellung, sondern eine Aussage, die auf Interpretation beruht. Für die meisten Zielsetzungen kann die Liste zwar so behandelt werden, als sei damit die ›Anzahl der aktuell verfügbaren Artikel‹ gegeben, aber Gespräche, die auf dieser Annahme fußen, scheitern im Umgang mit unerwartet eintretenden Umständen.

Umgang mit Computern

COMPUTER SIND STEUERINSTRUMENTE IM GESPRÄCHSNETZ. Das meiste von dem, was wir bislang in diesem Abschnitt angesprochen haben, ist von Computern unabhängig. Es bezieht sich auf das Geschäftsleben und hat mit Organisationen zu tun, ob sie nun mit modernsten Gerätschaften operieren oder zu Schreibblock und Feder greifen. Es ist ebenfalls keine Vorschrift, wie sie vorgehen sollten, sondern eine Analyse der bereits praktizierten Verfahrensweisen. Wenn wir untersuchen, welche Rolle Computer gegenwärtig in Situationen spielen, wie wir sie mit unseren Beispielen angeführt haben, finden wir, daß sie im Rahmen periodisch sich wiederholender Gesprächsabläufe Handlungsmöglichkeiten verkörpern. Ob wir uns ein Lohnabrechnungssystem, ein Fakturierungssystem oder ein Lagerbestandskontrollsystem anschauen, in jedem Fall formen Hardware und Software ein Medium, mit dessen Hilfe Anfragen und Zusagen ausgehandelt und überwacht werden. An einsetzbaren Systemen steht ein breites Spektrum zur Verfügung, darunter fallen Standardpakete, die mittlerweile die kommerziellen Anwendungen beherrschen, entscheidungsunterstützende Systeme und die in Kapitel 11 beschriebenen Koordinatoren. Heutzutage steigen auch ›Expertensysteme‹ beträchtlich in der Gunst der Anwender. Die Frage, die in jedem Fall gestellt werden muß, ist keine abstrakte »Welche Art von System wird benötigt?«, sondern eine konkrete, die anspricht, wie diese neuen Werkzeuge zu anderen Gesprächsformen und letzten Endes zu einer neuen Arbeitsform und Seinsweise führen. ›Computerisierung‹ im negativen Sinn schreitet mit Geräten voran, bei deren Entwurf die Konversationsstrukturen, die sie verursachen (und auch die, die sie konsequent ausschließen), nicht angemessen Berücksichtigung finden.

INNOVATIONEN SCHAFFEN IHREN EIGENEN BEREICH VON ZUSAMMENBRÜCHEN. In unserem Beispiel des Bekleidungsgeschäftes haben wir nicht den Versuch unternommen, konkrete Fragen des Einsatzes von Computern zu behandeln. In der Alltagspraxis sind viele Entscheidungen gefragt, die auf der Grundlage

Ein Beispiel

von Verfügbarkeit, Gebrauchswert und Kosten unter den verschiedenen Arten von Ausrüstungsgegenständen – Computern, Softwarepaketen, Netzwerken, Druckern etc. – auswählen. Dabei kommen sämtliche der angeführten theoretischen Überlegungen zur Anwendung. Menschen, die Erfahrung im Umgang mit Computern haben, wissen nur allzu gut von der maßgeblichen Rolle, die Zusammenbrüche spielen. In diesem Zusammenhang ist wichtig zu bemerken, daß Zusammenbrüche ebenfalls als Bestandteil eines umfassenderen Gesprächsnetzes verstanden werden müssen. Der springende Punkt ist nicht nur, ob Maschinen ihre Tätigkeit einstellen werden, sondern ob ein ausreichendes Netz unterstützender Gesprächsstrukturen über Fragen der Systemverfügbarkeit, Wartung, Schulung, auch Möglichkeiten, das System abzuwandeln, und vieles mehr vorhanden ist. Die meisten der breit publizierten Ausfälle umfangreicher Computersysteme wurden nicht durch einfache Zusammenbrüche ihrer Funktionsweise hervorgerufen, sie wurden verursacht durch Zusammenbrüche im weitergespannten ›Computergeflecht‹[87], in das die Geräte eingebunden sind.

GESTALTUNG IST ETWAS, DAS IMMER SCHON STATTFINDET. Versetzen Sie sich in die zu Beginn des Abschnitts geschilderte Situation. Sie beschließen, Maßnahmen zu ergreifen, die zur Anschaffung und Installation eines neuen Computersystems führen sollen. Welche Unterstützung liefert die von uns vorgetragene Analyse? Sind die zur Verfügung stehenden Computersysteme gut genug? Gibt es Richtlinien, die festlegen, was zu tun und welches System zu kaufen ist?

Die erste Antwort ist, daß wir keine weitere, neuartige Lösung zum ›Datenverarbeitungsproblem‹ beisteuern. Vieles von dem, was wir theoretisch entwickelt haben, bezieht sich auf bereits vorhandene Computersysteme, und eine Vielzahl von Systemen geht in einer Weise vor, die unseren Vorstellungen entspricht. Das ist auch nicht verwunderlich, denn es findet so etwas wie eine natürliche Auslese statt – letztlich überleben die Systeme, die funktionieren.

Diese Einsicht zeichnet jedoch nur das halbe Bild. Es ist nicht nötig, das, was jeder aus eigener Erfahrung weiß, zu traktieren – Computersysteme lösen Unmut aus, funktionieren nicht wirklich einwandfrei, und genauso häufig wie sie in zahlreichen Situationen hilfreich sind, können sie ein Hindernis darstellen. Wir haben kein Wundermittel zur Hand. Wir können jedoch eine Orientierung anbieten, die dazu führt, die entscheidenden Fragen zu stellen. Eine Analyse, wie wir sie in diesem Abschnitt angeführt haben, könnte sehr wohl zum Ergebnis haben, daß der Geschäftsinhaber Änderungen der momentan (mündlich wie schriftlich) stattfindenden Gesprächsverläufe vornimmt und vollständig auf den Ankauf eines Computers verzichtet. Die gewonnenen Einsichten könnten aber auch den Hintergrundbezug abgeben, von dem aus Entscheidungskriterien ableitbar sind, um zwischen konkurrierenden Systemanbietern auswählen zu können oder um für die verfügbaren Systeme in der besonderen Situation neue Interpretationen zu entwickeln. Oder aber die Analyse bildet die Grundlage, um sich ganz andere Werkzeuge vorzustellen, die neue Handlungsmöglichkeiten eröffnen. Unabhängig davon, ob dies in einer Theorie ausdrücklich formuliert wird oder nicht – Gestaltung findet immer schon statt. Wir können jedoch daran arbeiten, den Prozeß zu beeinflussen und das Resultat zu verbessern.

12.3 SYSTEMISCHE BEREICHE

Die vorausgegangenen Abschnitte haben die zentrale Rolle der Sprache als Bildnerin der Bereiche, in denen wir handeln, hervorgehoben. Sprache ist die Erschaffung von Unterscheidungen: Objekte werden durch Substantive in Gruppen eingeteilt, Verben kennzeichnen verschiedene Handlungsweisen; eine Vielzahl weiterer Differenzierungen werden durch Sprache geschaffen. Diese Produktion von Unterschieden ist nicht etwas, das wir uns bewußt zu tun vornehmen, sondern elementare Bedingung sprachlichen Handelns. Worte unterscheiden nicht nur zwischen Objekten, sie konstituieren überhaupt erst diese Ob-

Systemische Bereiche

jekte. Mit dem Mittel der Sprache wird keine bereits vorhandene Welt beschrieben, sondern – wie wir ausführlich in Kapitel 5 nachgewiesen haben – Sprache *erzeugt* überhaupt erst die Gegenstände, über die sie spricht. Ganze Bereiche, wie z.b. der Finanzmarkt, der mit ›Beteiligungen‹, ›Optionen‹ und ›Termingeschäften‹ zu tun hat, existieren ausschließlich auf sprachlicher Ebene – gegründet auf geäußerte Verpflichtungen oder Geltungsansprüche zwischen verschiedenen Individuen.

Der Gebrauch eines Unterscheidungsmerkmals ist etwas anderes als seine explizite formale Artikulation. Die Tatsache, daß wir ganz selbstverständlich ein bestimmtes Wort verwenden, bedeutet nicht, daß ein eindeutig formalisierter Weg gangbar ist, um die Dinge, die es beschreibt, zu identifizieren und ihre Eigenschaften zu bestimmen. Aber immer, wenn ein periodisch wiederkehrendes Zusammenbruchsmuster feststellbar ist, können wir beschließen, explizit einen *systemischen Bereich* mit artikulierten Definitionen und Regeln zu spezifizieren.

Die vorausgegangenen Kapitel haben wiederholt die computergestützte Manipulation formaler Repräsentationen und das In-der-Welt-Sein menschlichen Denkens und Verstehens gegenübergestellt. In jedem Fall haben wir darauf verwiesen, wie die Übertragung menschlicher Fähigkeiten auf computerisierte Gerätschaften in die Irre führt. Dieser Gegensatz hat aber auch eine positive Seite. Computer sind wunderbare Vorrichtungen für regelgeleitete Manipulation formaler Repräsentationen, und es gibt viele Bereiche menschlichen Strebens, in denen solcherart Manipulationen schwierig sind. Das bedeutet: Wenn wir Computer angemessen für solche systemischen Bereiche einsetzen, können wir effektive Werkzeuge entwickeln.

Die Erschließung systemischer, formalisierter Bereiche ist natürlich keine neue Vorgehensweise. Die Mathematik insgesamt ist ein typisches Beispiel für einen solchen Bereich. Die Aufstellung eines formalen Kalküls, womit Philosophen wie beispielsweise FREGE und RUSSEL als erste begonnen haben, macht es möglich, mathematische Verfahren auf wesentlich allgemeinere, von Gegenständen und ihren Eigenschaften vertretende Repräsentationen anzuwenden. Die Informatik hat durch ihr Wirken eine neue Dimension hinzugefügt – den Entwurf von Mechanismen, die komplexe Verläufe symbolischer Manipulation nach einem festgeschriebenen Regelsatz automatisch ausführen können.

In vielen Bereichen sind solche Manipulationen bereits gang und gäbe. Einen der augenfälligsten Bereiche bildet die Zahlenwelt, die die Geldangelegenheiten und deren Transaktionen repräsentiert. Jedes Buchführungs-, Lohnabrechnungs- oder Fakturierungsprogramm operiert innerhalb eines systemischen Bereiches der Finanzbuchhaltung, der sich im Laufe jahrhundertelanger Erfahrung entwickelt hat. Das Auftreten von Computern hat bislang keinen nachhaltigeren Einfluß auf die Struktur dieses Bereiches ausgeübt, aber Computer haben ermöglicht, daß das, was früher mühsam und kostenaufwendig erledigt werden mußte, nunmehr schnell und effizient abgearbeitet werden kann.

Wohl niemand würde die Meinung vertreten, daß ein Buchhaltungsprogramm wie VISICALC[88] über den Geschäftsgang ›nachdenkt‹, aber aufgrund der klaren und zweckdienlichen Entsprechung zwischen dem programmgemäß bearbeitetem Gegenstandsbereich und den Tätigkeiten, die das Geschäftsleben ausmachen, stellt es ein wirksames Hilfsmittel dar. Ein anderes, weitverbreitetes Beispiel ist ›Textverarbeitung‹, wie wir sie im Einleitungskapitel veranschaulicht haben. Gegenstandsbereich dieser Systeme ist das äußere Erscheinungsbild von Sprache – Buchstaben und Satzzeichen, Wörter, Sätze und Paragraphen. Ein Textverarbeitungssystem ist nicht in der Lage, Sprache zu ›verstehen‹, es läßt sich jedoch zur Manipulation von Textstrukturen verwenden, die sowohl für die, die sie erzeugt haben, als auch für die, die sie lesen, einen Sinn ergeben. Der starke Eindruck, den diese Programme hinterlassen, rührt nicht etwa daher, daß sie ›klug‹ sind, sondern daher, daß sie Personen erlauben, effektiv in einem systemischen Bereich zu operieren, der für menschliche Tätigkeit von Belang ist.

Systemische Bereiche

Das Aufstellen eines Expertensystems können wir uns am besten als Prozeß vergegenwärtigen, der einen systemischen, für eine bestimmte Berufssparte wichtigen und nützlichen Bereich ins Leben ruft. Am Beginn der Systementwicklung steht eine Periode der ›Wissensakquisition‹, dabei arbeiten Fachleute des behandelten Gegenstandsbereiches mit ›Wissensingenieuren‹ zusammen und formulieren die Struktur der einschlägigen Begriffe und Regeln. Häufig wird das als ein Verfahren zum ›Einfangen‹ von Wissen bezeichnet, d.h. von Kenntnissen, über die Experten schon verfügen und die sie bereits einsetzen. Hier handelt es sich in Wirklichkeit jedoch um eine kreative, gestaltende Tätigkeit, und erzeugt wird dabei ein neuer systemischer Bereich, der gewisse Aspekte professioneller Arbeit abdeckt. Die erfolgreichen Vorbilder für Expertensysteme resultieren fast vollständig aus langwierigen und intensiven Bemühungen seitens eines besonders qualifizierten Praktikers, und es läßt sich sehr wohl belegen, daß die im Zuge der Entwicklung dieses Systems geschaffenen Gegenstandsbereiche selbst wiederum bedeutsame Forschungsbeiträge markieren.

Solche *berufsbezogenen Gegenstandsbereiche* bilden durchaus eine Grundlage für computergestützte Werkzeuge, die einige der bislang von Fachleuten bearbeiteten Aufgaben übernehmen. Sie können ebenfalls die Basis abgeben für Vorrichtungen, die Kommunikation befördern und bei der gemeinschaftlichen Akkumulation von Wissen behilflich sind. Ein berufsbezogener Gegenstandsbereich verdeutlicht die Aspekte der Arbeit, die für computergestützte Werkzeuge von Belang sind, und die Beschreibung kann, im Gegensatz zu dem sehr speziellen Bereich, der mit dem Entwurf eines bestimmten Computersystems geschaffen wird, von genügender Allgemeingültigkeit sein, so daß ein weitgefaßtes, berufsbezogenes Tätigkeitsfeld abgedeckt ist. Ein systemischer Bereich ist eine strukturierte formale Repräsentation, die mit Dingen umgeht, von denen Fachleute bereits wissen, wie sie zu handhaben sind, und die eine präzise und unzweideutige Beschreibung und Manipulation der Gegebenheiten vorsieht. Der springende Punkt ist, daß diese Repräsentation einem Gegenstandsbereich entspricht, der für diejenigen, die sich in diesem Bereich bewegen wollen, eine ausreichende Form von Zuhandenheit aufweisen muß.

Es gibt bereits Beispiele solcher berufsbezogener systemischer Bereiche. Einer der Gründe für den durchschlagenden Erfolg von VISICALC ist darin zu sehen, daß das Programm Buchhaltern einen leicht zu durchschauenden Zugriff auf einen systemischen Bereich verschafft, auf dem sie schon über einen großen Erfahrungsschatz verfügen – die Arbeit mit dem Kalkulationsbogen. Sie brauchen ihre Handlungsweisen nicht mehr in einen für sie fremden Gegenstandsbereich übertragen, wie das von Datenstrukturen und Algorithmen einer Programmiersprache erzwungen wird. Wir werden in Zukunft zahlreiche Bereiche entstehen sehen, jeder abgestimmt auf die Erfahrungen und Fachkenntnisse von Beschäftigten einer bestimmten Berufssparte, z.B. Typographie, Versicherungswesen oder auch Tiefbau.

In gewisser Hinsicht wird die Substanz jedes berufsbezogenen Bereiches einzigartig sein. Es gibt aber auch gemeinsame Elemente, die quer zu diesen Grenzen verlaufen. Eine dieser Gemeinsamkeiten – die Rolle der Sprache bei koordinierter Handlungsweise – haben wir bereits ausführlich erörtert. Im Grunde handelt es sich bei Computern um *strukturierte, dynamische Kommunikationsmedien*, die sich qualitativ von früheren Medien wie Druckerzeugnissen und Telefon unterscheiden. Kommunikation erschöpft sich nicht allein in einem Vorgang der Übermittlung von Informationen und Symbolen, vielmehr wird sie gebildet aus Verpflichtungen (Geltungsansprüchen) und Interpretation. Eine menschliche Gesellschaft ist selbst eine Kommunikationsstruktur: Sie wirkt über die Äußerung von Ansprüchen und Versprechen zwischen ihren Mitgliedern. Es gibt einen für die Struktur dieses Bindungsgeflechts relevanten systemischen Bereich ›handlungsorientierter Konversation‹, der in Computern repräsentiert und in Computern dargestellt und behandelt werden kann.

Die Spezifikation von Mechanismen, ähnlich denen, die in der Hardware von Computern und in Programmen ablaufen,

Systemische Bereiche

stellt einen weiteren, breit anwendbaren Gegenstandsbereich dar. Solche Mechanismen erfordern materiell vergegenständlichte Systeme die aufgefaßt werden können als Apparate, die diskrete Prozesse durchführen (Prozeduren, die in identifizierbaren Einzelschritten vorrücken). Objekte, Eigenschaften und Relationen stehen in einer Form zur Verfügung, die sie zur Beschreibung solcher Vorgänge verwendbar macht und die sich gleichzeitig in einem systemischen Bereich darstellen lassen. Programmiersprachen können ein Ansatz sein, um solche Bereiche zu formalisieren. Generell eignen sie sich jedoch nicht als Mittel für die Auseinandersetzung über Ziele und Begriffsstrukturen. Sie sind zu sehr am Aufbau der Maschinenstruktur orientiert, das praktische Verhalten von Maschinen findet weniger Berücksichtigung. Langsam sehen wir, daß ›Systemspezifikationssprachen‹ (WINOGRAD 1979) entwickelt werden, die den Gegenstandsbereich von Rechenmaschinen in einer allgemeineren Form behandeln.

In allen Situationen, in denen systemische Bereiche zur Anwendung kommen, besteht die eigentliche (und häufig auch schwierige) Arbeit darin, die korrekte Form und die jeweilige Bedeutung des Bereiches im Rahmen einer weiter gefaßten Aufgabenstellung festzulegen. Bei den Koordinatoren, die wir als Beispiel angeführt haben, stoßen wir auf einen systemischen Bereich (die Konversationsstruktur), der in den umfassenderen Bereich der Sprache eingebettet ist. Der Sinn einer Äußerung wird nicht mit einer formalen Struktur eingefangen, die Bedeutung erschließt sich vielmehr einem Zuhörer durch situationsgebundenes Zuhören. Andererseits läßt sich die Rolle, die eine Äußerung in einem Netz aus Anfragen und Zusagen spielt, identifizieren und systematisch darstellen. Ähnlich verhält es sich mit den Zeilen und Spalten eines Buchhaltungsprogramms, sie weisen auch nicht die Zielsetzung des Wirtschaftssystems aus, sondern isolieren einen Aspekt, der systematischer Bearbeitung zugänglich ist. Die Grenzen eines solchen Gegenstandsbereiches werden durch den Versuch offengelegt, Buchhaltungsverfahren auf nicht systematisierbare Felder anzuwenden; die ›Rentabilität‹ insgesamt messen zu wollen oder eine Kosten-Nutzen-Analyse bestimmter Tätigkeiten (z.B. der Forschung) liefern zu wollen, deren ›Produkte‹ sich nicht so ohne weiteres ermessen lassen, sind Beispiele dafür.

Selbst in Bereichen wie der Rechtsprechung – wo es hauptsächlich um das soziale und ethische Gefüge geht – treffen wir auf eine Wechselbeziehung zwischen dem Verstehenskontext und systemischen Strukturen. Gesetze und Urteile schaffen einen systematischen Rahmen, der die argumentative Grundlage für Verhandlungen im Gerichtssaal abgibt. Es gelten klare, formale Aussagen, z.B. »Um des Mordes schuldig zu sein, muß der Angeklagte vorsätzlich gehandelt haben«. Aber diese Verlautbarung stützt sich natürlich auf ein Verständnis von Begriffen wie ›Vorsatz‹, die wiederum nach kontextabhängiger Interpretation verlangen. Für die Handhabung formaler Strukturen und der daraus ableitbaren Kommentare können Computerprogramme für Juristen ein Hilfsmittel sein, wohingegen die ›harten Fragen‹ der menschlichen Interpretation überlassen bleiben müssen.[89]

12.4 TECHNOLOGIE UND UMGESTALTUNG

Der Entwurf computergestützter Werkzeuge als Teil einer umfassenderen Perspektive der Ontologie (d.h. des Seinsverstehens) von Gestaltung stand für uns bei diesem Buch im Vordergrund. Wir fühlen uns verantwortlich für das, was mit dem Aufkommen neuer Gerätschaften ausgelöst wird, und befassen uns mit der Frage, wie Innovationsmöglichkeiten entstehen. Dabei drehen wir uns in einem Zirkel von Verstehen und Gestalten: Die Außenwelt bestimmt unseren Handlungsspielraum, und unsere Handlungen sind maßgebend für unseren Lebensraum. Das In-die-Welt-Setzen neuer Vorrichtungen oder systemischer Bereiche kann von weitreichender Bedeutung sein – möglicherweise eröffnen sich ganz neue Daseinsformen, die vorher gar nicht bestanden haben, und Handlungsrahmen, die jetzt erst sinnvoll auszufüllen sind. Systematische Buchhaltungsverfahren stellen nicht nur ein Hilfsmittel dar, finanzielle Details im üblichen Geschäftsverlauf zu verfolgen, mit ihnen werden ganz andersartige geschäftliche Beziehungen möglich (tatsächlich entstehen ganz neue Unternehmensbereiche, die ausschließlich mit Finanztransaktionen zu tun haben), und das gesamte gesellschaftliche Finanzgebaren entfaltet sich im Einklang mit der Struktur des neugeschaffenen Gegenstandsbereiches.

Die in Kapitel 3 entwickelte hermeneutische Orientierung und die in Kapitel 4 vorgestellten biologischen Theorien haben uns Einblicke in diesen Vorgang vermittelt. Durch den Akt des Gestaltens fördern wir Objekte und Regelmäßigkeiten der uns interessierenden Welt zutage. Eingebunden in Interpretationstätigkeiten erzeugen wir stets beides, Entwicklungsmöglichkeiten und Blindheit. Die Arbeit innerhalb des Gegenstandsbereiches, den wir uns definiert haben, macht blind für den umfassenderen Zusammenhang, erschließt aber auch die unbekannten Perspektiven dieses Bereiches. Die unerforschten Möglichkeiten eröffnen dann wieder eine Offenheit für neue Gestaltung, und dieser Prozeß wiederholt sich entlang einer endlosen Spirale.

In der von MATURANA entwickelten Begrifflichkeit formuliert liegt der Schlüssel zur Erkenntnis in der Plastizität des erkennenden Systems selbst, das mit dem Vermögen struktureller Koppelung ausgestattet ist. Ebenso wie sich der Gegenstandsbereich von Interaktion verschiebt, ändert sich entsprechend die Struktur des interagierenden Systems. Persönlich können wir keinem einzelnen Individuum die neue Struktur aufzwingen, aber mit dem Entwurf von Neuerungen, die die Ebene der Interaktion berühren, lösen wir immer auch strukturelle Änderungen bei Individuen aus – einen Wandel des Horizonts, der Vorbedingung für einen Wandel im Verstehen ist.

Die Wirkung von Computern ist deshalb besonders durchschlagend, weil sie als Maschinen auf der Ebene der Sprache agieren. Durch den Umgang mit Computern begeben wir uns in ein Gespräch, das sich innerhalb der von Programmierern festgelegten Unterscheidungsmerkmale bewegt. Gegenstände, Eigenschaften und Handlungen, die wir ausmachen und durchführen können, gründen sich auf einen speziellen Hintergrundbezug und ein bestimmtes Vorverständnis, das in der überwiegenden Zahl der Fälle die von uns in diesem Buch immer wieder kritisierte rationalistische Tradition widerspiegelt. Das bedeutet ein Vorurteil für Objektivität, eine Voreingenommenheit, was den Charakter von ›Fakten‹ (›Daten‹ oder ›Information‹) und deren Ursprung angeht, und eine Befangenheit bei der Beurteilung der Rolle des individuellen Umgangs mit Computern.

Gerätschaften, die auf einem solchen Vorverständnis fußen, werden bei ihrem Einsatz zu ganz entscheidenden Zusammenbrüchen führen. Es stellt sich jedoch ein noch größeres Problem. Das Arbeiten mit Geräten, deren Handlungsspielraum auf der Interpretation von ›Daten‹, ›Zielen‹, ›Operatoren‹ und entsprechenden Größen fußt, führt uns zur Herausbildung von Sprach- und Handlungsmustern, in denen derartige Annahmen ihren Niederschlag finden. Diese Vorstellungen übertragen sich dann auf unsere Vorstellungen von uns selbst und auf die Art und Weise, wie wir unser Leben einrichten. Unsere Kritik an der Darstellungsweise, die menschliches Denken als ›Entscheidungsfindung‹ oder Sprachverständnis als ›Manipulation‹ von Repräsentationen begreift, begreift sich nicht allein als eine Prophezeiung, die besagt, daß gewisse Typen von Computerprogrammen Schiffbruch erleiden werden. Unsere Kritik drückt eine tiefergehende Besorgnis aus, sie zielt auf die Art von Auseinandersetzung und auf die Handlungsmuster, die durch solch eine rationalistische Interpretation menschlichen Tuns hervorgerufen werden. Computersysteme können dazu verleiten, diese Interpretationsrichtung zu bestärken, und die Arbeit mit solchen Systemen kann die damit übereinstimmenden Handlungsmuster untermauern.[90]

Andererseits, wo Gefahr lauert, eröffnen sich auch Chancen. Uns steht die Möglichkeit offen, Computersysteme zu kreieren, deren Einsatz zu leichter interpretierbaren Gegenstandsbereichen führt. Maschinen können eine Art ›Nachhilfeunterricht‹ geben, bei dem neue Interpretationsmöglichkeiten und Handlungsperspektiven zum Vorschein kommen. Koordinatorsyste-

Umgestaltung

me z.B. sind das Produkt einer Forschung, die der Frage nachgeht, wie Personen auszubilden sind, um die Effektivität ihrer Zusammenarbeit mit anderen zu erhöhen. Diese Form der Schulung in ›handlungsorientierter Kommunikation‹[91] führt den beteiligten Personen vor Augen, wie die von ihnen getätigten Sprechakte an einem umfassenden menschlichen Bindungsgeflecht teilhaben. Computer sind nicht in die Schulung mit einbezogen, das Konzept setzt vielmehr auf die Herausbildung eines neuen sprachlichen Verständigungsbereiches – neuer Unterscheidungsmerkmale und Beschreibungsebenen, die als handlungsorientierte Grundlage dienen. Der Koordinator kann zur Entwicklung und Untermauerung einer solchen neuen Art des Verstehens beitragen. Selbst auf einer so einfachen Ebene, daß er anstelle von ›Nachricht übermitteln‹ die Alternativen ›Anfrage stellen‹ oder ›Zusage machen‹ als auslösende Momente vorsieht, macht der Koordinator beständig auf die Verpflichtung aufmerksam, die grundlegend für sprachliches Handeln ist. Jemand, der bei der Arbeit den Erfolg spürt, weil er sich auf einen so formulierten Gegenstandsbereich einläßt, fängt an, die Welt in diesen Begriffen zu verstehen und in situativen Rahmen zu denken, die weit entfernt sind von Computergerätschaften.

Damit haben wir nur ein Beispiel angeführt für ein Phänomen, das beim Entwurf von Computern erst allmählich zum Vorschein kommt – der Gegenstandsbereich, der durch Gestaltung geschaffen wird, ist ein Bereich, in dem Menschen leben. Wie jede andere Technologie auch verkörpern Computer ein Medium zur Veränderung von Tradition. Wir haben gar nicht die Wahl, ob wir eine Umformung überhaupt vornehmen wollen: Als Entwickler und Nutznießer von Technologie sind wir immer schon, unabhängig von unserem Willen, in den Umgestaltungsprozeß eingebunden. Wir können es uns auch nicht einfach aussuchen, welche Änderungen vorgenommen werden sollen: Die kulturelle Entwicklung läßt sich vom Individuum allein nicht festlegen. Unsere Handlungen sind zwar die Perturbationen, die Umwandlungsprozesse auslösen, aber der Charakter der von ihnen hervorgerufenen Änderungen ist von uns nicht vorhersagbar und auch nicht kontrollierbar. Wir können den gegenwärtigen Umgestaltungsprozeß nicht einmal zur Gänze bewußt erfassen: Als Träger einer Kultur sind wir nicht in der Lage, die Rolle eines objektiven Beobachters ebendieser Tradition einzunehmen. Unser fortwährendes Bemühen um das Offenlegen dieser Tradition ist gleichzeitig eine Quelle für Verschleierungen.

Wir können uns jedoch um Aufklärung bemühen; und wenn wir uns des Potentials, das in der Umgestaltung steckt, bewußt werden, kann dies als Richtschnur für unser auf Hervorbringen und Anwenden von Technologie gerichtetes Handeln dienen. Wenn wir Gestaltung ›ontologisch‹ begreifen (d.h. als Eröffnung und Begrenzung von menschlicher Kommunikation und besorgender Praxis), dann fragen wir nach mehr als danach, welches Gerät wir wohl als nächstes aufbauen können. Wir nehmen teil an einem ›philosophischen‹ Diskurs über uns selbst als Subjekte – über die Frage, was wir tun und was wir sein können. Werkzeuge sind ein grundlegender Bestandteil unseres Handelns, und durch unsere Handlungsweise schaffen wir unsere (Um)Welt. Der Umgestaltungsprozeß, in den wir immer schon verwickelt sind, ist nicht rein technischer Natur, vielmehr eine fortschreitende Weiterentwicklung der Art und Weise, wie wir unsere Umgebung und uns selbst verstehen – wie wir fortfahren, die Geschöpfe zu werden, die wir sind.

EIN POST-RATIONALISTISCHER ENTWURF

Nachwort von Wolfgang Coy

Das Buch von TERRY WINOGRAD und FERNANDO FLORES ist Antwort auf eine andauernde Krise – auf die seit Jahrzehnten fortwährende Softwarekrise der Informatik, auf das zentrale Problem des Softwareentwurfs »Wozu und wie sind Computer nutzbar?«

Diese simple Frage, die immerhin unterstellt, daß es überhaupt einen sinnvollen Einsatz dieser Technik gibt, hat die Wissenschaft Informatik in den nun fast fünfzig Jahren ihrer Entstehung nicht brauchbar beantwortet. Noch 1989 findet man in der Veröffentlichung eines Grundlagenpapiers zur Curriculumentwicklung der American Association for Computing Machinery (ACM), der weltweit wichtigsten berufsständischen Vereinigung der Softwareentwickler, die verkürzte Definition »Die Frage, die aller Informatik zugrunde liegt, heißt: Was kann (effizient) automatisiert werden?« Dies ist Frucht fünfjähriger Ausschußarbeit und man muß befürchten, daß solch ignorante Haltung in der Tat die naive Auffassung vieler Informatiker und Programmierer widerspiegelt. In ihrer avanciertesten Formation, durch die Macher der maschinellen oder »künstlichen« Intelligenz (KI), wird der Satz gar auf ein Forschungsprogramm verengt, das die Vollautomatisierung menschlicher Arbeit sehen will. Als Grundlage dieser KI-Ansätze dient die Hypothese der maschinellen Simulierbarkeit aller kognitiven menschlichen Leistungen, also die Vermutung der prinzipiellen Gleichwertigkeit menschlicher und maschineller Intelligenz: hier kohlenstoffbasierte, dort silikonöse Implementierungen intelligenter Strukturen.

In der Informatik hat die (zu) naive Vorstellung der Vollautomatisierung zur sogenannten Softwarekrise geführt, zur Feststellung, daß die Komplexität realer Arbeitsvorgänge mit den bekannten Mitteln der Systemanalyse, des Systementwurfs, der Programmierung, Systempflege und Wartung oft nicht angemessen erfaßt und umgesetzt werden kann. ›Papierloses Büro‹, ›Menschenleere Fabrik‹, ›Automatische Programmierung‹ heißen die Schlagworte, die den ruinösen Stand der Ankündigungen beschreiben. MIS (Management Information Systems), Btx und SDI sind akronymische Benennungen solcher Milliardenfehlschläge. In der Künstlichen Intelligenz sind die Rückschläge der versuchten Vollautomatisierung sprichwörtlich, da es an vollmundigen Voraussagen ihrer Protagonisten nie gefehlt hat. Wären die verbreiteten Vorhersagen eingetroffen, so wären wir heute von staubsaugenden Heimrobotern, fahrerlosen Autos, Sprechschreibern und ähnlichem Science-Fiction-Gerümpel umgeben. Nichts davon ist der Fall und nichts davon wird in absehbarer Zeit der Fall sein. Die Frage nach dem Computer ist nicht die Frage nach der Automatik, sondern vor allem anderen die Frage nach der Organisation menschlicher Arbeit »Wie kann man Computer in angemessener Weise in der Arbeit einsetzen?«.

WINOGRAD und FLORES nähern sich dieser Frage über die Analyse der Sprache und des Sprechens, als erstem Schritt zum Verständnis menschlichen Handelns und menschlicher Arbeit. Wenn Sprache derart eine zentrale Rolle im Verständnis der Welt einnimmt, so muß das Verhältnis der Sprache zur sprachlich beschriebenen Welt geklärt werden, das Verhältnis von Sprache und Welt ist zu untersuchen. Als Ergebnis solcher Klärung mag sich ein Zugang zu einer philosophischen ›Theorie der Informatik‹ ergeben, die mehr ist als eine ›Theoretische Informatik‹, wie die mathematische Fundierung dieser Wissenschaft genannt wird.

Nachwort

1. EINE THEORETISCHE DOPPELSTRATEGIE: PHILOSOPHISCHE GRUNDLAGEN UND PRAKTISCHE ANLEITUNG

TERRY WINOGRAD hat sich in die Geschichte der Künstlichen Intelligenz mit seiner Dissertation eingeschrieben, mit dem Programmsystem SHRDLU, das in der Lage ist, einfache sprachliche Beschreibungen einer Klötzchenwelt aus bunten Blöcken, Kugeln und Pyramiden im Frage-Antwort-Spiel zu analysieren und zu beschreiben.

Mit SHRDLU schien ein Weg gefunden zu sein, einer Maschine nicht nur die Speicherung und Übertragung von Signalen und einem Programm nicht nur die Umformung und Berechnung symbolischer Repräsentanten zu ermöglichen. SHRDLU sollte ein Programm sein, das seinen menschlichen Benutzer zumindest rudimentär verstand. WINOGRADS Dissertation ist deshalb auch unter dem Titel *Understanding Language* erschienen; der amerikanische Originaltitel des vorliegenden Buches *Understanding Computers and Cognition* ist Paraphrase darauf. SHRDLU arbeitet im Gegensatz zu WEIZENBAUMS berühmtem ELIZA-Programm nicht mit dem »Taschenspielertrick«, Sätze durch syntaktische Umstellung dem menschlichen Benutzer zurückzuspiegeln oder durch allgemeine Fragen das fehlende Verstehen zu überspielen. SHRDLU ist der ernsthafte Versuch, sprachliche Orts-, Zeit- und Kausalitätsbeziehungen zwischen einfachen räumlichen Objekten in einer logischen Struktur berechenbar, speicherbar und durch ein Computerprogramm manipulierbar zu machen. Doch SHRDLU war im besten Falle der Beginn einer solchen formalen Semantik – ein radikal vereinfachter Beginn. Konkrete semantische Modelle komplexerer Gegenstandsbereiche entziehen sich den mit SHRDLU erkannten Methoden.

»[SHRDLU berücksichtigt nicht] alle Implikationen, die sich ergeben, wenn man Sprache als einen Kommunikationsprozeß zwischen zwei intelligenten Personen auffaßt. Der Sprecher einer menschlichen Sprache befindet sich ständig in einem Prozeß, in dessen Verlauf er sich bemüht, die Welt um ihn herum zu verstehen, einschließlich der Person, mit der er redet. Er ist aktiv an der

Konstruktion von Modellen und Hypothesen beteiligt, von denen er im Verlauf seines Sprachverstehens Gebrauch macht.«[1]

»[Da das System] darüber Buch führt, welche Dinge erwähnt werden, kann es eine mögliche Interpretation einer Frage prüfen, um festzustellen, ob der Frager diese aufgrund seiner früheren Aussagen selbst beantworten könnte. Ist dies der Fall, so nimmt es an, daß der Frager wahrscheinlich etwas anderes gemeint hat. Wir können das so charakterisieren, daß das System zwei Arten von Wissen enthält. Erstens nimmt es an, daß eine Person Fragen stellt, um Informationen zu erhalten, über die sie noch nicht verfügt, und zweitens besitzt es ein sehr primitives Modell davon, über welche Informationen sein Gegenüber verfügt, und zwar aufgrund dessen bisheriger Aussagen. Eine realistische Auffassung von Sprache muß von einem komplexen Modell dieses Typs ausgehen, und die Heuristik unseres Systems berührt lediglich einen winzigen Bruchteil des relevanten Wissens.«

Die auf SHRDLU folgenden Arbeiten WINOGRADS befassen sich erst mit dem Aufbau eines komplexeren Modells dieses Typs und dann in der vorliegenden Arbeit mit einer radikalen Kritik der ursprünglichen Leitidee, Maschinen könnten Sprache verstehen oder mit Menschen kommunizieren.

Mitte der siebziger Jahre wechselte TERRY WINOGRAD vom MIT an die Stanford University. Auf SHRDLU aufbauend untersuchte WINOGRAD im folgenden Beschreibungssprachen für die rechnergestützte Repräsentation semantischer Beziehungen. Erste Ergebnisse waren die Arbeiten zu KRL (Knowledge Representation Language[2]), einer formalen Sprache zur Beschreibung komplexer ›Wissensrepräsentationen‹, wie dies in den flotten Termen der KI-Forschung genannt wird. Mit dem vorliegenden Buch hat sich WINOGRAD von derart naiven Vorstellungen der rechnergestützten Sprachverarbeitung gelöst; an ihre Stelle ist die Einsicht gerückt, daß Sprache eine eng an die Bedingungen menschlichen Seins geknüpfte Eigenschaft ist, ein ›Sein‹, das nicht durch Rechner und Programme ersetzt oder simuliert

Nachwort

werden kann. WINOGRAD arbeitet nach wie vor als Linguist, aber Rechner sind eher in den Hintergrund getreten.

Eine andere Entwicklungslinie mag ebenfalls für WINOGRADS Einstellungswandel gegenüber den Perspektiven der Forschung in Künstlicher Intelligenz verantwortlich sein, seine Mitarbeit in CPSR, der anti-militaristischen Gruppe *Computer Professionals for Social Responsibility*[3], einer berufsständischen Vereinigung von über 2 000 amerikanischen Informatikern. Er ist derzeit Vorsitzender dieser Vereinigung.

FERNANDO FLORES' Weg führte aus dem sozialistischen Chile über die politische Gefangenschaft nach Kalifornien. In der sozialistischen Regierung Salvadore Allendes diente FERNANDO FLORES erst als Wirtschafts- und Finanzminister und zuletzt als Regierungssprecher (etwa im Rang eines Kanzleramtsministers). Zu seinen großen Vorhaben als Industrieminister gehörte das Projekt CYBERSYN[4], das er zusammen mit einer Gruppe unter dem Mathematiker und Spieltheoretiker STAFFORD BEER aufbaute. CYBERSYN sollte einen wesentlichen Teil der chilenischen industriellen Produktion zentral erfassen, lenken und planen und vor allem als eine Art Frühwarnsystem zur Erkennung signifikanter Veränderungen in der Produktion dienen – ein Traum zentralistischer Planung. Teile des Programmsystems, das niemals ganz fertiggestellt wurde, wurden zur Abwehr des Streiks der chilenischen Lastwagenfahrer gegen die Regierung eingesetzt. Mit Hilfe von CYBERSYN-Berechnungen konnten neugebaute Lastwagen vorzeitig ausgeliefert und mit studentischen Fahrern als Streikbrechern besetzt werden. So gelang es, das CIA-Kalkül des Regierungssturzes noch einmal erfolgreich zu durchkreuzen »Computer for the People!«.

Gegen den nachfolgenden mörderischen Staatsstreich der Militärs konnte kein Computerprogramm helfen. FERNANDO FLORES wurde im erstürmten Präsidentenpalast gefangengenommen und mit vielen anderen Opfern des bewaffneten Putsches von der Junta für Jahre auf einer Gefängnisinsel bei Kap Horn eingesperrt.

Wolfgang Coy

Durch die Vermittlung einer Amnesty International Gruppe in San Francisco gelang es, ihm nach drei Jahren im Gefangenenlager ein Visum für die Ausweisung in die USA zu vermitteln. Doch die Einwanderung in die USA war freilich an den Nachweis eines Arbeitsplatzes geknüpft. Zu guter Letzt stellte ihm das Computer Science Department der Stanford University, wo auch TERRY WINOGRAD arbeitet, auf Vermittlung von HEINZ VON FOERSTER, ROBERT FLOYD und anderer einen Arbeitsplatz zur Verfügung. Flores ging bald darauf nach Berkeley, um im Forschungsgebiet »Management Sciences« zu arbeiten.

In Berkeley begegnete er HUBERT DREYFUS, Philosoph und bestverleumdeter Kritiker der KI-Forschung. Doch DREYFUS kritisiert nicht nur die KI, er übersetzte auch FOUCAULT und ist ein guter Kenner des französischen und des deutschen Existentialismus. Die Begegnung mit DREYFUS verleitete FLORES zu intensiver Beschäftigung mit philosophischen Fundierungen der Informatik und zur Beschäftigung mit HEIDEGGER. Die Begegnung mit Terry Winograd hatte mindestens zwei Folgen: Das vorliegende Buch und die Gründung der Firma Action Technologies. In den Produkten von Action Technologies soll sich die geänderte Auffassung vom Computer als Medium statt als Agenten oder als intelligentem Werkzeug widerspiegeln, wie sie im vorliegenden Text entwickelt wurde.

2. DESCARTES UND HEIDEGGER

WINOGRAD und FLORES gingen von unterschiedlichen Ausgangspositionen aus, um eine Beschreibung menschlichen Handelns und menschlicher Arbeit zu erreichen. Vereinfacht gesagt, stellt sich menschliches Handeln aus WINOGRADS linguistischem Vorverständnis als Konsequenz der sprachlichen Konstruktion von Bedeutung dar. Für FLORES bildet menschliches Handeln die Substanz der Arbeitsorganisation, des Managements, dem er als Praktiker und als Theoretiker nachspürt. Zum gemeinsamen Ziel beider wird es, die Rolle des Computers als Mittel menschlichen Handelns zu bestimmen. Ausgangspunkt dieser Analyse des Handelns ist die Sprache.

Nachwort

Die Bestimmung des Charakters der menschlichen Sprache hat eine lange philosophische und fachwissenschaftliche Tradition, wobei sich vor allem Korrespondenz- und Kohärenztheorien der Erklärung von Wahrheit und Bedeutung gegenüberstehen. Aus Kartesischer Tradition neigen Naturwissenschaftler und Techniker eher einer Widerspiegelungstheorie zu[5], nach der die Objekte der Wirklichkeit durch korrespondierende Begriffe und Worte der Sprache repräsentiert und benannt werden. Verstehen wird so auf die Identifikation der Wörter mit den Begriffen und der Identifikation von Semantik und Pragmatik mit den syntaktischen Sprachstrukturen reduziert; diese Identifikationen scheinen formalisierbare Abbildungen zu sein, die nun aufgespürt werden müssen. Diskursive Wissenschaften neigen dagegen eher einer Kohärenztheorie der Sprache zu, in der das intersubjektive Verstehen gemeinsamen Sprechens aus wechselseitigen Prozessen des Sprechens, Zuhörens und Handelns entsteht. Korrespondenz- und Kohärenztheorien des Sprachverstehens schließen sich gegenseitig aus; die Wahl einer der beiden Auffassungen hat jeweils spezifische Folgen für den Umgang mit der Sprache und für das Verständnis menschlichen Handelns.

Die in den Naturwissenschaften und der Technik vorherrschende rationalistische Weltinterpretation bietet den Vorteil, daß sich ihre Analyse des Sprechaktes mit dem von der mathematischen Logik entwickelten Wahrheitsbegriff auf den Begriff der kalkülhaften Beweisbarkeit (nicht ganz bruchlos) zurückführen läßt[6]. Dieser Ansatz wird neuerdings vor allem RENÉ DESCARTES zugeschrieben, obgleich sie viele Väter hat, darunter GOTTFRIED W. LEIBNIZ und BERNHARD BOLZANO. GEORGE BOOLES *The mathematical Analysis of Logic* von 1847, GOTTLOB FREGES *Begriffsschrift* von 1879, RUSSELL/WHITEHEADS *Principia Mathematica* von 1910-13 und LUDWIG WITTGENSTEINS *Tractatus logico-philosophicus* von 1918[7] zeigen sich als Höhepunkte der modernen Formulierung logischer Korrespondenztheorien. In der mathematischen Logik ist seit den dreißiger Jahren eine allmähliche Demontage dieser Theorien zu beobachten (so in WITTGEN-

STEINS »Spätwerk«, also *allem*, was er in dreißig Jahren nach dem Tractatus geschrieben hat, wie in den logisch-mathematischen Ergebnissen von KURT GÖDEL und ALAN M. TURING). Als Leitmotiv technischer Entwicklung sind die alten Ansätze in der Künstlichen Intelligenz freilich zu neuem Leben erblüht.

In logischen Korrespondenztheorien muß über die Widerspiegelung der Begriffe hinaus der logische Sprachaufbau geregelt werden. Dies geschieht naheliegenderweise, wenngleich keineswegs zwingend, durch die formallogische Konstruktion von Sätzen. In WITTGENSTEINS Formulierung im *Tractatus* heißt dies:

- »Die Gesamtheit der wahren Gedanken sind ein Bild der Welt« (Satz 3.01)
- »Der Satz ist ein Bild der Wirklichkeit« (Satz 4.01)
- »Die Gesamtheit der Sätze ist die Sprache« (Satz 4.001)
- »Der Satz ist eine Wahrheitsfunktion der Elementarsätze« (Satz 5)

Zusammengefaßt: Sätze sagen etwas über die Welt; sie sind entweder wahr oder falsch und ein Satz ist eine logische Funktion seiner Worte und seiner syntaktischen Struktur. Mit der (internen) Repräsentationshypothese wird nun angenommen, daß diese formale Struktur der Sprache in irgendeiner Form materiell im Gehirn wiedergefunden werden kann und ebenso als Programmnotation materiell im Rechner speicherbar ist. Sprache und das durch sie repräsentierte Wissen erweist sich so als formale Struktur, die sowohl von Menschen wie von Maschinen gespeichert und bearbeitet werden kann. In der KI-Forschung wird zudem angenommen, daß Sprache gleichermaßen von Maschinen wie von Menschen verstanden werden kann. »Wissen« und »Verstehen« werden demzufolge in formallogischen oder anderen mathematischen Notationen symbolisch beschreibbar. Diese Annahmen sind die sprachlich-formale Grundlage von Programmen wie SHRDLU und Programmiersprachen wie KRL.

Nachwort

Sprache dient nicht nur der Beschreibung des wahren Aufbaus der Welt, sie eröffnet auch die Möglichkeit des Handelns. Folgt man der rationalistischen Weltsicht, so läßt sich die sprachliche Beschreibung einer Situation und das Handeln in dieser Situation in formalisierbare Teilaufgaben zerlegen:

– Finde geeignete Begriffsatome!
– Finde (oder wisse) Regeln zur Veränderung solcher Situationen!
– Wende diese Handlungsregeln korrekt an und ziehe die Schlußfolgerungen!

Handeln wird so zur praktischen Umsetzung dieser Schlußfolgerungen. Dieses Konzept lag SHRDLU zugrunde. Zukünftige Forschung besteht dann in geeigneter Erweiterung von SHRDLUS Blockwelten und der Integration dieser Welten in eine (oder mehrere) Alltagswelten. TERRY WINOGRAD hat diesen Ansatz inzwischen aufgegeben, doch andere Forschungsgruppen führen ihn fort. So versucht die Gruppe um DOUGLAS B. LENAT, eine ganze Enzyklopädie als formales, semantisches (Begriffs-)Netz im Rechner darzustellen und damit einen Ausschnitt des ›Alltagswissens‹ programmtechnisch verarbeitbar zu machen. Eine bescheidenere, aber technisch genauso schwierige Aufgabe verfolgt in der Bundesrepublik die Lilog-Gruppe der IBM. Sie hat ein Begriffs- und Beziehungsnetz aufgebaut, in dem der Inhalt einer halben Seite eines Reiseführers über ein Elsaßtal mit vielen semantischen Bezügen im Rechner gespeichert wird und im formalisierten Dialog erfragt werden kann.

Im pragmatischen Kontext fallen Sprache und Handeln zum ›Problemlösen‹ zusammen. Wichtigster Protagonist dieses Ansatzes ist HERBERT SIMON, dessen Einsicht in die beschränkte menschliche (und maschinelle) Planungskapazität mit dem Ökonomie-Nobelpreis ausgezeichnet wurde. Aus seiner Sicht stellt sich rationales Handeln als berechnende Tätigkeit dar. Diese hat zwei Folgerungen: Ökonomische Rationalität kann durch Programme berechnet werden und die Komplexität dieser

Berechnungen unterliegt der Beschränkung durch die vorhandenen Ressourcen. Menschliche Arbeit wird so zum ›Problemlösen‹, das sich in logisch distinkte Einzelschritte zerlegen läßt:
– Betrachte alle strategischen Alternativen!
– Bewerte die Konsequenzen dieser Alternativen!
– Wähle die beste aus!
Dies wäre freilich ein Vorgehen unbeschränkter Rationalität. Das Problem *beschränkter* Rationalität entsteht nun dadurch, daß Menschen und Rechnern nur eine beschränkte Zeit oder nur eine beschränkte Planungskapazität (in SIMONS Verständnis: Rechenkapazität oder Intelligenz) zur Verfügung steht. Kurz gesagt: ›Alle‹ strategischen Alternativen lassen sich im Regelfall nicht erfassen. Anders ausgedrückt: Selbst wenn menschliche Arbeit korrekt durch das abstrakte Modell des Problemlösens adäquat beschrieben würde, würde dies nicht zu optimalen Lösungen führen, da die Grenzen der Komplexität diese Lösungen verbergen könnten. WINOGRAD und FLORES bemerken deshalb »The Caveat is the major contribution of Simon«.

Nun ist aber bereits die Vorstellung, menschliche Arbeit bestünde vor allem aus der Lösung logischer Probleme, höchst fragwürdig. Eine Sprachforschung, die dieser Vorstellung folgt, blendet konsequenterweise einen Großteil der menschlichen Sprache aus und reduziert diese auf Anteile, die durch formallogische Kalküle zur Informationsverarbeitung charakterisiert werden können. Doch in der Sprache werden Bedeutungen, Gefühle, offene und verborgene Absichten übermittelt. Ideen, Gedanken, Wünsche, Haltungen und Absichten werden ausgetauscht und tatsächlich: Es wird manchmal auch Information übertragen, verarbeitet, gespeichert, wiedergefunden, komprimiert. Der informationsverarbeitende und -übertragende Aspekt bleibt jedoch nur ein Aspekt unter vielen Aspekten der Sprache, möglicherweise ein sehr geringer. Die radikale Ausrichtung der Computertechnik im Banne der Korrespondenztheorien auf diese Phänomene greift entsprechend kurz.

WINOGRAD und FLORES heben demgegenüber hervor, daß

Nachwort

Sprache nicht primär Information überträgt, sondern bei den Sprechenden Verstehen, Zuhören und Handeln hervorruft. Verstehen zeigt sich als Interaktion zwischen dem Gesagten und dem bereits vorhandenen Vor-Verständnis, das bereits im Zuhörer vorhanden sein muß. Für die Informatik und die KI ist dies alles neu, doch WINOGRAD und FLORES beziehen sich auf weit entwickelte Ansätze der Sprachforschung (die sie nicht übermäßig ausdifferenzieren): auf MARTIN HEIDEGGERS Existentialanalyse und HANS-GEORG GADAMERS philosophische Hermeneutik, auf JÜRGEN HABERMAS' Theorie des kommunikativen Handelns sowie auf die »Sprechakt«-Theorie von JOHN L. AUSTIN und JOHN R. SEARLE, die es erlaubt, sprachliche Äußerungen auch auf ihren »performativen«, also Handlungscharakter zu analysieren.

Nebenbei sei bemerkt, daß sie WITTGENSTEINS ›späte‹ Arbeiten weitgehend ignorieren, obwohl sich dort zweifellos sehr viel Material finden ließe, das ihre Argumentationen stützte. Austins Theorie sprachlicher Äußerungen verdeutlicht die enorme Differenz zwischen einer naiven Vorstellung von Sprache als Informationsverarbeitung und den in lebendigen menschlichen Dialogen ablaufenden Prozessen. Zu den sprachlichen Äußerungen gehören Anfragen ebenso wie Befehle, Versprechen wie Verpflichtungen. Jede dieser Formen greift weit über formallogische Struktur und informationsverarbeitende Funktion des Sprachaustauschs hinaus.

Der alltägliche Sprachfetzen: »Wissen Sie wie spät es ist?« und die knappe Antwort: »Ja« mag dies verdeutlichen. ›Ja‹ ist logisch korrekt übermittelt eine Information, kaum jedoch die gewünschte, denn die Absicht des Fragenden war aller Vermutung nach eine andere und die Beziehung der Gesprächspartner mag so eher in eine Krise geraten. Der logische Wahrheitsbegriff spielt in solcher Sprachsituation nur eine untergeordnete Rolle. Verstehen besteht nicht allein im Rekonstruieren des Wahrheitsgehaltes der Sprache und die formalen Ansätze zur Bestimmung von Wissen und Verständnis, wie sie in der rationalistischen Korrespondenztheorie und der Repräsentationshypothese entwickelt wurden, erweisen sich als hinfällig – zumindest aber als unzureichend. Fällt die Vorstellung des Sprechens als Austausch und der Verarbeitung von Wahrheit repräsentierenden Informationen, so müssen auch die abgeleiteten Begriffe neu bestimmt werden. Als Semantik des Sprechens reicht nicht allein die logische Beziehung zwischen Wort und Gegenstand; Bedeutung entsteht vielmehr durch die Akzeptanz von Verpflichtungen zum Handeln (einschließlich Nicht-Handeln), die in Sprechakten stattfinden. Als Bedeutung des Sprechens zeigt sich ein abgestimmtes Verhalten der Sprechenden »Commitments as coordination of action«.

Sprache wird konstruiert durch ein kohärentes Verhalten von Sprechenden vor einem gemeinsamen offenen ›Horizont‹ (GADAMER) des Verstehens. Sie ist damit stets in einem Zustand, in dem das Gesagte und das Verstandene nicht identisch sind; sie nähern sich im besten Falle an. Es gibt kein dominierendes ›wahr‹ oder ›falsch‹ mehr, sondern eine Folge von Interpretationen im Sprechen. Damit rückt die Hermeneutik in den Mittelpunkt der Analyse von Sprechen und Handeln. FLORES' und WINOGRADS Verdienst besteht darin, dieses Problem in die Informatik einzuführen; ihre gewählten Gewährspersonen sind HEIDEGGER und GADAMER.

Mit der Wiederaufnahme der hermeneutischen Diskussion entfällt der den Informatikern vertraute – wenngleich bislang erfolglose – rekursive Aufbau der Strukturen ›Sprache‹ und ›Handeln‹. GADAMERS hermeneutischer Zirkel: ›Was wir verstehen hängt von dem ab, was wir bereits wissen und was wir bereits wissen, wissen wir, weil wir es verstehen!‹ läßt sich nicht als rekursive Struktur über den Atomen *Wahr* und *Falsch*, Elementarsätzen und komplexen Sätzen aufbauen. In einem rationalistischen Ansatz bleibt KANTS »Skandalon der Philosophie und der allgemeinen Menschenvernunft« freilich auch mit dem Computer unüberwindbar: Wir können rein philosophisch nicht beweisen, daß die Dinge an sich (außerhalb unserer Vorstellung) existieren, sondern nur durch unsere intersubjektiv vermittelte Er-

Nachwort

fahrung von ›Welt‹. WINOGRAD und FLORES verlassen deshalb den rationalistischen Diskurs und wenden sich HEIDEGGER zu, der mit dem KANTSCHEN Skandalon radikal bricht: »Der Skandal der Philosophie besteht nicht darin, daß dieser Beweis noch aussteht, sondern darin, daß solche Beweise immer wieder erwartet und versucht werden« und »Das recht verstandene Dasein widersetzt sich solchem Beweise, weil es in seinem Sein je schon ist«. Letzten Endes folgt daraus bei HEIDEGGER eine Absage an alle metaphysische oder rationalistische Ontologie überhaupt »Die Frage nach dem Sinn des Seins ist die universellste und leerste ...« Dieser WINOGRAD/FLORESSCHE Zugriff bleibt in gewisser Weise beschränkt: Daß bei HEIDEGGER hier auf die an KIERKEGAARD geschulte Thematik der existentiellen Angst vor dem Tod angespielt wird, läßt sich im vorliegenden Text nicht mehr wiederfinden.

Anders als im Existentialismus HEIDEGGERS gibt es im Text einen Versuch, eine naturwissenschaftliche Fundierung der verwendeten sprachkritischen Ansätze zu legen: über den Verweis auf die kybernetischen Theorien der Selbst-Organisation (Auto-Poiesis), wie sie von JOHN VON NEUMANN, HEINZ VON FOERSTER und anderen gelegt wurden. In der neueren Biologie spielen diese Theorien eine wichtige Rolle. Der vorgelegte Text bezieht sich explizit auf HUMBERTO MATURANA und FRANCISCO VARELA (*auch* eine chilean connection), der somit nicht nur durch die funktionalistische Soziologie NIKLAS LUHMANNS rezipiert wird, sondern nun auch in der Informatik zur Kenntnis genommen werden muß.

Das in ERKENNTNIS MASCHINEN VERSTEHEN vorgelegte Stück Theoriebildung erweist sich somit als post-rationalistische Konstruktion. WINOGRAD und FLORES sind, wie Techniker und Naturwissenschaftler üblicherweise auch, von einer gewissen ›Steinbruch‹-Mentalität befallen: Man bricht sich die Einzelteile aus einer philosophischen oder mathematischen Theorie heraus, die man gerade braucht und hofft, daß der Kontext der Theorien diese Verpflanzung übersteht. In diesem Verhalten unterscheiden sich rationalistische und post-rationalistische Ansätze freilich nicht wesentlich. In ihrem Gestus sind WINOGRAD und FLORES eher konstruktive als analytische Denker; es geht nicht darum, bestehende Theorien zu verifizieren, sondern darum, praktisches Handeln – konkret den Entwurf und die Verwendung von Rechnersystemen – zu begründen. Aus dieser konstruktiven Haltung heraus ist ihre vereinzelt feststellbare analytische Indifferenz zu verstehen, die auch schon einmal dazu führt, daß amerikanisierte Neo-Heideggerismen eingeführt werden, die keine Entsprechung in deutschen Originalen haben[8].

Eine Äußerung erzeugt unterschiedliches Verständnis für unterschiedliche Zuhörer mit unterschiedlichem Hintergrund. Dieser Hintergrund kommt aus Betroffenheit, Praxis und der Erfahrung des Bruchs der Praxis; er steht in einer Tradition. So entstehen Spannungen zwischen Universalem, kulturellem Umfeld, sozialem Umfeld, Arbeitsumgebung, Gesprächspartnern.

GADAMER bemerkt, daß nicht so sehr die Urteile, sondern die Vorurteile unser Sein bestimmen und daß wir nur wegen der Vor-Urteile Erfahrungen machen können; WINOGRAD und FLORES wenden dies zu einer Kritik der Repräsentationshypothese. Es gibt implizite Überzeugungen und Annahmen, die nicht explizit gemacht werden können und menschliches Verhalten zu den Dingen ist nicht primär über eine interne symbolische Repräsentation vermittelt. Auf die HEIDEGGERSCHE Lieblingstätigkeit des Hämmerns angewendet: »My ability to act comes from my familiarity with hammering, not my knowledge about a hammer.«

WINOGRADS und FLORES' post-rationalistische Positionen führen in der Informatik und in dem Verständnis rationaler Arbeitsorganisation zu einem deutlich veränderten Bild von Menschen, Sprache und Handeln und Maschinen. Die Stellung von Computern in der menschlichen Arbeit wird (neu) bestimmt. Der rationalistische Rekurs der Künstlichen Intelligenz und der Informatik wird sichtbar aufgelöst; Sprache ist nicht mehr Austausch wahrer oder falscher Informationen, Handeln ist nicht

Nachwort

mehr abstraktes Problemlösen. Menschen sind nicht bloß rationale Wesen, nach deren Ebenbild andere rationale Wesen – eben Computer – als Freunde, Partner, Diener, Kollegen oder Feinde konstruiert werden können. Menschen werden statt dessen als verantwortliche Wesen gesehen, die in der Arbeit wechselseitige Verpflichtungen (*commitments*) eingehen. Das sind Fähigkeiten, die Maschinen nicht übernehmen können »We treat other people not as merely ›rational beings‹ but as ›responsible beings‹«. Rechnerprogramme können keine Verpflichtungen eingehen und können deshalb nicht wirklich an der Sprache teilnehmen. Ihre sprachverarbeitende Kapazität beschränkt sich auf die Fähigkeit, formale Sprachelemente (letztlich Zeichenketten) zu speichern, zu übertragen oder zu manipulieren. Sie qualifizieren sich damit als Medium der komplexen Sprachübertragung, nicht aber als Subjekte, die Sprache verstehen können.

Die Sprache ist die Basis menschlichen Handelns, so daß Computer damit auch vom (selbst-)bewußten Handeln ausgeschlossen bleiben. Nichts existiert (=wird bewußt), wenn es nicht durch die Sprache vermittelt wird: »Nothing exists except through language«. Alle Metaphern, die dem Computer Bewußtsein zuschreiben, Partnermodelle wie die Vorstellungen selbständigen Entscheidens und Handelns sind damit gegenstandslos. Als falsch verstandene Annahmen praktischer Arbeit führen sie im besten Falle zur rückstandslosen Vernichtung von Forschungsgeldern, im schlimmsten Falle aber zu fehlerhaften und riskanten Computereinsätzen.

3. PRAKTISCHE FOLGEN

Das wesentliche Ergebnis des vorliegenden Buches ist der radikale Bruch mit der herrschenden KI-Sprachforschung, aber auch mit Ideologien der Vollautomatisierung, die unterstellen, daß Maschinen im gleichen Maße wie Menschen Sprache und Situationen verstehen und aus diesem Verstehen heraus handeln könnten. Der Computer kann nicht nach dem Bild des Menschen geschaffen werden; er kann im besten Falle zum Arbeitsmittel, zum technisches Medium mit dem Charakter eines angepaßten Werkzeugs werden. Die Vorstellung, daß »Informatik die Wissenschaft dessen sei, was (effektiv) automatisiert werden kann«, wie es die AMC Task Force meint, wird damit ebenso hinfällig wie die Idee eines sprechenden, lügenden und lippenlesenden HAL9000-Superrechners« in Kubricks Film »2001«.

Doch die Rechner werden damit nicht zum Edelmetallschrott, sie erhalten eine neue, eine klarer bestimmte Rolle im Arbeitsprozeß zugewiesen. Rechner können als Hilfsmittel der Koordination verwendet werden; dazu müssen neue Ansätze des Softwareentwurfs, ihrer Gestaltung und ihres Gebrauchs entfaltet werden. So lautet die Botschaft »This is a book about the design of computer technology«.

Dieses ›design‹, also die Gestaltung des Rechnereinsatzes läßt sich schlaglichthaft charakterisieren:

– Computer dienen der *Koordinierung* der Arbeit; sie können keine ›intelligenten Partner‹, ›Kollegen‹ oder ›Assistenten‹ werden.
– Computer können als *technische Medien* dienen. Sie vermitteln zwischen Menschen; sie sind keine eigenständige Instanz.
– Um das Ziel der Koordinierung der Arbeit zu erreichen, muß Software entwickelt werden, die Gruppen arbeitender Menschen unterstützt.

Der letztgenannte praktische Aspekt ist unter dem Stichwort *Group Software* inzwischen in die Informatikentwicklung eingegangen. Die von FLORES gegründete, prosperierende Firma Action Technologies verkauft ein Programmpaket »The Coordinator«, das eben diese Gestaltungsansätze unterstützen soll. WINOGRAD und FLORES geht es *auch* um sehr praktische Fragen der Gestaltung.

Der Bogen des Textes spannt sich also von philosophischen Grundlagen der Sprache und des Verstehens über biologische Theorien der Selbstorganisation lebender Systeme bis zur prak-

Nachwort

tischen Gestaltung von Computerprogrammen. Wo ist das Buch einzuordnen? Aus der Sicht der amerikanischen Diskussion in der Informatik und speziell der Künstlichen Intelligenz ist es ein Paukenschlag, nach dessen Abklingen bestimmte Forschungen und Haltungen einfach nicht mehr begründbar sind. Der rekursive Rationalismus mit seinen blechernen Denkmustern, seiner Gleichsetzung intelligenter Strukturen auf ›Kohlenstoff- oder Siliziumbasis‹, seiner Vorstellung einer Evolution der Intelligenz über die Denkmaschinen, seinen Vorstellungen vom Computer als Partner und Kollege muß sich nun den Thesen dieses Textes stellen. Für die US-amerikanische Informatik- und KI-Szene ist dies ein doppelter Schock[9]: Die so lange erfolgreiche Verdrängung philosophischer Grundlagen bricht zusammen und dieser Zusammenbruch ist auch noch von einem bewunderten Avantgardisten ihrer Zunft und einem erfahrenen Praktiker des Großeinsatzes der Informationstechnik angezettelt worden.

Freilich sind außerhalb der USA solche Ansätze schon länger verfolgt worden. So gibt es seit vielen Jahren eine intensive Debatte über diese Themen in den skandinavischen Ländern, die sich z.B. in den Arbeiten von KRISTEN NYGAARD und seiner Gruppe in Oslo und im Utopia-Projekt der skandinavischen Druckergewerkschaften und der Zeitungsverleger[10] niedergeschlagen haben. Doch leider ist die Resonanz dieser umfangreichen Arbeiten außerhalb der skandinavischen Länder bislang gering gewesen. WINOGRADS und FLORES' Verdienst ist es, der skandinavischen Schule eine kalifornische Konkurrenz an die Seite gestellt und damit das Thema weltweit in die Köpfe gebracht zu haben. Möge es überall gären.

ANMERKUNGEN

1 Roboterfigur aus dem Film ›Krieg der Sterne‹ A.d.Ü.
2 A.d.Ü.: Im Original *design*. Der von den Autoren verwandte Begriff läßt sich in der deutschen Sprache nicht einheitlich mit Gestaltung gleichsetzen. Je nach Kontext wird er in diesem Buch mit *Entwurf* übersetzt, wenn unmittelbar der Entwurf von Computersystemen angesprochen ist, und mit *Gestaltung*, wenn es sich um die Gestaltung eines umfassenderen Bereiches mit Hilfe von Computersystemen handelt.
3 Wie wir in späteren Kapiteln noch sehen werden, fällt ein solcher Zusammenbruch unter die allgemeine Bedingung von *Unzuhandenheit*: Der Systemausfall verlangt nach Kauf und Zusammenstellung eines neuen Systems.
4 Nachzulesen z.B. bei DREYFUS (1986) und HAUGELAND (1978).
5 A.d.Ü.: Im amerikanischen Text steht an dieser Stelle *breakdown*. Der Ausdruck ›Zusammenbruch‹ kommt bei HEIDEGGER selbst nicht vor, der jedoch bei seiner Analyse der ›Zuhandenheit‹ – der lebenspraktischen Verweisungszusammenhänge der Verwendung von ›Zeug‹ – auch auf die ›Störung‹ der Verweisung und die möglichen »Brüche ... der Verweisungsganzheit« zu sprechen kommt: »In einer *Störung der Verweisung*, in der Unverwendbarkeit für ... wird aber die Verweisung ausdrücklich« (HEIDEGGER 1979, S. 74 ff.). Vgl. dazu unten Kapitel 3.4.
6 A.d.Ü.: Im Originaltext *representations*. Zur »Repräsentationstheorie der Vorstellungen« vgl. in deutscher Sprache TUGENDHAT (1976), S. 86 f.
7 A.d.Ü.: Im Original *theory of cognition*, was auch als Theorie des Erkennens und/oder als Wahrnehmungstheorie übersetzt werden könnte. Um die Verwechslung mit der philosophischen Disziplin ›Erkenntnistheorie‹ zu vermeiden, wurde hier der Ausdruck ›Kognitionswissenschaft‹ gewählt. Vgl. dazu unten Kapitel 2.4.
8 In gewisser Hinsicht sollte die rationalistische Tradition daher vielleicht besser als ›analytische Tradition‹ bezeichnet werden. Wir haben eine neutralere Bezeichnung übernommen, um den Eindruck zu vermeiden, uns an einer philosophischen Debatte beteiligen zu wollen, bei der die ›analytisch‹ genannten Philosophen die Gegenseite einnehmen. Wir wollen uns hier ebensowenig mit einer Debatte zwischen ›Rationalismus‹ und ›Empirismus‹ befassen. Rationalistische Tradition, wie wir sie hier verstehen, umfaßt Arbeiten beider Richtungen.

Anmerkungen zu S. 41-57

9 Analysen dieser Art sind von so prominenten Philosophen und Logikern wie FREGE (1892), RUSSELL (1930) und TARSKI (1944) entwickelt worden. Arbeiten jüngeren Datums werden in mehreren Sammelbänden vorgestellt, z.B. LINSKY (1952), DAVIDSON und HARMAN (1972), HINTIKKA, MORAVCSIK und SUPPES (1973), und in einigen Artikeln bei KEENAN (1975).
10 A.d.Ü.: Vgl. in deutscher Sprache zuletzt TUGENDHAT und WOLF (1983).
11 Eine Kritik neuerer Versuche, diese Methodik auszubauen, liefert WINOGRAD (1985).
12 Zu dieser Kategorie zählen wir die Arbeiten von LEECH (1969), LYONS (1963), KATZ und FODOR (1964) und JACKENDOFF (1976).
13 Diese Ausnahmen umfassen Index-Pronomen (wie »ich«, »du«), Orts- und Zeitadverbien (»hier«, »jetzt«) und den Gebrauch von Tempora (wie in »Er wird gehen«). Es gilt ebenfalls selbstverständlich, daß Abhängigkeiten vom jeweiligen sprachlichen Kontext bestehen (wie z.B. die verweisenden Pronomen »er«, »sie«, »es«), und daß Sprache in metaphorischen und poetischen Formen benutzt wird, die auf vielschichtigem, persönlichem Kontext aufsetzt.
14 A.d.Ü.: Im Amerikanischen *management science*.
15 Unter den ersten Autoren waren BOBROW und COLLINS (1975), SCHANK und ABELSON (1977), NORMAN und RUMELHART (1978).
16 Eine Zusammenfassung der Beiträge dieser Konferenz ist nachzulesen in NORMAN (1981). Die Intention der einzelnen Beiträge ist, Kognitionswissenschaft als Wissenschaft zu begründen und deren Bedeutung nachzuweisen.
17 Einen ausgezeichneten Überblick über beides, Geschichte und gegenwärtige Forschungsrichtung der Kognitionswissenschaft liefert GARDNER (1985).
18 PALMER (1969) vermittelt eine ausgezeichnete erste Einführung in die Hermeneutik, die auf die historischen Wurzeln und deren gegenwärtige Bedeutung für die Literaturkritik gleichermaßen eingeht. (A.d.Ü.: Das grundlegende Werk in deutscher Sprache bleibt GADAMER (1960); vgl. dazu die Beiträge in APEL (1971).)
19 A.d.Ü.: Vgl. dazu GADAMER (1968).
20 BETTI (1967) war der einflußreichste Vertreter dieser Richtung. HIRSCH (1972) hat BETTIS Sichtweise auf Probleme der Literaturkritik angewendet.
21 In seiner eigenen Entwicklung hermeneutischer Theorie spielt GADAMER häufig auf die Metapher vom ›Horizont‹ einer Person an (GADAMER 1960, S. 307 ff.).
22 Der Ansatz, unser eigenes Vor-Verständnis aufzuklären, steht im Mittelpunkt eines Zweiges der Soziologie, der ›Ethnomethodolo-

Anmerkungen zu S. 58-74

gie‹ genannt wird. Die Arbeiten von GARFINKEL (1967), GOFFMAN (1973) oder CICOUREL (1975) veranschaulichen diesen Ansatz.
23 Die weithin beachtete ›SAPIR-WHORF Hypothese‹ ist ein verwandter, aber um einiges einfacherer Ansatz, insofern er die Bedeutung einer durch Sprache bestimmten ›Weltsicht‹ hervorhebt, allerdings ohne Bezug zu Tradition und Interpretation.
24 A.d.Ü.: Vgl. dazu HEIDEGGER (1980).
25 Dieser Überblick stützt sich auf HUBERT L. DREYFUS' unveröffentlichtes Manuskript: *Being-in-the-World: A Commentary on Division I of Heidegger's Being and Time*. Wir benutzen einige seiner Darlegungen unmittelbar, fügen aber auch eigene Interpretationen hinzu, für die er nicht verantwortlich gemacht werden kann.
26 A.d.Ü.: Im Originaltext *representations*; vgl. dazu Anm. 6.
27 A.d.Ü.: Im Amerikanischen *breaking down*. Vgl. dazu Anm. 5.
28 A.d.Ü.: »Damit im alltäglichen Besorgen der ›Umwelt‹ das zuhandene Zeug in seinem ›An-sich-sein‹ soll begegnen können, müssen die Verweisungen und Verweisungsganzheiten, darin die Umsicht ›aufgeht‹, für diese sowohl wie erst recht für ein umsichtiges ›thematisches‹ Erfassen unthematisch bleiben. Das *Sich-nicht-melden* der Welt ist die Bedingung der Möglichkeit des Nichtheraustretens des Zuhandenen aus seiner Unauffälligkeit.« Erst durch »mögliche Brüche« in der jeweiligen »Verweisungsganzheit« also werde »die Vorhandenheit des Seienden vorgedrängt«. (HEIDEGGER 1979, S. 75 f.).
29 Den größten Teil seiner Theorie hat MATURANA in Zusammenarbeit mit FRANCISCO VARELA entwickelt, der auch eigene Arbeiten fortgeführt hat (VARELA 1979; 1984). (Neben einer ins Deutsche übertragenen Aufsatzsammlung (MATURANA 1982) liegt mittlerweile eine allgemeinverständliche, ebenfalls ins Deutsche übertragene Darstellung der von beiden entwickelten Theorie vor (MATURANA und VARELA 1987) – A.d.Ü.). MATURANA ist stark beeinflußt von Arbeiten auf dem Gebiet der Kybernetik durch VON FOERSTER und andere am Biological Computer Laboratory der University of Illinois. Das Buch von VON FOERSTER (1974), das in diesem Labor entstanden ist, vermittelt eine weitreichende Einsicht in diese Arbeiten. Da wir vor allem direkt durch die Veröffentlichungen von MATURANA inspiriert worden sind, werden wir uns hauptsächlich auf seine Arbeiten und auf ihn selbst beziehen.
30 Der so unterschiedliche Gebrauch der Wörter »kognitiv« und »Kognition« wird in diesem Kapitel und das gesamte Buch hindurch sichtbar werden. Wir wollen nicht versuchen, MATURANAS Verwendungszusammenhang in eine einfache Definition zu kleiden, sondern eine Erläuterung entlang der Diskussion dieses Kapitels liefern.

Anmerkungen zu S. 75-82

31 Die Originalarbeit auf diesem Gebiet wird bei LAND (1977) beschrieben.
32 A.d.Ü.: Im Originaltext *perturbed*. Der Übersetzer von MATURANA und VARELA (1987) schreibt dazu als Anmerkung: »Der von den Autoren verwendete Begriff *perturbación* bezeichnet (anders als *disturbación*, was eher negativ konnotiert ist) Zustandsveränderungen in der Struktur eines Systems, die von Zuständen in dessen Umfeld *ausgelöst* (d.h. nicht verursacht) werden. Insofern ist die Übersetzung dieses Begriffs etwa mit Störeinwirkung oder Störung problematisch, zumal diese Begriffe im Deutschen eher kausal oder gar negativ benutzt werden. Im Bereich sozialer Phänomene ist daher der Begriff ›Verstörung‹ bereits eingeführt worden. Er erscheint jedoch für die Verwendung im organischen und physikalischen Bereich weniger geeignet. Deshalb wird in Abstimmung mit F. VARELA im folgenden von ›Perturbation‹ und in der Verbform von ›perturbieren‹ gesprochen.« (MATURANA und VARELA 1987, S. 27).
33 An dieser Stelle und das ganze Kapitel hindurch werden wir vorzugsweise den Begriff ›Milieu‹ anstelle von ›Umgebung‹ benutzen. Wir wollen damit auf den Lebensraum eines Organismus verweisen und vermeiden, daß in der Bezeichnung eine Trennung zwischen dem Gebilde und seiner ›Umwelt‹ mitschwingt. Ein Ding existiert als Teil des Milieus, nicht als ein davon separiertes Objekt.
34 Eine Sammlung an Veröffentlichungen von MATURANA, VARELA und anderen Autoren zur Theorie autopoietischer Systeme findet sich in ZELENY (1978). (A.d.Ü.: Im deutschen Sprachraum ist das Konzept der ›Autopoiesis‹ nicht zuletzt auch durch die kritisch an den Arbeiten von MATURANA und VARELA anknüpfende Begrifflichkeit des »Paradigmenwechsels in der Systemtheorie« prominent geworden, den der Soziologe NIKLAS LUHMANN vorgeschlagen hat; vgl. dazu LUHMANN (1984, S. 60 ff.)).
35 A.d.Ü.: »Das Konzept des selbstreferentiell-geschlossenen Systems steht nicht im Widerspruch zur Umweltoffenheit der Systeme; Geschlossenheit der selbstreferentiellen Operationsweise ist vielmehr eine Form der Erweiterung möglicher Umweltkontakte; sie steigert dadurch, daß sie bestimmungsfähigere Elemente konstituiert, die Komplexität der für das System möglichen Umwelt.« (LUHMANN 1984, S. 63).
36 In späteren Arbeiten machen MATURANA und VARELA einen Unterschied zwischen Autopoiesis als Eigenschaft zellulärer Systeme und der allgemeineren Eigenschaft *operationaler Geschlossenheit*, die sich auf eine weitergefaßte Klasse von Systemen anwenden läßt. Wir wollen die Unterscheidung an dieser Stelle nicht weiterverfolgen; sie wird in MATURANA und VARELA (1987) entwickelt.

37 A.d.Ü.: Im Originaltext *mental predicates*.
38 A.d.Ü.: Im Originaltext *mental terms*.
39 Ein Beispiel dafür gibt SUPPES (1975).
40 A.d.Ü.: Im Originaltext *reference*.
41 Verwiesen sei z.b. auf die Arbeiten von PASK (1975), PASK (1976) und VON FOERSTER (1974).
42 Tatsächlich gilt dies nicht einmal für die Mathematik; darauf hat LAKATOS (1979) hingewiesen.
43 Der zuvor gegebene Beispielsatz 3 ist von der Art, die von ROSCH (1975) untersucht werden.
44 A.d.Ü.: Zu den Einfügungen in eckigen Klammern: »Zuhandenes begegnet innerweltlich ... Welt ist in allem Zuhandenen immer schon ›da‹. Welt ist vorgängig mit allem Begegnenden schon, obzwar unthematisch, entdeckt. Sie kann aber auch in gewissen Weisen des umweltlichen Umgangs aufleuchten. Welt ist es, aus der her Zuhandenes zuhanden ist.« (HEIDEGGER 1979, S. 83).
45 A.d.Ü.: In der deutschen Übersetzung (SEARLE 1982) wird z.B. *illokutionary point* als *illokutionärer Witz* übersetzt. Die hier gewählten Übersetzungen beziehen sich auf HABERMAS (1981).
46 Der Vorschlag von PUTNAM (1970), den wissenschaftlichen Sprachgebrauch von ›Experten‹ durch die Festlegung ›realer‹ Bedeutung zu vereinbaren, ist ebenfalls nicht angemessen. Wie unsere »Wasserbeispiele« zeigen, wird durch diesen Ansatz Bedeutung nur in einem besonderen, eingegrenzten Sinn berücksichtigt.
47 Eine ähnliche Sicht der Dinge wurde in der Auseinandersetzung um Bedeutungstheorie (›Semiotik‹) vom Pragmatismus, z.B. von PEIRCE, DEWEY und MEAD, entwickelt. JOHN-STEINER und TATTER (1983) beschreiben die pragmatistische Ausrichtung folgendermaßen: »Der semiotische Prozeß ist zielstrebig, er hat eine Fließrichtung. Er choreographiert und harmonisiert wechselseitige Anpassung, die zur Entfaltung sozialer, menschlicher Tätigkeiten notwendig ist. Er hat seine Zeichenfunktion nur innerhalb des intentionalen Kontextes sozialer Kooperation und Strömung, in dem vergangene und zukünftige Tätigkeitsphasen zusammenlaufen, um die Gegenwart zu steuern.«
48 Nur die für die Vollendung des handlungsorientierten Gesprächsablaufs notwendigen Sprechakte werden hier aufgeführt. Es gibt natürlich auch andere Möglichkeiten, in denen die Konversationshandlung selbst zum Gesprächsthema wird, z.B. durch eine Verständnisfrage (»Wie bitte, ich konnte dich nur undeutlich hören?«) oder durch eine die Rechtmäßigkeit des Tuns betreffende Äußerung (»Du kannst mir das nicht vorschreiben!«).
49 In einer Serie von Arbeiten gebraucht HINTIKKA (1976) Spiele als

Anmerkungen zu S. 115-150

Grundlage für eine gewisse Form deduktiver Logik, modale Logik eingeschlossen. WITTGENSTEIN (1971) führt den Begriff ›Sprachspiel‹ in einem etwas anderen, aber verwandten Sinne ein.
50 Die zentrale Rolle der Metapher im Sprachgebrauch diskutieren LAKOFF und JOHNSON (1980).
51 WINOGRAD (1985) kritisiert die Annahmen von BARWISE und PERRY (1987), die ihre Theorie der ›Situationssemantik‹ auf einen naiven Realismus stützen; sie setzen die von der Sprache unabhängige Existenz spezifischer Objekte und Eigenschaften als selbstverständlich voraus.
52 Diese Vermutung, auch die ›Hypothese der symbolischen Informationsverarbeitung‹ (*physical symbol system hypothesis*) genannt, wird ausführlich in Kapitel 8 behandelt.
53 A.d.Ü.: Vgl. oben Kapitel 3.4, insbesondere Anm. 28.
54 Charakter und Bedeutung dieser sozialen Einbettung von Computern wird von KLING und SCACCHI (1982) entwickelt.
55 A.d.Ü.: Im Originaltext *representation*, im Teil I (vgl. Anm. 6 zu Kapitel 2) dem Kontext entsprechend in den Termini der ›bewußtseinsphilosophischen‹ (HABERMAS) bzw. ›rationalistischen‹ (WINOGRAD und FLORES) Tradition der Erkenntnistheorie als ›Vorstellung‹ und/oder ›Darstellung‹ übersetzt, wird im folgenden durchgängig auch im Deutschen mit ›Repräsentation‹ wiedergegeben, um deutlich zu machen, daß es sich hier um einen Terminus technicus der Künstlichen-Intelligenz-Forschung handelt.
56 Spezialfälle wollen wir nicht berücksichtigen. Ein solcher Spezialfall wäre z.B. der Entwurf einer beliebigen Instruktionenfolge in der Absicht, die Maschine zu beschäftigen, um sie auf Fehlerfreiheit hin zu überprüfen.
57 Dieser Gesichtspunkt ist von zahlreichen Philosophen zur Sprache gebracht worden, z.B. von FODOR (1980) und SEARLE (1980). Die Bedeutung dieses Punktes für das Problem des Sprachverstehens werden wir in Kapitel 9 erörtern.
58 Allerdings ist auch diese Version der Geschichte zu einfach. Sie ließ sich so vielleicht noch vor zehn Jahren erzählen. Mittlerweile verfügen Computer jedoch über eine zusätzliche, »mikrocodierte« Ebene, auf der die Maschinensprache in Form von Befehlen einer elementareren abstrakten Maschine realisiert ist, die wiederum in Begriffen einer logischen Maschine definiert ist.
59 Zwischen Compilieren und Interpretieren zu unterscheiden, ist nicht ohne Tücke, allerdings für unsere Fragestellung hier auch nicht entscheidend.
60 Praktiker der Künstlichen Intelligenz werden wissen, daß Programmierer sich in den meisten Fällen unmittelbar auf die Analogien zwischen Gegenstandsbereich und Symbolstrukturen, wie sie von einer

Anmerkungen zu S. 151-198

höheren Programmiersprache angeboten werden, verlassen, ohne über eine systematische Ebene logischer Repräsentation zu verfügen. Mittlerweile wird allgemein akzeptiert (nachzulesen z.b. bei HAYES 1977, NILSSON 1980, NEWELL 1982), daß diese Art willkürlich gewählter, formaler Systeme für den Entwurf nachvollziehbarer Programme ungeeignet ist und daß der Unterscheidung zwischen logischem Formalismus und dessen Einbindung in eine computergestützte Berechnung entscheidende Bedeutung zukommt.

61 DREYFUS und DREYFUS (1987) argumentieren über eine weite Strecke ähnlich wie wir, daß Expertenwissen sich in keiner Sammlung formaler Regeln einfangen läßt.

62 Eine nützliche, allgemeine Einführung ist nachzulesen bei NILSSON (1965).

63 Das »Chaostron« von CADWALLADER-COHEN, ZYSICZK und DONNELLY (1961) kritisiert auf satirische Weise die Naivität, die in einigen der Anfangsversuche offen zutage tritt.

64 Verwiesen sei an dieser Stelle auf die Diskussion natürlicher Arten z.B. bei PUTNAM (1970).

65 In Diskussionen über Computer und formale Systeme wird der Ausdruck ›natürliche Sprache‹ (*natural language*) für die gewöhnliche, menschliche Umgangssprache verwendet, um sie von konstruierten, formalen Sprachen, wie z.B. das Prädikatenkalkül oder FORTRAN, unterscheiden zu können.

66 Dies ist natürlich nur eine der möglichen Definitionen. Andere Umschreibungen, wie sie z.b. in den von KATZ und FODOR (1964) angestellten Betrachtungen zur Semantik entwickelt wurden, beziehen Pelzrobben und Ritterlichkeit in die Begriffsbestimmung mit ein.

67 Beispiele von der Art »Junggeselle« werden ebenfalls von FILLMORE (1975) und WINOGRAD (1976) erörtert.

68 Eine gewisse Ausnahme bilden BARWISE und PERRY (1987), die versucht haben, diese komplexe Problematik in die Tradition der analytischen Sprachphilosophie zu stellen. Die Bedeutung ihrer Arbeit für die Künstliche Intelligenz untersucht WINOGRAD (1985).

69 Eine Anzahl verschiedener Ansätze nicht-monotonen Schlußfolgerns ist in den von BOBROW (1980) herausgegebenen Arbeiten veröffentlicht.

70 Eine umfassende Erörterung ressourcenbegrenzter Verarbeitung, wie sie in der Experimentellen Psychologie Verwendung findet, liefern BOBROW und NORMAN (1975).

71 HOFSTADTER (1985) hat diesen Punkt klar und sehr ausführlich herausgearbeitet.

72 Beispiele für Programme dieser Art liefert SCHANK (1981).

73 Das hat der Umgang mit KRL deutlich gemacht; Erfahrungen mit

dieser Programmiersprache werden bei BOBROW et al. (1977) beschrieben.
74 (Macbeth is a noble) before (Macbeth is a king).
Macbeth marry Lady-Macbeth.
Lady-Macbeth is a woman – has-property greedy ambitious.
Duncan is a king.
Macduff is a noble – has-property loyal angry.
Weird-sisters is a hag group – has-property old ugly weird – number 3.
Weird-sisters predict (Macbeth murder Duncan).
Macbeth desire (Macbeth kind-of king)
[cause (Macbeth murder Duncan)].
Lady-Macbeth persuade (Macbeth murder Duncan).
Macbeth murder Duncan (coagent Lady-Macbeth – instrument knife).
Lady-Macbeth kill Lady-Macbeth.
Macbeth murder Duncan [cause (Macduff kill Macbeth)].
75 Werbebroschüre von *Cognitive Systems, Inc.*, die auf der AAAI National Conference, August 1982, verteilt wurde.
76 Zitat aus der Broschüre: »Cognitive Systems, Inc. ist ein Abkömmling der Forschungstätigkeit am Artificial Intelligence (AI) Lab des Informatikdepartments der Yale University. Das Yale AI Lab ist eines der renommiertesten Forschungszentren in diesem Lande auf dem Gebiet natürlich-sprachlicher Systeme. Cognitive Systems wurde von Professor ROGER SCHANK, Vorsitzender des Informatikdepartments und Forschungsdirektor des AI Lab der Yale University, gegründet.
77 MARR (1982) gibt einen Überblick über neuere Forschungsarbeiten zum Sehvermögen.
78 Die Bezeichnung ›Fünfte Generation‹ ist einer gebräuchlichen Klassifikation vorausgegangener Computertechnologien entlehnt. Die Erste Generation, entwickelt in den vierziger Jahren, benutzte Vakuumröhren als Rechenelemente. Die Zweite Generation ersetzte diese Bauteile Mitte der fünfziger Jahre durch Transistoren und erreichte damit eine enorme Steigerung der Zuverlässigkeit und eine Reduzierung der Kosten. Die Dritte Generation verwendete in den sechziger und frühen siebziger Jahren ›integrierte Schaltkreise‹, die das Äquivalent vieler Transistoren und Verbindungen auf einem Chip zusammenfassen. Die ›höchstintegrierten Schaltkreise (VLSI)‹ der Vierten Generation in den siebziger und achtziger Jahren vereinigten Zehntausende von Schaltelementen auf einem einzigen Siliziumchip und bildeten damit die Grundlage für ›Mikrocomputer‹, die den Computereinsatz revolutioniert haben.

Anmerkungen zu S. 218-294

Das Projekt ›Fünfte Generation‹ und sein politisches Umfeld werden eingehend und sorgfältig von UTTAL (1982) erörtert. FEIGENBAUM und MCCORDUCK (1985) versuchen dagegen, für ein ähnliches Entwicklungsprogramm in den USA Enthusiasmus zu entfachen.

79 Ende 1984 wurde die Planung aufgrund schwerwiegender Defizite und Haushaltskürzungen durch die Japanische Regierung auf etwa die Hälfte zusammengestrichen.
80 Analyse und Kritik dieses Investitionsprogramms liefert DAVIS (1985).
81 Die japanischen Forscher planten zum Projektbeginn den Einsatz von PROLOG (die Abkürzung steht für PROgrammieren in LOGik), eine in Europa entwickelte Sprache, die als Ausgangspunkt für die Entwicklung neuer Sprachen und Systeme angesehen wird.
82 Koordinatoren werden ausführlicher bei FLORES und LUDLOW (1981) und FLORES (1982) beschrieben.
83 Wir benutzen das Wort ›Gestalten‹ (*design*) an dieser Stelle nicht im engen Sinne einer bestimmten Methode, die Gebrauchsgegenstände hervorbringt, sondern legen einen weitreichenden Gestaltungsansatz zugrunde, wie er in den Arbeiten der reflektierenden Architekten, z.B. ALEXANDER (1964), angestrebt wird.
84 A.d.Ü.: Damit ist gemeint: der Gegenstandsbereich von Gestaltung (»ontisch«) und die Art und Weise, wie er (»ontologisch«) seine Bedeutung aus dem Netzwerk intersubjektiver Praxis und Kommunikation (hier im Bereich des betrieblichen Managements) erhält.
85 A.d.Ü.: Zur Terminologie vgl. oben Anm. 5 und allgemein Kapitel 3.4.
86 Cybersyn wird bei BEER (1975) beschrieben.
87 Der Begriff ›Computergeflecht‹ (*web of computing*) stammt von KLING und SCACCHI (1982) und stützt sich auf empirische, in einem sozialen Kontext gemachte Studien über Erfahrungen mit ausgedehnten Computersystemen.
88 VISICALC ist ein Mikrocomputerprogramm, das dem Anwender erlaubt, einen ›elektronischen Kalkulationsbogen‹, aufgebaut aus Zeilen und Spalten miteinander verknüpfter Zahlen, zu manipulieren. Es ist eines der kommerziell erfolgreichsten Softwarepakete, das jemals geschrieben wurde, und diesem Produkt wird, mehr als jedem anderen Einzelprogramm, die Motivation für den Ankauf von kleineren, privat oder geschäftlich genutzten Computern zugeschrieben.
89 GARDNER (1984) liefert dazu Beispiele und entwickelt eine allgemeine Diskussion dieser Fragen.
90 Diese Konsequenz wird von TURKLE (1984) beschrieben.

91 Das Schulungskonzept wurde von Fernando FLORES in Verbindung mit der Firma Hermenet, Inc. in San Francisco entwickelt.

Anmerkungen zum Nachwort

1 WINOGRAD (1973), S. 154.
2 Vgl. dazu BOBROW/WINOGRAD (1977).
3 In der Bundesrepublik entspricht dies in etwa dem »Forum Informatiker für Frieden und gesellschaftliche Verantwortung« (FIFF).
4 Siehe dazu BEER (1975).
5 Vgl. DAVIS/HERSCH (1986).
6 Daß dies nicht bruchlos möglich ist, da in hinreichend ausdrucksstarken, widerspruchsfreien Kalkülen Wahrheit mehr als Beweisbarkeit ist (Gödelscher Unvollständigkeitssatz), wird bei dieser Modellierung der Sprache erst einmal außer acht gelassen.
7 Aber auch W.I. LENINS *Materialismus und Empiriokritizismus* von 1908.
8 Der Begriff *breakdown*, der die Kontinuität im Ablauf menschlicher Arbeit dem situativen Bruch entgegensetzt, ist Beispiel eines solchen Neo-Heideggerismus. Am ehesten ließe sich diese Begriffsbildung an das Begriffspaar »Kontinuität/Bruch« anknüpfen, wie es z.B. VON ROSSANA ROSSANDA (1975) verwandt wird.
9 Wie sehr dieser Schock die KI-Szene getroffen hat, kann man an der Tatsache ermessen, daß die Zeitschrift *Artificial Intelligence* dem Buch gleich vier Besprechungen gewidmet hat – mit durchaus unterschiedlichen Akzenten übrigens. Vgl. die Besprechungen von ANDRÉ VELLINO, MARK J. STEFIK/DANIEL G. BOBOW, LUCY A. SUCHTMAN und WILLIAM J. CLANCY, in: *Artificial Intelligence*, 31 (1987), S. 213-261; sowie die Antwort von WINOGRAD und FLORES ebendort.
10 Vgl. K. NYGAARD (1986), P. EHN (1988), und dort zur Übersicht CH. FLOYD/W.-H. MEHL/F.-M. REISIN/G. SCHMIDT/G. WOLF (1987).

LITERATUR

ALEXANDER, C.: *Notes on the Synthesis of Form*, Cambridge 1964.
ALEXANDER, T.: Computers on the road to self-improvement, in: *Business Week*, June 14, 1982, S. 148-160.
ALVEY, LORD: *A Programme for Advanced Information Technology: The Report of the Alvey Committee*, Her Majesty's Stationery Office, London 1982.
APEL, K.-O.: *Hermeneutik und Ideologiekritik*, Frankfurt 1971.
AUSTIN, J.L. *Zur Theorie der Sprechakte*, Stuttgart 1972 (How to Do Things with Words, Cambridge, 1962; dt. Übers. von E. von Savigny).
BARNETT, G.O.: The computer and clinical judgment, in: *The New England Journal of Medicine* 307, 1982, S. 493-494.
BARWISE, J.; PERRY, J.: *Situationen und Einstellungen – Grundlagen der Situationssemantik*, Berlin 1987 (Situations and Attitudes, Cambridge 1983; dt. Übers. von C. Gerstner).
BEER, S.: *Platform for Change*, New York 1975.
BEGLEY, S.; CAREY, J.; REESE, M.: How smart can Computers get? in: *Newsweek*, June 30, 1980, S. 52-53.
BETTI, E.: *Allgemeine Auslegungslehre als Methodik der Geisteswissenschaften*, Tübingen 1967 (Teoria Generale della Interpretazione, Mailand 1955).
BOBROW, D.: Dimensions of representation, in: Bobrow und Collins (1975), S. 1-34.
BOBROW, D. (Ed.): Special issue on non-monotonic logic, in: *Artificial Intelligence* 13, 1980, S. 1-174.
BOBROW, D.; COLLINS, A.M. (Eds.): *Representation and Understanding: Studies in Cognitive Science*, New York 1975.
BOBROW, D.; NORMAN, D.: Some principles of memory schemata, in: Bobrow und Collins (1975), S. 131-150.
BOBROW, D.; WINOGRAD, T.: An overview of KRL, a knowledge representation language, in: *Cognitive Science* 1, 1977, S. 3-46.
BOBROW, D.; WINOGRAD, T.: KRL – Another perspective, in: *Cognitive Science* 3, 1979, S. 29-42.
BOBROW, D.; WINOGRAD, T.; KRL Research Group: Experience with KRL-0 – One cycle of a knowledge representation language, in: *Proceedings of the Fifth International Joint Conference on Artificial Intelligence*, Pittsburgh 1977, S. 213-222.
BUGOSLAW, R.: *The New Utopians: A Study of System Design and Social Change*, Englewood Cliffs 1965.

BUCHANAN, B.: New research on expert systems, in: Hayes, J.E.; Michie, D.; Pao, Y.-H. (Eds.): *Machine Intelligence* 10, Chichester 1982, S. 269-299.
Business Week: Robots join the labor force, June 9, 1980, S. 62-76.
Business Week: Artificial Intelligence: The second computer age begins, March 8, 1982, S. 66-72.
CADWALLADER-COHEN, J.B.; ZYSICZK, W.S.; DONNELLY, R.R.: The chaostron, in: *Datamation* 7, 1961 (abgedruckt in: Baker, R. (Ed.): *A Stress Analysis of a Strapless Evening Gown*, New York 1969).
CASHMAN, P.M.; HOLT, A.W.: A communication-oriented approach to structuring the software maintenance environment, in: *ACM SIGSOFT – Software Engineering Notes* 5, 1980, S. 4-17.
CHOMSKY, N.: *Reflexionen über die Sprache*, Frankfurt 1986 (Reflections on Language, New York 1975; dt. Übers. von G. Meggle und M. Ulkan).
CICOUREL, A.V.: *Sprache in der sozialen Interaktion*, München 1975 (Cognitive Sociology: Language and Meaning in Social Interaction, New York 1974; dt. Übers. von J. Zeller).
CLUB OF ROME: *Die Grenzen des Wachstums – Bericht des Club of Rome zur Lage der Menschheit*, Stuttgart 1972 (The Limits of Growth, New York 1972; dt. Übers. von H.-D. Heck).
CLUB SICO DE L'INRIA ET GROUPE DE TRAVAIL SUR L'INTELLIGENCE DU CNRS: Rapport sur l'Intelligence Artificielle, in: *Technique et Sciences Informatiques* 2, 1983, S. 371-386 (Report on artificial intelligence, in: *Technology and Science of Informatics* 2, 1983, S. 347-362).
D'AMATO, A.: Can/should computers replace judges? in: *Georgia Law Review* 11, 1977, S. 1277-1301.
DAVIDSON, D.; HARMAN, G. (Eds.): *Semantics of Natural Language*, Dordrecht 1972.
DAVIS, D.B.: Assessing the strategic computing initiative, in: *High Technology* 5, 1985, S. 41-49.
DAVIS, P.J.; HERSH, R.: *Descartes Dream – The World According to Mathematics*, Boston 1986.
DAVIS, R.: Interactive transfer of expertise: Acquisition of new inference rules, in: *Artificial Intelligence* 12, 1979, S. 121-157.
DENNETT, D.: Intentional systems, in: *The Journal of Philosophy* 68, 1971, S. 87-106 (abgedruckt in: Haugeland (1981), S. 220-242).
DENNETT, D.: Mechanism and Responsibility, in: Honderich, T. (Ed.): *Essays on the Freedom of Action*, London 1973 (abgedruckt in: Dennett, D.: *Brainstorms – Philosophical Essays on Mind and Psychology*, Montgomery 1978, S. 233-255).
DREYFUS, H.L.: *Die Grenzen Künstlicher Intelligenz – Was Computer nicht*

können, Königstein/Ts. 1985 (What Computers can't do – The Limits of Artificial Intelligence, New York 1979; dt. Übers. von R. Cackett, I. Hübner, M. Knaup, K. Rehkämper, U. Rennert).

DREYFUS, H.L.; DREYFUS, S.E.: *Künstliche Intelligenz – Von den Grenzen der Denkmaschine und dem Wert der Intuition*, Reinbek bei Hamburg 1987 (Mind over Machine – The Power of Human Intuition and Expertise in the Era of the Computer, New York 1986; dt. Übers. von M. Mutz).

EHN, P.: *Work-Oriented Design of Computer Artifacts*, Stockholm 1988.

EVANS, C.: *The Micro Millenium*, New York 1979.

FEIGENBAUM, E.: AAAI presidend's message, in: *AI Magazine* 2, 1980/81, S. 1 und S. 15.

FEIGENBAUM, E.; FELDMAN, J. (Eds.): *Computers and Thought*, New York 1963.

FEIGENBAUM, E.; MCCORDUCK, P.: *Die Fünfte Computer-Generation – Künstliche Intelligenz und die Herausforderung Japans an die Welt*, Basel 1985 (The Fifth Generation: Artificial Intelligence and Japan's Computer Challenge to the World, Reading 1983; dt. Übers. von T. Westermayr).

FILLMORE, C.: An alternative to checklist theories of meaning, in: *Proceedings of the First Annual Meeting of the Berkeley Linguistics Society*, Berkeley 1975.

FLORES, C.: Management and Communication in the office of the future, in: *Report* printed by Hermenet Inc., San Francisco 1982.

FLORES, C.; LUDLOW, J.: Doing and speaking in the office, in: Fick, G.; Sprague, R. (Eds.): *DSS: Issues and Challanges*, London 1981.

FLOYD, C.; MEHL, W.-M.; REISIN, F.-M.; SCHMIDT, G.; WOLF, G.: *Scanorama, Mensch und Technik – Sozialverträgliche Technikgestaltung*, Werkstattbericht Nr. 30, Ministerium für Arbeit, Gesundheit und Soziales des Landes Nordrhein-Westfalen, Düsseldorf 1987.

FODOR, J.: Methodological solipsism considered as a research strategy in cognitive psychology, in: *The Behavioral and Brain Sciences* 3, 1980, S. 63-73 (abgedruckt in: Haugeland (1981), S. 307-338).

FOGEL, L.J.; OWENS, A.J.; WALSH, M.J.: *Artificial Intelligence Through Simulated Evolution*, New York 1966.

FREGE, G.: Über Sinn und Bedeutung, in: *Zeitschrift für Philosophie und philosophische Kritik* C, 1892, S. 25-50 (abgedruckt in: Angelelli, I. (Hg.): *Gottlob Frege – Kleine Schriften*, Hildesheim 1967, S. 143-162).

GADAMER, H.-G.: *Wahrheit und Methode*, Tübingen 1960.

GADAMER, H.-G.: Die Universalität des hermeneutischen Problems, in: Gadamer: *Kleine Schriften I*, Tübingen 1967, S. 101-112.

GADAMER, H.-G.: Klassische philosophische Hermeneutik, in: Gadamer: *Wahrheit und Methode. Ergänzungen und Register*, Gesammelte Werke, Bd. 2, Tübingen 1986, S. 92-117).

GADAMER, H.-G.: Semantik und Hermeneutik, in: Gadamer: *Kleine Schriften III*, Tübingen 1972, S. 251-260.
GARDNER, A.: *An Artificial Intelligence Approach to Legal Reasoning*, Cambridge 1984.
GARDNER, H.: *The Mind's New Science: A History of the Cognitive Revolution*, New York 1985.
GARFINKEL, H.: What is ethnomethodology, in: Garfinkel, H. (Ed.): *Studies in Ethnomethodology*, Englewood Cliffs 1967.
GOFFMAN, E.: *Wir alle spielen Theater – Die Selbstdarstellung im Alltag*, München 1973 (The Presentation of Self in Everyday Life, New York 1959; dt. Übers. von P. Weber-Schäfer).
GRICE, H.P.: Logic and conversation, in: Cole, P.; Morgan, J.L. (Eds.): *Studies in Syntax*, Volume III, New York 1975.
GROSZ, B.: Utterance and objective: Issues in natural language communication, in: *AI Magazine* 1, 1980, S. 11-20.
HABERMAS, J.: Wahrheitstheorien, in: Fahrenbach, H. (Hg.): *Wirklichkeit und Reflexion*, Pfullingen 1973, S. 211-265.
HABERMAS, J.: Was heißt Universalpragmatik? in: Apel, K.-O. (Hg.): *Sprachpragmatik und Philosophie*, Frankfurt 1976, S. 174-272.
HABERMAS, J.: *Theorie des kommunikativen Handelns*, 2 Bde., Frankfurt 1981.
HAUGELAND, J.: The nature and plausibility of cognitivism, in: *The Behavioral and Brain Sciences* 2, 1978, S. 215-260 (abgedruckt in: Haugeland (1981), S. 243-281).
HAUGELAND, J.: *Mind Design*, Montgomery 1981.
HAUGELAND, J.: *Künstliche Intelligenz – Programmierte Vernunft?* Hamburg 1987 (Artificial Intelligence – The Very Idea, Cambridge 1985; dt. Übers. von W. Hüsmert).
HAYES, P.: In defense of logic, in: *Proceedings of the Fifth International Joint Conference on Artificial Intelligence*, Pittsburgh 1977, S. 559-565.
HEIDEGGER, M.: Die Zeit des Weltbildes, in: Heidegger, M.: *Holzwege*, 6. Aufl., Frankfurt 1980, S. 85 ff.
HEIDEGGER, M.: Die Frage nach der Technik, in: Heidegger, M.: *Die Technik und die Kehre*, Pfullingen 1962.
HEIDEGGER, M.: *Sein und Zeit*, Tübingen 1979.
HEIDEGGER, M.: *Was heißt denken?* Tübingen 1954.
HEIDEGGER, M.: *Unterwegs zur Sprache*, Pfullingen 1959.
HINTIKKA, J.: Quantifiers in logic and quantifiers in natural languages, in: Koerner, S. (Ed.): *Philosophy of Logic*, Berkeley 1976.
HINTIKKA, J.; MORAVCSIK, J.; SUPPES, P. (Eds.): *Approaches to Natural Language*, Dordrecht 1973.
HIRSCH, E.D. JR.: *Prinzipien der Interpretation*, München 1972 (Validity in Interpretation, New Haven 1967; dt. Übers. von A.A. Späth).

Literatur

HOBBS, J.: Coherence and coreference, in: *Cognitive Science* 3, 1979, S. 67-90.

HOFSTADTER, D.R.: *Gödel, Escher, Bach – Ein endloses geflochtenes Band*, Stuttgart 1985 (Gödel, Escher, Bach: An Eternal Golden Braid, New York 1979; dt. Übers. von P. Wolff-Windegg und H. Feuersee).

HOLT, A.W.; RAMSEY, H.R.; GRIMES, J.D.: Coordination system technology as the basis for a programming environment, in: *Electrical Communication* 57, 1983, S. 307-314.

JACKENDOFF, R.: Toward an explanatory semantic representation, in: *Linguistic Inquiry* 7, 1976, S. 89-150.

JASTROW, R.: The thinking computer, in: *Science Digest* 90, Juni 1982, S. 54-55 und S. 106-107.

JOHN-STEINER, V.; TATTER, P.: An interactioist model of language development, in: Bain, B. (Ed.): *The Sociogenesis of Language and Human Conduct*, New York 1983.

KATZ, J.J.; FODOR, J.A.: The structure of a semantic theory, in: Fodor, J.; Katz, J. (Eds.): *The Structure of Language*, Englewood Cliffs 1964.

KEEN, P.G.W.; SCOTT-MORTON, M.S.: *Decision Support Systems: An Organizational Perspective*, Reading 1978.

KEENAN, E.L. (Ed.): *Formal Semantics of Natural Language*, Cambridge 1975.

KLING, R.; SCACCHI, W.: The web of computing: Computing technology as social organization, in: Yovits (Ed.): *Advances in Computers*, Vol. 21, 1982, S. 1-90.

KÖHLER, W.: *Gestalt Psychology – An Introduction to New Concepts in Modern Psychology*, New York 1929.

KUHN, T.: *Die Struktur wissenschaftlicher Revolutionen*, Frankfurt 1967 (The Structure of Scientific Revolutions, Chicago 1962; dt. Übers. von K. Simon).

LAKATOS, I.: Falsifikation und die Methodologie wissenschaftlicher Forschungsprogramme, in: Lakatos, I.; Musgrave, A. (Hg.): *Kritik und Erkenntnisfortschritt*, Braunschweig 1974, S. 89-189 (Falsification and the methodology of scientific research programmes, in: Lakatos, I.; Musgrave, A. (Eds.): Criticism and the Growth of Knowledge, Cambridge 1970; dt. Übers. von P.K. Feyerabend und A. Szabo).

LAKATOS, I.: *Beweise und Widerlegungen – Die Logik mathematischer Entdeckungen*, Braunschweig 1979 (Proofs and Refutations, Cambridge 1976; herausgegeben von J. Worrall und E. Zakar, dt. Übers. von D.D. Spalt).

LAKOFF, G.; JOHNSON, M.: *Metaphors we Live By*, Chicago 1980.

LAND, E.: The retinex theory of color vision, in: *Scientific American* 237:6, 1977, S. 108-128.

LEECH, G.: *Towards a Semantic Description of English*, London 1969.

LEHNERT, W.; DYER, M.; JOHNSON, P.; YANG, C.J.: BORIS: An experiment in in-depth understanding of narratives, in: *Artificial Intelligence* 20, 1983, S. 15-62.
LENAT, D.: The ubiquity of discovery, in: *Artificial Intelligence* 9, 1977, S. 257-286.
LENAT, D.: Software für Künstliche Intelligenz, in: *Spektrum der Wissenschaft* 11, 1984, S. 178-189 (Computer software for intelligent systems, in: Scientific American 9, 1984, S. 204-211).
LINDSAY, R.; BUCHANAN, B.; FEIGENBAUM, E.; LEDERBERG, J.: DENDRAL, New York 1980.
LINSKY, L. (Ed.): *Semantics and the Philosophy of Language*, Urbana 1952.
LUHMANN, N.: *Soziale Systeme – Grundriß einer allgemeinen Theorie*, Frankfurt 1984.
LYONS, J.: *Structural Semantics*, Oxford 1963.
MARR, D.: *Vision*, New York 1982.
MATURANA, H.R.: Neurophysiology of cognition, in: Garvin, P. (Ed.): *Cognition: A Multiple View*, New York 1970.
MATURANA, H.R.: *Erkennen: Die Organisation und Verkörperung von Wirklichkeit – Ausgewählte Arbeiten zur biologischen Epistemologie*, Braunschweig 1982 (dt. Übers. von W.K. Köck).
– (1982a): Biologie der Kognition, in: Maturana (1982), S. 32-80 (Biology of cognition, in: Report 9.0, Biological Computer Laboratory, University of Illinois, Urbana 1970; abgedruckt in Maturana und Varela (1980), S. 2-62).
– (1982b): Die Organisation des Lebendigen: Eine Theorie der lebendigen Organisation, in: Maturana (1982), S. 138-156 (The organization of the living: a theory of the living organization, in: International Journal of Man-Machine Studies 7, 1975, S. 313-332).
– (1982c): Biologie der Sprache – die Epistemologie der Realität, in: Maturana (1982), S. 236-271 (Biology of language: The epistemology of reality, in: Miller, G.A.; Lenneberg, E. (Eds.): Psychology and Biology of Language and Thought: Essays in Honor of Eric Lenneberg, New York 1978, S. 27-64).
– (1982d): Kognitive Strategien, in: Maturana (1982), S. 297-318 (Cognitive strategies, in: von Foerster (1974), S. 457-469).
MATURANA, H.R.; LETTVIN, J.Y.; MCCULLOCH, W.S.; PITTS, W.H.: Anatomy and physiology of vision in the frog, in: *Journal of General Physiology* 43, 1960, S. 129-175.
MATURANA, H.R.; URIBE, G.; FRENK, S.G.: Eine biologische Theorie der relativistischen Farbkodierung in der Primatenretina, in: Maturana (1982), S. 88-137 (A biological theory of relativistic colour coding in the primate retina, in: Arch. Biologica y Med. Exp., Suplemento No. 1, Santiago 1968).

MATURANA, H.R.; VARELA, F.: Autopoietische Systeme: eine Bestimmung der lebendigen Organisation, in: Maturana (1982), S. 170-235 (Autopoietic systems. A characterization of the living organisation, in: Report 9.4, Biological Computer Laboratory, University of Illinois, Urbana 1975; abgedruckt in Maturana und Varela (1980)).

MATURANA, H.R.; VARELA, F.: *Autopoiesis and Cognition: The Realization of the Living*, Dordrecht 1980.

MATURANA, H.R.; VARELA, F.: *Der Baum der Erkenntnis – Die biologischen Wurzeln des menschlichen Erkennens*, Bern 1987 (El árbol del conocimiento, 1984; dt. Übers. von Karl Ludewig).

MCCARTHY, J.: An unreasonable book (review of Joseph Weizenbaum's Computer Power and Human Reason), in: *Creative Computing* 2, 1976, S. 84-89.

MCDERMOTT, J.: R1 – A rule-based configurer of computer systems, in: *Artificial Intelligence* 19, 1982, S. 39-88.

MINSKY, M. (Ed.): *Semantic Information Processing*, Cambridge 1967.

MINSKY, M.: A framework for representing knowledge, in: Winston (1975), S. 211-277.

MINSKY, M.: The society theory of thinking, in: Winston, P.; Brown, R. (Eds.): *Artificial Intelligence: An MIT Perspective*, Cambridge 1979, S. 421-452.

MINSKY, M.: K-Lines: A theory of memory, in: Norman (1981), S. 87-104.

MINTZBERG, H.: *The Nature of Managerial Work*, New York 1973.

MOORE, J.; NEWELL, A.: How can MERLIN understand? in: Gregg, L. (Ed.): *Knowledge and Cognition*, Baltimore 1973.

MORAVCSIK, J.: How do words get their meanings? in: *The Journal of Philosophy* 78, 1981, S. 5-24.

MOTO-OKA, T.: Keynote speech: Challenge for knowledge information processing systems, in: Moto-oka (Ed.): *Fifth Generation Computer Systems: Proceedings of International Conference on Fifth Generation Computer Systems*, Amsterdam 1982, S. 1-89.

NEWELL, A.: The knowledge level, in: *Artificial Intelligence* 18, 1982, S. 87-127.

NEWELL, A.; SIMON, H.A.: *Human Problem Solving*, New York 1972.

NEWELL, A.; SIMON, H.A.: Computer science as an empirical inquiry: Symbols and search, in: *Communications of the ACM* 19, 1976, S. 113-126 (abgedruckt in: Haugeland (1981), S. 35-66).

NILSSON, N.: *Learning Machines*, New York 1965.

NILSSON, N.: *Principles of Artificial Intelligence*, Palo Alto 1980.

NORMAN, D.A. (Ed.): *Perspectives on Cognitive Science*, Norwood 1981.

NORMAN, D.A.; BOBROW, D.: On data-limited and resource-limited processes, in: *Cognitive Psychology* 7, 1975, S. 44-64.

NORMAN, D.A.; RUMELHART, D.; LNR GROUP: *Struktur des Wissens – Wege der Kognitionsforschung*, Stuttgart 1978 (Explorations in Cognition, San Francisco 1975; dt. Übers. von U. Aeschbacher).

NYGAARD, K.: Program development as a social activity, in: Kugler, H.-J. (Ed.): *Information Processing 86*, Amsterdam 1986.

PALMER, R.E.: *Hermeneutics: Interpretation Theory in Schleiermacher, Dilthey, Heidegger and Gadamer*, Evanston 1969.

PASK, G.: *Conversation, Cognition and Learning: A Cybernetic Theory and Methodology*, Amsterdam 1975.

PASK, G.: *Conversation Theory: Applications in Education and Epistemology*, Amsterdam 1976.

PUTNAM, H.: Is semantics possible? in: Kiefer, H.E.; Munitz, M.K. (Eds.): *Language, Belief and Metaphysics*, Albany 1970, S. 50-63.

ROSCH, E.: Cognitive representations of semantic categories, in: *Journal of Experimental Psychology: General* 104, 1975, S. 192-233.

ROSSANDA, R.: *Über die Dialektik von Kontinuität und Bruch*, Frankfurt 1975.

RUSSEL, B.: *Einführung in die mathematische Philosophie*, München 1930 (Introduction to Mathematical Philosophy, London 1920; dt. Übers. von E.J. Gumbel und W. Gordon).

SAMUEL, A.: Some studies in machine learning using the game of chekkers, in: Feigenbaum und Feldman (1963), S. 71-108.

SCHANK, R.: Language and memory, in: Norman (1981), S. 105-146.

SCHANK, R.; ABELSON, R.P.: *Scripts Plans Goals and Understanding*, Hillsdale 1977.

SCHANK, R.; RIESBECK, C.: *Inside Computer Understanding*, Hillsdale 1981.

SEARLE, J.R.: *Sprechakte – Ein sprachphilosophischer Essay*, Frankfurt 1971 (Speech Acts – An Essay in the Philosophy of Language, Cambridge 1969; dt. Übers. von R. und R. Wiggershaus)

SEARLE, J.R.: Minds, brains, and programs, in: *The Behavioral and Brain Sciences* 3, 1980, S. 417-427 (abgedruckt in: Haugeland (1981), S. 282-306).

SEARLE, J.R.: *Ausdruck und Bedeutung – Untersuchungen zur Sprechakttheorie*, Frankfurt 1982 (Expression und Meaning – Studies on the Theory of Speech Acts, Cambridge 1979; dt. Übers. von A. Kemmerling).

SHORTLIFFE, E.: *Computer Based Medical Consultations: MYCIN*, New York 1976.

SIMON, H.A.: *Perspektiven der Automation für Entscheider*, Quickborn 1966 (The Shape of Automation for Men and Management, New York 1965; dt. Übers. von B. Richter-Reichhelm).

SIMON, H.A.: *Entscheidungsverhalten in Organisationen – Eine Untersuchung von Entscheidungsprozessen in Management und Verwaltung*, Landsberg 1981 (Administrative Behavior (3rd Edition), New York 1976; dt. Übers. von W. Müller).

- (1981a): Cognitive science – The newest science of the artificial, in: Norman (1981), S. 13-26.
SLUZIER, S.; CASHMAN, P.M.: An experimental tool for supporting office procedures, in: *IEEE 1984 Proceedings of the First International Conference on Office Automation*, Silver Spring 1984, S. 73-80.
STOCKTON, W.: Creating computers to think like humans, in: *New York Times Magazine*, Dezember 7, 1980, S. 40-43, 182-187.
SUPPES, P.: From behaviorism to neobehaviorism, in: *Theory and Decision* 6, 1975, S. 269-285.
TARSKI, A.: The semantic conception of truth, in: *Philosophy and Phenomenological Research* 4, 1944 (abgedruckt in: Linsky (1952), S. 13-47).
TUGENDHAT, E.: *Einführung in die sprachanalytische Philosophie*, Frankfurt 1976.
TUGENDHAT, E.; WOLF, U.: *Logisch-mathematische Propädeutik*, Stuttgart 1983.
TURKLE, S.: *Die Wunschmaschine – Der Computer als zweites Ich*, Hamburg 1984 (The Second Self: Computers and the Human Spirit, New York 1984; dt. Übers. von N. Hansen).
UTTAL, B.: Here comes Computer Inc., in: *Fortune*, October 4, 1982, S. 82-90.
VARELA, F.: *Principles of Biological Autonomy*, New York 1979.
VARELA, F.: Living ways of sense making: A middle way approach to neurosciences, in: Livingston, P. et al. (Eds.): *Disorder-Order: Proceedings of the Stanford International Symposium*, Saratoga 1984.
VON FOERSTER, H. (Ed.): *Cybernetics of Cybernetics*, Urbana 1974.
WEIZENBAUM, J.: ELIZA, in: *Communications of the ACM* 9, 1966, S. 36-45.
WEIZENBAUM, J.: *Die Macht der Computer und die Ohnmacht der Vernunft*, Frankfurt 1977 (Computer Power and Human Reason, San Francisco 1976; dt. Übers. von U. Rennert).
WESSEL, M.R.: *Freedom's Edge – The Computer Threat to Society*, Reading 1974.
WINOGRAD, T.: *Understanding Natural Language*, New York 1972.
WINOGRAD, T.: A procedural model of language understanding, in: Schank, R.C.; Colby, K.M. (Eds.): *Computer Models of Thought and Language*, San Francisco 1973, S. 154.
WINOGRAD, T.: When will computers understand people?, in: *Psychology Today* 7, 1974, S. 73-79.
WINOGRAD, T.: Toward a procedural understanding of semantics, in: *Revue Internationale de Philosophie* 3, 1976, S. 260-303.
WINOGRAD, T.: Beyond programming languages, in: *Communications of the ACM* 22, 1979, S. 391-401.
WINOGRAD, T.: What does it mean to understand language?, in: Norman (1981), S. 231-264.

Literatur

WINOGRAD, T.: Moving the semantic fulcrum, in: *Linguistics and Philosophy* 8, 1985, S. 91-104.
WINSTON, P. (Ed.): *The Psychology of Computer Vision*, New York 1975.
– (1975a): Learning structural descriptions from examples, in: Winston (1975), S. 157-210.
WINSTON, P.: Learning by creating and justifying transfer frames, in: *Artificial Intelligence* 10, 1978, S. 147-172.
WINSTON, P.: Learning and reasoning by analogy, in: *Communications of the ACM* 23, 1980, S. 689-703.
WITTGENSTEIN, L.: *Philosophische Untersuchungen*, Frankfurt 1971.
ZELENY, M. (Ed.): *Autopoiesis, a Theory of the Living Organization*, New York 1978.

PERSONENREGISTER
Ziffern in Klammern beziehen sich auf die Anmerkungen

Abelson Robert 189, 191, (15)
Alexander, Christopher (83)
Alexander, Tom 210
Allende, Salvador 12
Apel, Karl-Otto 29, (18)
Aristoteles 60, 183
Austin, John Langshaw 13, 31, 101, 103, 122

Bamberger, Jean 15
Barnett, Octo 221
Barwise, Jon (51), (60)
Beer, Stafford 12, (86)
Begley, Sharon 199
Bell, Chauncey 15
Betti, Emilio (20)
Bobrow, Daniel 15, 49, 191, (69), (70), (73)
Boguslaw, Robert 45, 250, 252
Buchanan, Bruce 219

Cadwallader-Cohen, J.B. (63)
Cashman, Paul 265
Cherubini, Ralph 15
Chomsky, Noam 73
Cicourel, Aaron 15, (22)
Collins, Allen (15)

D'Amato, Anthony 256
Dantzig, George 16
Davidson, Donald (9)
Davis, Randall (80)
Dennett, Dan (178)
Descartes, René 60
Dewey, John 29, (47)
Donelly, R.R. (63)
Dreyfus, Hubert 15, 39, 220, (4), (25), (61)
Dreyfus, Stuart 220, (61)

Erhard, Werner 15
Evans, Christopher 20, 168, 255 f.

Fagen, Richard 16

Feigenbaum, Edward 181, 209, (78)
Feldman, Julian 181
Fillmore, Charles (67)
Flores, Fernando 12, 16, (82), (91)
Floyd, Robert 16
Fodor, Jerry 183, (12), (57), (66)
Fogel, Lawrence 172
Frege, Gottlob 287, (9)
Frenk, Samy 76
Freud, Sigmund 24

Gadamer, Hans-Georg 13, 29 f., 57-60, 62, 109, 122, 167, 177, 187 f., 257, (18), (19), (21)
Galilei 60
Gardner, Anne 15, (89)
Gardner, Howard (17)
Garfinkel, Harold (22)
Gerson, Elihu 15
Goffman, Erving (22)
Graves, Michael 15
Grice, H.P. 101
Grosz, Barbara 189

Habermas, Jürgen 29 f., 105, 109 f., 133, 187 (45), (55)
Harman, Gilbert (9)
Haugeland, John (4)
Hayes, Pat (60)
Heidegger, Martin 13, 29 f., 34, 55, 59-65, 68-72, 102, 109, 122-128, 133, 135 f., 163, 165 ff., 176, 187, 198, 238, 271, (5), (24), (28), (44)
Hintikka, Jaako (9), (49)
Hirsch, E.D. (20)
Hobbs, Jerry 189
Hofstadter, Douglas 206, (71)
Holt, Anatol 15, 265
Husserl, Edmund 29

Jackendoff, Ray (12)
Jastrow, Robert 20
John-Steiner, Vera (47)
Johnson, Mark (50)

Personenregister

Kant, Immanuel 61
Katz, L.L. (12), (66)
Keen, Peter 236-239, 250
Keenan, Edward (9)
Kling, Rob 15, (54), (87)
Köhler, Wolfgang 91
Kuhn, Thomas 50

Lakatos, Imre 50, (42)
Lakoff, George 15, (50)
Land, Edwin (31)
Leech, Geoffrey (12)
Lehnert, Wendy 203
Lenat, Douglas 218
Lettvin, Jerry 76 f.
Lindsay, Robert 219
Linsky, Leonhard (9)
Ludlow, Juan (82)
Luhmann, Niklas (34), (35)
Lyons, John (12)

Marr, David (77)
Maturana, Humberto 13, 15, 30, 38, 72, 74-94, 96, 109 f., 113, 122, 124 f., 127 f., 130, 132 f., 156, 166 f., 172, 197 f., 293, (29), (30), (32), (34), (36)
McCarthy, John 186
McCorduck, Pamela (78)
McCulloch, Warren 76
McDermott, John 219
Mead, George Herbert 29, (47)
Merleau-Ponty, Maurice 29
Meyer, Charles 16
Minsky, Marvin 169, 181, 192 f., 196, 217
Mintzberg, Henry 247
Moore, James 191
Moravcsik, Julius 101, (9)
Moto-oka, Tohru 225, 228

Newell, Allen 48 f., 146, 161, 191, (60)
Nilsson, Nils (60), (62)
Norman, Donald 15, 191, (15), (16), (69)

Ogle, Richard 15
Owens, Alvin 172

Palmer, Richard (18)
Pask, Gordon (41)
Peirce, Charles (47)
Perry, John (51), (68)
Pitts, Walter 76
Plato 36, 60
Putnam, Hillary (46), (64)

Ricœur, Paul 29
Riesbeck, Chris 199, 201
Rosch, Eleanor 101, (43)
Rumelhart, David (15)
Russel, Bertrand 287, (9)

Samuel, Arther 169 f.
Sartre, Jean Paul 29
Scacchi, Walt (54), (87)
Schank, Roger 189, 191, 194, 199, 201, 217, (15), (72), (76)
Schon, Donald 15
Scott-Morton, Michael 236-239, 250
Searle, John 15, 30, 97 f., 101-104, 122, 175, (45), (57)
Shakespeare, William 199, 204
Shortcliffe, Edward 219
Simon, Herbert 45-48, 53, 146, 161, 235, 250
Sluzier, Suzanne 265
Smith, Brian 15
Stockton, William 19, 249
Stokoe, Peter 15
Suppes, Patrick (9), (39)

Tarski, Alfred (9)
Tatter, Paul (47)
Trachtman, Paul 15
Tugendhat, Ernst (6), (10)
Turkle, Sherry (90)

Uribe, Gabriela 76
Uttal, Bro (78)

Varela, Francisco 15, 72, 75, 77 f., 81, 92, (29), (32), (34), (36)
von Foerster, Heinz 15, (29), (41)

Walsh, Michael 172

Personenregister

Weizenbaum, Joseph 186, 200, 202, 204
Wessel, Milton 253
Winograd, Terry 12, 15, 183, 189, 191, (11), (51), (67), (68)

Winston, Patrick 171, 204
Wittgenstein, Ludwig 29, (49)
Wolf, U. (10)

Zeleny, M. (34)
Zysiczk, W.S. (63)

SACHREGISTER
Ziffern in Klammern beziehen sich auf die Anmerkungen

AAAI *siehe* American Association for Artificial Intelligence
AI (*artificial intelligence*) *siehe* Künstliche Intelligenz
Abbildung (als Repräsentationsverfahren) 144
Absicherung
– empirische von Bedeutung 117
– formale von Bedeutung 117 f.
– eines Sprechaktes 117 f.
Adresse (als Beispiel für ein Unterscheidungsmerkmal) 280 f.
Aitiationales Schema (*aitiational scheme*) 101
Akquisition *siehe* Wissensakquisition
Algorithmus 147, 153
Alltäglichkeit (durchschnittliche) 65, 165
Alternativen 237-243 *siehe* Entscheiden
– Auswahl zwischen 44-50, 235-245, 251
– Hervorbringen von 243
ALVEY Ausschuß 223, (75)
American Association for Artificial Intelligence 209
Amnesty International 16
Analogie 118, 194 ff.
Analytische Philosophie *siehe* Philosophie
Angemessenheit
– einer Äußerung 101 f.
– der Reaktion von Computern 201 f.
Antizipation *siehe* Zusammenbruch
Apple *siehe* MACINTOSH
Arbeitsvorbereitung 278
Argumentationsstruktur 117 f.
Artificial Intelligence siehe Künstliche Intelligenz
Assertive (Sprechakte) 104, 115
Aufdecken, Enthüllen, Explizitmachen (einer Tradition) *siehe* Tradition

Aufgabenstellung
– halbwegs strukturierte 249 f.
– strukturierte vs. halbwegs strukturierte 250
Aufgabenstruktur (und Blindheit) 164
Aufgabenumfeld 49, 161 f.
Auflösen (von Problemen) 242
Aufrichtigkeitsbedingung (*sincerity condition*) 106
Aus-dem-Zusammenhang-Reißen (*decontextualization*) 57
Auflösen
– in der Konversation 276 f.
– durch Perturbation 88
Ausrüstungsgegenstand *siehe* Netzwerk (an Ausrüstungsgegenständen)
Aussage (*proposition*) 151
Auswahl (*choice*) *siehe* Alternativen
Autofahren (als Entscheidungsprozeß) 237 f.
Autokauf (als Entscheidungsprozeß) 241 ff.
Automation 212
Autonomie (der Funktionsweise von Geräten) 158
Autopoiesis 75, 80-84
– und konsensueller Bereich 88

Baby (als kognitives System) 93 f.
Bedeutung (*meaning*) 40-44, 97-106, 185-191 *siehe* Hermeneutik, Interpretation, Zuhören, Sprechakt, Verstehen
– computergestützte Analyse von 180-208
– Formalisierung von 43, 181
– objektive *siehe* Objektivität
– soziale Grundlage der 64 f.
– subjektive *siehe* Subjektivität
– umfassende vs. wörtliche 185 f.
– als Unterscheidung 120
– und Verpflichtung 103-106, 111 f., 117 f.

Sachregister

- wörtliche 44, 97-102, 186 f.
Beendigung *siehe* Konversation
Befehl (Computer-) (*instruction*) 149
Begriffsbildung (durch Kombination) 170 f.
Behaviorismus 86 f.
Bekleidungsgeschäft (als Gestaltungsbeispiel) 274-286
Bekleidungsgröße (als Gegenstandsbereich) 281 f.
Benutzerfreundlich 125, 268
Beobachter 90 ff.
- abgehobener 123
- Durchschnitts- 117
Beobachtung (wissenschaftliche) 38, 117
Berechenbarkeit (*computation*) 157-179, 217
Bereich (*domain*) 84-93, 280-296
- der Antizipation 282 f.
- berufsbezogener 222, 290
- der Erklärung 93-96
- Gestaltung eines 269
- durch Gestaltung geschaffener 295 f.
- Handlungs- 96, 272
- kognitiver 84-87, 92 f., 132
- konsensueller 87-93, 132
- kooperativer 90
- von Perturbationen 80, 96, 130
- Phänomen- 85
- sprachlicher 92
- sprachlich erzeugter 286
- strukturbestimmten Verhaltens 85, 127 f.
- systemischer 162, 219, 286-292
- von Unterscheidungen 127
- von Wiederholungen 113
- von Zusammenbrüchen 273, 280 f., 284 f.
Beschreibung (*description*) 90 ff.
- funktionale 73
Beschreibungsrahmen (*frame*) 191-198, 218
- Such- und Anpassungsprozeß für (*matching process*) 192
Bestandteil
- einer autopoietischen Einheit 81

- einer Maschine 147 f.
Bestimmung (des Zustandes) 80
›Beta-Struktur‹ 191
Betrachtung (distanzierte und Reflexion) 66, 123
Bewußtsein 58, 93
Bezugnahme (*reference*)
- in SHRDLU 184 f., 188 f.
- von Symbolen im Computer 146
Bibliothek (elektronische) 273 f.
Biological Computer Laboratory (29)
Biologie 72-96, 127
Blindheit 163-168
- Bewußtsein von 274
- von Computerprogrammen 164 f., 170, 202, 205, 221 f.
- in entscheidungsunterstützenden Systemen 250 f., 257
- durch Gestaltung erzeugte 273 f.
- bei menschlicher Auffassungsgabe 205
- der rationalistischen Tradition 40, 123
- in Repräsentationen 166, 207
- Unvermeidlichkeit von 274
- gegenüber Verpflichtung 266
- und Wiederholung 246
Bogen (*Arch*) (als Begriff) 171
BORIS 203 f.
Buchhaltung
- als berufsbezogener Bereich 290
- als systemischer Bereich 280 f., 288, 191
Büro 233 ff., 259

Center for the Study of Language and Information 15
›Chaostron‹ (63)
Checkliste (für eine Definition) 188
Chile 12, 16, (86)
CLUB OF ROME 255
CNSRS 223
Cognitive Science (Journal) 50
Cognitive Science Society 50
Cognitive Systems Inc. 214
common sense siehe Gesunder Menschenverstand
Compiler 150, 152

Sachregister

Computer 19-25, 141-179 *siehe* Künstliche Intelligenz, Roboter
- als abstrakte Maschine 149
- und Entscheiden 44-47, 248-257
- als entwicklungsfähige Struktur 172
- Entwurf von (*design*) 11-15, 96, 130, 134-137, 267-296
- als formbares, strukturbestimmtes System 159, 172
- intelligente *siehe* Künstliche Intelligenz
- Interaktion mit 227-230, 270
- als Kommunikationsmedium 133, 254, 261
- als logisches Gerät 148 f.
- als physische Maschine 147 f.
- physische Verkörperung des 147 f., 175
- und Repräsentation 141-156, 286-292
- soziales Umfeld 142, 225-227
- unvorhergesehene Effekte von 253
- und Verpflichtung 179, 206, 254
- Verstehen durch *siehe* Verstehen
- als Werkzeug 124 f., 134, 277 ff. *siehe* Koordinator
- und Zusammenbruch (*breakdown*) *siehe* Zusammenbruch

›Computergeflecht‹ 285
Computerisierung 131, 284
Computerprogramm 141-152
- und Aufgabenbereich 164
- und Blindheit 163-168
- Evolution von 172 f.
- und Repräsentation 143-146, (60)
- und strukturelle Änderung 159
- für systemische Bereiche 286-292
- als Theorie über Verhalten 53
- und Voreingenommenheit 256 f.

Computersprache *siehe* Programmiersprache
CYBERSYN 272

Dame-Spiel 169 f.
Dasein 61
Datenbank 253

Datenbasis 151, 215
decision making siehe Entscheiden, Entscheidung
Definition (vereinbarte) 188
Deklarative (Sprechakte) 104
Denken 39, 123, 126 *siehe* Erkenntnis, Intelligenz, Rationalität, Schlußfolgern, Verstehen
Denotation 41
design siehe Entwurf, Gestaltung
Diagnose (computergestützte) 219-222
Ding 126 f.
Direktive (Sprechakte) 104, 258
DOCTOR 200-203
DSS *siehe* entscheidungsunterstützendes System (*decision support system*)
Dualismus (Geist-Körper) (*mind-body dualism*) 60, 72, 86

Ebene (der Repräsentation) *siehe* Repräsentation
Effekt (unvorhergesehener der Technologie) 253
Effektivität
- vs. Effizienz 250
- einer Repräsentation 143 f.
Effizienz
- von Computerbefehlen 154
- vs. Effektivität 250
Eigenschaft (von Dingen, Objekten) 126-129
Einheit (System-) 81
Einlösen *siehe* Erfüllensbedingung
Elektronische Post 271 ff.
ELIZA 200-208
Empirismus (8)
Energiekrise 239
Engagement (im Sprechakt eingegangenes) 105
Entscheiden (*decision making*) 44-50, 235-245 *siehe* Management, Problemlösen
- vs. Lösung 240-245, 247
- und Rationalität 235 f.
- und Vorzugsrichtung 241
Entscheidung (entscheidungstheoretische)

Sachregister

- optimale 46 f.
- programmierte vs. nichtprogrammierte 250

Entscheidungsfindung (rationale), Entscheidungstheorie, Theorie rationaler Entscheidung 45, 161

Entscheidungsträger 235

Entschluß (*resolution*) 240-245, 247

Entwurf (*design*) 21-25, 268-274
- von Computersystemen *siehe* Computer
- einer formalen Repräsentation 162 f.
- als Problemlösen 134

Epistemologie 80, 127

Einlösebedingung 105 f., 114, 116, 282

Erkennen (Wieder-) (als Verstehen) 191-198

Erkenntnis (*cognition*) 72-93, 122-126 *siehe* Kognitionswissenschaft
- in der rationalistischen Tradition 39, 63, 123
- und Repräsentation 126, 166

Erklärung (*explanation*) *siehe* Bereich

Erwartung *siehe* Beschreibungsrahmen

Eskimo 120

Ethnomethodologie (22)

EURISKO 218

Evolution
- biologische 80-84
- künstliche 168-175
- und lernende Programme 168-179
- als strukturelle Kopplung 83 f.
- Zeitskale der 173 f.

Existenz 119 f.
siehe Sein, Ontologie

Experte 220
- und Bedeutungszuweisung (46)
- und Repräsentation von Wissen 166

Expertensystem 219-230
siehe Fünfte Generation
- Schranken des 220 ff.
- als systemischer Bereich 289

Expressive (Sprechakte) 104

Farbe (Wahrnehmung von) 75-80

Formalisierung (und Wiederholung) 112-119

Formalistischer Ansatz (im Management) 45

Forschungsprogramm (*research programme*) 50 f.

Frage (die hinter jeder Aussage stehende) 187

Frosch (visuelles System des) 76, 84

Fünfte Generation (Computersysteme der) 222-230

Gedächtnis (*memory*) 190 ff.

Gedanke *siehe* Denken

Gegenangebot 115

Gehalt (propositionaler) 104, 261, 264

Geist (*mind*) *siehe* Bewußtsein

Geltungsanspruch (*validity claim*) 105

Genereller Problemlöser (General Problem Solver – GPS) 161

Geschichte
- von Gegenstandsbereichen 113
- in der Struktur verkörperte 85

Geschichtlichkeit
- individuelle 57 f.
- und Tradition 26

Geschlossenheit *siehe* Nervensystem
- operationale (36)

Gestaltpsychologie 91

Gestaltung (*design*) 21-25, 134-137, 267-296
- und Antizipation *siehe* Zusammenbruch
- eines Gegenstandsbereiches 269
- als Hervorbringen neuer Entwicklungsmöglichkeiten 279 f.
- von Konversationsstrukturen 259, 277 f.
- ontologische Aspekte von 267, 292-296
- und strukturelle Kopplung 96, 269

Gesunder Menschenverstand (*common sense*)
- Schwierigkeit der Programmierung des 165

Sachregister

– Technikjargon formt 25, 294
Geworfenheit 65-68, 123, 136, 164, 236 ff.
– in Sprache 119
Glücksbedingung (eines Sprechaktes) *(felicity condition)* 100, 103
GPS *siehe* Genereller Problemlöser

Hacker-Programm 155 f.
Halluzination 79
Haltung
– absichtsvolle *(intentional stance)* 178
– erklärende 178 f.
Hammer (als Zuhandener) 64, 69
Handeln *(action)* 124-125
– und Autopoiesis 85
– besorgendes 63 f., 71, 120, 127
– und Existenz 119 f.
– und Geworfenheit 65 f., 123
– als Interpretation 133 f.
– auf Konversation ausgerichtetes *siehe* Konversation
– beim Problemlösen 49
– und Sprache *siehe* Sprache
– Zusammenbruch von 280 f.
Handelnder (autonom) 178
Handlung *siehe* Sprachhandlung, Sprachakt
Hardware *siehe* Computer
Hermenet Inc. (91)
Hermeneutik 56-59
  siehe Interpretation
– und Beschreibungsrahmen 194
– objektivistische Schule der 57
– und Verpflichtung 132 f.
Hermeneutischer Zirkel 59, 62
Heuristik *siehe* Suche
Hierarchieebenen 159
Hintergrund (Hintergrundbezug) 97-103, 129-132, 185-191, 236-243, 255 ff. *siehe* Interpretation, Vorverständnis, Tradition
– Artikulation von 117 ff., 131, 243
– und Bedeutung 97-103, 106, 187
– und Beschreibungsrahmen 198
– in Expertensystemen 219-222
– und Interpretation 189, 281 f.
– beim Programmieren 255, 293 f.

– einer Verpflichtung 112
– und Zuhören 97-103
Horizont 57, 59 *siehe* Hermeneutik, Interpretation, Vorverständnis
Hypothese (wissenschaftliche) 38

Idealismus 61
Illokutionäre Rolle *(force)* 104
– des Koordinators 261-264
Illokutionäres Ziel *(point)* 103 f.
Implementation (Verschleierung der) 147, 152-156
Implementierung
– von Computerprogrammen 154
– eines funktionalen Mechanismus 73
– einer Programmiersprache 147
In-der-Welt-Sein 61, 122-127, 163
Indexikalischer Ausdruck 185, (13)
Indikativ 43
Individuum 57, 64
Inferenz *siehe* Schlußfolgern
Information 90, 126, 132
Informationsverarbeitung (symbolische – *physical symbol system*) 146, (52)
Inhaltswort 41
Institut für Computertechnologie der neuen Generation 223
Intelligenz 157-159 *siehe* Kognition, Rationalität, Denken, Verstehen
– und Blindheit 163-168
– bei Computern 176-179 *siehe* Künstliche Intelligenz
– Künstliche *siehe* Künstliche Intelligenz
– und Lernen 168 f.
– als rationales Problemlösen 161 ff., 165
– Theorien über 50-54, 218
Interaktion (instruktive) 79
interface siehe Schnittstelle
Interpretation 56-65, 67 f., 185-191 *siehe* Hintergrund, Hermeneutik, Sprache, Vorverständnis, Verstehen
– und Beschreibungsrahmen 191-194
– und Existenz 59-65

342

- und Gestaltung 293
- der Gesetzgebung 292
- in einer Konversation 116
- von Texten 56 f.
- und Zusammenbruch 281 f.
Interpreter (für eine Programmiersprache) 150
Inventur (als Beispiel für die Vorwegnahme von Zusammenbrüchen) 283
Irrationalität 27, 236

Japan *siehe* Fünfte Generation
Junggeselle (als Beispiel für eine Wortdefinition) 187 f.

K-Lines 217
Kalkulationsbogen (*spreadsheet*) 290, (88)
KI *siehe* Künstliche Intelligenz
Klassifikation (objektive) 120
Klötzchenwelt 171, 183 ff.
Kognitionswissenschaft (*cognitive science*) 50-54, 128
Kognitive Psychologie (*cognitive psychology*) 53, 191
Kommissive (Sprechakte) 104, 111, 258
Kommunikation (Medium der) 132 ff., 289 f.
Kompetenz 73
- kommunikative 266
Komplexität 158 ff.
Konnektionistischer Ansatz 217
Kontext
- Analyse des bei SHRDLU 184 f.
- einer Antwort 255
- und Beschreibungsrahmen 193
- bei der Entscheidungsfindung 238
- von Expertensystemen 219-222
- und Interpretation 56
- in der Semantik 44, 98, 188
- von Sprechakten 100
- von systemischen Bereichen 291
- und Textbedeutung 59
- und wörtliche Bedeutung 44
Konversation (Gesprächsführung) 112-119, 257-266, 276-284

- computergestützte Werkzeuge für 257-266, 282 ff.
- Ende einer 116, 262
- handlungsorientierte 113, 248, 261-264
- periodisch (wiederholt) auftretende 275 f., 284
- als Tanz 261
- zukunftsorientierte 248
›Konversationsprinzipien‹ (*conversational principle*) 101
Koordination
- innerhalb einer Organisation 234, 258
- Werkzeuge für die *siehe* ›Koordinator‹, Konversation
›Koordinator‹ 257, 266, 291, 294 f.
- für die Programmentwicklung 264
- zur Reduktion rigider Arbeitseinteilung 277 ff.
Koppelung *siehe* Strukturelle Koppelung
Korrespondenz (semantische) 41
Korrespondenztheorie der Bedeutung (*correspondence theory of meaning*) 40-44
KRL (*Knowledge Representation Language*) (73)
Künstliche Intelligenz (*artificial intelligence*) *siehe* Expertensystem, Fünfte Generation, Heuristik, Lernen, Denken, Verstehen
- aktuelle Entwicklungstendenzen 209-230
- Ansprüche 19 f., 248 f.
- Anwendungen 209-218
- und Erkenntnis 27, 52, 130 f., 216 f.
- und formale Logik 144
- und gesunder Menschenverstand 165
- und Hintergrundbezug 189
- Kritik der 39
- als Paradigma 182
- als Problemlöser 48 ff., 161 ff.
- Programmierung der 147-151
- und Repräsentation 143-146, 166, (60)

Sachregister

Kybernetik 92, 217, (29)

Leistungsbeschränkung 238
Lenkrad 269
Lernen 80-84
– computergestütztes 168-175, 216 ff.
Logik
– des Computers 148-155, (60)
– nicht-monotone 195
– sachgemäßen Argumentierens 117
– als Spiel (49)
– Umgehung der 192, 196

Macbeth 204
Macht (unbeabsichtigter Transfer von) 252 f.
MACINTOSH 270
Management 233-240
– und Entscheiden 235-240
– und Gesprächsführung 257-266
– auf Handlung ausgerichtetes 247
– und Herstellen von Arbeitszusammenhängen 247
– und Netzwerk an Verpflichtungen 245-248
– als Problemlösen 238 f.
Maschine
– abstrakte 149
– ultraintelligente 20
Maschinenintelligenz *siehe* künstliche Intelligenz
Maschinensprache (ASSEMBLER) 155
Massachusetts Institute of Technology (MIT) 12, 217
Medium 79-84, (33)
– strukturiertes, dynamisches 290
Medizin (Künstliche Intelligenz in der) 221 f., 254 f.
Meta-Wissen 206
Methode
– der Systementwicklung 281
– wissenschaftliche 38 f.
Mikrocode 153, (58)
Mikrocomputer (78)
Mikrowelt 203 ff.

MIT *siehe* Massachusetts Institute for Technology
MITI (Japanisches Ministerium für internationalen Handel und Industrie) 223
Modell
– geistiges 126
siehe Repräsentation
– kognitives 216 ff.
– zur Simulation 46
– Computer- von Sprecher/Hörer 191
Modellieren (kognitiver Prozesse) 52, 216 ff.
Möglichkeiten *siehe* Konversation
Muster (in natürlichsprachlichen Programmsystemen) 199-208
Mustererkennung (als Paradigma für Verstehen) *pattern recognition* 191-198

Nachhilfe 262, 294
Natürliche Sprache (*natural language*) (65)
– computergestütztes Verstehen von *siehe* Verstehen
– computergestützter Umgang mit 213-216
– und Fünfte Generation 224, 229
– Zugangssysteme zur 213
Neobehaviorismus 87
Nervensystem 75-87, 127, 172 ff.
– Ein- und Ausgang (*input-output*)
– als Phänomenerzeuger 78
– als geschlossenes System 75-80, 127
– Modelle des 218
Netzwerk
– an Ausrüstungsgegenständen 70, 125, 280
– aus Gesprächen 112-119, 257-266, 275-279, 284
– neuronales *siehe* Nervensystem
– von Verpflichtungen 245-248, 266
›nicht geglückt‹ (*infelicity*) 99
Nichtvorhersagbarkeit (bei deterministischen Vorrichtungen) 160

Sachregister

Objektivität
- von Bedeutung 57, 107-112
- Illusion der Objektivität im Umgang mit Computern 255
- der Realität 60 ff., 77, 90-93, 126-129, 135 f.
- von Wissenschaft 117

Ontogenese 81 ff.
Ontologie 42, 59-65, 70, 126-129 siehe Sein, Existenz, Interpretation
- und Gestaltung 134-137, 267-274

Operation (primitive einer Computersprache) 154
Organisation (als Konversationsnetz) 245-248, 257 ff., 275-279
Orientierung
- rationalistische 36-40
- wechselseitige 132

Paradigma 50
Parallelität (in der Evolution) 174
Parallelverarbeitung (*parallel processing*) 226, 230
Parameteranpassung 169 f. siehe Lernen
Paßform (als Beispiel für eine Einlösebedingung) 281 f.
Performativum 103
Personaleinsatzplanung (computergestützte) 278
›Perspektiven‹ 191
Perturbation 78-90
- Raum möglicher 130
Phänomenologie 29, 55, 61
Philosophie *siehe* Dualismus, Epistemologie, Ontologie, Phänomenologie
- analytische 37 ff.
- und Künstliche Intelligenz 182 f.
- in der rationalistischen Tradition 36-40
- Sprach- 40 ff.
Phylogenese 81
Plastizität (des Computers) 159
Prädikat (geistiges) 86, 178 f., 205
Prädikatenkalkül 43
Pragmatik 43, 101
Pragmatiker (47)

Praxis 63
›Prinzip rationaler Wahl‹ (*principle of rationality*) 49
Problem *siehe* Entscheidung
- Erzeugen eines 239
- Interpretation eines 134 f.
- strukturiertes vs. unstrukturiertes 250
Problemlösen (*problem solving*) 44-50, 161 ff., 219 f., 238-245
Problemraum 48 ff., 161, 239
Programm *siehe* Computerprogramm
Programmieren *siehe* Computerprogramm
Programmiersprache 147-150, 270, 291
- höherstufige (*high-level programming language*) 150
PROLOG (81)
›Prototypen‹ 191
Prototyp (eines Programms) 281
Prozessor (sequentieller) 149
Psychiater (Simulation eines) 200
Psychologie
- informationsverarbeitende 52
- Kognitive 51-54, 191

Rationalismus (8)
Rationalität 27, 46-50
- beschränkte (*bounded*) 47, 238
- Computern zugesprochene 178 f.
- objektive 46
Realismus (naiver) 126, (51)
Realität *siehe* Existenz, Realismus, Objektivität, Ontologie
Rechner *siehe* Computer, Berechenbarkeit
Rechtsprechung 256, 292
Relevanz
- von Alternativen 242 f.
- von Computersystemen 250 f.
Repräsentation *siehe* Vorstellung, Darstellung, Rahmenbeschreibung, Skript
- und Blindheit 163-168
- auf Computersystemen 143-156, 161-168

Sachregister

- der Ebenen in Computern 146-152
- und Erkenntnis 126
- von Fakten 150 f.
- formale 144 f., (60)
- als Interpretation 67 f.
- und Lernen 69 f., 170-175
- im Nervensystem 75-87, 127 f.
- beim Problemlösen 48 ff.
- und Sprache 181
- unbeabsichtigte 155 f.
- wahrheitsgemäße 143 f.
- und Wissen 126-129

›Repräsentationshypothese‹ 128
Ressourcen (der Computersysteme) 154 f.
Restaurant (Beispiel für ein Skript) 201
Roboter 145 f., 175, 212 f.
- in SHRDLU simulierter 183

SAM 199-202
SAPIR-WHORF Hypothese (23)
Schaltkreis (integrierter) (78)
›Schemata‹ 191
Schlüsselworterkennung 182
Schlußfolgern (*reasoning*) 37, 42 f., 144 siehe Logik, Repräsentation, Denken
- begrenzt Ressourcen erforderndes 197
- in computergestützter Analyse von Bedeutung 181, 190
- und Beschreibungsrahmen 194-198
- informelles 195 ff.
- nicht-logisches 192
- nicht-monotones 195
- in SHRDLU 185

Schmökern 273 f.
Schnittstelle (Mensch-Computer) (*interface*) 226 ff., 268
Schwerkraft (als Vorhandenes) 69 f.
Sehnsucht (auf den Computer übertragene) 179
Sehvermögen (*vision*)
- bei Computern 175, 217
- von Farben 76-79
- des Frosches 72, 76

Sein 57 f., 59-65 (*being*) siehe Existenz, Ontologie
Selektion 82, 169
›Seltsame Schleife‹ (HOFSTADTER) 207
Semantik 41 f. *siehe* Bedeutung, Situationssemantik
- linguistische 42
- strukturelle 42
- wahrheitstheoretische 40-43

Semiotik (47)
Sex 203
Shakespeare (computergestütztes Verstehen von) 199, 204 f.
SHRDLU 183 ff., 188, 202
Simulation *siehe* Modell 45, 160
Sinn (eines Wortes) 99
Situation
- gestellte vs. neuentstehende 250
- hermeneutische 58
- als eine Menge von Alternativen 239
- der Unschlüssigkeit 240-245

Situationssemantik (51)
›Skandal der Philosophie‹ (KANT) 61
›Skripte‹ 191, 201, 203
Software *siehe* Computerprogramme
Solipsismus 61, 93
speech act siehe Sprechakt
Speicher (im Computer) 143, 149, 154
Spezifikationssprache 290 f.
Spiel
- als logisches Modell 117 f.
- Spielprogramme 164

Spieltheorie (*game theory*) 45
Sprache 40-44, 58 f., 89 f., 97-121, 132 ff., 180-208 *siehe* Unterscheidung, Information, Interpretation, Zuhören, Bedeutung, Vorverständnis, Verstehen
- Beliebigkeit von 89
- computergestütztes Verstehen von *siehe* Verstehen
- und Erkenntnis 89 f.
- und gemeinsamer Hintergrundbezug 129-132

Sachregister

- als Handlung 68, 132 ff., 295
  siehe Sprechakt
- höherstufige *siehe* Programmiersprache
- interne 44
- und Maschine *siehe* Maschinensprache
- natürliche *siehe* Natürliche Sprache
- als Orientierungsverhalten 90
- und Programmieren *siehe* Programmiersprachen
- und Sein 58
- der soziale Aspekt von 109
- als Tradition 58
- als Verpflichtung 103-106
- und Wahrheit 40-44

Spracherkennung (computergestützte) 216
Sprachhandlung (*linguistic act*) 115, 239 *siehe* Sprache
Sprachspiel (*language game*) 117
Sprechakt (*speech act*) 100, 103-106, 132 ff. *siehe* Kommunikation, Konversation
- Berücksichtigung des beim Entwurf von Computern 134
- im ›Koordinator‹ 261-266
- und rationalistische Tradition 103-106
- Systematik der 260
- und Zeit 116, 262 f.

Standardannahmen (*default*) 192, 195
Stanford University 12, 15
Stimme *siehe* Spracherkennung
Straßenkarte (in Analogie zu Bedeutung) 108
Strategie 45
Strategische Computer-Initiative (SCI) 223
Strukturänderung 80-87
- evolutionäre 173
- erster Ordnung 159
- zweiter Ordnung 159

Strukturelle Koppelung (*structural coupling*) 83-87, 124 ff., 130
- und Evolution 174
- und Gestaltung 96

- und Lernen 172-175

Strukturelle Plastizität *siehe* Plastizität
Subjektivität (von Bedeutung) 57 ff.
Suche
- beim Problemlösen 47-50
- Verfahren 163

Symbolstruktur 52
Symbolsystem *siehe* Informationsverarbeitung (symbolische)
System
- autopoietisches *siehe* Autopoiesis
- entscheidungsunterstützendes 248-257, 272
- formbares 82, 88
- informationsverarbeitendes 44-48
- kognitives 52, 84
- lebendes 80-87
- strukturbestimmtes 75-84, 94, 168, 197

System Development Foundation 15
Systematik (der Sprechakte) (*taxonomie*) 103 ff.
Systementwickler (die Macht der) 252 f.
Systemspezifikationssprache 291

Technologie 292-296
siehe Gestaltung
TEIRESIAS 206
Terminale Position (eines Beschreibungsrahmens) 192
Text *siehe* Interpretation, Verstehen
Textverarbeitung (*word processing*)
- als Beispiel für einen Ausrüstungsgegenstand 22-25, 70 f., 95, 269
- als systemischer Bereich 288

Theorie
- Computerprogramm als 53
- Relevanz der für Gestaltung 13

Tradition 26 ff., 107-112
- Aufdecken der 21, 296
- und Entscheiden 47
- und der Entwurf von Computersystemen 294

- und Kognitionswissenschaft 50-54
- und Objektivität 107-112
- und Ontologie 127
- rationalistische 26 ff., 36-54
- und Sprache 75, 109
- Verschleierung der 26, 296
- und Vorverständnis 129
- und Wissenschaft 38
Transformation (und Gestaltung) 292-296
Transparenz (der Interaktion) 269
Tun (*doing*) (als Interpretation) 233 f.

Überlegen (Abwägen, im Gespräch) 244
Übermensch-Mensch Trugschluß (*superhuman-human fallacy*) 167
Übersetzen (maschinelles) 180 f.
Überzeugung (*belief*)
- auf Computer übertragene 178
- explizite Formulierung der 62 f.
Uhr 158
Umgebung (Umwelt) 80-84, 87, (33)
Unschlüssigkeit 240, 275
Unternehmensforschung 45
Unterscheidung *siehe* Objektivität
- durch Beobachter getroffene 91 f., 127
- sprachliche 120, 286
- Subjekt-Objekt 60
Unzuhandenes, Unzuhandenheit *siehe* Zuhandenes 69, 125, 127, 241, (3)

Verantwortung *siehe* Verpflichtung
- in Computersystemen 206, 254
- und kommunikative Kompetenz 266
- dafür, verstanden zu werden 112
- als Wesensmerkmal des Menschen 179
Verarbeitung (unter der Bedingung begrenzter Ressourcen) (*resource-limited*) 196 f.
Verfassung (psychische, von Sprecher/Hörer) 190
Verhalten

- Orientierungs- 89-93
- gelerntes vs. instinktives 83
- rationales 44-50
Verpflichtung (*commitment*) 132 ff., 245-248, 254 f. *siehe* Sprechakt
- ausschließende 243
- als Grundlage für Sprache 103-106, 132 ff., 295
- innerhalb einer Organisation 245-248, 258
- in der Konversation 115, 257 f.
- und Menschlichkeit 132 f., 179
- Überwachen der 262
- Vernachlässigung der 132, 255
- Verschleierung von 255
- und zeitlicher Bezug 262 f.
Verschleierung *siehe* Tradition
Versprechen (als Metapher für eine Aussage) 105 f.
Verstandesmodelleur (der Künstlichen Intelligenz) 211
Verständnis (theoretisches) 63
Verstehen 56-65, 191-208 *siehe* Interpretation, Vorverständnis
- und Autonomie 205
- durch Computer 130 f., 180-208, 213-216, 224, 260
- als Erkennen 191-198
- und Gedächtnis 194
- und Ontologie 59-65
- praktisches vs. theoretisches 63
- und Sein 55-71
- als Verpflichtung 205 *siehe* Geltungsanspruch
VISICALC 288, 290
VLSI (*Very Large Scale Integration*) 226-230, (78)
Voraussagen 38 f., 66 f., 160
Voreingenommenheit bei Computern 256
Vorhandenes, Vorhandenheit 69, 124, 127, 164 ff. *siehe* Zusammenbruch, Zuhandenes
Vorstellung (*representation*) 63 f.
Vorurteil 57 ff. *siehe* Vorverständnis
- in Computerprogrammen 255-257
- und Sein 62, 257
Vorverständnis 26, 57 ff., 123 *siehe*

Sachregister

Hintergrund, Hermeneutik, Vorurteil
- und Beschreibungsrahmen 198
- und Hintergrundbezug 129-132
- in der Programmierung 164

Vorzugsrichtung (in der Entscheidungsfindung) 241

Wahrheit 40-44, 98-103
- Absicherung der 117
- vs. Angemessenheit (AUSTIN) 102
- als Zustimmung (HABERMAS) 109 f.

Wahrheitsbedingung 43, 97, 102, 187

Wahrnehmung (*perception*) 75-80
- bei Robotern 212 f.

Wasser (als Beispiel für Wortbedeutung) 98 ff., 106, 120, (46)

Weltbild (Weltsicht) 26, (23)

Werkzeug (*tool*) siehe Computer, Gestaltung, Netzwerk (an Ausrüstungsgegenständen), Technologie

Wertung (in der Entscheidungsfindung) 47

Wiederholung (*recurrence*)
- der Aufgabenstellung 250
- und Bedeutung 107-119
- in der Konversation 117 ff., 264, 275-280
- in Organisationen 245 f., 258 f., 264
- von propositionalem Gehalt 264
- und Unterscheidung 120
- in der Wissenschaft 38

Wissen 84-87, 126-132 siehe Kognition, Epistemologie, Repräsentation
- auf Seiten des Zuhörers (Computeranalyse des) 190
- computergestützte Manipulation von 129
- von Experten 220
- gemeinsamer Hintergrund und 136
- Interpretation und 129-132

Wissensakquisition 166 f., 289

Wissenschaft (*science*) 36-39, 50, 117

- kognitive *siehe* Kognitionswissenschaft

Wissensverarbeitung (›Wissensingenieure‹) 129, 161, 211, 289 siehe Expertensystem

word processing siehe Textverarbeitung

XEROX Palo Alto Research Center 12
- Star 270

Yale University (76)

Zeit *siehe* Zeitbedingtheit

Zeitbedingtheit
- des ›Koordinators‹ 261-264
- in Organisationen 276 f.
- in Sprechakten 262 f.

Zerfallen (autopoietischer Systeme) 82

Zerlegung
- hierarchische 148
- modulare 147, 152
- rekursive 148

Ziel (des Problemlösens) 48, 95

Zirkularität *siehe* hermeneutischer Zirkel, ›Seltsame Schleife‹

Zugangssystem (›natürlichsprachliches‹) 213

Zuhandenes, Zuhandenheit 63, 69 ff., 124-127, 268-271 *siehe* Vorhandenes, Unzuhandenes

Zuhören 97-103, 112, 115 f. *siehe* Interpretation

Zusammenbruch (*breakdown*) 69 ff., 116-121, 134-137, 271-285
- Antizipation von 135, 246, 253, 259, 271 ff., 276, 281 f.
- von Computern 22, 70, 131, 136, 142, 153 f., 271 ff., 284 f.
- und Entscheidungsfindung 240
- und Gestaltung 134-137, 271 ff.
- innerhalb einer Organisation 245, 258
- als Interpretation 281 f.
- der Konversation 106, 116, 276 f.
- und Sprache 106, 119 ff.
- wiederholt auftretender 119 ff., 245 f., 259

Sachregister

- und Zuhandenheit 69 ff.
Zustand
- intentionaler des Sprechers 106
- bei der Problemlösung 49
Zustimmung (als Grundlage für Bedeutung) 109-112

ÜBER DIE AUTOREN

Terry Winograd, heute Professor für Computer Science an der Stanford University (California), entwickelte 1970 am Massachusetts Institute for Technology das erste erfolgreiche Programm rechnergestützter Sprachverarbeitung SHRDLU. Sein Buch *Understanding Natural Language* (New York 1972) gilt als Standardwerk der Künstlichen-Intelligenz-Forschung. Winograd ist Projektleiter am CSLI (Center for the Study of Language and Information) in Stanford und veröffentlichte zahlreiche Artikel, u.a. in den führenden Fachzeitschriften *Cognitive Science* und *Artificial Intelligence*.

Fernando Flores war in der Regierung der Unidad Popular unter Salvador Allende chilenischer Industrieminister, wo er zur Planung, Lenkung und Koordination der chilenischen Industrieproduktion u.a. das wegweisende Projekt Cybersyn aufbaute. Flores lebt heute als wichtiger Management-Theoretiker in den USA, wo er nach Forschungstätigkeiten an den Universitäten Stanford und Berkeley die Firma *Action Technologies* gründete, die vor allem durch ihr Programm ›Coordinator‹ für betriebsinterne Kommunikationsprobleme und Informationsvermittlung berühmt wurde.

Der Autor des Nachworts zur deutschen Ausgabe, *Wolfgang Coy*, ist Professor für Informatik an der Universität Bremen.

9/11
46,-017